首任校长郭沫若塑像

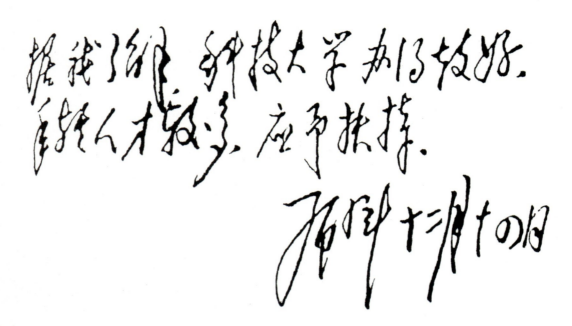

1983年12月，邓小平同志为中国科大题词

2008年9月25日，胡锦涛同志致中国科大50周年校庆贺信

校党委书记 许武

校长、中国科学院院士、发展中国家科学院院士 万立骏

2015年9月11日，马拉维总统（右三）访问我校

2015年12月6日，中共中央政治局委员、国务院副总理刘延东（前排左二）视察我校上海研究院

2015年11月16日，中共中央政治局委员、中央政法委书记孟建柱（前排左二）视察我校先进技术研究院

2015年7月26日,中国科学院院长白春礼(右二)为"中国科学院-阿里巴巴量子计算实验室"揭牌

2015年3月27日,中国科学院院士万立骏就任中国科学技术大学第九任校长

2015年7月26日,我校参与研制的暗物质粒子探测卫星"悟空"成功发射升空

2015年8月1日,我校建成反场箍缩磁约束聚变实验装置(科大一环)

2015年10月26日,诺贝尔奖获得者、美国斯克利普斯研究所Kurt Wüthrich教授在我校作报告

2015年4月8日,我校主办第八届中法粒子物理联合实验室学术研讨年会

科技活动周

美食文化节

可佳机器人在比赛中

勤奋路

一鉴亭

孺子牛

雪松

中国科学技术大学年鉴
USTC Yearbook
2015

本书编委会 编

中国科学技术大学出版社

图书在版编目(CIP)数据

中国科学技术大学年鉴.2015/本书编委会编. ——合肥:中国科学技术大学出版社,
2016.12
ISBN 978-7-312-04134-1

Ⅰ.中… Ⅱ.本… Ⅲ.中国科学技术大学—2015—年鉴 Ⅳ.G649.285.41-54

中国版本图书馆CIP数据核字(2016)第321842号

出版	中国科学技术大学出版社
	安徽省合肥市金寨路96号,230026
	http://press.ustc.edu.cn
印刷	合肥市宏基印刷有限公司
发行	中国科学技术大学出版社
经销	全国新华书店
开本	787 mm×1092 mm 1/16
印张	33.75
插页	6
字数	842千
版次	2016年12月第1版
印次	2016年12月第1次印刷
定价	100.00元

编 委 会

主　编　陈晓剑
副主编　刘天卓　刘　明　方黑虎
编　委（按姓氏笔画排序）
　　　　　丁兆君　丁毅信　万　绚　马　壮
　　　　　马小艳　王　伟　叶　征　孙洪庆
　　　　　牟　玲　何昊华　张　岚　张　振
　　　　　赵　萍　蔡立英　熊　成

出版说明

一、《中国科学技术大学年鉴(2015)》(以下简称《年鉴》)是全面反映2015年中国科学技术大学基本情况及各项建设事业改革与发展的史料性文献、资料,收录了2015年内学校主要活动和各项工作的重要文献、文件、统计数据等资料,部分统计资料的时间跨度有所延伸。

二、本《年鉴》内容共分16个部分,涉及学校概况、年度聚焦、重要文献、文件选辑、规章制度、机构与干部、学科专业、教学与人才培养、科学研究与科技产业、教职工队伍、国内外学术交流与合作、"全院办校、所系结合"、办学支撑条件、学院和国家实验室介绍等各个方面,并专题收录了"三严三实"专题教育文献及2015年大事记。除另有注明的以外,所有资料的截止时间均为2015年底。

三、本《年鉴》力求资料完整、内容翔实、数据准确。由于编辑力量和水平有限,疏漏、误差之处在所难免,读者如有发现,敬请批评指正。

四、本《年鉴》由中国科学技术大学档案馆(校史馆)和党政办公室联合组织编写,得到了学校领导、各学院和国家实验室、机关各部门和各直属单位的大力支持与帮助,谨此一并致谢。

编 者
2016年6月

目 录

出版说明 ··· (001)

一、学校概况 ·· (001)

二、年度聚焦 ·· (005)
刘延东副总理视察中国科大上海研究院 ·· (007)
《中国科学技术大学综合改革方案》开始实施 ·· (007)
万立骏院士任中国科学技术大学校长 ·· (007)
学校参与中国科学院"率先行动"计划成效显著 ·· (007)
暗物质粒子探测卫星成功发射 ··· (008)
科教结合实现新突破 ··· (008)
四位教授当选"两院"院士 ·· (008)
学科建设持续领先 ·· (009)
学校"自然指数"名列中国高校第四 ··· (009)
学校新增一批重要科研平台 ··· (009)
多项科研成果被评为国际/国内十大科技进展 ·· (010)

三、中国科大"三严三实"专题教育文献 ·· (011)
中国科学技术大学开展"三严三实"专题教育实施方案（中共中国科学技术大学委员会）··· (013)
关于进一步做好"三严三实"专题教育有关工作的通知（中共中国科学技术大学委员会）··· (016)
中国科学技术大学2015年度校级领导班子专题民主生活会工作方案
　　（中共中国科学技术大学委员会）·· (017)
关于召开2015年度中层领导班子民主生活会的通知（中共中国科学技术大学委员会）······ (020)
从习近平总书记系列重要讲话精神看"严"和"实"的治党治国特点——"三严三实"专题教育
　　首场党课（党委书记　许武）··· (021)
"三严三实"与高校党员的作用——"三严三实"专题教育党课报告（校长　万立骏）········ (026)

中国科学技术大学年鉴·2015

四、重要文献 ………………………………………………………………………………………（031）

在全校教授干部大会上的讲话（党委书记　许武）……………………………………………（033）
在全校教授干部大会上的讲话（校长　万立骏）…………………………………………………（034）
今日启程,你准备好了吗？——在2015年本科生毕业典礼暨学位着装授予仪式上的讲话
　　（校长　万立骏）……………………………………………………………………………（035）
回归常识,开启人生的新篇章——在2015级本科新生开学典礼上的讲话（校长　万立骏）………（037）
抢抓机遇,从严从实推动改革发展　开放办学,谱写科教融合新的篇章——在中国科学技术大学
　　九届二次教代会上的讲话（党委书记　许武）……………………………………………（040）
科教结合　率先行动　加快推进世界一流大学建设——在中国科学技术大学
　　九届二次教代会上的报告（校长　万立骏）………………………………………………（047）

五、文件选辑 ………………………………………………………………………………………（057）

中国科学技术大学2015年党委工作要点 ……………………………………………………（059）
中国科学技术大学2015年行政工作要点 ……………………………………………………（062）
中国科学院关于万立骏任职的通知 …………………………………………………………（068）
中共中国科学院党组关于窦贤康同志任职的通知 …………………………………………（069）
中国科学院关于潘建伟任职的通知 …………………………………………………………（069）
关于调整部分基层党组织设置的通知 ………………………………………………………（069）
关于成立综合科研仪器共享中心的通知 ……………………………………………………（070）
关于规范接待社会团体来校参观的通知 ……………………………………………………（071）
关于与中国科学院金属研究所联合成立材料科学与工程学院的通知 ……………………（073）
关于提高我校研究生基本助学金的通知 ……………………………………………………（073）
关于进一步加强涉密人员因私出国(境)管理的通知 ………………………………………（074）
关于中国科学技术大学"十三五"改革发展规划编制工作的意见 …………………………（075）
关于对国内公务接待等各项费用支出从严控制和加强管理的通知 ………………………（076）
关于与中国科学院长春光学精密机械与物理研究所联合成立中国科学技术大学国家示范性
　　微电子学院的通知 …………………………………………………………………………（081）
关于严格执行学校机关领导干部和工作人员外出报备与请销假制度的通知 ……………（082）

六、规章制度 ………………………………………………………………………………………（083）

中国科学技术大学党风廉政建设责任制实施细则(暂行) …………………………………（085）
中国科学技术大学离退休干部工作暂行办法 ………………………………………………（094）
中国科学技术大学"教工之家"建设实施办法(试行) ………………………………………（096）
中国科学技术大学党建兼职组织员制度实施办法 …………………………………………（101）
中国科学技术大学形势报告会和哲学社会科学报告会、研讨会、讲座管理办法 …………（104）
中国科学技术大学学位评定委员会章程 ……………………………………………………（109）
中国科学技术大学公共实验中心收费管理办法(试行) ……………………………………（111）
中国科学技术大学教师岗位专业技术职务聘用实施办法(试行) …………………………（112）
中国科学技术大学支撑岗位专业技术职务聘用实施办法(试行) …………………………（116）
中国科学技术大学科研项目经费外拨管理办法(试行) ……………………………………（120）

中国科学技术大学编外用工管理办法 (121)
中国科学技术大学基本建设类档案管理办法 (122)
中国科学技术大学测试费管理暂行规定 (125)
中国科学技术大学重点实验室管理办法(试行) (128)
中国科学技术大学学术委员会章程 (130)
中国科学技术大学因公出国(境)管理实施细则 (133)
中国科学技术大学采购管理暂行办法实施细则 (135)
中国科学技术大学计算机网络与信息安全管理规定 (150)
中国科学技术大学网站与信息系统安全管理办法 (151)
中国科学技术大学暂付款管理办法 (153)
中国科学技术大学教师、支撑岗位专业技术等级聘用实施办法(试行) (156)
中国科学技术大学科技成果使用、处置和收益管理办法(试行) (162)
中国科学技术大学关于普通本科学生转学工作的规定(试行) (164)
中国科学技术大学消防安全管理办法(试行) (166)
中国科学技术大学实验室安全管理办法(试行) (170)
中国科学技术大学留学生奖学金计划实施管理办法 (175)
中国科学技术大学优秀学生国际交流资助计划实施管理办法 (181)
中国科学技术大学大额资金支付审批管理暂行办法 (186)
中国科学技术大学毕业生就业工作先进集体和先进个人评选办法 (189)
中国科学技术大学预算管理暂行办法 (192)

七、机构与干部 (199)

学校党政领导 (201)
中共中国科学技术大学第十一届委员会常务委员会委员名单 (201)
中共中国科学技术大学第十一届委员会委员名单 (201)
中共中国科学技术大学纪律检查委员会委员名单 (201)
行政机构设置 (202)
党群机构设置 (203)
学院、系和教学部设置 (203)
校部机关党政机构负责人名单 (205)
学院、系、教学部党政负责人名单 (208)
重点科研机构负责人名单 (214)
其他单位负责人名单 (216)
各类委员会(非常设机构)及其成员名单 (218)
担任各级人大代表、政协委员以及各民主党派重要职务等人员名单 (229)

八、学科专业 (231)

本科专业 (233)
一级学科博士、硕士学位授权点 (234)
专业学位授权点 (235)

国家级重点学科 (237)
　　安徽省重点学科 (238)
　　博士后科研流动站学科 (238)
　　中国科大进入 ESI 前 1‰ 学科 (239)

九、教学与人才培养 (241)

　　各类学生人数 (243)
　　本科学生人数 (243)
　　硕士研究生人数 (244)
　　博士研究生人数 (244)
　　继续教育学生人数 (245)
　　接收外国留学生情况 (245)
　　高端培训情况一览表 (246)
　　国家级人才培养基地 (247)
　　实验教学示范中心 (247)
　　教学实验室一览表 (248)
　　2015 年"大学生研究计划"执行情况 (250)
　　国家级虚拟仿真实验教学中心 (251)
　　国家精品开放课程一览表 (251)
　　近年来荣获国家级教学成果奖一览表 (252)
　　各类奖教金获得者 (255)
　　2014～2015 学年度校优秀学生工作干部、优秀辅导员和优秀班主任名单 (257)
　　奖学金一览表 (258)
　　助学金一览表 (261)
　　2014～2015 学年度国家奖学金、中国科学院院长奖、郭沫若奖学金获得者名单 (262)
　　本科招生分省(市、自治区)录取情况 (265)
　　国家任务毕业生去向 (266)
　　近年来选拔国防生情况 (267)
　　2015 年我校学生获国际、全国性奖励或荣誉称号一览表 (267)
　　毕业生中的中国科学院院士 (270)
　　毕业生中的中国工程院院士 (272)
　　毕业生中的国际著名学术机构院士 (273)

十、科学研究与科技产业 (275)

　　国家级科研机构 (277)
　　中国科学院级科研机构 (277)
　　省部级科研机构 (279)
　　校级科研机构 (280)
　　年度获批重大重点项目(课题)一览表 (283)
　　年度职务专利授权一览表 (287)

年度科研成果获院、省、部级及以上奖励情况 (309)
2004~2015年入选国际重大科技进展(新闻)一览表 (310)
2004~2015年入选国内重大科技进展(新闻)一览表 (311)
年度发表在《Science》《Nature》《Cell》及其子刊上的论文一览表 (312)
2001~2014年发表论文情况 (316)
2001~2014年发表论文在全国高校排名情况 (317)
2005~2015年国际论文10年段被引篇次和排名一览表 (317)
2009~2015年自然出版指数/自然指数(NPI/NI)一览表 (318)
2008~2014年表现不俗论文情况 (318)
主办(承办)的学术刊物 (319)
科技企业概况 (319)
科技产业孵化基地一览表 (321)

十一、教职工队伍 (323)

教职工人员结构情况 (325)
专任教师年龄、学历情况 (326)
分学科专任教师情况 (326)
中国科学院院士、中国工程院院士一览表 (327)
发展中国家科学院院士一览表 (329)
国家级教学名师 (329)
国家万人计划教学名师 (330)
近年来我校教师获得国内外重要奖励、荣誉称号一览表 (330)
杰出人才名单 (332)
创新研究群体(团队)一览表 (336)
正高级专业技术职务人员 (338)
近年来博士后人数变动情况 (341)
"大师讲席"设置及聘任情况 (341)
2013~2017年教育部高等学校教学指导委员会委员 (344)
担任国务院学位委员会委员和学科评议组成员的教师 (345)
担任第四届安徽省学位委员会委员的教师 (346)
博士生导师一览表 (346)
2015~2016学年度在聘外籍语言教师情况 (360)

十二、国内外学术交流与合作 (363)

公派出访人员出国(境)情况 (365)
近年来接待外宾情况 (365)
与国(境)外机构签订交流协议情况 (366)
与国(境)外机构合作科研项目情况 (367)
主办、承办国际大型学术会议情况 (367)
"中国科大论坛"举办情况 (368)

十三、全院办校、所系结合 ·· (369)

 与中科院研究院所签署的合作共建协议一览表 ································ (371)
 聘请中科院研究院所领导和专家兼任学校院系领导一览表 ················ (372)
 与中科院研究院所联合创办"科技英才班"一览表 ····························· (373)
 近年来接收中科院研究院所代培研究生情况一览表 ····························· (374)
 近年来向中科院研究院所推荐免试研究生情况一览表 ························· (375)
 近年来本科生在中科院研究院所开展实践教学情况一览表 ·················· (376)
 中科院研究院所在学校设立奖学金一览表 ··· (376)
 近年来与中科院研究院所共建科教结合平台一览表 ····························· (377)
 近年来与中科院研究院所共建实验室一览表 ·· (378)
 近年来与中科院研究院所共建科教融合学院一览表 ····························· (379)

十四、办学支撑条件 ·· (381)

 教育基金会2015年捐赠收入统计 ·· (383)
 图书馆馆藏情况 ··· (388)
 档案馆馆藏情况 ··· (388)
 近年来图书出版情况 ··· (389)
 近年来校园网络建设情况 ··· (390)
 年度举办展览情况 ·· (391)
 年度教学、科研仪器设备统计 ·· (392)
 年度办学经费收入情况统计表 ·· (394)
 年度办学经费支出情况统计表 ·· (395)
 年度固定资产情况统计表 ··· (395)
 年度科研经费到款情况 ·· (395)
 年度竣工和在建校舍 ··· (396)

十五、学院、国家实验室介绍 ·· (397)

 少年班学院 ·· (399)
 数学科学学院 ··· (400)
 物理学院 ··· (403)
 化学与材料科学学院 ··· (405)
 生命科学学院 ··· (408)
 工程科学学院 ··· (410)
 信息科学技术学院 ·· (413)
 计算机科学与技术学院 ·· (415)
 地球和空间科学学院 ··· (417)
 管理学院 ··· (419)
 人文与社会科学学院 ··· (422)
 核科学技术学院 ··· (425)
 软件学院 ··· (427)

环境科学与光电技术学院………………………………………………………（429）
　　公共事务学院……………………………………………………………………（431）
　　国家同步辐射实验室……………………………………………………………（433）
　　合肥微尺度物质科学国家实验室（筹）…………………………………………（436）

十六、2015 年大事记……………………………………………………………（439）

附录　新闻媒体有关我校的报道索引……………………………………………（491）
　　国际新闻媒体有关我校的报道索引……………………………………………（493）
　　国家级新闻媒体有关我校的报道索引…………………………………………（500）

一、学校概况

中国科学技术大学是中国科学院所属的一所以前沿科学和高新技术为主、兼有特色管理和人文学科的综合性全国重点大学。

1958年9月,中国科大创建于北京,首任校长由郭沫若兼任。它的创办被称为"我国教育史和科学史上的一项重大事件"。建校后,中国科学院实施"全院办校、所系结合"的办学方针,学校紧紧围绕国家急需的新兴科技领域设置系科专业,创造性地把理科与工科即前沿科学与高新技术相结合,注重基础课教学,高起点、宽口径培养新兴、边缘、交叉学科的尖端科技人才,汇集了严济慈、华罗庚、钱学森、赵忠尧、郭永怀、赵九章、贝时璋等一批国内最有声望的科学家,得到迅速发展,建校第二年即被列为全国重点大学。

1970年初,学校迁至安徽省合肥市,开始第二次创业。"文革"结束后,学校锐意改革,大胆创新,在全国率先提出并实施了创办少年班、首建研究生院、建设国家大科学工程、面向世界开放办学等一系列具有创新精神和前瞻意识的教育改革措施,得到迅速恢复和发展。"七五""八五"期间一直得到国家的重点建设,很快发展成为国家高质量人才培养和高水平科学研究的重要基地。

20世纪90年代以来,学校主动适应国内外科技、教育和社会经济发展的要求与挑战,大力推行教学科研改革和结构性调整,成为国家首批实施"985工程"和"211工程"的大学之一,也是唯一参与国家"知识创新工程"的大学。多位党和国家领导人来校视察,关心中国科大发展。学校办学实力和水平得到稳步提升,走出了一条独具特色的"精品办学、英才教育"的内涵式发展之路,迈出了创建一流研究型大学的坚实步伐。

学校现任名誉校长是中国科学院院士、发展中国家科学院院士周光召教授,党委书记由许武教授担任,校长是中国科学院院士、发展中国家科学院院士万立骏教授。

学校有15个学院、30个系,设有研究生院,以及苏州研究院、上海研究院、先进技术研究院。有数学、物理学、力学、天文学、生物科学、化学共6个国家理科基础科学研究和教学人才培养基地和1个国家生命科学与技术人才培养基地,8个一级学科国家重点学科,4个二级学科国家重点学科,2个国家重点培育学科,18个安徽省重点学科。建有国家同步辐射实验室、合肥微尺度物质科学国家实验室(筹)、火灾科学国家重点实验室、核探测与核电子学国家重点实验室、语音及语言信息处理国家工程实验室、热安全技术国家地方联合工程研究中心、量子信息与量子科技前沿协同创新中心、国家高性能计算中心(合肥)、安徽蒙城地球物理国家野外科学观测研究站、大尺度火灾国际联合研究中心等10个国家级科研机构和49个院省部级重点科研机构。

学校现有各类普通高等教育在校学生24753人,其中博士生4457人,硕士生12888人,本科生7408人。本科生生源和培养质量一直在全国高校中名列前茅。校园总面积约163万平方米,建筑面积84.6万平方米,拥有资产总值24.7亿元的先进教学、科研仪器设备,图书馆藏书228万册,已建设成国内一流水平的校园计算机网络,以及若干科研、教学公共实验中心。

学校在人才队伍建设上坚持培养与引进并重的方针,按照事业、感情、待遇并重和培养、使用、关爱并举的原则,努力建设一流的师资队伍,凝聚了一批甘愿放弃优厚待遇,以在学校工作为荣的知名专家学者。现有专任教师1458人,科研机构人员546人。有中国科学院和中国工程院院士50人,发展中国家科学院院士17人,教授624人(含相当专业技术职务人员),副教授847人(含相当专业技术职务人员)。同时,一批国内外著名学者受聘担任名誉(客座)教授、"大师讲席"教授。

学校大力弘扬"勤奋学习、红专并进、理实交融"的校风,坚持"我创新,故我在"和精品办学、英才教育的理念,形成了不断开拓创新的优良传统,以及教学与科研相结合、理论与实践相结合的鲜明特色,培养出一批德才兼备的高层次优秀人才。近年来,学校不断深化教学内容与课程体系改革,加强以德育教育为核心、以创新能力培养为重点的全面素质教育,毕业生以综合素质高、创新能力强受到社会广泛赞誉。建校以来,为国家培养了数万名德才兼备的高层次优秀人才,其中涌现出一大批在国内外科技、教育、经济、管理和国防等领域的科技骨干,包括59名"两院"院士,他们取得了令人瞩目的成就,为学校赢得了社会公认的良好信誉。

学校面向世界科学前沿领域和国家重大需求,凝结科学目标,开展科学研究,努力提高学术研究水平和科研创新能力与科研竞争力,取得了一批具有世界领先水平的原创性科技成果。2001~2015年,学校获国家级科技奖励32项、省部级科技奖励154项,每年在国际上发表的科技论文及被引用情况一直居国内高校前列,被科技部评为全国科研业绩最佳的四所大学之一。2004年以来,在单分子物理化学、纳米科技的基础研究、量子信息科学、铁基超导体、火灾科学与防治技术、极地科学考察与研究等领域,取得了一批具有世界领先水平的原创性成果,科研成果43次入选世界十大科技进展(新闻)、中国十大科技进展(新闻)、国内十大科技新闻、国际物理学重大进展、中国基础科学研究十大新闻和中国高等学校十大科技进展等。

学校一贯坚持立足国内,面向世界,开展广泛的国内外学术交流与合作。先后与30多个国家和地区的百余所大学和研究机构签订了合作交流协议,平均每年有近300位外籍专家学者来校讲学或进行合作研究,先后派出教师近万人次赴30多个国家或地区访问学习和进行合作研究,许多学成归来的教师在教学、科研、管理等工作岗位上担当了重任。

长期以来,学校积极探索中国特色的高等教育改革与发展道路,为国家经济建设和社会发展,特别是科技与教育事业作出了重要贡献,是我国在国际上有较大影响的大学之一,在国际权威学术期刊《Science》和《Research》评出的中国13所杰出大学中,均名列前茅。目前,全校上下正深化改革,锐意创新,力争在2018年建校60周年前后,把学校建设成为具有世界水平、中国特色和科教优势的世界一流研究型大学,为实现"创寰宇学府,育天下英才"的宏伟目标而努力奋斗。

二、年度聚焦

刘延东副总理视察中国科大上海研究院

12月6日下午,中共中央政治局委员、国务院副总理刘延东在中共中央政治局委员、上海市委书记韩正的陪同下,视察中国科大上海研究院,参观中国科学院量子信息与量子科技前沿卓越创新中心。

刘延东听取了实用化量子通信技术发展、广域光纤量子通信网络"京沪干线"和量子科学实验卫星项目建设进展的工作汇报,并给予充分肯定。她希望中国科大围绕国家经济社会发展需要,进一步落实国家创新驱动战略,瞄准世界科技前沿,在各领域攀登高峰,为中华民族的伟大复兴作出新的更大的贡献。

《中国科学技术大学综合改革方案》开始实施

4月30日,《中国科学技术大学综合改革方案》通过国家教育体制改革领导小组办公室备案。《中国科学技术大学综合改革方案》明确了加快现代大学制度建设、深化人才强校主战略、创新人才培养体系、健全卓越科技创新体系、以科研的国际化带动人才培养的国际化、建设"活力"校园、打造民生工程等7个方面共38项改革核心任务。预计到2020年取得决定性进展,形成较为完备的制度体系和较为强大的综合竞争力。

万立骏院士任中国科学技术大学校长

3月27日,我校举行全校教授干部大会。中共中央组织部干部三局局长喻云林宣布了中共中央、国务院关于万立骏同志担任中国科学技术大学校长的决定。

万立骏,中国科学院院士,发展中国家科学院院士,中国科学院化学部常委,国务院学位委员会委员,中国共产党第十八届中央委员会候补委员,曾任中国科学院化学研究所研究员、所长。

学校参与中国科学院"率先行动"计划成效显著

2013年,中国科学院制定《"率先行动"计划暨全面深化改革纲要》,作为全院今后一个时期改革创新发展的行动纲领。2015年,学校通过主动作为,在"率先行动"计划中取得新的进展。

7月30日,量子信息与量子科技前沿卓越创新中心(上海)、中国科学院-阿里巴巴量子计算实验室在我校上海研究院揭牌,并纳入中国科学院与上海市深化战略合作的重要内容。

10月14日,中国科学院院长白春礼与安徽省省长李锦斌就推进院省合作举行会谈,明确院省共同争取把合肥大科学中心纳入国家科学中心建设规划。随后,安徽省将合肥大科学中心纳入全面创新改革试验区建设,并作为核心内容给予重点支持,争取建设成为综合性国家科学中心。

我校先进技术研究院建设不断向前推进。已建设重大战略性科技创新平台10家、各类联合实验室(研发中心)36家、孵化创新企业136家,注册资金累计6.8亿元,销售收入达到3.07亿元。

暗物质粒子探测卫星成功发射

12月17日,我国空间科学卫星系列首发星——暗物质粒子探测卫星"悟空"在酒泉卫星发射中心成功发射升空,并顺利进入预定转移轨道。作为我国第一颗完全由中国科学院研制、生产的卫星,暗物质卫星是世界上迄今为止观测能段范围最宽、能量分辨率最优的高能伽马射线、电子宇宙射线空间探测器,其科学探测指标达到国际先进水平。我校成功完成了该卫星唯一有效载荷的关键分系统——BGO量能器的研制工作,为我国首次实现此类大型空间探测装置作出了重要贡献。

科教结合实现新突破

3月,中国科学院沈阳金属研究所研究生教育归口我校管理。至此,学校与合肥物质科学研究院、沈阳金属研究所实现了研究生教育"统一招生、统一教学培养、统一管理、统一学位授予",以及"导师、学科、平台"三位一体的深度融合。

9月,学校与中国科学院沈阳金属研究所联合成立材料科学与工程学院,继续推动共建学院建设,推进办学体制机制改革,创新人才培养模式。

四位教授当选"两院"院士

12月7日,中国科学院和中国工程院分别发布了新增院士名单,其中我校有四名教授分别当选中国科学院院士、中国工程院院士。地球与空间科学学院教授陈晓非、物理学院教授杜江峰和陈仙辉当选中国科学院院士,副校长李建刚教授当选中国工程院院士。

学科建设持续领先

根据美国ESI(基本科学指标数据库)2015年1～8月的统计数据,中国科学技术大学有数学、物理、化学、材料、工程、地学、生物/生化、临床医学、环境/生态、计算机等10个学科进入ESI世界前1%学科领域,物理、化学、材料、工程等4个学科进入ESI世界前1‰学科领域。泰晤士高等教育的学科专业世界排行榜中,我校生命科学专业排名世界第95位(全国第1位),自然科学专业排名世界第78位(全国第3位),工程技术专业排名世界第64位(全国第4位)。

学校"自然指数"名列中国高校第四

3月26日,英国自然出版集团发布《自然指数2015(亚太区)》,中国科学技术大学位列亚太区第9位,国内高校第4位。2014年,中国科学技术大学在68种自然科学杂志上共发表536篇论文,自然指数190.96,比2013年增长8.7%。其中,在物理、化学领域研究实力较为雄厚。

另据12月汤森路透公布的数据统计,2015年1～8月,我校共发表SCI/SSCI论文30114篇,篇均被引12.10次,名列国内高校第一。

学校新增一批重要科研平台

国家同步辐射实验室合肥光源重大维修改造项目顺利通过验收,升级改造后的加速器总体性能和光束线、实验站性能均有显著提升;我校自行设计、自主研制集成的国际先进大型反场箍缩磁约束聚变实验装置KTX(科大一环)正式竣工;由火灾科学国家重点实验室联合国际知名机构共建的"大尺度火灾国际联合研究中心"通过科技部认定,成为学校首个国家级国际联合研究中心。

多项科研成果被评为国际/国内十大科技进展

1月31日,2014年中国十大科技进展新闻在北京揭晓,我校潘建伟院士团队"量子通信安全传输创世界纪录"入选2014年中国十大科技进展新闻。至此,我校先后有14项成果分别入选12个年度中国/世界十大科技进展新闻。

12月11日,英国物理学会新闻网站"物理世界"公布了2015年度国际物理学领域的十项重大突破。中国科学技术大学教授潘建伟、陆朝阳等完成的"多自由度量子隐形传态"研究成果名列榜首,这是我国科学研究成果首次荣登榜首。2015年初,英国《自然》杂志以封面标题的形式发表了中国科大团队在国际上首次成功实现多自由度量子体系的隐形传态这一研究成果。

12月15日,由教育部科学技术委员会组织评选的2015年度"中国高等学校十大科技进展"在京揭晓,我校杜江峰院士研究组"纳米尺度量子精密测量"项目入选。该项目通过将量子技术与精密测量科学相结合,率先实现了具备纳米分辨率和单分子灵敏度的磁共振探测技术。美国《科学》杂志报道该项工作"是通往活体细胞中单蛋白分子实时成像的重要里程碑"。

三、中国科大"三严三实"专题教育文献

中国科学技术大学开展"三严三实"专题教育实施方案

中共中国科学技术大学委员会

(党字〔2015〕19号,2015年5月28日)

"三严三实"是全面从严治党的重要内容,是协调推进"四个全面"战略布局的重要保证。开展"三严三实"专题教育是党的群众路线教育实践活动的延展深化,是持续深入推进党的思想政治建设和作风建设的重要举措,是严肃党内政治生活、严明党的政治纪律和政治规矩的重要抓手,对于进一步增强党的创造力、凝聚力、战斗力,推进全面建成小康社会、全面深化改革、全面依法治国、全面从严治党,具有十分重要的意义。开展"三严三实"专题教育,也是我校进一步深化领导干部思想政治建设、作风建设的重要举措,对于进一步加强领导干部的思想觉悟和党性修养、增强领导干部的责任感和使命感,建设一支忠诚、干净、担当的干部队伍,为创建世界一流研究型大学提高坚强的组织保障具有重要的现实意义。

为贯彻落实全面从严治党要求,巩固和拓展党的群众路线教育实践活动成果,持续深入推进党的思想政治建设和作风建设,中央决定在县处级以上领导干部中开展"三严三实"专题教育,这是具有全局意义的重要部署,体现了党中央弛而不息推进从严治党的决心和态度。为确保"三严三实"专题教育取得实效,根据《中共中央办公厅印发〈关于在县处级以上领导干部中开展"三严三实"专题教育方案〉的通知》精神和要求,结合学校实际,制定如下实施方案。

一、总体要求

深入学习贯彻党的十八大和十八届三中、四中全会精神,深入学习贯彻习近平总书记系列重要讲话精神,紧紧围绕协调推进"四个全面"战略布局,对照"严以修身、严以用权、严以律己,谋事要实、创业要实、做人要实"的要求,聚焦对党忠诚、个人干净、敢于担当,把思想教育、党性分析、整改落实、立规执纪结合起来,教育引导中层以上领导干部加强党性修养,坚持实事求是,改进工作作风,弘扬"追求卓越、求真务实、敢为天下先"的科大优良传统和"红专并进、理实交融"的优良校风。着力解决"不严不实"问题,切实增强践行"三严三实"要求的思想自觉和行动自觉,做到心中有党不忘恩、心中有民不忘本、心中有责不懈怠、心中有戒不妄为,努力在深化"四风"整治、巩固和拓展党的群众路线教育实践活动成果上见实效,在守纪律讲规矩、营造良好政治生态上见实效,在全面推进综合改革、创建世界一流研究型大学上见实效。

坚持从严要求,强化问题导向,真正把自己摆进去,着力解决理想信念动摇、信仰迷茫、精神迷失,宗旨意识淡薄、忽视群众利益、漠视群众疾苦,党性修养缺失、不讲党的原则等问题;着力解决滥用权力、设租寻租,官商勾结、利益输送,不直面问题、不负责任、不敢担当,顶风违纪还在搞"四风"、不收敛不收手等问题;着力解决无视党的政治纪律和政治规矩,对党不忠诚、做人不老实,阳奉阴违、自行其是,心中无党纪、眼里无国法等问题,推动各级领导干部把"三严三实"作为修身做人用权律己的基本遵循、干事创业的行为准则,争做"三严三实"

的好干部,营造"想干事、干实事、干成事"的良好氛围,推动学校各项工作取得新突破。

二、方法措施

坚持以上率下、示范带动。校级领导班子成员要立足学校实际开展专题教育,从思想深处清除与"三严三实"要求不适应、不符合的突出问题,努力当好忠诚、干净、担当的标杆。中层领导干部要立足本职岗位开展专题教育,真正从思想上、工作上、作风上严起来、实起来,把"三严三实"要求体现到履职尽责、做人做事的方方面面。

开展"三严三实"专题教育不分批次、不划阶段、不设环节,不是一次活动,不能按搞活动的方式来抓,要融入领导干部经常性学习教育。

(一) 高质量讲授"三严三实"专题党课

党委书记要结合学校实际,联系党员、干部的思想、工作、生活和作风实际,带头讲一次党课,党委常委也要根据实际情况为领导干部、党务工作者、师生入党积极分子等讲党课。党课内容要领会透中央精神,把握实质、得其要义,讲清楚"三严三实"的重大意义和丰富内涵;要联系实际,接地气,讲清楚"不严不实"的具体表现和严重危害;要讲清楚落实"三严三实"的实践要求,使讲党课的过程成为统一思想的过程,发挥带学促学作用。

(二) 高质量开展"三严三实"专题学习研讨

党政中心组和中层党政领导班子要深入学习习近平总书记系列重要讲话精神,学习党章和党的纪律规定,重点研读《习近平谈治国理政》《习近平关于党风廉政建设和反腐败斗争论述摘编》,注重读原著、学原文、悟原理,领会核心要义和精神实质。既要认真学习焦裕禄、杨善洲、沈浩等先进典型事迹,从周永康、薄熙来、徐才厚、令计划、苏荣等违纪违法案件中汲取教训,也要大力弘扬求真务实的优良校风学风,向身边的优秀共产党员、模范教师学习。

在个人自学基础上,重点围绕三个专题开展学习研讨,大体上每两个月一个专题。

专题一:严以修身,加强党性修养,坚定理想信念,把牢思想和行动的"总开关"。重点学习研讨如何坚定马克思主义信仰和中国特色社会主义信念,坚持社会主义办学方向,坚持党委领导下的校长负责制,增强道路自信、理论自信、制度自信;如何站稳党和人民立场,牢固树立正确的世界观、人生观、价值观和公私观、是非观、义利观,践行社会主义核心价值观,忠于党、忠于国家、忠于人民;如何加强师德师风建设,保持高尚道德情操和健康生活情趣,自觉远离低级趣味,弘扬朴实勤勉的优良校风学风,做好表率,坚决抵制歪风邪气,坚守共产党人精神家园。

专题二:严以律己,严守党的政治纪律和政治规矩,自觉做政治上的"明白人"。重点学习研讨如何严格遵守党章,落实习近平总书记在十八届中央纪委五次全会上提出的"五个必须"要求,自觉维护党中央权威,任何时候任何情况下都做到在思想上政治上行动上同以习近平同志为总书记的党中央保持高度一致;维护党的团结,做老实人、说老实话、干老实事,不搞团团伙伙,不搞任何形式的派别活动;严格遵守《中国共产党普通高等学校基层组织工作条例》,增强基层党组织的凝聚力和战斗力,遵循组织程序,不超越权限办事,不搞先斩后奏;增强领导干部的组织性原则性,服从组织决定,不跟组织讨价还价,不欺骗组织、对抗组织;管好亲属和身边工作人员,不让他们擅权干政,不让他们利用特殊身份谋取非法利益。

专题三:严以用权,真抓实干,实实在在谋事创业做人,树立忠诚、干净、担当的新形象。重点学习研讨如何坚持用权为师生,自觉遵守宪法法律和党的纪律,按照学校章程依法治校、按规则、按制度、按法律行使权力，敬法畏纪，为政清廉，任何时候都不搞特权、不以权谋私；如何坚持民主集中制，推进民主办学，自觉接受师生监督；如何坚持从实际出发谋划事业、推进工作，敢于担当，有为有位，真抓实干，狠抓落实，履职尽责，努力创造经得起师生评价、时代检验的实绩。

围绕三个专题，学校将举办依法治国、依法治校、党风廉政建设等系列讲座，组织开展学习沈浩同志先进事迹主题教育活动，坚持党政中心组每两周学习制度、各级党政领导班子每周一次学习例会制度，严格基层党组织"三会一课"制度、领导干部年度考核制度，促使广大领导干部带头坚定马克思主义信仰和中国特色社会主义信念，自觉维护党中央权威，树立正确的事业观政绩观和敢于担当的精神，着力营造良好的政治生态，切实引导学生、教师践行社会主义核心价值观，讲政治、讲纪律、讲规矩，坚持从实际出发谋划、推进工作，努力在全校掀起党员干部践行"三严三实"的热潮，夯实学校改革发展的基础。

各分党委、党总支、直属党支部要提前谋划，有序推进，抓好三个主题的学习研讨，结合本单位实际采取集中学习、个人自学相结合的理论学习、交流心得等方式开展学习研讨，确保领导干部真学、真提高，学习研讨取得真实效。

(三) 召开"三严三实"专题民主生活会

今年底，校级领导班子要召开"三严三实"专题民主生活会，领导班子成员要对照党章等党内规章制度、党的纪律、国家法律、党的优良传统和工作惯例，对照正反两方面典型，联系个人思想、工作、生活和作风实际，联系个人成长进步经历，联系教育实践活动中个人整改措施落实情况，深入查摆"不严不实"问题，进行党性分析，严肃认真开展批评和自我批评。

中层领导班子要结合年终考核召开"三严三实"专题民主生活会，认真开展批评与自我批评。

(四) 强化整改落实和立规执纪

各级领导干部要坚持边学边查边改，主要领导干部带头，列出问题清单，一项一项整改，进行专项整治，严格正风肃纪。对存在"不严不实"问题的领导干部，立足于教育提高，要督促改进；对师生意见大、不能认真查摆问题、没有明显改进的、在其位不谋其政的干部要坚决调整，杜绝当官不干事、只揽权不担责的现象。加强制度建设，强化刚性执行，推动践行"三严三实"要求制度化、常态化、长效化。

三、组织领导

"三严三实"专题教育在校党委领导下统一进行，各有关单位各司其职，负责组织实施。

各分党委、党总支、直属党支部要全面负责本单位"三严三实"专题教育，认真谋划安排，精心组织实施，扎实有效推进，主要负责人要承担起第一责任人的责任，把抓好专题教育作为履行党建主体责任的重要任务，纳入党建工作述职评议考核的重要内容，严要求、作表率、亲自抓、一级抓一级、一级带一级，形成上行下效、上率下行的良好局面。要把开展"三严三实"专题教育与全面推进学校综合改革、高质量完成本单位工作结合起来，做到专题教育与日常工作有机融合、相互促进，两手抓、两不误，真正把党员干部激发出的工作热情和进取精神转化为做好各项工作的强大动力。

要充分利用专题网站、校园广播电视、校报专栏等宣传阵地，重视发挥微博客、手机短信平台等新兴媒体作用，大力宣传"三严三实"专题教育进展和成效，传递中央声音，形成正确导向。抓好典型宣传，发掘、总结、宣传好经验好做法，发挥先进典型的示范作用。在学校网站上开辟专栏，利用多种媒介形式进行广泛的宣传，营造良好舆论氛围。

关于进一步做好"三严三实"专题教育有关工作的通知

中共中国科学技术大学委员会

(党组字〔2015〕37号，2015年10月22日)

各分党委、党总支、直属党支部，机关各部、处、室：

根据中央的统一部署，5月16日校党委正式启动"三严三实"专题教育，并印发《中国科学技术大学开展"三严三实"专题教育实施方案》，对学校开展"三严三实"专题教育进行了部署和安排。为了确保专题教育能够从严从实开展、不走过场、取得实效，现就有关事宜通知如下：

一、深入学习领会习近平总书记系列重要讲话精神，抓好学习研讨

各单位要结合学校"三严三实"专题教育开展实际，通过支部会议、座谈交流、集中自学等方式组织好广大党员干部特别是副处级以上领导干部的学习教育，认真抓好习近平总书记系列重要讲话精神的学习，把学习贯彻习近平总书记重要指示精神贯穿"三严三实"专题教育的始终，引导广大党员干部深刻理解"三严三实"的本真内涵和实践要求，进一步坚定理想信念，带头践行社会主义核心价值观，坚守共产党员的精神堡垒；增强纪律意识和规矩意识，真正把"三严三实"作为修身做人的根本准则、用权律己的基本遵循、干事创业的行为规范，争做"三严三实"的好干部。

要紧密联系正反面典型深入开展专题研讨，发挥先进典型的激励作用，对照学校老一辈科学家和身边的好党员、好干部，进一步受教育、找差距、明方向。发挥反面典型的警示作用，组织领导干部以周永康、薄熙来、郭伯雄、徐才厚、令计划、苏荣等严重违纪违法案件为反面教材，聚焦严守党的政治纪律和政治规矩，深入开展研讨，认清反面典型严重违纪违法的巨大危害性，深刻认识其所作所为对党和人民事业造成的重大损失，剖析根源、弄清实质、汲取教训、引以为戒。

二、强化问题导向，认真查找和解决不严不实的突出问题

各单位要把查找问题、解决问题贯穿"三严三实"专题教育全过程，组织党员领导干部对照党章和党的纪律规定，聚焦对党忠诚、个人干净、敢于担当，结合贯彻落实学校综合改革任务和要求，结合各单位工作实际和自身岗位要求，把自己摆进去，把职责和工作摆进去，把思想摆进去，深入查找个人"不严不实"问题，特别是师生反映集中、强烈的问题，往深里找、往细处查，把问题找准找实，对查摆出的问题制定切实可行的整改措施，即知即改、立行立改、务求实效。

三、用好批评和自我批评武器，组织开好专题民主生活会或组织生活会

各单位要结合年终考核组织开好副处级以上党员领导干部"三严三实"专题民主生活会或组织生活会，认真、准确查摆问题，严格批评和自我批评，从修身、用权、律己、谋事、创业、

做人6个方面查找自身存在的"不严不实"问题,看是否做到加强党性修养,坚定理想信念;是否做到坚持群众路线,坚持民主集中制,按照制度公开透明办事,自觉接受监督;是否做到遵守党纪国法、遵守学校的各项规章制度,为政清廉,严格履行领导干部职责,把主要精力放在学校管理、服务和教书育人上;是否做到从实际出发谋划事业和工作,不脱离实际;是否做到坚持立德树人,以求真务实的作风、勇于担当的精神、攻坚克难的勇气积极谋划学校事业改革发展,真抓实干推进各项工作;是否做到对党、对组织、对人民、对同志忠诚老实,切实用"三严三实"的精神和态度推动学校的综合改革。

四、强化整改落实和立规执纪,建立长效机制

在"三严三实"专题教育中,要做到边学边改,对于师生反映突出的问题要立即整改,建立好工作机制,完善制度,明确整改的具体时间和主要责任。将"三严三实"专题教育与学校中心工作结合起来,与基层服务型党组织建设结合起来,不断改进工作作风,使广大领导干部真正做到"讲政治、守规矩、顾大局",把作风建设良好态势保持和发展下去,使好的作风成为广大党员干部的思想自觉和行为习惯,为学校改革发展提供坚强的组织保障。

五、切实履行"三严三实"专题教育责任,确保取得实效

各单位要把"三严三实"专题教育作为当前一项重大的政治任务,把专题学习研讨与党员干部的日常教育紧密结合,切实加强领导,周密安排部署,坚持学以致用,围绕中心,服务大局,把"三严三实"要求真正落实到推进学校全面深化改革的实践中。广大领导干部要发扬讲认真的精神,把各项工作做扎实,确保专题教育不虚不空不偏、不走过场;发挥示范带动作用,真抓实干,敢于创新,勇于担当,用专题教育的成效来推动学校改革发展。

特此通知。

中国科学技术大学
2015年度校级领导班子专题民主生活会工作方案

中共中国科学技术大学委员会

(2015年12月16日)

根据《中共中央纪委机关 中共中央组织部关于开好"三严三实"专题民主生活会的通知》(组通字〔2015〕47号)精神和要求,校党委拟于2016年1月13日召开2015年度校级领导班子专题民主生活会。为切实提高民主生活会的质量,进一步改进工作作风,增强领导班子的凝聚力和战斗力,结合学校实际,特制定本工作方案。

一、民主生活会主题

根据党中央要求,以"三严三实"为主题,深入学习贯彻党章要求和《中国共产党廉洁自律准则》等党内规章,认真贯彻落实习近平总书记系列重要讲话精神,进一步加强党性修养,坚定理想信念,严守党的政治纪律和政治规矩,坚决做到思想上政治上行动上同党中央保持高度一致;对照检查"修身、用权、律己、谋事、创业、做人"等方面情况,紧密围绕创建世界一流研究型大学奋斗目标,认真分析当前学校面临的发展形势,联系班子和个人实际深入查摆

问题,严肃开展批评和自我批评,剖析原因,明确努力方向,抓好整改,以深化作风建设和增强领导干部勇于担当精神为抓手,确保专题民主生活会取得实效,努力推动学校综合改革,积极谋划"十三五"发展,力争在国家世界一流大学建设中发挥积极作用。

二、已经开展的工作

(一) 认真抓好学习研讨

为确保民主生活会取得成效,会前校党委专门召开多次党委常委会议、领导班子学习会、党政中心组学习研讨会,并围绕"严以修身、严以律己、严以用权"三个主题召开了专题研讨会。通过联系正反面典型、讲专题党课等形式,认真学习党的十八大和十八届三中、四中、五中全会精神,深入学习领会习近平总书记关于"三严三实"重要讲话精神,学习党章和《中国共产党廉洁自律准则》《中国共产党纪律处分条例》等规章制度,在不断学习和交流过程中进一步深入掌握了"三严三实"的本真内涵和精神实质,增强了践行"三严三实"要求的思想自觉和行动自觉,切实把思想和行动统一到中央部署要求上来,为开好2015年度校级领导班子专题民主生活会奠定了坚实的思想基础。

(二) 广泛征求师生意见

为切实听取基层意见,校党委派出7个调研组,分赴各学院、重点实验室、机关各部门、直属单位等基层单位进行调研,召开了12次座谈会,广泛征求基层对校级领导班子及成员在"不严不实"方面存在的突出问题,对贯彻上级精神、巩固作风建设成果和学校综合改革方案实施的意见和建议,一共归纳整理了9个方面的意见,为开好2015年度校级领导班子专题民主生活会做了充分的准备。同时,校级领导班子成员还以参加校务会议、座谈会等多种方式听取基层单位和教职员工的意见和建议。

对于征求到的基层意见,校党委专门召开党委常委会进行研究、梳理,并要求校级领导班子成员在撰写民主生活会发言材料时要对征求到的基层意见进行回应。

三、正在开展的工作

(一) 深入开展谈心谈话

为进一步找准问题,校级领导班子本着相互沟通思想、增进了解、化解矛盾的原则,开展谈心谈话。党委书记、校长带头相互谈心交心,领导班子成员之间相互谈,先作深刻自我批评,再真诚听取对方意见,对遵规守矩上的差距与不足、不严不实问题的具体表现深入分析,提出改进提高的意见和建议,对学校发展的重大问题沟通思想、增进共识。领导班子成员与分管部门负责同志之间也将开展谈心交心活动,作自我批评,听取批评意见,为开好专题民主生活会营造良好氛围。

(二) 认真撰写发言提纲

为认真撰写发言提纲,校党委专门召开党委常委会议,就如何撰写发言提纲以及相关内容和要求进行工作布置。现阶段,党委书记、校长正在动手撰写发言提纲,并主持起草领导班子对照检查材料。领导班子和班子成员将严格按照中央要求,对自身存在的修身做人、用权律己、干事创业等方面的不严不实问题,遵守党的政治纪律、政治规矩和组织纪律方面的问题,对落实党风廉政建设主体责任和监督责任的情况等进行认真梳理和深入剖析,提出整改的具体措施。

四、会议安排

（一）会议时间、地点

时间：2016年1月13日；

地点：东区2楼218会议室。

（二）参会人员

1. 中科院领导；

2. 中组部组织局、干部三局领导；

3. 安徽省委教育工委领导；

4. 领导班子全体成员（非党员校领导邀请参加并作交流发言）。

（三）会议议程

会议由党委书记许武主持。

批评和自我批评采取"个人对照检查、自我批评，其他同志批评帮助"的方式，会议议程如下：

1. 党委常务副书记、副校长窦贤康就"三严三实"专题教育开展情况进行通报；

2. 党委副书记、纪委书记叶向东就征求意见情况进行说明；

3. 党委书记许武代表校级领导班子进行对照检查发言，并进行个人发言，带头开展自我批评，其他班子成员分别对许武同志进行批评帮助；

4. 班子成员发言并开展自我批评，发言完毕，其他班子成员进行批评帮助，并依次逐人进行；

5. 安徽省委教育工委领导讲话；

6. 中组部组织局、干部三局领导讲话；

7. 中科院领导讲话；

8. 党委书记许武作会议总结。

五、会议通报与材料上报

（一）上报2015年度校级领导班子专题民主生活会报告

认真撰写2015年度校级领导班子民主生活会相关情况报告，按程序报送上级有关部门。

（二）制定整改方案和整改措施

1. 建立整改清单。民主生活会召开后，校党委将按照中央的要求，认真总结民主生活会情况，对师生反映和民主生活会上查找出来的问题进行再梳理，形成整改清单，明确牵头单位、责任人和整改时限。

2. 开展专项整治。对师生反映强烈的不严不实突出问题，校党委将集中力量立即开展专项治理，确保整改取得实效。

3. 强化立规执纪。对于查摆出来的不严不实问题，校党委将加强制度建设，进一步梳理完善制度规定，加强日常监督和定期检查，提高执行力，推动践行"三严三实"要求制度化、常态化、长效化。

关于召开2015年度中层领导班子民主生活会的通知

中共中国科学技术大学委员会

(党组字〔2015〕50号,2015年12月14日)

各分党委、党总支、直属党支部,机关各部、处、室:

根据《中共中央纪委机关 中共中央组织部关于开好"三严三实"专题民主生活会的通知》(组通字〔2015〕47号)精神和要求,现就召开2015年度中层领导班子民主生活会的有关事项通知如下:

一、民主生活会主题

以"三严三实"为主题,深入学习贯彻党的十八大、十八届三中、四中、五中全会和习近平总书记系列重要讲话精神,进一步加强党性修养,坚定理想信念,严守党的政治纪律和政治规矩,坚决做到思想上政治上行动上同党中央保持高度一致;对照检查"修身、用权、律己、谋事、创业、做人"等方面情况,紧密围绕创建世界一流研究型大学奋斗目标,认真分析当前学校面临的发展形势,查找不足,剖析原因,明确努力方向,以深化作风建设和增强领导干部勇于担当精神为抓手,推动实施学校综合改革方案,积极谋划"十三五"发展。

二、总体安排

2015年度中层领导班子民主生活会与2015年度年终考核结合起来进行,在2016年1月底前完成。

三、有关要求

1. 认真组织学习。在民主生活会前,认真组织学习习近平总书记系列重要讲话精神,深入领会"三严三实"本真内涵和精神实质;学习《中国科学院"率先行动"计划暨全面深化改革纲要》和《中国科学技术大学综合改革方案》,深入推进全面综合改革,促进学校快速发展。

2. 广泛征求意见。紧扣践行"三严三实",着重听取党员群众对领导班子和领导人员在"不严不实"方面存在的突出问题的反映,听取对贯彻上级精神、巩固作风建设成果和学校综合改革方案实施的意见和建议。

3. 普遍开展谈心。领导班子成员之间要开展谈心,深入交换意见,既主动说出自己的问题,也点出对方的问题,把问题谈深谈透,把问题查准、查具体。

4. 认真开展批评与自我批评。民主生活会上,领导班子成员要紧扣会议主题,对照党章等党内规章制度、党的纪律、国家法律、党的优良传统和工作惯例,对照正反面典型,联系个人思想、工作、生活和作风实际,联系个人成长进步经历,深入查摆"不严不实"问题,深入开展党性分析,严肃认真开展批评和自我批评。

5. 制定整改方案。针对师生反映的问题和民主生活会上查摆出来的问题,要分析原因,找出症结,继续向"四风"问题开刀,向不严不实问题叫板,对群众反映强烈、影响面大的问题,要抓好专项整治,逐条逐项地制定明确具体、针对性强的整改任务书。要强化边学边查边改,注意加强制度建设,建立长效机制。

特此通知。

从习近平总书记系列重要讲话精神看"严"和"实"的治党治国特点
——"三严三实"专题教育首场党课

党委书记　许武

(2015 年 5 月 16 日)

党的十八大以来,习近平总书记以敢于担当的魄力和政治智慧,把握时代的新要求,把握人民群众的新期待,围绕改革发展稳定、治党治国治军、内政外交国防等各方面发表了一系列重要讲话,提出了许多富有创见的新思想、新观点、新论断、新要求,集中体现了"严"和"实"的特点与要求,为我们在新的历史起点上实现新的奋斗目标提供了基本遵循。下面我就学习总书记系列重要讲话精神,践行"三严三实"要求谈几点体会,供大家参考。

一、"严"是党的建设的关键,是管党治党的底色

从严治党是中国共产党治党的重要原则,是改革开放和社会主义现代化建设条件下加强党的建设的基本方针和要求。

(一) 全面从严治党的重要意义

1. 全面从严治党,是保持党的先进性、纯洁性,巩固党的执政地位,完成党的执政使命的现实需要。实现党的十八大确定的各项目标任务,实现中华民族伟大复兴的中国梦,必须坚持从严治党,切实把党管理好,建设好。党的先进性和纯洁性,不是一劳永逸,一成不变的,过去先进不等于现在先进,现在先进不等于永远先进。必须不断清除党在思想、组织、作风上的污垢和病灶,才能永葆我们党作为一个马克思主义政党的政治本色。

2. 全面从严治党,是党应对"四大考验"、化解"四大危险"的有效途径和重大战略举措。在改革开放、发展市场经济的大潮中,我们党绝大多数党员和领导干部能够经得起严峻的考验。但也有个别党员和党员领导干部,经不住诱惑和考验,丧失政治信仰,把共产主义的理想是共产党员特别是党员领导干部的精神支柱和政治灵魂这一崇高信念抛在脑后,追求金钱,见利忘义,贪污受贿,以权谋私。再从社会结构深刻变动的影响看:近些年来,随着经济体制深刻变革,社会结构深刻变动,利益格局深刻调整,思想观念深刻变化,群众工作面临着许多前所未有的新课题、新挑战,对党员干部做好群众工作的能力提出了新要求。人民群众的拥护和支持,是党最可靠的执政基础。巩固党的执政基础,扩大党的群众基础,必须提高广大党员干部做好群众工作的能力。

3. 全面从严治党,是深刻汲取国外政党经验教训的必然结论。从世界上一些老党大党丢失政权的教训看,20 世纪 90 年代初,苏联在没有外敌入侵和特大自然变故的情况下顷刻之间解体覆亡,震惊世界。东欧剧变、苏共垮台,教训十分深刻,其中重要的原因就是管党不力,治党不严。我们中国共产党要想不重蹈苏共的覆辙,就必须坚持全面从严治党。

(二) 从严治党八项要求的主要内容

习近平总书记在党的群众路线教育实践活动总结大会上发表重要讲话,提出了从严治

党八项要求：

1. 落实从严治党责任。必须增强管党治党意识、落实管党治党责任。各级各部门党委（党组）必须树立正确政绩观，坚持从巩固党的执政地位的大局看问题，把抓好党建作为最大的政绩。

2. 坚持思想建党和制度治党紧密结合。要坚持制度面前人人平等、执行制度没有例外。加强党性和道德教育，引导党员、干部坚定理想信念，坚守共产党人精神追求。做到用制度管权管事管人。坚决纠正有令不行、有禁不止的行为，使制度成为硬约束而不是橡皮筋。

3. 严肃党内政治生活。要坚持和发扬实事求是、理论联系实际、密切联系群众、开展批评和自我批评、坚持民主集中制等优良传统，下大气力解决好影响严肃认真开展党内政治生活的各种问题，提高党内政治生活的政治性、原则性、战斗性，使党内政治生活真正起到教育改造提高党员、干部的作用。要使每一位党员切实做到在党言党、在党忧党、在党为党；爱党忧党、兴党护党是每一位党员的基本责任。

4. 坚持从严管理干部。坚持以严的标准要求干部，以严的措施管理干部，以严的纪律约束干部。要使干部：心有所畏、言有所戒、行有所止；严以修身、严以用权、严以律己。当官不发财，发财不当官。

5. 持续深入改进作风。作风建设永远在路上，永远没有休止符，必须抓常、抓细、抓长，持续努力、久久为功。各级干部要从我做起、从小事做起，带头坚守正道、弘扬正气，努力营造良好从政环境。要时刻注意不正之风离我们越远，群众就会离我们越近。

6. 严明党的纪律。党的纪律是全党必须遵守的行为准则，严格遵守和坚决维护纪律是做合格党员、干部的基本条件。纪律面前一律平等，党的各级组织要积极探索纪律教育经常化、制度化的途径。党内不允许有不受纪律约束的特殊党员。

7. 发挥人民监督作用。要注意畅通两个渠道，一个是建言献策渠道，一个是批评监督渠道。要织密群众监督之网，开启全天候探照灯。各级党组织和党员干部的表现都要交给群众评判。群众提出的意见只要对从严治党有好处，我们就要认真听取、积极采纳。要时刻认识到从严治党必须依靠人民，各级党组织和党员干部的表现都要交给群众评判。

8. 深入把握从严治党规律。正确把握掩盖在纷繁表面现象后面的事物本质，深化对从严治党规律的认识。要注重把继承传统和改革创新结合起来，增强从严治党的系统性、预见性、创造性、实效性。使从严治党的一切努力集中到增强党自我净化、自我完善、自我革新、自我提高能力上来，集中到保持和发展党的先进性和纯洁性上来。必须深入基层、深入实际，深入研究管党治党实践。

二、"实"是改革发展的关键，是治国理政的根本

（一）"实"是总书记讲话的突出特点

总书记的系列重要讲话有一个突出特点，就是习惯用问题开刀、拿现象作靶，开诚布公、振聋发聩。总书记的系列重要讲话为什么总会引起强烈共鸣，产生巨大反响，甚至让人拍案叫绝？关键在于了解实际、深谙国情党情民情，实事求是地讲问题、摆现象，敢于亮剑。

（二）深入学习贯彻总书记关于改革开放、科学发展、依法治国等方面的重要论述

1. 全面深化改革开放的重要论述。总书记用大白话、大实话和群众语言深入浅出、解

惑释疑。如，他讲树典型不能用"开小灶""吃偏饭"的方式来催生；讲一个国家发展道路的选择，"鞋子合不合适，自己穿了才知道"。总书记深刻地指出改革开放的30多年，大体每10年是一个段落，每一个段落又有一个共同特点：开头都充满机遇挑战或危机，之后又转危为安，这就是对规律的总结。

科大的发展历程中，同样有这样一些类似的段落，机遇、挑战始终伴随科大的改革发展进程。通过学习贯彻，充分认识改革开放是我们党在新的历史条件下带领人民进行的一场新的伟大革命，引导我校党员干部和广大师生积极投身于全面深化教育领域综合改革。

2. 推动科学发展的重要论述。总书记用形象的比喻来深入浅出阐述思想。如，他用"块头大不等于强，体重大不等于壮，有时是虚胖"来比喻说明只有经济总量而没有先进科学技术支撑是不够的；用"缺钙""软骨病"来比喻理想信念的缺失；用"玻璃门""弹簧门"来形容阻碍民间投资的体制障碍。谈到生态的科学发展，总书记说：我们中华文明传承5000多年，积淀了丰富的生态智慧。例如："劝君莫打三春鸟，儿在巢中望母归"，这些质朴睿智的自然观，至今仍给人深刻警示和启迪。

通过学习贯彻，充分认识发展是解决中国所有问题的关键。引导我校党员干部和广大师生切实把推动教育改革发展的立足点转到提高质量和效益上来，坚持教育内涵发展、特色发展、创新发展。

3. 社会主义民主政治和依法治国的重要论述。总书记用古今中外的优秀文化元素广征博引、纵横捭阖。回顾中国法治的历史，总书记说：中国古代法制思想十分丰富。古人说，"明法者强，慢法者弱"，等等。四中全会提出，全面推进依法治国，总目标是建设中国特色社会主义法治体系，建设社会主义法治国家。要做到五个坚持：坚持中国共产党的领导、坚持人民主体地位、坚持法律面前人人平等、坚持依法治国和以德治国相结合、坚持从中国实际出发。全会强调，党的领导是中国特色社会主义最本质的特征，是社会主义法治最根本的保证。把党的领导贯彻到依法治国全过程和各方面，是我国社会主义法治建设的一条基本经验。

2014年10月，我校制定并报中科院、教育部审核通过的大学章程，就是我校的根本法。必须要以大学章程建设为抓手，通过深入学习贯彻十八届四中全会精神，引导我校党员干部学法、知法、懂法、用法，依法治教、依法治校，为世界一流研究型大学建设打下良好的法治基础。

（三）结合学校实际，深入学习贯彻总书记关于教育领域的重要论述

十八大以来，总书记多次对教育工作作出重要论述。这些论述内涵丰富、思想深刻，具有极强的针对性和指导性，为我们进一步明确教育改革发展的目标任务，切实做好教育改革发展稳定各项工作，指明了前进方向。

1. 深入学习领会习近平总书记关于促进青少年全面健康成长的重要论述，全面落实立德树人根本任务。2011年，习近平同志视察我校，勉励大家珍惜宝贵时光，努力刻苦学习，掌握真才实学，陶冶道德情操，做到德智体美全面发展。2014年5月4日青年节，习近平总书记在北大考察时强调：青年要自觉践行社会主义核心价值观，与祖国和人民同行，努力创造精彩人生。

2. 深入学习领会习近平总书记关于教育优先发展的重要论述，始终把教育摆在优先发

展的战略位置。总书记指出,教育是人类传承文明和知识,培养年轻一代、创造美好生活的根本途径。我们要充分认识到教育在社会主义现代化建设全局中的地位和作用,切实保证经济社会发展规划优先安排教育发展、财政资金优先保障教育投入。

3. 深入学习领会习近平总书记关于大力促进教育公平的重要论述,建设惠及全民的公平教育。总书记指出,要不断加大投入,努力发展全民教育、终身教育,建设学习型社会,努力让每个孩子享有受教育的机会。总书记强调,要鼓励创业就业,多渠道创造就业岗位,尤其要做好高校毕业生为重点的青年就业工作。我们要把高校毕业生就业工作摆在更加突出位置,完善政策体系,全力以赴做好高校毕业生就业工作。

4. 深入学习领会习近平总书记关于不断提高教育质量的重要论述,培养更多高素质的人才。总书记指出,要调整优化学科专业结构,创新高校人才培养机制,造就更多、更高素质人才。总书记强调,要找准专业优势和社会发展的结合点,找准先进知识和我国实际的结合点,真正使创新创造落地生根、开花结果。我们要牢固树立科学的教育观、人才观、质量观、发展观,坚持规模和质量相统一,推动教育内涵发展。

5. 深入学习领会习近平总书记关于加强教师队伍建设的重要论述,不断提高教师队伍整体水平。2014年9月10日教师节,习近平总书记考察北京师范大学。他强调,今天的学生就是未来实现中华民族伟大复兴中国梦的主力军,广大教师就是打造这支中华民族"梦之队"的筑梦人。总书记指出:百年大计,教育为本。教育大计,教师为本。我们要大力培养造就一支师德高尚、业务精湛、结构合理、充满活力的高素质专业化教师队伍。

6. 深入学习领会习近平总书记关于高校党建工作的重要批示,加强和改进高校党的建设。2014年12月29日,全国高等学校党的建设工作会议在北京召开。习近平总书记作出重要指示强调,高校肩负着学习研究宣传马克思主义、培养中国特色社会主义事业建设者和接班人的重大任务。加强党对高校的领导,加强和改进高校党的建设,是办好中国特色社会主义大学的根本保证。

三、践行"三严三实"要求的重要意义

(一)深刻认识"三严三实"的重要意义

1. "三严三实"集中体现了共产党人的价值追求和政治品格。"三严三实"贯穿着马克思主义政党建设的基本原则和内在要求,丰富和发展了党的建设理论。"三严三实"是全面从严治党的重要内容,是协调推进"四个全面"的重要保证,指明了党员干部的修身之本、为政之道、成事之要。党的队伍真正严起来、实起来,坚决维护党中央的集中统一领导,自觉同以习近平同志为总书记的党中央保持高度一致,就能汇聚起实现中华民族伟大复兴中国梦的磅礴力量。

2. "三严三实"的本真内涵。"三严三实"是共产党人"质"的规定性,是一个党员干部应当具备的"本真"的东西。"三严"是我们党的核心价值、独特优势、优良传统。"三实"体现了我们党的思想路线,体现了党始终坚持"理论与实践相统一"这一马克思主义基本原则。作为党员干部,必须坚守党最本真的东西。要争做"三严三实"的好干部,就是要做到"信念坚定、为民服务、勤政务实、敢于担当、清正廉洁"。

(二)深刻认识"不严不实"的严重危害

1. 在党性修养和理想信念层面。对高校来说,"严以修身"最直接的体现是干部教师队

伍加强师德师风建设,发挥表率作用,即"学高为师、身正为范"。"修身不严"体现在个别干部教师师德沦丧,腐化堕落;体现在理想信念动摇、信仰迷茫、精神迷失,发表不正确言论误导学生。"修身不严"体现在马克思主义信仰和中国特色社会主义信念不坚定,底线意识不强,办学方向发生偏离。

2. 在加强组织纪律性层面。对高校来说,对教师更应该努力为其营造自由探索空间和平等的文化氛围,科大校园文化也有平等自由的传统。对于党员领导干部,必须严守组织纪律,做到个人服从组织、下级服从上级、少数服从多数,令行禁止。"律己不严"体现在个人自由主义,自由散漫,唯我独尊,无视学校规定和组织纪律。"律己不严""用权不严"体现在部分领导干部拉帮结派,搞小团体,私利至上,无视集体利益;体现在违反法定程序和学校制度,无视上级组织决定,甚至出现对抗组织的行为。"律己不严""用权不严"体现在部分领导干部以权谋私、设租寻租、中饱私囊。随着国家加大对科教领域的投入,高校的办学经费有了长足的增长。近年来,高校科研经费、基建、招生等领域的腐败案件频发,为我们敲响了警钟!

3. 在谋事创业促发展层面。对高校来说,科学精神是大学最基本的文化元素。"实事求是"是科学精神的核心,"开拓进取"是科学精神的活力。"不严不实"体现在学风浮躁,治学不严谨,甚至作弊剽窃,弄虚作假。"不严不实"直接导致科学精神的缺失,直接导致大学文化发生偏差。"谋事创业不实"体现在部分领导干部好大喜功,不切实际,忽视师生需求;体现在工作中推诿扯皮打太极,不敢担责;体现在创新精神匮乏,墨守成规,不解决实际问题,只为群众制造困难。"谋事创业不实"体现在部分领导干部工作不够深入和扎实,浮于表面、蜻蜓点水;体现在开拓精神不足,得过且过;体现在忙于日常事务和应酬,疏于学习,能力差距日益明显;体现在紧迫感和工作节奏有待增强。

当前,我校正处在全面贯彻落实中国科大大学章程,全面推进综合改革,争创世界一流研究型大学的关键时刻,领导干部关键在于想干事、能干事、干成事。

四、扎实做好"三严三实"专题教育

4月21日,中央"三严三实"专题教育工作座谈会在北京召开,中央政治局常委刘云山同志,中央政治局委员、中组部部长赵乐际同志在会上发表重要讲话,对本次专题教育工作作出了具体部署。

刘云山同志在讲话中强调,开展"三严三实"教育,是从严治党的一项重要举措,也是关系党的建设全局的一项重要工作。他要求:充分认识"三严三实"专题教育的重要意义。深入把握"三严三实"专题教育的总体要求。坚持把深化学习教育放在首位。着力解决"不严不实"的突出问题。切实做到专题教育与日常工作两手抓、两促进。认真落实专题教育的组织领导责任。

赵乐际同志在讲话中指出,开展"三严三实"教育,充分表明了中央全面从严治党的鲜明态度、持之以恒加强作风建设的坚定决心。他要求:深刻领会中央的部署要求。一要深刻领会专题教育的重要意义;二要深刻领会"三严三实"的本真内涵;三要深刻领会专题教育的总体要求。扎实做好"关键动作"。一是高质量讲好专题党课;二是高质量组织好专题学习研讨;三是高质量召开专题民主生活会和组织生活会;四是高质量抓好整改落实和立规执纪。从严从实组织实施。一是突出从严责任;二是突出问题导向;三是突出以上率下;四是突出

两手抓两促进。

"三严三实"专题教育是党的群众路线教育实践活动的延展深化,是持续深入推进党的思想政治建设和作风建设的重要举措,是严肃党内政治生活、严明党的政治纪律和政治规矩的重要抓手。以从严从实作风开展"三严三实"专题教育,是当前我们全校师生需要严肃面对、认真落实的重要自身要求和政治任务,责任重大、意义深远。全校党员干部一定要高度重视,按照中央要求,切实承担起对本单位师生学习教育的责任,确保学习教育扎实推进、取得实效。

(根据讲话录音整理)

"三严三实"与高校党员的作用
——"三严三实"专题教育党课报告

校长　万立骏
(2015年9月16日)

各位老师、同志们:

大家下午好!

根据中央要求和《中国科学技术大学开展"三严三实"专题教育实施方案》安排,学校于5月16日正式启动了"三严三实"专题教育,许武书记带头作了学校"三严三实"专题教育首场党课。在今天的党课报告会上,我想结合自己的学习体会谈一下"三严三实"的出台背景、"三严三实"的内涵和专题教育的重要意义,以及如何贯彻落实"三严三实"要求、发挥党员在推进学校综合改革和世界一流大学建设中的作用。

一、"三严三实"的出台背景与意义

当前我国面临的形势错综复杂,支撑发展的要素条件也在发生深刻变化,我国经济正处于结构调整阵痛期、增长速度换挡期,到了爬坡过坎的紧要关口。国家和社会面临着价值观、信仰、道德标准的剧烈震荡和深刻变化,少数党员出现了价值取向紊乱、信仰不坚定、道德滑坡的情况。通过以反对"四风"为重要内容的党的群众路线教育实践活动,各级领导班子和领导干部作风明显好转,出实策、鼓实劲、办实事,不图虚名,不务虚功,这是一大进步。党的十八大以来,在以习近平同志为总书记的党中央领导下,国家采取了很多措施,处理一部分干部,社会风气有所好转,党员和领导干部作风得到改善,但仍有少数领导干部理想信念动摇、宗旨意识淡薄、精神懈怠;贪图名利、弄虚作假、不务实效;脱离群众、脱离实际、不负责任;铺张浪费、奢靡享乐,甚至以权谋私、腐化堕落。

正是在这样的环境和背景下,2014年3月9日,习近平总书记在参加十二届全国人大二次会议安徽代表团讨论时指出:"各级领导都要树立和发扬好的作风,既严以修身、严以用权、严以律己,又谋事要实、创业要实、做人要实",简称"三严三实"。"三严三实"贯穿着马克思主义政党建设的基本原则和内在要求,体现了共产党人的价值追求和政治品格,丰富和发展了党的建设理论,明确了领导干部的修身之本、为政之道、成事之要,为加强新形势下党的思想政治建设和作风建设提供了重要遵循。

2015年4月21日,中央"三严三实"专题教育工作座谈会在北京召开,对专题教育工作作出具体部署。加强经常性的学习教育,是我们党管党治党的一贯做法和成功经验。"三严三实"是着眼于解决作风方面的突出问题提出来的,切中了作风之弊的要害,把准了作风建设的命脉,抓住了改进作风的关键,具有很强的现实针对性。

无论从国家层面还是学校层面来看,"三严三实"专题教育都具有非常重要的意义。

从国家层面来看,"三严三实"专题教育是党的群众路线教育实践活动的延展深化,是持续深入推进党的思想政治建设和作风建设的重要举措,是严肃党内政治生活、严明党的政治纪律和政治规矩的重要抓手,充分体现了中央继续打好党风建设这场硬仗的鲜明态度,充分体现了中央驰而不息推进全面从严治党的坚强决心。对于进一步增强党的创造力凝聚力战斗力,提高党的执政能力和执政水平,协调推进"四个全面"战略布局,顺利实现"两个一百年"奋斗目标和中华民族伟大复兴的"中国梦"具有重大意义。

从学校层面来看,"三严三实"专题教育能够提高学校各级领导干部的思想觉悟和党性修养,增强责任感和使命感,进一步弘扬中国科大"追求卓越、求真务实"的优良传统和"红专并进、理实交融"的优良校风,并为学校综合改革保驾护航,为创建世界一流大学提供坚强的思想保障和组织保障。

二、从"三严"看科大的历史与传统

在中国科大近60年的办学历史中,学校始终秉承"红专并进、理实交融"的校训,一直坚持"培养世界一流人才、产出世界一流成果、作出世界一流贡献"的办学目标,这本身就体现了"严以修身、严以用权、严以律己"的精神。1958年科大创新立校时,以"全院办校、所系结合"为办学方针,以"理工结合、理实交融"为办学特色,体现了踏踏实实做好科学研究和培养人才,积极为国家作贡献。上世纪70年代以来,科大解放思想,敢为人先,也体现了"三严三实"的精神。南迁合肥、首创少年班、首创研究生院、建设大科学工程,科大都作出了自己的突出贡献。90年代至今,在国家"211工程""985工程"等重点支持下,科大通过内涵式发展,实现了跨越式进步。2008年,胡锦涛总书记在致中国科大建校50周年贺信中,肯定我校"为党和国家培养了一大批科技人才,取得了一系列具有世界先进水平的原创性科技成果"。现在,学校正瞄准世界一流大学的建设目标,瞄准世界科技前沿,服务国家发展战略,创造性地做好教学和科研工作。"三严三实"专题教育对科大建设世界一流大学是很好的促进和推动。

经过几代科大人的不懈努力和奋斗,学校形成了"无行政化,服务至上;无门派之分,唯才是举;无后顾之忧,以人为本"的良好氛围和传统。学校行政管理服务至上,各级领导全心全意为师生服务,多渠道听取师生的意见和建议,及时解决师生关心的问题。学校的教职员工来自五湖四海,兼容各种学派和观点。学校关心每位学生的成长和老师的发展,采取多种措施保障他们的学习、工作和生活质量,例如:学校安装暖气时,"先学生、后职工、先教师、后领导","科大花园"解决教师的住房问题,推进薪酬改革等。

科大始终坚持学术优先的传统,发扬求实创新的精神,保持刻苦学习的学风。职称评定和人才引进采用学术优先的评价体系,对教师实行柔性考核制度,优先保障教学科研用房。学校有一流的科研平台,包括我国高校第一个国家实验室——国家同步辐射实验室,后来又建设了合肥微尺度物质科学国家实验室等国家级科研平台；取得了一系列具有世界先进水平的原创性科技成果；汇集了最优秀的学生，具有最优秀的学风，学生认真刻苦闻名全国。

三、从"三实"看当前的机遇与挑战

在党中央和上级部门的正确领导下，几代科大人发扬求真务实的精神，学校取得了令人鼓舞的成绩，在国内外赢得了很好的地位。

学校的人才培养质量享誉海内外，目前共有59位毕业生当选两院院士，超过70%的本科毕业生在国内外深造，比例均位居国内高校前列，毕业生中有32位成为科技将军，涌现出邓中翰、潘建伟、庄小威等一批优秀校友。高层次人才占教师总数的27%，比例位居国内高校前列，优秀青年人才引进在国内高校中名列前茅。重大科技成果产出在国内高校中首屈一指，与中科院物理所合作的铁基高温超导研究获2013年度国家自然科学一等奖。办学声誉稳居国内高校前列，在近年的各类大学排行榜中，科大始终处于靠前位置。论文数量、篇均引用、师均引用等主要学术指标接近世界一流水平。

学校能够取得现在的成绩，能在国内外赢得当前的地位，离不开党中央和上级部门的正确领导，更离不开几代科大人求真务实的精神。当前，学校发展面临着重大的机遇，也面临着诸多的挑战，需要大家以"谋事要实、创业要实、做人要实"的精神来积极应对。党中央、国务院及有关部委在科教领域出台了一系列政策文件和改革举措，为学校带来了重要发展机遇，包括：国家统筹推进世界一流大学和一流学科建设，教育部出台《深化教育领域综合改革实施方案（2014—2018年）》，中国科学院制定并实施《"率先行动"计划暨全面深化改革纲要》，安徽省进一步加快创新型省份建设、参与长江经济带发展等。

科大要把握机遇，充分发挥自身在"全院办校，所系结合"、拔尖创新人才的培养、基础前沿的创新成果等方面的优势与特色，在国内一流高校中脱颖而出。这就要求大家以"谋事要实、创业要实、做人要实"的精神，做好高层次人才的引进与稳定、拔尖创新人才的全面培养、外部资源的争取和现有资源的充分利用，使科学研究更好地满足国家战略和经济社会发展需求，推进落实学校综合改革的各项工作。要"顺势而为"，把学校的发展、个人的成长与国家发展、党的事业联系起来，与实现中华民族伟大复兴的"中国梦"联系起来。学校要以科学院"三类平台"建设为抓手，做好谋篇布局和顶层设计，主动作为，积极对接科学院、教育部、安徽省发展战略，加快建设世界一流大学。

四、发挥党员在综合改革中的作用

全体党员要在学校的综合改革中积极发挥先锋模范带头作用，做到如下几个方面：

一是心中有党。自觉在思想上、行动上同党中央保持一致，以身作则，为群众作出表率，在各项工作中应当成为群众的核心和中坚，发挥出作为党和人民群众保持密切联系的桥梁和纽带的作用。

二是心中有民。情为民所系，权为民所用，利为民所谋，要在作风上践行群众路线，急群众之所急，想群众之所想，真正做到一切为了群众，一切依靠群众。坚持民主办学，广泛、认真地听取广大师生员工的意见和建议。

三是心中有责。自觉运用马克思主义的立场、观点和方法做好思想工作、解决好主要矛盾、处理好关键问题。要善于学习，完善学习制度，营造学习氛围，创建学习型组织。要勇于创新，有创新理念、创新能力、创新举措。无论是教授还是学生，无论是领导还是职工，都应

该脚踏实地做好自己的本职工作。

四是心中有戒。"三严三实"体现的是作风,彰显的是境界,是检验党性原则的一把尺子,立身做人的一面镜子。党员要严格要求自己,不断提高能力和水平,洁身自好,坚持共产党人的高尚品格,对待工作要有热情、有冲劲,要有牺牲精神和献身精神。

为把"三严三实"要求落到实处,确保学校"三严三实"专题教育取得实效,推进学校的各项事业全面发展,发挥好党员在推进学校综合改革和世界一流大学建设中的作用,在这里,我还想对大家提几点希望:

一是要奋发有为。习近平总书记说,"有梦想,有机会,有奋斗,一切美好的东西都能够创造出来""事业成功的原因很多,奋发有为是主要因素"。大家要积极响应习近平总书记的号召,党员领导干部要有"功成不必在我"的境界,党员同志们要争做奋发有为的合格党员。

二是在工作中要发挥好先锋模范带头作用。党员领导干部要发扬"吃苦在前、享乐在后"的传统,以身作则,先人后己,从大局和全局思考问题,为全校师生员工做好榜样,减少学校推进综合改革可能遇到的压力和阻力。各部门要从学校发展的大局出发,协调好部门工作和学校发展的关系。

三是要有攻坚克难的精神。学校综合改革已进入深水区,党员尤其是党员领导干部要有担当意识,要有信心,敢啃"硬骨头",不怕担责任、不怕担风险,要冲锋在前,真正起到改革中坚力量、中流砥柱的作用。

四是要遵从客观规律,实事求是。要充分尊重教育规律,坚持科大的办学理念和办学传统不动摇,注重内涵发展,全面提升人才培养质量。坚持实事求是,一切从实际出发,尊重学校、学科和教师学生的实际情况,踏踏实实做好工作。

落实"三严三实"要求是长期的工作,也是终身的修养。党性修养不会随着党龄的增长、职务的升迁而自然提高,需要终身努力。要常在精神上补"钙",系统深入学习中国特色社会主义理论体系和习近平总书记系列重要讲话精神,不断提高政治理论素养,进一步增强道路自信、理论自信、制度自信。要增强政治定力,严守政治原则、政治规矩,听党召唤、为党尽责,始终与党中央保持高度一致。科大的每一位党员同志一定要在校党委的领导下,坚定政治信仰,自觉发挥党员的作用,维护中国共产党的领导。

同志们,学校世界一流研究型大学的目标已经确立,改革的号角已经吹响,让我们进一步以"三严三实"的标准严格要求自己,严于律己、勇于担当,充分发挥共产党员的模范先锋带头作用,为全面推进学校综合改革,早日实现世界一流研究型大学的建设目标努力奋斗!

谢谢大家!

(根据讲话录音整理)

四、重要文献

在全校教授干部大会上的讲话

党委书记 许武

（2015年3月27日）

各位老师、同志们：

刚才，喻云林局长宣布了中央关于万立骏同志担任校长的决定，并作了重要讲话。何岩副秘书长和邓向阳部长分别代表中科院党组和安徽省委作了重要讲话。万立骏同志作了充满感情的就职发言。在此，我谨代表科大党政领导班子和全体师生员工，对中央的决定表示坚决拥护，并再次对中组部、中科院和安徽省委省政府长期以来对学校的关心与支持表示衷心的感谢！同时，我也代表全校师生，热烈欢迎第九任校长万立骏院士来校工作！

这次校长调整，是我校政治生活中的一件大事，广受学校师生、校友和社会关注，充分体现了党中央、国务院和上级领导对科大的高度重视，也必将对科大进一步发展产生积极而深远的影响。万立骏同志担任中国科大校长，是中央加强科大班子建设的重要决策，我们坚决拥护，全力支持。

近年来，在中央和上级有关部门的亲切关怀和正确领导下，中国科大牢牢把握社会主义办学方向，坚持党的教育方针，狠抓立德树人的根本任务，以"科教报国"为使命，坚持"全院办校、所系结合"的办学方针，秉承"红专并进、理实交融"的校训，全面推动以质量提升为核心的内涵式发展，初步实现了创建世界一流研究型大学"三步走"战略的"第一步"目标。

上述成绩是全校师生员工团结努力、共同奋斗的结果，其中也凝结了上任校长侯建国同志的心血和辛劳。我和建国同志共事多年，党政班子同舟共济、团结协作。建国同志在任期间，视野开阔、思维活跃、作风正派、廉洁勤勉，全身心地投入学校的管理工作，为科大的改革发展稳定作出了重要贡献。今天侯建国同志因为工作原因没有来到现场。借此机会，我谨代表全校师生员工，向侯建国同志表示崇高的敬意和诚挚的谢意！

各位老师、同志们，当前，全校上下正在深入学习贯彻党的十八届三中、四中全会精神和习近平总书记系列重要讲话精神，贯彻落实中央"四个全面"战略布局以及中科院新时期"三个面向、四个率先"的办院方针，大力推动大学章程和综合改革方案的贯彻落实。学校正处于加快促进改革发展，实现创建世界一流研究型大学"第二步"战略目标的关键时期。

万立骏同志是中国科学院院士，长期从事科研和大型研究所的管理工作，具有深厚的学术造诣、广阔的国际视野和丰富的科教管理工作经验。在过去十多年中，他本人经常来校讲学，开展学术交流。他领导下的化学所，也与科大开展了创办科技英才班等全方位的"所系结合"办学合作。我们相信，他的到任，必将为学校领导班子注入新的活力和动力，带来新的思维和战略视野，进一步提高领导班子驾驭学校改革发展的能力和水平，开创学校各项事业发展的新格局。

校党委将全力支持万立骏同志依法独立负责地履行校长职责。学校党政领导班子将进一步继承和发扬紧密团结的优良传统，按照习近平总书记"三严三实"的要求，相互支持，埋头苦干，勇于担当，全力抓好学校改革发展的各项工作，不辜负上级组织的重托和广大师生、校友的殷切期望。

各位老师、同志们，当前，全国各族人民万众一心，在以习近平同志为总书记的党中央坚强领导下，掀起了贯彻落实"四个全面"战略布局的热潮，科教领域综合改革也正在逐步深入推进。我们要在中央和中组部、中科院、安徽省委省政府的正确领导下，贯彻落实刚才各位领导的重要讲话精神，牢固树立改革促发展的观念，弘扬"敢为天下先"的科大精神，牢牢把握"全院办校、所系结合"的办学法宝，着眼体制机制建设，锐意改革创新，勇于攻坚克难。我们要本着对科大历史负责、对所有科大人负责的态度，团结一心，齐心协力，扎实工作，争取早日建成世界一流研究型大学！

在全校教授干部大会上的讲话

校长　万立骏

（2015年3月27日）

尊敬的各位领导，老师们，同学们，朋友们：

大家好！

中组部领导刚才宣布了中央决定并提出了希望和要求，科学院、安徽省委领导也发表了重要讲话，我衷心感谢各级领导以及全校师生同志们的信任与支持。受命来中国科学技术大学工作，我深感荣幸。

我来自中国科学院化学研究所，与科大同属科学院系统，借"全院办校、所系结合"的纽带，有幸早与科大结缘，这里有我崇拜的学术大师，有我尊敬的老领导，有我科研合作的伙伴和好朋友，在相知相识中，不断加深了我对科大的认识和了解：中国科学技术大学是一所具有优良与光荣传统、具有重要学术影响力的全国重点大学。几代科大人不懈努力，艰苦奋斗，奋发图强，红专并进，理实交融，凭借自己的科教实力已使科大享誉全球；是特色鲜明的研究型大学，是高端人才培养的基地，是"科技英才的摇篮"。我深深地敬佩科大的几代师生员工：钦佩你们始终坚持坚定正确的办学方向，潜心学问，不怕困难，勇于探索，勇于创新，勇于攀登的时代精神和科教报国的崇高品质；惊羡你们教学与科研相结合，理论与实践相结合，学术水平和科研创新能力不断提高而取得的累累硕果；敬佩各位先生从容执着，严谨治学，兢兢业业，教书育人的大师风范；赞颂科大学子为祖国建设学习，为科学发展学习，自己不断成长，也把聪明才智贡献到科大的发展之中的业绩。我还要赞颂分布在全国各地、全世界各地的科大校友们，你们心系科大，与科大休戚与共，为科大发展献计献策，出钱出力，你们都是科大的骄傲！正如习近平总书记所盛赞的，中国科大是一所值得敬重的大学。你们为了科大的发展真是"蛮拼的"！

我感谢科大的几任领导和老同志们，你们为科大的发展奉献一生，你们是中流砥柱，是我学习的楷模。我要特别感谢我的前任侯建国校长和现任党委书记许武，你们紧密团结，精诚合作，齐心合力，在不断深化改革的新形势下，带领科大人开拓前进，将科大带到了一个新的发展阶段。

今天，我有幸成为科大的一员，自知自己能力有限，也自知责任重大，我一定按照党中央的要求,在中科院党组的直接领导下,尽快熟悉情况,努力学习研究教育规律,尽心尽力,严格要求自己,当好大家的服务员,以努力不负组织所托,不负师生厚望。我也恳请科大的广大师生员工、海内外校友,支持我和学校党政领导班子工作,一如既往地为科大发展贡献力量。

"大学之道,在明明德,在亲民,在止于至善。"今日中国大学是培养人才的摇篮,是科教融合的创新基地,也是传承文明播种希望的殿堂。中国科大经过57年的发展,恰逢祖国盛世、民族振兴之时,正处在建设世界一流研究型大学的关键时期,面临着全新的机遇与挑战。古人云:"艰难困苦,玉汝于成",我有决心和全校师生员工一起坚持正确的办学方向和教育理念,尊重科学,维护学术尊严,攻坚克难,为将中国科学技术大学早日建成世界一流研究型大学而努力奋斗。发扬科大传统,争取更大光荣!

谢谢大家!

今日启程,你准备好了吗?
——在2015年本科生毕业典礼暨学位着装授予仪式上的讲话

校长 万立骏

(2015年6月21日)

亲爱的同学们、老师们、家长们、朋友们:

大家好!

六月的中国科学技术大学到处喜气洋洋:石榴园里红花竞相绽放,枇杷园里硕果串串飘香,紫藤环绕的校门下,是我们意气风发的各路精英。又是一年毕业季!今天,我们隆重举行中国科学技术大学2015年度本科生毕业典礼暨学位着装授予仪式,我谨代表中国科大教职员工向全体毕业生们致以最热烈的祝贺!

时间就是这么任性,有时让你觉得度日如年,有时又让你觉得一下子就穿越了数个岁月。四年里,你们不分寒暑、无暇春秋,争先恐后、奋力拼搏,其中定有酸甜苦辣、欢乐忧伤,但是,更多的是成长和收获,大学为你们开启了命运的新篇章,奠定了你们一生事业的基础。四载光阴致科大,你们不负青春年华,勤奋苦读,和科大一起追梦前行,既锻炼提升了自己,也为科大的发展作出了贡献。为此,我代表学校向你们表示衷心的感谢。

同学们,你们的成长离不开大家的支持和帮助,今天恰逢父亲节,我提议全体毕业生向无私养育你们的父母、辛勤培育你们的师长、倾情服务你们的教职员工,以及所有帮助和支持你们成长成才的亲友们献上最热烈的掌声!

临近毕业的这段时间,校园里可以看到你们充满深情的毕业横幅,可以欣赏到你们创意十足的红毯走秀,还有倾力而作的毕业论文,情深意切的"See you"晚会等等,这些都让我感受到了你们身上洋溢的青春活力。的确,大学时代是一个令人难忘的青春记忆。今天,各路学霸整装待发,即将启程,奔赴世界和祖国各地,开始新的学习、工作和生活,作为老师和校长,我为你们感到由衷的高兴。

今日启程，你们带着祖国和母校的重托，肩负父母亲人的期待，你们或许也在憧憬未来，或雄心勃勃、胸有成竹，或瞻念前途、稍有不安。今日之后，你们不论是去国内外深造，还是踏上工作岗位，面对的都将是全新的挑战。此时此刻，你们准备好了吗？离开熟悉的大学校园，即将扬帆远航，你们将如何面对？在这里，我有几点心得，愿与大家共勉：

第一，千万不要忘记自己肩负的历史使命和社会责任。众所周知，中国科大是应研制"两弹一星"而诞生的，在57年的办学历程中，始终以培养高质量的人才和科学研究为己任，始终坚持"红专并进、理实交融"的校训，始终坚持"科教报国"的信念，一直在急需、空白、尖端、前沿领域奋力拼搏，为国家富强、民族振兴和国家教育事业的发展作出了重要贡献，被习近平总书记誉为是"一所值得敬重的大学"。当前，我们国家进入了一个新的发展阶段，以习近平同志为总书记的党中央励精图治，带领全国人民共同奋斗，得民心，扬国威，开创了中华民族振兴的伟大时代！在同学们扬帆远航之际，请你们不要忘记科大的光荣传统，牢记校训，牢记你们的命运和科大、和祖国始终紧密相连。希望你们将来无论身处何地，从事何种职业，都要经常问自己一句：我为自己的祖国做了什么？

第二，要有从头学和不断学的准备。大学时代是人生最幸福的时光，你们学到了很多书本知识。步入社会之后，你们面临的是一个社会大课堂，在这个大课堂里有很多你以前没有接触到的知识，这里的知识更丰富、更深邃，也是你获得人生成功所不可缺少的重要力量。因此，你们要甘心做小学生，虚心好学，不耻下问，从头学起，从点滴做起，拜所有内行的人们为师。同时，在知识爆炸的年代，科学技术发展日新月异，这就要求大家要不断学习，养成终身学习的习惯，一定不能吃老本。积沙成塔，厚积薄发，机遇会垂青有准备的你，未来的成功一定属于你。

三是要有不怕吃苦的精神和创新意识。当今社会，各种成功经验五光十色，眼花缭乱，让我们觉得不知如何去复制。须不知，凡事如无踏石留印、不怕吃苦的精神是断然不能获得成功的。不要蔑视劳动，不要热衷投机取巧，更不要眼高手低，大事做不来、小事不想做。成绩是干出来的，不是想来和等来的。

创新是一个民族进步的灵魂，是国家兴旺发达的不竭动力，也是中国科大的精神和传统，科大的发展和成长就是不断创新的过程，从少年班到研究生院，从语音识别到量子通信，无一不是创新的成果。在"大众创业、万众创新"的新时代，你们一定要有创新意识，坚持创新。要在遵从规律的前提下，将所学知识融会贯通，敢于想前人不敢想的事，做前人不敢做的事。我想，你们已经有很好的榜样，你们的师兄师姐们都做出了非常好的成绩：不管是今天要代表校友讲话的科大讯飞创始人刘庆峰博士；还是研制出中国第一枚通用CPU"龙芯一号"，终结中国计算机产业"无芯"历史的中国科学院计算技术研究所的胡伟武博士，以及在研究中不畏困难，不怕选择难度大的课题，最终成为美国科学院最年轻华人院士的庄小威博士等，他们的成功无一不是因为不怕吃苦，始终有创新精神。

第四，要真诚待人，善待自己。成就一番事业，不仅要"优术"，还要"明道"。在社会上要与各种人相处，如何融入社会，获得他人信任和支持，还要保证自己快乐工作和快乐生活呢？我想，最重要的是要"诚以待人，信以立身"。对人一定要真诚，少花言巧语，多忠厚老实；少斤斤计较，多一些奉献和换位思考。"做人要实"是做人的根基，也是中华民族的传统美德。还要学会尊重别人，不管他人的水平高低、出身贵贱、职业如何，要一视同仁，一样尊重，学习他们的优点和长处。

生活有时很复杂,因而虽然各种"心灵鸡汤"泛滥,但往往仍不解"不如意事"。如何善待自己?我有三点建议:一是常保持平常心,不要强己所难;二是不要提前消费烦恼,要学会自己解脱自己;三是劳逸结合,保重身体。

五是要保持简朴和儒雅的生活方式。李商隐有诗曰:"历览前贤国与家,成由勤俭破由奢",说的就是俭朴生活的重要性。同时,高尚与儒雅是中国古代的君子之风、君子之魂。希望你们切勿在物欲横流、浮华喧嚣中迷失了自我。希望你们高雅而不孤傲,接地气而不庸俗;不要把骂人当成豪爽,不要把低俗当成时髦;凡事要理性思考,不可随波逐流,也不要感情用事。实际上,无论何时何地,外界对你的素质和品德的判断标准都是一样的,只不过有时会有人提醒你,有时会有人在观察你,还有人在判断你是否已经同流合污了。腹有诗书气自华,愿你们在中华文明和先进文化的熏陶下,在日常生活和举止言行中逐渐形成简朴和儒雅的人生习惯,不断提升自己的品格,修身、律己、齐家,而后再谋治国、平天下。拥有创新能力加上美好的灵魂,你们将无往而不胜!

同学们,今日启程、扬帆远航,无论你们走到何处、奔向何方,科大永远是你们的精神家园;无论你们走得多远,也不管走得快慢,科大永远是你们力量的源泉。愿你们在未来的道路上秉承坚持真理、崇尚学术的科大人风骨;弘扬奉献自我、科教报国的科大人精神;常备海纳百川、兼容并蓄的科大人情怀。

以此与同学们共勉,并祝大家旗开得胜、前程似锦,家庭生活幸福,工作事业顺利,早日实现崇高的人生理想!

谢谢大家!

回归常识,开启人生的新篇章
——在2015级本科新生开学典礼上的讲话

校长 万立骏

(2015年9月1日9:00 东区大礼堂)

亲爱的同学们,各位来宾,老师们:

大家上午好!

金风送爽,丹桂飘香,在这丰收的季节里,喜气洋洋的中国科学技术大学正张开双臂,热情迎接从祖国四面八方汇聚而来的新同学。今天,我们隆重举行2015级本科新生开学典礼,首先,请允许我代表中国科学技术大学全体教师、职工和在校学生热烈欢迎2015级新同学!

同时,也向为同学们成长付出心血和汗水的各位家长、老师和亲友们表示衷心的感谢!

同学们步入大学,即将开始人生中一段最重要、最丰富多彩的旅程。对未来的大学生活,你们可能有着无限的憧憬和向往,也或许还有一点困惑与迷茫。"如何才能不辜负大学的美好时光和青春年华",一定是大家思考的最多的问题。

众所周知,我们国家正处在一个伟大的时代,这是一个全面深化改革的时代,是一个复兴的时代,也是一个创新的时代。30多年来,中国经济社会迅速发展,高等教育也逐渐实现了从精英教育到大众教育的转变。与此同时,中国的高水平大学建设也开始向注重办学质量的内涵式发展转变,尤其是近年来,要求中国高等教育回归大学使命和责任的呼声愈来愈高。"大学之道,在明明德,在亲民,在止于至善。"中国古代先贤把立德树人、传承先进文化、服务社会,作为读书做学问的根本目的。西方在上世纪中叶也形成了主流共识,认为大学教育重在培养具有社会公德和责任感、知识广博、全面发展的社会公民。习近平总书记教导大学生要"勤学、修德、明辨、笃实",对青年一代提出了殷切期望。

中国科大应研制"两弹一星"的急需,1958年诞生于北京,首任校长郭沫若,著名科学家严济慈、华罗庚、钱学森、吴有训、柳大纲、赵九章、赵忠尧、马大猷、贝时璋等都是当年科大的教授。今日的科大是一所具有光荣历史和传统,以前沿科学和高新技术为主,兼有特色管理和人文学科的综合性全国重点大学,是一所科教实力享誉海内外的著名高等学府。在科大,同学们将会结交良师益友,探索科学前沿,追求远大理想。大学生活不同于初中高中的学习生活,在这里,你们将开启人生的新篇章,塑造一个全新的自我,为一生的发展奠定基础。此刻,探讨如何度过大学生活,意义重大。开学之际,我最想对同学们提出的希望就是发扬传统,回归常识,正本清源。这是个看似寻常的话题,但在当前社会浮躁,过分追求物质占有和享受,有时又个人主义膨胀,功利主义盛行,常识和传统常常遭到遗忘和扭曲的情况之下,显得尤为重要。

首先,希望同学们回归"做人立德"的常识。

教育以育人为本,育人以立德为第一要务。对立德修身的要求,是儒家经典《大学》最重要的精神。品德、修养、诚信、孝道、担当是对为人处世的基本要求,是齐家治国平天下的基础。当代大学生应该是有知识、有文化的有德之士。人无德不立,人无德寸步难行。勤劳勇敢、尊老爱幼、见义勇为、勤俭节约等本是中华民族的传统美德,可是近年来出现了种种道德扭曲和丧失的现象,令人痛心,有时也会使人觉得无所适从。但是,这些不正常的现象不能代表中国社会道德的主流,只是经济社会发展中的非正常现象,中国主流社会正在召唤和推进中华传统美德的归来。我希望中国科大的学生们,不忘做人立德,要谨记弘扬"红专并进,理实交融"的校训,把修身立德放在第一位,坚持"勿以恶小而为之,勿以善小而不为",常怀友爱和仁爱之心,尊师敬友,助人为乐,爱人爱国爱科学,培养高尚的道德情操,做到德才兼备。

第二,希望同学们回归"读书科研"的常识。

读书是享受和增长知识的过程,科研亦是人生的高尚事业之一。回归"读书科研"的常识,就是在大学生活中不要太过功利,单纯地认为大学就是考试通关、刷学分刷GPA,最后拿一纸文凭做敲门砖,接着考托福、雅思,出国留学,最后成"土豪",当"大款",开豪车,住豪宅。这种想法偏离了我们学习的本来目标。创造和传播文明,忧国忧民,不谋私利,胸怀天下,历来是中国知识分子的传统美德和光荣传统,期待你们能发扬光大。回归"读书科研"的常识,就是要把发现科学和社会问题、解决科学和社会问题当成自己的矢志追求。在大学,我们学习知识,明辨事理,学会分析和思考,增强造福人类社会的责任感;我们参加科学研究,提高实验技术,培养科研能力,增长才干,探索自然奥秘,早日找到自己感兴趣的研究方向,是为了"有所发明,有所创造",为造福人类社会作贡献。回归"读书科研"的常识,就是树立真正的创新观念和高远的人生志向。不要被社会上急功近利的观念和现象所误导和裹挟,不要把简单的改头换面、换汤不换药的研究当成创新,不要把常见的勤工俭学、摆摊卖串儿、走街串巷送快递件儿当成创业,不要把滥竽充数、写灌水论文当成科学研究的目标。同时,读书科研一定要认真,不能马马虎虎,切忌一知半解,似懂非懂;要实事求是,来不得半点虚伪和骄傲,也不能急于求成;要学会找准问题,锲而不舍,究其本质;要平心静气,融会贯通,培养全新的挑战和进取精神,以及面对严峻现实问题时乐观自信的心态。回归"读书科研"的常识,我们就能:于自身,是开阔视野,增长才干,提升自我;于社会,是"为天地立心,为生民立命,为往圣继绝学,为万世开太平"。

第三,希望同学们回归"自理和自立"的常识。

各位同学都是父母的"掌上明珠",从小到大很多事情可能是父母帮助或代劳的多,家人照顾的多。进入大学,成为一名光荣的大学生,应该告别之前可能的依赖,要学会自理、自立和承担责任。学会自己管理自己,自己照顾自己,自己规划自己,提高独立生活的能力,让家长放心,让亲友放心,让老师和学校放心,让社会放心。看到一些同学勇敢地第一次独自出远门坐火车到学校报到,我感到很高兴,为你们自立的第一步点赞。在学校集体生活中,大家要养成良好的生活习惯,饮食有节,起居有常,既有利于自己,又不影响他人。要劳逸结合,坚持锻炼身体,做到学习好,身体棒。要重视仪容仪表,养成讲究卫生的好习惯。记住"一室之不治,何以天下家国为"的古训,自己动手洗衣晒被,打扫房间,使得环境整洁,人人都成为"帅哥、靓女"。要养成艰苦朴素的生活作风,消费量力而行,生活上不盲目攀比,常记:"历览前贤国与家,成由勤俭破由奢"。要反对浪费,勤俭节约,不忘:"一粥一饭,当思来之不易;半丝半缕,恒念物力维艰"。还要积极参加学校社团活动和各种社会公益活动,从中发现自身潜力,体会自立、责任和感恩的内涵,自己成长,也有益社会,为将来跨出校门、贡献社会做好准备。

最后,我希望同学们回归"独立思考"的常识。

大学旨在培养"独立之人格,自由之精神"。要形成独立之人格,独立生活是物质基础,独立思考是精神内核。独立思考具有改变人生、改变社会的力量,独立思考会产生牛顿,产生爱因斯坦,产生一个个推动人类文明进步的科学发现和发明。在全球化和信息化的时代,价值观取向多元化,如何从碎片化的海量信息中去伪存真,如何从泥沙俱下的公众舆论中明辨是非,是在大学时代要练就的基本功之一。你们要保持头脑清醒,不冲动,不跟风,不"人云亦云",不断提高分析问题和解决问题的能力。要保持批判和质疑精神,不读死书,不迷信书本,努力通过独立思考,不断取得创新性成果。要学习历史,了解社会,明辨是非,捍卫真理,做中华文明回归和社会发展的先锋。同时,行胜于言。在独立思考,坚持真理的同时,还要把理想付诸行动,将你们的聪明才智贡献于祖国发展之中。

同学们,大学时代是重新发现自我、释放潜能的时代,只要努力,一切皆有可能!来到科大,不论地域、出身,也不论高考分数高低,大家都是在同样的起跑线上,要以仁爱之心对待老师同学,保持事业上的进取心,激发对科学的好奇心,积极对待即将开始的大学生活,尽快适应大学生活,尽快融入到科大这个大家庭之中,在中国科大开启人生的新篇章。以中国科学技术大学的名义,肩负起你们这一代人的责任和使命,成为德才兼备的社会主义事业接班人。

同时,我和科大的所有教师、职工、你们的师兄师姐们,一定会为你们进入幸福愉快充实的大学生活,顺利完成学业,早日成才提供尽可能的条件和帮助,乐与你们一道,把中国科学技术大学建设得更好。

世界是你们的,中国的未来是你们的,淳朴智慧的科大 2015 级新生同学们,我对你们充满信心,相信你们一定会无愧于伟大的时代,无愧于大学时光,无愧于未来!

谢谢大家!

抢抓机遇,从严从实推动改革发展
开放办学,谱写科教融合新的篇章
——在中国科学技术大学九届二次教代会上的讲话

党委书记　许武

(2016 年 1 月 10 日)

各位代表,老师们、同志们:

今天,我们迎来了九届二次教代会的隆重召开。在此,我代表校党委向大会的召开表示最热烈的祝贺!

刚才,万立骏校长全面总结了过去一年学校的建设进展,分析了我们面临的形势和存在的问题,提出了 2016 年工作的基本思路和要求,我都非常赞同。根据会议议程安排,我重点就一年来校党委的工作,作一个简要回顾,并就学校今后的建设与发展谈几点意见。

一、一年来党委主要工作回顾

在刚刚过去的一年中,校党委带领全校师生员工认真学习贯彻习近平总书记系列重要讲话精神和党的十八大,十八届三中、四中、五中全会精神,坚持党的群众路线,深入开展"三严三实"专题教育,不断提升党建工作科学化水平,加强干部队伍办学治校能力建设,为世界一流研究型大学建设提供坚强保障。

(一)扎实推进"三严三实"专题教育

根据中央的统一部署,校党委于 5 月 16 日正式启动"三严三实"专题教育。通过专题教育的扎实推进,着力提升全面从严治党水平。

1. 抓好学习教育,深化思想认识。根据中央要求,校党委聚焦"对党忠诚、个人干净、敢于担当",组织全校党员干部深入学习习近平总书记系列重要讲话精神,学习党章和新修订的《中国共产党廉洁自律准则》和《中国共产党纪律处分条例》等中央文件精神。着重注意结合正反面典型学习,以革命先辈和先进典型为旗帜,找差距、不足;以中央严肃查处的周永康、薄熙来等严重违法案件为警示,深刻总结反思。党员领导干部的思想认识水平不断提高。

校党委坚持以上率下、示范带动。自专题教育以来,校领导班子成员通过 4 次党委常委会、3 次党政中心组学习、2 次集中研学、个人自学等方式认真学习研讨。校领导班子成员带头讲专题党课、谈学习体会。我与校长分别带头作了专题报告,其他校级领导班子成员也结合各自分管工作分别作了专题报告。

2. 精心设计学习研讨,提高党性修养。根据中央精神,校党委结合学校的教学安排和日常教育特点,精心设计了三个专题。2015 年 5~7 月,结合中央查处周永康等严重违法问题,将"严以律己"专题安排在第一专题进行。8~9 月是学校开展校情国情教育和理想信念教育的主要节点,校党委将"严以修身"专题作为学习教育重点。10~11 月,校党委结合召开校务会,开展"严以用权"专题的学习研讨。由于与学校的日常教育特点和重点任务契合紧密,专题教育效果更加明显,真正做到了入脑、入心、入言、入行。

3. 查摆具体问题,确保专题教育取得实效。校党委坚持问题导向,校级领导班子成员带头把自己摆进去,把职责摆进去,把思想摆进去,对照党章和党的纪律规定,通过多种形式认真听取师生意见。校党委还要求纪委牵头组织人员深入各单位,听取师生意见,查摆不严不实的问题,为开好"三严三实"专题民主生活会做好充分的准备。1 月 13 日,校级领导班子将召开"三严三实"专题民主生活会,就存在的不严不实问题开展严肃的批评与自我批评。

4. 坚持两手抓,从严从实推进学校改革发展。校党委严格按照中央要求,坚持从实际出发,把"三严三实"要求贯穿于推进学校综合改革的重点任务之中。目前,学校综合改革方案、"十三五"规划编制工作正稳步推进实施,"所系结合"工作进展顺利;抢抓国家统筹推进"世界一流大学和一流学科建设"机遇,参与安徽省全面创新改革试验区建设取得新的进展,等等。校党委以推动领导干部树立严和实的作风为抓手,使领导干部受到教育,更推进了学校各项工作,真正做到"两手抓、两促进"。

(二)进一步加强党员教育管理服务工作,全面加强党建工作

1. 基层服务型党组织建设取得显著成效。2015 年,全校各级基层党组织以"服务党员师生、服务改革发展"和"做实事、做成事"为导向,继续将基层服务型党组织建设推向深入。机关党委以"三个一"计划为抓手,全面推进服务型机关建设;院系基层党组织以服务党员师生需求为重点,不断增强基层组织活力。为增强基层党组织的凝聚力,校党委开展了主题党日系列活动,其中教工支部 31 项,学生支部 25 项,资助总经费 15.2 万元,目前已经基本开展完毕。主题党日活动的常态化开展,使得基层党组织"有活动、有声音、有影响"。

2. 开展党务工作者培训班,加强党务工作培训。根据中央要求,2015 年 3~7 月,校党委对全校基层党务工作者进行了集中培训,开展了政策解读、问题探讨、总结交流、实践调研四个专题的培训,学员们全程参加了中科院党组组织的基层党总支书记视频培训报告以及校领导和中央党校宋福范教授的辅导报告,就改进基层党组织建设和落实中央新修订的《发展党员工作细则》进行了全面培训。

3. 调整基层党组织设置,规范党员发展,充分发挥党员的先锋模范作用。为规范发展党员工作,校党委将 10 个教学科研单位党总支分别调整为分党委。在优秀老党员中聘任一批党建兼职组织员,充分发挥其在党建工作中的作用。充分发挥党校的阵地和熔炉作用,积极发展青年学生和高端人才入党,加大网上党校建设。一年来,全校共有 954 名入党积极分子参加了网上党校学习。加大在高层次人才中发展党员力度,优化党员结构。2015 年,校党委继续深入基层调研,建立了重点培养对象清单和跟踪服务一对一制度。

在纪念建党 94 周年暨七一表彰大会上,校党委表彰了先进基层党组织 22 个,优秀共产

党员和优秀党务工作者70人。

（三）进一步加强中层领导班子建设，夯实一流研究型大学建设的组织基础

1. 落实干部培训五年规划，大力加强干部教育培训。认真落实学校的干部教育培训规划，圆满完成首届新提任中层干部培训班，培训新提任中层干部80人。积极争取培训指标，选派干部外出参加培训，开展网络培训。拓展渠道，制订实施管理骨干海外进修交流计划。从2015年起，学校计划每年派出10名左右优秀专职管理骨干赴国（境）外一流大学学习研修。目前，已经启动2015年度10位干部的选派工作。

2. 加强干部考核与管理，强化考核结果运用，提升干部队伍执行力。2015年12月底，校党委开展了对全校52个单位领导班子、155名中层党政领导干部的考核。全体在校校领导全程参加了连续四天的考核。为推动领导干部树立严和实的作风，考核的重点设定为各单位领导班子近两年来的工作实绩，特别是完成重点任务，抓好发展性、创新性工作的情况。下一步，校党委将强化考核结果的运用，努力推动形成能者上、庸者下、劣者汰的用人导向。

3. 贯彻落实"三严三实"要求，从严管理领导干部。严格执行《党内监督条例》，强化干部管理和监督。根据中组部要求，完善各级领导干部个人有关事项报告工作。从2015年1月起，坚持选任干部"凡提必查"。2015年，中科院党组对我校换届工作开展"一报告两评议"工作，四项综合指标的满意度较2011年提升了11.48%，选人用人公信度进一步提高。根据中组部要求，进一步开展了企业和社会团体兼职清理、因私出国（境）证件登记备案、干部人事档案专项审核等工作。

4. 推进干部轮岗交流和挂职锻炼工作。学校通过中科院和地方党委政府的各类渠道积极选派科技人才和优秀干部进行挂职锻炼。目前，学校2015年度共向校外选派挂职锻炼干部12人次，其中杨金龙教授挂职安徽省教育厅副厅长。积极向外推荐优秀干部，蒋家平同志交流提拔担任安徽农业大学副校长。

（四）积极实施"三全育人"，切实加强和改进大学生思想政治教育，提高人才培养质量

1. 进一步改进思政教育，加强思想引领。组织全校学生通过举办报告会、专题讲座、研讨会等方式，利用多种途径重点学习习近平总书记系列重要讲话精神、党的十八届五中全会精神和社会主义核心价值观，取得了良好效果。

注重对学生深入进行人生观、世界观、价值观教育，深化素质教育。积累"分类指导""分段聚焦"的全过程教育、服务、管理模式经验。继续开展本科新生"科学与社会"研讨课工作，让学生接受爱国主义教育和"科大精神"教育，进一步树立弘扬学校优良传统。继续组织全校学生开展"诚信"教育和"荣誉"教育，使诚信理念成为贯穿人生的重要指南。

2. 完善"奖、贷、助、补、减"并举的助学支撑体系，突出安全教育工作。关注学生特殊群体，完善"六个预警与援助体系"。以困难学生帮扶服务为基础，实施权益服务行动。完善"奖、贷、助、补、减"并举的助学支撑体系。完善心理健康教育与咨询中心标准化建设，营造自助成长、互助快乐的心理健康教育软环境。突出安全教育工作，创新安全教育形式。

3. 进一步加强学生工作队伍建设和信息化建设。加强纵向的政策指导和横向的业务交流，切实提高学生工作效率。固化实施"学生工作负责人例会"制度，全年召开10次例会；实施"辅导员班主任例会制度"，使工作交流更为制度化和"扁平化"。

举办第十五期"辅导员班主任学校"培训班，加强与兄弟高校的交流和沟通，进一步开拓

工作视野。开展"师徒制"工作试点，充分发挥辅导员班主任联谊会作用，打造交流业务、沟通情感的良好平台。创新学生管理工作模式，开展"书院制"试点与学生自我管理路径探索。进一步加强学生工作信息化建设，充分发挥"学工一体化"信息系统作用。

（五）进一步加强宣传思想工作，积极加强新闻宣传

1. 加强和改进宣传思想工作。组织召开学校加强和改进宣传思想工作座谈会。认真贯彻落实中央《党委（党组）意识形态工作责任制实施办法》，加强制度建设。印发《中国科学技术大学形势报告会和哲学社会科学报告会、研讨会、讲座管理办法》，严格制度执行，对全校有关论坛和报告会进行全面摸底排查和申报审批。

召开2015年度党建与思想政治工作研讨会，组建中国科大党建与思想政治工作研究会。组织征文、论文评审评优、论文汇编等工作。研讨会共收到研究论文和报告66篇，29篇论文或报告获一、二、三等奖。

2. 围绕学校中心工作，加强选题策划，进一步做好宣传工作。在做好日常对外宣传报道的基础上，围绕"合肥光源重大升级改造""探索科教结合研究生培养模式""可佳智能服务机器人""少年班拔尖人才培养"等重点选题，加强组织策划，开展了多次集中宣传报道。据不完全统计，国内外媒体全年专题报道中国科大新闻1480多篇次，是近年来数量最多的一年。其中，中央媒体报道约占33％，省市地方媒体（含外省）报道约占67％，在C9高校中名列前茅，在中科院系统各单位年度外宣传总排名上继续居第一。

进一步加强网络和新媒体等阵地建设。中国科大新闻网全年发布校内新闻1000多条，校英文网站访问31.86万次，比去年增长20％，其中超过60％的访问来自国外。中国科大新浪官方微博、微信影响力进一步加强，"遇见中科大，你还犹豫啥""图说中国科大""喵星人大黄的幸福时光"等主题宣传微博、微信获得了较为广泛的网络影响。成立中国科大全媒体中心，开展形式多样、内容丰富的选题策划和文化产品设计，取得了良好的校内外传播效果。

积极开展文化产品设计、制作与传播。组织拍摄了《如果不是你》——中国科大支教团原创歌曲及MV，视频发布后在社会上引起较好的反响。《牛转乾坤》动漫电影在安徽省新闻出版广电局等单位共同发起的安徽省2015年"弘扬社会主义核心价值观 共筑中国梦"主题原创网络视听节目征集推选和展播活动中，获得一等奖。

（六）大力加强廉政制度和惩防体系建设，认真落实党风廉政责任制，营造风清气正的办学环境

校党委和纪委坚持"标本兼治、综合治理、惩防并举、注重预防"方针，认真贯彻十八届四中、五中全会和十八届中央纪委五次全会精神，以党风廉政制度和惩防体系建设为抓手，深化"转职能、转方式、转作风"，全面推进反腐倡廉工作，切实承担起学校党风廉政建设和反腐败工作的两个责任。

认真落实党风廉政责任制，印发实施《中国科学技术大学党风廉政建设责任制实施细则（暂行）》，对相关工作做出明确规定和具体部署。在全校层层签订个性化责任书，作为责任考核和责任追究的依据，做到明确责任、传导压力。

进一步加强党风廉政建设的学习、宣传和教育工作，组织召开贯彻落实《党政机关厉行节约反对浪费条例》及学校配套制度政策宣讲会；多次组织学校党政领导班子成员和中层以上干部、科研骨干参加中科院、安徽省召开的党风廉政建设视频等相关会议；制定并实施《中

国科学技术大学本科生廉洁教育教学方案》;做好节前廉政与作风建设警示告诫工作。

积极推进廉洁从业风险防控。以"管理的制度化、制度的流程化、流程的信息化"为手段,完善各重点领域和关键环节的风险防控措施。强化实施内部审计力度。将科研经济业务真实性合法性审计工作常态化,确保到2017年实现学校科研经费使用审计的"双覆盖"。规范信访办理和案件查办工作。注重建设一支忠诚、干净、高效的纪监审干部队伍。

(七)做好统战和离退休干部工作,加强对工会、共青团的指导,促进党群共建和民主办学

1. 学习贯彻中央统战工作会议精神和《统战工作条例》,开拓统战新局面。认真学习贯彻中央统战工作会议和《统战工作条例》精神,准确把握《条例》丰富内涵。引导广大统战对象深入学习习近平总书记系列重要讲话精神和中央精神。积极协助民主党派加强领导班子建设和组织发展工作。充分发挥基层党委和统战委员的积极作用,引导各民主党派、无党派人士自觉、自主地开展基层组织活动。积极推荐和支持党外代表人士挂职锻炼。充分发挥人大代表政协委员作用。紧密结合实际,认真做好新形势下侨务工作。强化服务意识,不断加强统战部门自身建设。

2. 切实做好离退休干部工作。加强机制建设,印发《中国科学技术大学离退休干部工作暂行办法》,使离退休干部管理工作有章可循。顺利完成关工委换届工作。不断加强离退休党支部的基层党建工作,组织多种活动为老党员、老干部提供交流学习平台。加强福利慰问和帮扶工作,做好保健体检工作,加强人文关怀。创新金秋艺术团、老年体协、老年大学等活动形式。充分利用体育馆和东活等公共活动中心拓展老同志活动空间。首次共同组织三校离退休干部联欢会,将文体活动和校际交流结合在一起,取得较好的活动效果。

3. 探索和实践新时期工会工作新思路。大力推进民主治校,完成教代会换届工作,扎实推进教代会专门委员会工作,坚持教代会主席团议事制度。积极推进校园民生和谐,认真落实"送温暖"工程。精心做好教职工重大疾病互助基金救助工作,构建多层次医疗保障体系。积极开展教职工文体活动,丰富教职工业余生活。积极开展青年教师教学基本功竞赛,努力为教师的成长搭建平台。充分利用中国科大青年学者联谊会平台,促进学术交流。推进"教工之家"建设制度化,激发分工会工作活力。

4. 关心和支持共青团建设。深入实施"中国梦"成长工程,以思想引领为首要任务,以服务学生成长为出发点和落脚点,着力抓好"活力校园"建设,创新创业机制建设、"三走"活动推广、社团文化营造等工作。深化团学工作网络新媒体建设,深化学生利益代表及权益维护,切实加强制度建设和机制创新,不断提高团的吸引力和凝聚力,不断扩大团的工作有效覆盖面,提升团学工作的科学化水平。

一年来,全校各级党组织、广大党员以深入学习贯彻党的十八大,十八届三中、四中、五中全会精神和深入开展"三严三实"专题教育为契机,紧紧围绕创建世界一流研究型大学的中心任务,立足岗位,争创一流。党的建设呈现出蓬勃生机和活力。这些成绩的取得,得益于广大党员和师生员工的信任与支持,是我们共同努力的结果。借此机会,我代表学校党政领导班子,向全体代表,并通过你们向全校师生员工致以崇高的敬意和衷心的感谢!

二、关于意识形态工作和开放办学的思考

（一）加强意识形态工作，强化思想引领，坚持师德示范，培养社会主义事业合格建设者和接班人

高校是传播人类文明的重要场所。做好高校的意识形态工作是办好人民满意大学的战略工程。面对当下意识形态领域复杂的形势，我们必须掌握高校意识形态工作的现状，正视意识形态建设中所面临的问题，明确其目标和任务。

一是要认清当下多样化的社会现实，坚持马克思主义的指导地位。高校不是封闭的象牙塔，是社会生活的一面镜子。当前，思想文化交流交融交锋更加频繁，国内社会思想多元多样多变的趋势更加明显。我们必须坚持马克思主义的指导地位。世界上并没有超越于阶级的意识形态，高校作为国家意识形态的重要阵地，所有党员干部都必须旗帜鲜明地坚持马克思主义，坚持党性原则，以身作则。

二要进一步增强政治敏感性，强化政治意识、责任意识、阵地意识和底线意识。要坚决同党中央保持高度一致，坚决维护中央权威。进一步贯彻落实意识形态工作责任制，对意识形态领域可能存在的问题，一定要高度重视，绝对不能给错误思想和言论留下半点存在和传播空间。要加大处理和处置力度，对意识形态领域工作出现问题的要严厉严肃查处，绝不姑息。

三是既要旗帜鲜明，同时也要在工作方式方法上接地气。要从过去单一的说教式、灌输式、教育式、传达式等手段中解放出来，从高高在上的姿态中走下来，深入意识形态工作的第一线，加强舆情分析研判和应对，在第一时间抢占话语权，作好对突发事件的应对和处置，并及时准确、公开透明地发布权威信息。只有这样，才能更好地引导学生，解答学生的疑惑，疏导学生和社会的不良情绪，化解矛盾，切实维护改革发展稳定大局。

四是坚持师德示范，把培育和践行社会主义核心价值观融入教书育人全过程。习近平总书记说，要求别人做到的自己先要做到。对教育来说，榜样的力量是无穷的，教师的行动示范永远比说教更有效。首先要继承和弘扬"勤奋学习、红专并进"的优良校风，继承钱学森、严济慈、郭永怀等老一辈科学家、教育家高尚的道德情操和精神品格，继承他们重视教育、关爱学生的办学思想。我们要平心静气地想一想，与这些老前辈相比，学校整体的师风师德是不是还有差距？教学是一个互动过程，近年来，我们在抱怨学生思想复杂多元化、学风下滑的同时，我们的教风是否也有所松动，教师对教育教学工作的整体投入是不是还有提高的空间？

教育教学过程中，我们常常提要关注后20%的学生。从教师的角度来说，我们更要关注教育教学投入后20%的教师，抓好后20%的教师可能带动和帮助更多学生。师德师风建设，不能仅仅依赖文化和作风传承，也要有对教师的入职教育、纪律约束。要把师德师风建设作为一项长期性、基础性工作抓好抓实。特别是对一些中青年教师，要通过不断改进考核评价体系，引导他们更好地投入教育教学工作和学校公益性工作。同时要始终坚持育人为本，德育为先，把优良传统教育、校规校纪教育和教育教学改革贯穿于育人全过程，推动德育工作形成制度、形成文化。

（二）坚持开放办学，抢抓发展机遇，谱写科教融合发展新篇章

学校综合改革的落脚点是构建现代大学制度、释放办学活力，而构建现代大学制度的核心思想应该是开放。只有开放办学才能让学校充满生机活力，不断提升核心竞争力。

1. 开放办学旨在借梯登高、抢抓机遇,优质发展。学校教育的发展受环境资源、资金设施、专业师资等多种因素的制约,要加快发展,必须集聚各方力量,借梯登高。现阶段,社会对教育的需求呈现出多层次、多样化的趋势,但教育资源的供给总量和结构与社会需求还存在一定的差距。办好人民满意的高等教育,必须高扬改革主旋律,敞开胸怀,让学校教育更紧密地融入到经济社会发展之中。

回顾我们办学的历史,中国科大的发展与国家的"211工程""985工程"离不开,与中科院的知识创新工程分不开,也与安徽省的发展息息相关。习近平总书记说,有梦想、有机会、有奋斗,一切美好的东西都能够创造出来。"有机会"指的就是要抢抓机遇。今年10月,国务院印发《统筹推进世界一流大学和一流学科建设总体方案》,强调遵循教育规律,通过体制机制改革激发高校内生动力和活力。9月,中办、国办印发《关于在部分区域系统推进全面创新改革试验的总体方案》,把安徽省列为四个省级全面创新改革试点区域之一。

我校地处安徽,又以建设世界一流研究型大学为自身的发展目标。中央近期出台的这两项方案,无疑是学校下一步发展的重大机遇。我们要认真地思考谋划,究竟如何才能使学校的教学、科研等中心工作与国家和区域的发展需求更加紧密相连。要打破思想和意识上的保守,让学校的小圈子真正融入国家和区域发展的潮流之中,以更加开放的心态和姿态,奋发努力,牢牢把握这些难得的机遇。要打开学校的"樊篱",吸引更多资源参与学校治理,为学生成长提供更为丰富和生动的环境,促进教育的优质均衡内涵发展。

2. 开放办学贵在发扬"所系结合"传统、机制创新,特色发展。"所系结合"是我校多年来坚持的宝贵经验,是建校伊始就获得成功的关键一招。当前,面对我校规模体量小、学科发展不均衡等发展难题,应对院内外的发展压力,我们必须高举"所系结合"的大旗,为下一步的发展寻找突破口。目前,学校已经与合肥物质科学研究院、沈阳金属所、南京分院相关研究所达成了合作意向,将研究生教育整体实质性纳入我校,建设若干"科教融合共建学院",实现优势互补,提升我校整体科教实力。

"所系结合"是未来学校发展的重大战略问题,不可能一蹴而就,既需要大胆创新和尝试,又要把握好顶层设计、稳步推进,挑战和压力巨大。我们要认真思考谋划,如何避免"指标上的繁荣",实现从整合到融合,真正调动相关研究所的力量助力学校的人才培养、教育教学和学科建设;如何更加充分地调动学校各学院、各部门积极性。我想这其中的关键一点,还是坚持开放办学。

学校和研究所各有优势特色,也各有自己的实际需求。要真正实现从整合到融合,就要坚持开放办学。要坚持换位思考,认真思考审视相关研究所的发展实际,积极对接对方诉求;要保持开放心态,真正认识到相关研究所的学生以后都是科大的学生,凡是对学生培养与发展有利的事情我们都要坚持做好;要坚持体制创新,以创新为动力,全面推动办学模式创新、人才培养模式创新、考核机制创新,探索新时期"所系结合"工作的新模式和新经验;要加强宣传工作,统一思想,在全校范围内形成积极推动"所系结合"的良好氛围。同时也要进一步打开视野、开拓思维,广泛关注中科院以外更广阔的合作空间和舞台,找寻联合优质科教资源提升学校综合办学实力。

各位代表,老师们、同志们,今年是我校"十二五"规划的收官一年,也是"十三五"规划的开局之年,更是全面深化综合改革的关键一年。新的一年里,让我们继续深化"三严三实"专题教育成果,坚持以严字当头,严格遵守党的政治纪律、政治规矩、组织纪律和廉政纪律,持续作风建设久久为功;坚持从实处着力,进一步开拓创新,团结奋进,攻坚克难,争取早日实现世界一流研究型大学的奋斗目标!

最后,在猴年新春佳节即将来临之际,向各位代表,并通过你们向全校师生员工及家属致以节日的祝福,祝愿各位身体健康、工作顺利、阖家幸福!

谢谢大家!

科教结合　率先行动
加快推进世界一流大学建设
——在中国科学技术大学九届二次教代会上的报告

校长　万立骏

(2016年1月10日)

各位代表、老师们、同志们:

今天,我们隆重举行中国科学技术大学第九届教职工代表大会第二次会议。首先,请允许我代表学校全体师生员工对大会的召开表示热烈的祝贺!

下面,我代表学校行政领导班子,就学校一年来的主要工作和下一步的工作思考向大会作报告,请各位代表审议。

第一部分　学校建设发展面临的形势

党的十八届五中全会把创新摆在五大发展理念之首,明确将发展基点放在创新上,推动"大众创业、万众创新",打造发展新引擎。2015年,党中央、国务院及有关部委在科教领域出台了一系列政策文件和改革举措,学校的改革创新发展也因此面临着更多的机遇和挑战。国家关于深化体制机制改革加快实施创新驱动发展战略的若干意见中提出,要强化科技同经济对接、创新成果同产业对接、创新项目同现实生产力对接、研发人员创新劳动同其利益收入对接,增强科技进步对经济发展的贡献度。国家关于在部分区域系统推进全面创新改革试验的总体方案中,安徽省成为首批8个全面创新改革试验区之一。中国科学院围绕"三个面向""四个率先"的新时期办院方针,继续深入实施"率先行动"计划和全面深化改革,逐步推进研究所分类改革。

作为"211工程""985工程"的升级与延续,党中央、国务院作出统筹推进世界一流大学和一流学科建设的重大战略决策,坚持以中国特色、世界一流为核心,以立德树人为根本,以支撑创新驱动发展战略、服务经济社会发展为导向,坚持"以一流为目标、以学科为基础、以绩效为杠杆、以改革为动力"的基本原则,加快建成一批世界一流大学和一流学科。国家还出台关于深化高等学校创新创业教育改革的实施意见,进一步强调高校要把全面提升创新能力摆在高等教育综合改革的核心位置。

总的来说,随着全面深化改革步入"新常态",国家对一流大学建设提出了新要求和新期望,更加注重内涵发展,更加注重特色打造,更加注重创新引领,更加注重需求导向。推动一流大学在发展方式与治理方式上的双重转型,也成为新常态下我国高等教育改革最为关键的两大任务。

第二部分　抢抓机遇,做好未来发展的谋篇布局

一年来,学校深入学习贯彻党的十八大和十八届三中、四中、五中全会以及习近平总书记系列重要讲话精神,结合国家全面深化科教领域综合改革、中国科学院深入实施"率先行动"计划、安徽省系统推进全面创新改革试验,积极谋划"十三五"改革创新发展,为学校未来发展做好谋篇布局。

一、深入推进实施《中国科学技术大学综合改革方案》

2015年4月30日,《中国科学技术大学综合改革方案》通过国家教育体制改革领导小组办公室备案。综合改革方案明确了加快现代大学制度建设、深化人才强校主战略、创新人才培养体系、健全卓越科技创新体系、以科研的国际化带动人才培养的国际化、建设"活力"校园、打造民生工程等7个方面共38项改革核心任务。

目前,全校上下正围绕综合改革方案提出的目标和任务,大胆改革、注重实效,认真推进各项改革任务,争取到2017年一批具体项目取得突破性进展,重点领域和关键环节改革取得初步成果,到2020年取得决定性进展,形成较为完备的制度体系和较为强大的综合竞争力。

二、参与中国科学院"率先行动"计划,争取率先突破

量子信息与量子科技前沿卓越创新中心围绕国家战略需求和世界科技前沿,力争在量子通信与量子科技领域取得率先突破,建成国际著名的学术中心。7月30日,量子信息与量子科技前沿卓越创新中心(上海)、中国科学院-阿里巴巴量子计算实验室揭牌,并纳入中国科学院与上海市深化战略合作的重要内容。12月6日,中共中央政治局委员、国务院副总理刘延东视察卓越创新中心,听取实用化量子通信技术发展、"京沪干线"和量子科学实验卫星项目建设进展的工作汇报,并给予充分肯定。

发挥合肥地区大科学装置集群效应,不断提高装置性能,努力建设高效运行、开放共享的世界一流综合科学中心。10月14日,白春礼院长与安徽省省长李锦斌就推进院省合作举行会谈,明确院省共同争取把合肥大科学中心纳入国家科学中心建设规划。近期,安徽省已将合肥大科学中心纳入全面创新改革试验区建设,并作为核心内容给予重点支持,争取建设成为综合性国家科学中心。

以中国科大先进技术研究院为抓手,打造技术创新平台,催生变革性技术,培育战略性新兴产业,服务国家和区域需求,形成完整的创新链和产业链,打通科技成果向现实生产力转化通道。目前,先进技术研究院已建设重大战略性科技创新平台10家、各类联合实验室(研发中心)36家、孵化创新企业136家,注册资金累计6.8亿元,销售收入达到3.07亿元。在10月14日院省合作会谈中,明确结合"率先行动"计划和中科院"十三五"规划,统筹考虑,积极推动部署,对先进技术研究院建设给予相应的政策支持。

三、努力实现科教结合新突破

学校已与中国科学院12个分院和24个研究所建立了全面合作关系，共建了22个联合实验室，有40多个研究所直接参与学校的本科生培养。实现了与合肥物质科学研究院、沈阳金属研究所研究生教育的实质性融合，与南京分院的合作也稳步推进，共建中国科学院强磁场科学中心、核科学技术学院、环境科学与光电技术学院、材料科学与工程学院、国家示范性微电子学院等科研和人才培养机构。

学校继续加快实施科教结合、协同创新的战略布局，积极探索新时期"全院办校、所系结合"的新途径、新机制和新模式。以"所系结合共建学院"为突破口，不断完善管理体制和运行机制，推动共建学院参与四类研究机构建设，深入推进办学体制机制改革，创新人才培养模式，在现有基础上努力实现合作机制、培养模式和发展布局三方面的突破。

四、积极共建安徽省全面创新改革试验区，完善校地合作布局

学校把握机遇、积极争取，经过多轮磋商，安徽省同意把我校世界一流大学建设整体纳入全面创新改革试验区建设中。在10月14日院省合作会谈中，中国科学院同意依托中国科大和合肥物质科学研究院，组织全院相关力量，服务和支持安徽省、合肥市经济社会发展。由双方主要领导任组长，由院省市相关领导和有关部门负责人为成员，成立统一的领导小组，统筹推进院省科技合作、先进技术研究院建设以及合肥大科学中心建设等重点工作。

第三部分 突出优势和特色，不断提升核心竞争力

一、发挥科教结合优势，不断提高人才培养质量

培养一流人才是一流大学的基本使命和核心职责。学校始终以人才培养为核心，以立德树人为根本任务，坚持"所系结合、科教结合、理实结合"，加快推进人才培养模式改革，把实现"因材施教、个性化培养"作为教育教学改革的抓手，不断提高人才培养质量。

一年来，学校坚持科教结合的人才培养传统与特色，进一步完善"两段式、三结合、长周期、个性化、国际化"的人才培养模式，不断深化本科教育教学改革。推进"科技英才班"选拔机制和培养方案改革，积极探索拔尖人才培养新模式，并将成功经验在全校范围推广。

充分发挥各级教学委员会的作用，对课程体系进一步优化和完善，突出学科交叉与融合。坚持因材施教，启动通修课类课程分层教学试点；加强创新创业类课程建设，邀请有影响的企业家和创业者到课堂开展互动教学；成立人文素质教学委员会，对全校综合素质课程按模块进行整合；加强大规模在线课程（MOOC）建设，启动14门校内MOOC课程项目，并引进部分校外课程给学生开放选修。

进一步整合校内外资源，提升学生实践创新能力。打破学院和专业壁垒，提高实验教学中心的使用效率和共享程度，实现人员师资、课程体系、物理空间、实验设备的"四个整合"；突出创新创业教育，加大"产学合作育人"力度，推进国内外游学参观项目，鼓励学生参加校外实践，在更广阔的平台上拓宽创新视野、提升创新能力。

2015年，学校继续坚持教授为本科生授课的优良传统，采取多种措施调动教师教书育人的积极性。进一步完善教师教学发展体系，通过新进教师研习营、青年教师教学基本功竞赛、教师教学发展论坛、教学工作坊等，加强青年教师教学能力的培养。

在教学管理方面推行"全过程精细化闭环管理"理念,提高管理效率。升级综合教务系统,建立全方位助教管理系统,强化考试过程管理,继续完善毕业设计质量监控。教学与管理多部门协作,实现"教、学、管"联动育人。继续推进学生学业指导中心建设,构建"闭环式"管理体系,为有不同层次需求的学生提供帮助,全年共为600多名学生提供了量身定制的指导。

优质的生源是人才培养质量的重要保证。学校积极调整招生工作思路,创新招生录取方式,生源质量继续保持全国高校前列。依托试点学院,开展考后综合评价录取;在若干省份开展提前批录取与自主测试相结合的新方法;面向贫困和农村地区,加大"自强计划"招生力度;建立招生院长例会制度,加强招生队伍建设;扩大优秀生源基地,邀请校内专家赴中学开展科普报告共计112场。2015年,学校通过少年班、创新试点班、自主招生、三位一体等多种形式选拔录取一批优秀学生,自主测试类招生人数达到总人数的39%。

研究生教育质量是学校人才培养质量的重要体现。一年来,学校以培养研究生创新能力为核心,以提高研究生培养质量为目标,按照科学学位与专业学位"分类培养"的基本思路,积极推进研究生教育综合改革。

学校进一步加大研招宣传力度,提高研究生生源质量。通过举办优秀大学生夏令营,搭建"走出去与请进来"招生大平台,利用微博、微信、人人网等各类网络社交平台,以及招募学生志愿者等途径,构建多元化、立体化的招生宣传体系,并通过网络面试增强宣传效果,吸引了大批优秀考生报名。继续扩大博士招生"申请-考核"制的试点范围,目前已有9个学院参与,涵盖了学校大部分学科。2015年,推免生数量和质量得到同步提升,共接收推免生1670人,科学学位研究生接收推免生比例达到80.5%,其中绝大部分来自"985工程""211工程"高校。

学校以提升创新能力为导向,继续实施"博士生质量工程",进一步强化研究生培养的过程管理。加大研究生教育创新计划项目的实施力度,继续巩固业已成熟的研究生高水平学术讲座、研究生暑期学校、研究生学术论坛三大品牌项目。继续推出博士论文创优支持计划;推进研究生公共课程改革,增开创新创业类研究生课程;积极探索实施研究生"双学位"项目和"主-辅修"项目,制定修读双学位及辅修专业的管理办法;资助研究生参加国内外各类科技创新大赛,支持研究生参加国际学术交流活动,积极拓展联合培养项目。新举措的实施使研究生发表论文的质量明显提升,2015年共有16篇论文发表在《Science》《Nature》及其子刊上,超过了2013年与2014年的总和。

学校联合合肥物质科学研究院、南京分院、沈阳金属研究所等单位,以共同推进研究生教育深度融合为抓手,探索形成研究型大学与科研机构深度融合、协同培养拔尖创新人才的办学新模式。2015年,学校与中科院相关研究所研究生教育融合进入新阶段,沈阳金属研究所研究生教育归口我校管理。至此,学校与合肥物质科学研究院、沈阳金属研究所实现了研究生教育"统一招生、统一教学培养、统一管理、统一学位授予",以及"导师、学科、平台"三位一体的深度融合。

专业学位教育质量实现新跨越。苏州研究院、软件学院、纳米科技学院、公共事务学院等专业学位教育基地建设进展顺利,专业学位综合改革试点工作稳步推进。"苏州独墅湖科教创新区-中国科学技术大学工程硕士研究生联合培养基地"获批成为全国示范性工程硕士培养基地;学校还与长春光学精密机械与物理研究所共建国家示范性微电子学院。

学生工作坚持育人为本。按照国家级示范心理中心规格探索我校心理中心的规范化建设,继续完善"奖、贷、助、补、减"并举的奖助学支撑体系,奖助学总额达到2239万元。积极构建和完善"普及、提升、拔尖"三个层次的"金字塔"式创新创业培养体系,本科生和研究生在世界机器人大赛、国际遗传工程机器大赛、全国大学生数学竞赛、中国"互联网＋"大学生创新创业大赛、"挑战杯"全国大学生课外学术科技作品竞赛、丘成桐大学生数学竞赛等国内外顶级赛事上再创佳绩。

2015年累计授予博士学位799人,普通硕士学位842人,专业硕士学位1834人,学士学位1735人。学校积极拓展就业渠道,加强与国家重点建设单位联系,共举办专场招聘会301次,用人单位总数达1170家。2015届毕业生年终就业率为96.2%,其中本科生为94.5%,出国率为31.6%,国内外深造率为76.1%。学校继续加强与国内外校友的联系,做好校友服务工作,凝聚校友力量,广大校友在各自领域均表现优异,得到了国内外广泛认可。

二、深入实施人才强校战略,不断提高队伍建设水平

建设世界一流大学,人事制度的改革与创新是先导,人才队伍的引进与培养是核心。学校始终坚持"学术优先、以人为本"的人才工作思路,坚持"引进、培养、稳定并重"的队伍建设策略,深入推进人事人才制度改革,完善各类人才的职业发展通道,努力建设一支规模适度、结构合理、富有创新能力和国际竞争力的一流师资队伍。

2015年,学校充分利用国家、中国科学院和有关部委的高层次人才项目和政策,队伍建设成效显著。新增"两院"院士4人、发展中国家科学院院士1人、"国家杰青"7人、"万人计划"6人、青年拔尖人才9人、"千人计划"2人、"青年千人计划"33人、"国家优青"16人、"百人计划"3人。截至目前,学校共有"两院"院士50人、"长江学者"40人、"国家杰青"106人、"万人计划"15人、青年拔尖人才13人、"千人计划"42人、"青年千人计划"119人、"百人计划"144人,高层次人才占固定教师总数的29%。

青年教师代表了学校发展的未来,学校继续加强"三位一体"的青年教师培养体系,优化制度环境,创造成长机会。截至目前,引进的"青年千人计划"中,有6人入选"国家杰青",占全国入选总数的35%,居全国高校第一;13人入选"国家优青",5人成为973计划课题负责人,4人成为青年973首席科学家;13人入选中国科学院首批"卓越青年科学家"。学校鼓励青年教师出国深造,通过公派留学项目、"青年骨干教师出国研修计划"等,2015年共派出38名青年教师出国研修。同时,着力推进聘期制科研队伍建设,开设聘期制选聘固定教职通道,有效发挥激励导向作用,激发聘期制人员创新活力。目前,聘期制科研人员规模达到700多人,已成为学校科研产出的生力军和后备人才的资源库。

学校继续深化人事制度改革。一是深化用人制度、岗位分类管理制度、薪酬制度等的改革,逐步建立符合一流大学发展的人事管理体系;二是通过创新人才招聘、考核、激励、流动发展等机制,推进"按需设岗、动态调整、学术优异、结构合理"的人才管理制度建设;三是推进教师、管理、支撑三支队伍科学、有效的岗位分类管理,根据不同的发展定位,分类制定考核评价标准和指标体系,理顺各类人才的晋升通道和发展方向。

三、推进卓越科技创新体系建设,不断提高创新能力

提升创新能力是落实国家创新驱动发展战略的必然要求。一年来,学校全面贯彻落实

国家深化科技创新体系改革精神,深化科研组织模式改革,推进卓越科技创新体系建设,建立以重点科研机构为核心、以学院为支撑、以科研活动为导向、以人员互聘流动为纽带的网格化、校院两级管理体系,在鼓励科研人员面向世界科技前沿开展以兴趣为导向自由探索的同时,依托重点科研机构加强以国家需求为导向的创新团队建设,推动以重大产出为导向的跨学科协同创新。

学科平台建设取得新进展。根据 ESI 的统计数据(2005 年 1 月 1 日至 2015 年 8 月 31 日),学校有 10 个学科进入 ESI 世界前 1‰ 学科领域,4 个学科进入 ESI 世界前 1‰ 学科领域,7 个学科论文篇均被引次数超过本领域世界平均水平。泰晤士高等教育的学科专业世界排行榜中,我校生命科学专业排名世界第 95 位(全国第 1 位),自然科学专业排名世界第 78 位(全国第 3 位),工程技术专业排名世界第 64 位(全国第 4 位)。国家同步辐射实验室合肥光源重大维修改造项目顺利通过验收,合肥微尺度物质科学国家实验室取得一系列国际领先的创新成果;自行设计、自主研制集成的国际先进大型反场箍缩磁约束聚变实验装置 KTX(科大一环)正式竣工;由火灾科学国家重点实验室联合国际知名机构共建的"大尺度火灾国际联合研究中心",通过科技部认定,成为学校首个国家级国际联合研究中心。目前,学校共有 2 个国家实验室、2 个重大科技基础设施、7 个国家级科研机构、17 个中科院重点科研机构和 54 个省市及所系联合实验室。

科研竞争力和承担国家重大项目的能力进一步提升。暗物质粒子探测卫星"悟空"成功发射,我校研制的核心载荷 BGO 量能器在轨工作正常;量子科学实验卫星的研制工作进展顺利,预计将于 2016 年发射;量子保密通信"京沪干线"项目进入全面建设阶段,预计 2016 年建成开通。2015 年,共获批各类纵向科研项目 580 项,获批经费 8.4 亿元,签订横向合同 204 项、总经费 2.1 亿元。截至 12 月 15 日,到校科研经费 14.5 亿元,比去年增长 19.8%。国家自然科学基金获批直接经费 3.09 亿元,居全国第 8 位;面上基金项目和青年基金项目资助率分别为 47.56% 和 48.85%,均居国内主要高校首位;新增 1 个国家自然科学基金委创新研究群体,总数达到 14 个,名列全国高校第 3 位。目前在研的国家重大科技专项、重大科学研究计划、ITER 计划、973 计划、中科院重大专项等千万元以上项目 43 项,经费占比为 39%。

基础前沿创新能力继续保持国内领先。2014 年,我校作为第一署名单位发表 SCI 论文 2562 篇,比上一年增长 20.2%;2015 年 12 月汤森路透公布的数据统计,2005 年至 2015 年 8 月共发表 SCI/SSCI 论文 30114 篇,篇均被引 12.10 次,国内高校第一,超过世界平均值的 11.47 次。"多光子纠缠及干涉度量"荣获国家自然科学一等奖,此外还获得国家自然科学二等奖 2 项、国家科技进步二等奖 1 项、省部级科技一等奖 6 项、中国分析测试协会特等奖 1 项;2 人获得何梁何利科技进步奖,1 人获得联合国教科文组织"世界杰出女科学家成就奖"。"多自由度量子隐形传态"被英国物理学会评为国际物理学十大突破之首,"纳米尺度量子精密测量"入选中国高校十大科技进展,量子通信、高温超导和纳米材料两项成果入选中科院"十二五"标志性重大进展。

作为国家首批科技成果使用、处置和收益管理改革试点单位,学校加强制度建设,积极推进"三权"改革,科技服务与成果转化力度进一步加强。截至目前,已成功转化科技成果 10 项,总金额达 1.4 亿元。2015 年,学校申请专利 465 件,获得授权专利 340 件,授权量比去年增长 21.9%。

四、推进国际化战略，不断提升国际化水平

学校继续推进国际化发展战略，坚持以科研的国际化带动人才培养的国际化，加强与世界一流大学和著名科研机构的实质性合作，通过各类引智项目和国际合作项目引进海外优质资源，努力提升学校的国际竞争力和影响力。

进一步加强国际合作交流的统筹与规划，充分调动全校师生的积极性和主动性，努力构建"大外事"工作格局。2015年，学校通过参加一流大学建设研讨会、东亚研究型大学年会等国际名校俱乐部活动，积极拓展国际交流渠道，继续加强与世界一流大学、著名科研机构的实质性合作，共签署19项校际合作协议。充分利用"中国科学院国际人才计划"（16项）、国家外国专家局外国文教专家项目（57项）、安徽省外专局引智项目（2项）等，推进学校引智工作快速发展。

一年来，学校有251名本科生参加海外一流高校或研究机构的学习交流项目，人数比2014年增长了24.9%；通过国家建设高水平大学公派研究生项目，有115名研究生赴国外进行联合培养和攻读博士学位；资助320多名研究生参加境内外国际会议与访学交流，共有700余人次研究生参加境外和港澳台国际学术交流；教师参加境外学术交流1334人次，海外专家来访1290余人次；通过中国科学院-第三世界科学院（CAS-TWAS）院长奖学金、中国政府奖学金（CSC）等项目，积极推进留学生培养工作，在校留学生数从2014年的203人上升到361人。

五、加快园区规划与建设，进一步改善办学条件

学校以建设与一流大学相匹配的"园区精致、功能完善、设施先进、交流便利"的现代大学校园为目标，加快推进园区规划与建设，基础设施建设取得阶段性成果。2015年共实施新建及维修改造项目90余项，涉及建筑面积25万平方米，其中新建项目约11万平方米，维修改造约14万平方米。

学校"十一五"建设项目荣获2014～2015年度"国家优质投资项目奖"。"十二五"规划建设12个项目中，所系结合专家楼、金寨路下穿通道、中校区林荫大道3个项目已建成完工，其余项目均进入全面实施阶段："科大花园"二期人才楼争取今年春节前基本完工；中校区学生宿舍楼、学生生活服务中心正在进行主体结构施工，春节前后基本结构封顶；南校区"3H"人才周转公寓一期工程将于春节后开工建设；物质科学教研楼已完成公开招标，即将开工；综合体育中心计划2016年暑期开工；特种实验楼、生命科学楼扩建、中校区动力保障站房及中校区电源等项目，正在抓紧前期报建工作，争取2016年全部开工建设。中校区综合实验楼、图书馆和实习工厂等保留建筑约2万平方米，已完成整体改造并顺利交付使用；西校区力学楼群、电子楼群，南校区教学科研楼群改造已基本完工。根据国家发展和改革委员会、中国科学院的规划工作思路，学校已启动"十三五"科教基础设施规划的制定工作。

六、坚持学术优先、以人为本，不断提高办学治校能力

"学术优先、民主办学"是学校一直坚持的优秀传统。一年来，学校以大学章程建设为引领，坚持民主办学，推进校务公开。注重发挥学院和重点科研机构在办学中的主体作用，使其在人权、事权、财权等方面拥有更多权力，实现管理重心下移；发挥工会、教代会在参与行政管理事务中的作用，涉及学校发展和群众利益的重要事项，注意听取师生代表的意见；进

一步完善信息公开平台,推进校务公开的常态化、系统化和规范化。学校行政领导班子成员多次深入院系、实验室,走访调研,广泛听取师生的意见和建议。

严格执行国家财经纪律,加强财务的规范化、信息化、效率化管理,为学校科教事业发展提供财务支撑和资源保障。进一步加强财务制度建设,规范财务管理运行;积极拓展筹资渠道,确保学校经济资源稳步增长;强化财务预决算管理,加大预算执行力度。强化内部审计监督,加强财务收支审计、科研经济业务真实性合法性审计、工程造价审计等。

公共支撑体系建设稳步发展,形成了支撑创新的"水龙头",为学校的人才培养和科研创新提供有力保障。理化科学实验中心顺利搬迁至中校区,微纳研究与制造中心成为新的展示窗口,信息实验中心改造平稳推进;综合科研仪器共享中心正式运行,提高了仪器设备的使用效率和资源开放共享程度;信息网络持续拓展优化,用户体验得到进一步提升;一卡通完成升级改造,安全管理和服务能力跃上新台阶;图书馆文献资源不断完善,渗透式服务为师生提供更多便利。

2015年,学校坚持以人为本,不断改善师生员工的工作生活条件:启动新一轮岗位津贴与绩效调整,促进教职工收入实质性增长;两次调整公积金基数,公积金水平显著提高;落实住房补助(贴)政策,为符合条件的教职工发放补贴合计1154万元;实施新的研究生奖助方案,进一步提高研究生基本助学金标准;加快落实"科大花园"住户房产证办理工作,首批57户已完成办证前公示;推进园区主要道路改造和绿化工程,加大危旧房屋拆迁力度,全年拆除3.2万平方米,优化了校园环境;增强校园安全意识,努力建设平安校园,将治安防范、消防安全、交通整治及居委会工作相结合,实施动态管理,为师生员工提供了安全保障;切实做好离退休老同志的服务工作,发挥他们在学校建设发展中的积极作用,通过多种形式的服务和文体活动,丰富老同志的精神文化生活,改善老同志的生活待遇,使他们老有所养、老有所为、老有所乐。

各位代表、各位老师,学校过去一年来取得的成绩来之不易,凝聚了全校师生员工的劳动和汗水,也包含了上级领导、海内外广大校友及社会各界的关心与支持。在此,我谨代表学校,向所有在平凡工作岗位上默默奉献的广大教职工,向所有关心和支持学校发展的各级领导和各界朋友,致以崇高的敬意和诚挚的感谢!

在肯定成绩的同时,我们也要对学校发展面临的外部形势和改革面临的内部问题有一个清醒的认识。当前,学校已进入改革的"深水区"和"攻坚期",各级领导和师生员工要树立主人翁意识,勇于担当、攻坚克难,不断解放思想、开拓创新,提升谋划力和执行力,推进各项工作落到实处。

第四部分 下一步工作思路、任务与要求

2016年是学校"十三五"发展的开局之年,也是加快推进世界一流大学建设的关键之年。经过"十二五"建设和"985工程""211工程"的持续重点支持,学校在各方面取得了令人鼓舞的成绩,为下一步的工作打下了较好的基础,学校世界一流大学建设稳步迈入"第二步走"阶段。要延续当前良好的发展势头,就必须科学谋划、实施好"十三五"规划,为今后五年乃至十年的学校改革创新发展奠定坚实的基础。

当前，国家围绕创新驱动发展战略实施的一系列改革举措，为学校的发展提供了多重机遇。学校明确将发展基点放在创新上，坚持科教结合、教育创新，聚焦国家"双一流"建设、中科院"率先行动"计划、共建安徽省全面创新改革试验区三大战略，通过战略互动，实现合作共赢，抢占世界科技前沿、服务国家重大需求、对接区域发展战略，加快推进世界一流大学建设。

学校领导班子在编制大学章程、综合改革方案和"十三五"规划的过程中，开展重大战略问题研讨，经过深入研讨、集思广益，形成"三点共识"：一是世界一流大学建设要与服务国家战略需求、区域经济社会发展相统一，以改革促创新、以贡献谋发展；二是始终坚持"全院办校、所系结合"的办学方针，发挥科教结合的办学优势，把参与"率先行动"计划、谋求率先突破作为建设世界一流大学的重要支撑；三是坚持"深化改革、科教结合、率先突破、协调发展"的总体工作思路，全面推进学校的各项改革工作。

2015年上半年，学校启动了"十三五"改革发展总体规划的编制工作，明确"十三五"改革发展规划体系：一是由学校规划编制工作小组具体负责的学校"十三五"改革发展总体规划；二是由相关部门根据上级要求及学校发展需要编制的学校"十三五"事业发展专项规划；三是由各学院、重点科研机构根据自身发展需要编制的学院级"十三五"改革发展规划。

结合综合改革方案及有关专题研究，学校形成了《中国科学技术大学"十三五"改革发展总体规划》（草稿）。近期，学校通过专题座谈、研讨及书面征求意见和建议等多种形式，广泛听取老领导、"两院"院士、各级领导班子成员及教师代表等对学校"十三五"改革发展的意见和建议，先后赴11个学院、教代会发展与规划委员会、后勤支撑单位等机构专题调研，截至目前，共听取180多位代表累计200多条宝贵意见、建议。当前，总体规划还在持续修订完善中，计划于2016年6月前报中科院批准、教育部备案。

学校"十三五"改革发展的指导思想是：以"世界一流、中国特色"为核心，以"科教报国、服务社会"为使命，以"科教结合、教育创新"为优势。到2020年把学校建设成与科研机构深度融合，对接国家战略、服务区域需求，具有世界一流、中国特色、科大风格的一流大学。学校积极参加国家"双一流"建设，力争通过坚持科教结合的办学模式、深化人才强校主战略、完善创新创业人才培养体系、优化一流学科结构布局、健全卓越科技创新体系、提升国际化办学水平、建设现代大学校园、增强社会服务效益以及塑造活力校园文化等九个方面的重点建设，顺利通过2017年的中期考核和2020年的整体评价，进入常态支持序列。

学校正处在事业发展的关键时期，不进则退，慢进也是退，全校师生要积极行动起来，群策群力、千方百计推进学校各项事业的不断进步。在这里，我想代表学校行政领导班子对各级领导和工作人员提几点要求：

第一，"十三五"期间，政策叠加效应更加明显，各种发展机遇纷至沓来，学校迎来快速发展的战略机遇期。各部门、各院系领导要有全局观、前瞻性和大视野，要以世界一流大学的标准自我要求，从国家和世界的视野看问题，抢抓机遇，努力为国家战略需求和区域经济社会发展作出更大贡献。

第二，"一分部署，九分落实"，要不断提高实际工作的执行力，把执行力和效能建设纳入到各部门、各学院的考核中来，在学校真正形成用科学规划做好布局、用效能建设提高服务水平的良好局面。这就要求各部门特别是主要负责人要敢于负责，敢于担当，做好沟通和协调，以确保各项工作在执行中不走样、不落后、不打折。

第三，锐意创新，深化改革。紧紧围绕综合改革方案，把改革任务落实到具体工作中去。始终坚持用创新的思路、改革的办法破解发展过程中的瓶颈和难题，以创新激发活力、增添动力，敢为人先，勇于创新，努力提升学校办学质量和水平。

各位代表、各位老师，要实现世界一流大学的建设目标，每一位科大人都担负着一份沉甸甸的责任。明年"双一流"建设面临中期考核，时间紧、任务重，让我们共同努力交出一份满意的答卷。希望全体干部和师生员工，坚守"科教报国、服务社会"的办学使命，贯彻落实"四个全面"战略布局和十八届五中全会精神，巩固和拓展"三严三实"专题教育成果，科学做好"十三五"改革发展规划，以改革促创新、以贡献谋发展，凝聚全校师生员工的智慧和力量，为早日建成世界一流、中国特色、科大风格的一流大学而努力奋斗！

最后，向各位代表，并通过各位代表，向全校教职工及家属致以新春的祝福和美好的祝愿！

谢谢大家！

五、文件选辑

中国科学技术大学 2015 年党委工作要点

(党字〔2015〕16 号)

经过学校九届一次教代会和校务工作会议的集思广益、深入讨论,学校对当前面临的新形势进行了认真分析,着重研究了 2015 年学校党政主要工作,明确了基本思路和工作重点。2015 年校党委工作的指导思想是:深入学习贯彻落实党的十八大,十八届三中、四中全会和习近平总书记系列重要讲话精神,贯彻落实党中央"四个全面"战略布局;贯彻落实习近平总书记关于高校党建工作重要指示精神和第 23 次高校党建会议精神,进一步加强和改进党的建设;从严治党,坚持作风建设常抓不懈,深化教育实践活动整改落实;加强思想政治工作,牢牢把握意识形态工作的领导权、管理权和话语权;全面推进大学章程和综合改革方案的贯彻实施,加快推进世界一流研究型大学建设。围绕这一指导思想,2015 年校党委将切实抓好以下十项重点工作。

一、深入学习贯彻落实党的十八大,十八届三中、四中全会和习近平总书记系列重要讲话精神,贯彻落实党中央"四个全面"战略布局

认真组织广大党员干部、师生学习领会党的十八大,十八届三中、四中全会精神,深入理解"全面建成小康社会、全面深化改革、全面推进依法治国、全面从严治党"的重大理论观点、重大方针政策和重大战略部署,把握精神实质和改革方向。深入学习习近平总书记系列重要讲话精神,结合学校实际制订周密的学习计划,引导党员干部重点学习中央在教育、科技领域改革的攻坚方向和重点举措。坚持党政中心组学习制度,弘扬理论联系实际的学风。坚持学以致用,认真思考分析学校深化综合改革中面临的重大问题和重要举措,进一步凝聚共识,凝神聚力,全面推动综合改革;重点学习关于依法治国的重要论述,结合学校大学章程的贯彻实施,为全面推进依法治校打好思想基础,做好理论准备。

主要责任单位:党政办公室、党委组织部、党委宣传部、学生工作部(处)、团委、各基层党组织。

二、贯彻落实习近平总书记关于高校党建工作重要指示精神和第 23 次高校党建会议精神,进一步加强和改进党的建设

按照中央的部署要求,认真贯彻落实习近平总书记关于高校党建工作重要指示精神和第 23 次高校党建会议精神,坚持立德树人,把培育和践行社会主义核心价值观融入教书育人全过程;强化思想引领,牢牢把握高校意识形态工作领导权;全面推进党的建设各项工作,有效发挥基层党组织战斗堡垒作用和共产党员先锋模范作用。要将会议精神与学校改革发展实际紧密结合,切实把思想和行动统一到中央的部署上来,不断加强和改进党的建设。

继续推进基层服务型党组织建设。进一步加强党员发展工作,加大在优秀人才中发展党员的力度。开展优秀党员和优秀基层党组织的评选工作,不断提高基层党组织的工作积极性。做好党务干部和党务工作者培训工作。根据中组部开展院系级单位党组织书记抓基层党建工作述职评议考核要求,启动相应工作。

主要责任单位：党政办公室、党委组织部、党委宣传部、学生工作部（处）、各基层党组织。

三、从严治党，坚持作风建设常抓不懈，继续深化教育实践活动整改落实工作

继续抓好教育实践活动整改落实"回头看"工作，认真贯彻落实部分中管高校教育实践活动深化整改工作座谈会精神，结合学校发展中面临的新情况进一步查找问题，确保整改落实取得新成效。进一步贯彻落实中央"八项规定"和院党组"十二项要求"，完善各项规章制度，认真查处"四风"方面存在的突出问题，严格控制一般性支出，切实加强对"三公"经费的管理，营造风清气正的校园环境。努力创新工作机制，加强部门之间的协作，相互配合，上下联动，建立工作长效机制，用制度巩固和深化党的群众路线教育实践活动成果。

继续着力加强思想政治建设，把坚定理想信念、强化宗旨意识作为领导班子建设的首要任务摆在更加突出的位置，不断强化党员领导干部的党性锻炼和理想信念教育，提高政治鉴别力和敏锐性；继续抓好民主生活会后的整改落实工作，始终把作风建设紧紧抓在手上，持续深入整改，将持续推进整改落实工作与贯彻落实大学章程、全面推进综合改革紧密结合。

主要责任单位：党政办公室、纪委、监察审计处、党委组织部、党委宣传部、各基层党组织。

四、加强中层领导班子建设，不断建立完善干部选拔、培养、考核和监督机制，提高干部工作科学化水平

按照《中国科学技术大学领导干部选拔任用工作条例》，以"增强动力、提高活力、把严入口、扩大出口"为干部队伍建设的基本思路和原则。以干部考核工作为中心，不断完善干部考核评价体系。强化干部考核机制，加强对考核结果的运用，严格做好两年一度的中层领导班子考核，开展新提任干部一年试用期考核。坚决调整工作情况不理想、师生满意度低的干部。

继续落实《2014—2019年干部教育培训规划》，加强干部培训教育。根据中央和中科院新修订的事业单位干部选拔任用管理办法和研究所中层干部管理办法，进一步完善学校的中层干部选拔机制、轮岗交流机制。进一步加强干部的轮岗交流和多岗位锻炼。根据学校实际情况，制订中层干部海外交流培训计划；进一步加强干部挂职锻炼和推荐任职工作；进一步抓好干部监督管理工作。

主要责任单位：党委组织部。

五、加强思想政治教育，推动形成思政工作新常态，促进学生全面素质的提高

深入推进中国特色社会主义和中国梦学习教育，抓好社会主义核心价值观教育长效机制建设。坚持推动思政工作融入课堂主渠道、融入社会实践、融入文化育人、融入作风建设。进一步加强立德树人，校领导带头走上思政工作第一线。

加强思政教育体系建设，进一步有效发挥校学指委的作用。在校学指委的领导下，推进与学生思政工作联系密切的各部门联动互动，形成"部门团队"协同并进的工作局面。不断深化学生的科大精神培育，使"卓越、勤奋、自信、稳重"成为科大学生的共同特征。根据学生的不同类型以及学生在校的不同阶段，各有侧重，对学生进行世界观、人生观、价值观教育。加强学生的创新精神和创新能力以及领导力培养；以基本道德规范为基础，深入进行公民道德教育。研究探索学生"寝室文化"建设的有效途径。探索学生"第二成绩单"的规范管理和相应平台建设。

主要责任单位：学生工作部（处）、团委。

六、加强和改进宣传思想工作，加大宣传力度，筹备召开两年一度的党建与思想政治工作研讨会

进一步加强中国特色社会主义、习近平总书记系列重要讲话、社会主义核心价值观的宣传工作。结合加强和改进宣传思想工作，筹备召开两年一度的党建与思想政治工作研讨会。做好学校大学章程和综合改革的宣传工作，大力营造学校改革发展的良好氛围。

进一步巩固传统媒体优势，聚焦一流研究型大学创建，继续做好新闻宣传工作。进一步适应现代传播环境变革的新形势，重点加强网络与新媒体宣传。组织多种形式的宣传产品，不断增强中国科大品牌的亲和力和广泛知名度。大力推进网络新媒体建设与应用，组建以学生团队为核心的全媒体中心，适应现代传播环境的变化，增强对外传播的影响力，以"传播科大形象与文化，服务师生需求"为宗旨，向社会传播科大形象。

责任单位：党委宣传部、新闻中心。

七、加强惩防体系建设，继续推进廉洁从业风险防控工作，维护风清气正的良好环境

认真落实党风廉政责任制。根据学校实际，修订完善《中国科学技术大学党风廉政建设责任制实施细则》。以明确责任主体为基础，以细化履责措施为重点，以健全体制机制为抓手，以严格责任追究为保障，抓好年度廉政风险防控工作任务的细化分解，强化执纪问责力度。推进廉洁从业风险防控体系建设，做好重点领域和关键环节的监督工作，确保廉洁从业风险防控工作取得实质性进展。抓好内部审计监督工作。进一步做好信访和案件查办工作，不断提高查处案件能力。

主要责任单位：纪委、监察审计处。

八、不断弘扬民主办学的优良传统，充分调动广大师生员工的积极性和创造性

坚持教代会三个专门委员会例会制度，充分发挥专门委员会的作用。推进并完善教代会代表团团长座谈制度，开展"职工小家"建设试点工作。做好全校性、大众化文化体育活动的开展工作，全面提高教职工的身体素质。拓展教学竞赛、技能培训等活动，推进教职工素质提升工程。筹备召开第九届教职工代表大会第二次会议。进一步夯实统一战线的思想政治基础。协助各民主党派基层组织加强自身建设。进一步加强党外代表人士队伍建设。做好参政议政工作，充分发挥人大代表政协委员作用。做好新形势下民族宗教和侨务工作。制定离退休干部服务管理的工作办法。通过老年大学、金秋艺术团、老年体协、关工委、老年科协五大组织，积极为老同志开展各种活动搭建平台，给予支持。启动离退休干部管理信息化建设，初步构建离退休干部的管理信息系统。积极探索多种途径给予老干部们更多的人文关怀。

主要责任单位：工会、党委统战部、离退休干部工作办公室。

九、强化团学组织对青年学生的思想引领，全面服务学生成长成才

进一步提升思想引领的针对性和实效性。深化"我的中国梦"主题教育活动。深入开展学习习近平总书记系列重要讲话精神"四进四信"活动。全面深化培育和践行社会主义核心价值观活动。大力加强和改进网络宣传引导工作。积极弘扬传承中华优秀传统文化。着力加强思想引领的基础性工作。继续实施青年马克思主义者培养工程。

促进学生全面素质提高。深化体育俱乐部建设,推进校园阳光体育运动,广泛开展大学生"走下网络、走出宿舍、走向操场"主题群众性课外体育锻炼活动。争取各类社会资源,完善创新创业一条龙的教育培训。以深化大学生创业实践为导向,培养学生创业意识。突出团学组织为学生服务的职能,真正为学生成长提供服务、创造价值,同时加强对青年教师的联系服务。

主要责任单位:团委、学生工作部(处)、教务处、研究生院。

十、完善校园突发事件应对机制,积极做好校园安全稳定工作

落实安全管理责任制,进一步完善校园突发事件应急处理机制和工作体系,明确职责,理顺关系,严格贯彻执行"紧急突发事件流程",加强协同响应,保障快速反应,增强应对能力。注重防患于未然,及时通过学生骨干、网络等多种途径了解、把握突发事件的线索和迹象,提高"从发现问题到解决问题"的效率。加强社会治安综合治理工作,切实维护校园安全和政治稳定。进一步加强保密工作,落实保密责任制,加强定密管理和涉密人员管理工作。加强网络保密管理。逐步健全对外宣传、信息公开保密管理工作。完善保密工作制度建设。

主要责任单位:突发公共事件应急处置领导小组、校保密委员会、保卫与校园管理处。

中国科学技术大学 2015 年行政工作要点

(校字〔2015〕47 号)

2015年是学校全面深化改革、深入推进依法治校、完成"十二五"、谋划"十三五"的关键之年。经过学校九届一次教代会和校务工作会议的集思广益、深入研讨,围绕国家加快推进科教领域综合改革、中国科学院深入实施"率先行动"计划、区域深入推进创新驱动战略等形势和机遇,明确了今年行政工作的基本思路:深入学习贯彻党的十八大,十八届三中、四中全会和习近平总书记系列重要讲话精神,贯彻落实党中央"四个全面"战略布局,科教结合、率先突破,全面实施学校大学章程和综合改革方案,加快推进世界一流研究型大学建设"第二步走"战略。围绕这一基本思路,学校将做好以下几个方面的工作。

一

(一)立足科教结合优势,全面推进综合改革,谋划"十三五"规划制定,做好学校发展的谋篇布局

围绕建设世界一流大学的战略目标,加快科教结合、协同创新的战略布局,推进实施综合改革战略任务。联合中国科学院合肥物质科学研究院,建设合肥科教基地,努力在区域创新体系建设中发挥核心作用。加快推进与中国科学院沈阳金属所等相关科研院所的科教结合。进一步深化学校与科研院所、政府和企业的合作,探索科教结合新的体制机制和管理模式,形成研究型大学与国立科研机构深度融合,开放式、网络化的办学模式。

全面推进学校综合改革,围绕改革总体目标,稳步推进现代大学制度建设、深化人才强

校主战略、创新人才培养体系、健全卓越科技创新体系、以科研国际化带动人才培养国际化、建设"活力"校园、打造民生工程等各项改革任务,以深化创新人才培养、人事人才制度、科研组织模式三个方面改革为突破口,着力推进体制机制创新,逐步在学校内部建立起适合科教结合、符合世界一流研究型大学要求的办学机制、治理结构和创新文化。建立上下对应、分工负责的责任机制,确保各项改革相互衔接、相互配合、相互促进。

启动"十三五"规划编制工作。开展系统深入的战略研究,准确把握内外部环境的深刻变化,明确"十三五"发展的战略重点和主要任务,提出相应的改革发展举措,把"十三五"规划的制定过程作为抢抓机遇、率先突破的过程。

(二)在深入总结"985工程""211工程"建设成效和经验的基础上,统筹实施世界一流大学与一流学科建设

根据国家关于统筹推进世界一流大学与一流学科建设的战略部署和要求,瞄准世界一流大学建设目标,进一步做好学科建设和整体建设工作,争取在人才培养、师资队伍、学术研究与社会贡献等方面取得新进展。

在深入总结"985工程""211工程"建设成效和经验的基础上,紧密结合国家战略需求和学校学科优势特色,以科教融合为契机,不断加强与中国科学院相关院所的学科融合,创建一流的学科体系,进一步增强我校学科的国内外竞争力。

根据国务院学位委员会、教育部关于开展学科专项评估、合格评估工作的相关部署,全面做好各类学科评估工作,并以此为契机,瞄准国际一流学科,全面梳理总结学科建设成果与经验,以评促建、以评促改,不断提升学科发展的质量与内涵。

(三)深化本科生人才培养模式改革,创新人才培养体系,不断提升本科生培养质量

继续完善中国科学院"科技英才班"和教育部"基础学科拔尖学生培养试验计划"支持下的科技英才培养模式,统一安排和组织2015级英才班的一年级数学和物理课教学。召开"科技英才班"工作总结大会,系统总结和梳理过去的工作经验。

进一步完善本科生培养方案。建立和实施英语、数学和物理课程的分层设计和模块化整合,初步实现本科一年级基础课程的全面贯通;逐步建立一体化"本研贯通"的教学培养体系,实现全校教学资源的共享和教学管理机制的统一;启动特色MOOC课程建设,探索和试点"翻转课堂"等新型教学模式;加强人文素质课程建设,探索新形势下思想政治教育改革;推进体育课程俱乐部制度建设,促进学生综合素质的提高;加强本科生国际化学习和交流,提升对外交流的规模与质量。

进一步加强教学过程管理,全面推进综合教务管理系统的升级和完善。推进教师教学发展中心的建设,初步构建教师专业素质和教学能力培训体系;启动实施主讲教师资格认证制度,加强教学评估和质量监控;优化学生学业指导中心的运行机制和工作模式,提高指导专家的工作效率;积极开展学生调研和教学研讨,进一步完善"科学与社会"新生研讨课的组织与管理。

全面加强学生的实践实验教学,培养学生的科技创新能力。推进实验教学中心的整合和升级改造,加强国家级实验教学示范中心和虚拟仿真实验中心的建设,构建多层次实践实验教学体系;加强对实践实验教学项目的全过程管理,促进学生科技创新思维和实践技能的全面提升。

继续开展2014级理科试验班书院制试点工作，进一步探索"教、学、管"联动的学生管理工作模式。开展"院系学生工作考评"试点、"辅导员班主任研讨课"试点工作。建立健全辅导员班主任的评价和荣誉等考核评估制度。探索对学生学业问题和事务问题全面精细化管理的方法，建立有效的协同工作机制，试点学业班主任和事务班主任的双轨制管理模式。加强心理健康教育工作，储备校院两级心理健康教育人力资源，启动"心理咨询案例督导工作室"。

落实国家深化考试招生制度改革的相关政策，合理调整生源结构，探索适合学校发展的招生模式；完善校院两级招生组织管理架构，落实本科招生工作学院负责人制度；开展招生专员试点工作，提高招生队伍的专业化和职业化水平。加强对学生的职业发展教育、创新创业教育，帮助学生树立正确的就业观，加大就业引导，鼓励多元化就业。进一步拓展、稳固就业市场，为毕业生搭建更宽的就业平台、创造更多的就业机会。加强就业服务，继续实施面向院系的"联系人制度"，帮助院系切实做好就业工作。

（四）开展研究生教育综合改革，创新人才选拔与培养模式，深入实施研究生培养质量工程，提升研究生培养质量

继续坚持"走出去""请进来"的研招宣传战略，构建新形势下研招宣传的新体系。充分利用信息技术、网络社交媒体平台，探索网络宣传新模式，通过网络面试提高优秀人才选拔的覆盖率；继续完善博士招生"申请-考核"制度，以科学、规范、公平的审核标准和办法，选拔具有科研能力、创新精神和专业潜质的优秀研究生。

加快研究生培养重心转移，进一步发挥院系参与、导师主导研究生培养工作的积极性；加大各院系研究生部、研究生院科学岛分院的建设力度，强化研究生培养过程管理，规范培养流程，构建全方位、全过程的研究生教育质量保障体系。加强与合肥物质科学研究院、沈阳金属所等单位在研究生教育层面的深度融合，理顺管理体制与机制，探索建立更高的培养质量与学位质量标准。

继续做好专业学位研究生教育的招生、培养工作，积极探索与地方政府联合培养符合区域经济社会发展需要的创新人才的新途径。瞄准国家区域集成电路产业发展需求，整合校内外优势资源，做好"示范性微电子学院"的规划和建设工作。

发挥多学科人才培养优势，推进研究生层面的"双学位"项目和"主-辅修"项目，培养既精通理论研究又懂得实践应用或者既掌握理工知识又懂管理的双向复合型人才。组织好学术学位和专业学位授权点参加国家专项评估工作，进一步完善专业学位授权点研究生培养体系。积极与国外科研机构协同开展研究生培养工作，提高学校研究生教育的国际化水平。

进一步加大研究生公共实验教学中心、实训中心等支撑平台的建设力度，充分利用各类平台，营造研究生培养创新生态环境，提高研究生实践动手能力、科研创新能力、学术发展能力。

（五）深化人事制度改革、推进人才强校战略，构建以世界一流大学为目标的持续、协调、有效的人事人才管理体系

人力资源是学校发展的第一资源，建立完善的高层次人才引进机制，做好海外杰出人才、高层次人才的引进与稳定工作。同时，围绕学科发展，优化各学科教师的比例和结构，推动结构优化，提升人才队伍整体水平。加强青年教师培养，推进、深化学校、学院和青年教师

"三位一体"的青年教师培养体系。推进聘期制科研队伍建设,扩大流动岗位科研人员体量,加大政策支持力度,实施有效激励,提升聘期制科研人员创新能力。做好两院院士申报的服务工作。

推进、深化人事制度综合改革,建立并完善体现现代大学制度的人事管理体系,实现用人制度、岗位分类管理制度、薪酬制度改革的新突破。继续推进岗位分类管理,建立健全科学、有效的岗位分类管理办法。做好新一轮教师、支撑岗位专业技术职务聘用工作,根据学术领域、岗位类别不同,分类制定考核评价标准和指标体系。

深化薪酬分配制度改革。坚持"一流人才、一流业绩、一流待遇"的薪酬分配导向,构建以绩效奖励为导向、兼顾公平的薪酬分配体系。在进一步深化科研体制改革进程中,充分利用学科平台的资源优势,探索建立适合学校发展的人才队伍稳定与激励机制。

根据国家有关精神和部署,适时做好机关事业单位工作人员养老保险制度改革。关心离退休同志的生活,继续做好各项服务工作。

(六)深化科研体制机制改革,构建卓越科技创新体系

加强顶层设计与战略规划,制定学校"十三五"科技发展规划,积极参与国家"十三五"科技重点专项建议书的编写,争取承担国家重点科技专项任务。

深化科研机制体制改革,完善校院两级科技管理体系建设,初步形成自由探索与目标导向相结合的科研组织模式,健全以国家级科研基地、中国科学院重点实验室为基本单元的科研平台体系。组织合肥微尺度物质科学国家实验室验收;推进中国科学院合肥大科学中心、卓越创新中心建设;推动中国科学院智能语音与未来网络研究院的筹建工作;继续推进2011协同创新中心的认定工作;做好中国科学院相关重点实验室评估工作;谋划建设新的国家重点实验室。

加强重大项目的组织与管理,重点推进未来网络重大基础设施的建设与申报工作,确保量子卫星、暗物质卫星等空间科学先导专项的顺利实施。

创新机制体制,加快先进技术研究院建设和发展,重点推进量子通信京沪干线、未来网络、微电子等领域的科技创新平台与人才培养基地建设,探索建立产业促进会、创客中心等创新创业平台。建立完善科技成果转移转化体制机制,做好"三权"改革试点工作,探索建设知识产权交易平台,重点推进量子信息、新材料技术、生物医药等领域的成果转化与产业发展。

(七)继续完善大外事的工作格局,以科研国际化带动人才培养国际化

继续完善大外事的工作格局,全面整合全校的国际合作资源,打造通畅的国际工作渠道,形成多部门联动共建学校"大外事"的工作格局。成立国际合作交流专家委员会和国际战略指导委员会,指导、协助学校整体国际合作交流工作的开展,进一步提升学校的国际声誉。发挥各学院在国际合作交流中的积极性和能动性,推动学院主动参与、策划和组织各项国际合作交流项目。

在中国科学院-第三世界科学院(CAS-TWAS)院长奖学金计划的基础上,充分利用学校科研国际化的优势,创新国际化人才培养模式,建设特色化的国际学院。以国际学院为中心,整合全校资源,开展体系化的英文授课课程建设,逐步提高专业英文课程的覆盖面。统筹规划国际化人才培养方案,打造"高等教育示范学院"。

建设完善的汉语语言及文化课程体系，制定留学生学位标准的指导性意见，确立不同学科的培养过程要求。提升国际化教学管理，建立留学生课程质量评估制度以及留学生教学管理系统。

推进留学生精细化管理，提高留学生招生质量，扩大留学生规模。建立与国际接轨的服务机制，对留学生在校生活实行"全过程"管理与服务，丰富留学生的文化生活。成立留学生校友会，加强与毕业留学生的互动交流。

（八）加快园区基础设施建设，深化后勤保障体系综合改革

以打造"园区精致、功能完善、设施先进、交流便利"的现代大学校园为目标，加快园区基础设施建设。全力推进中校区建设，学生生活服务中心力争年内基本完工，学生宿舍计划年底完成结构封顶，三幢保留建筑计划上半年交付使用，启动动力保障房招标工作。加快推进"十二五"规划项目的申报和评审，东区物质科学教研楼和中校区综合体育中心项目争取下半年开工建设，生命科学学院扩建、特种实验楼扩建、东区综合实验楼新建项目力争年内完成立项、设计、规划报批等准备工作。南校区3H工程——人才周转公寓项目上半年完成前期准备工作，暑期开工建设，"科大花园"二期人才楼力争年内完工交付使用。启动"十三五"园区建设规划申报的准备工作。推动档案馆、博物馆、校史馆馆舍条件改造。

深化后勤保障体系综合改革，不断提升后勤保障与服务水平。以项目"代建制"为抓手，创新基建管理模式，提高工程管理水平和资金使用效益，构建精致校园。健全阳光采购，创建覆盖采购全过程的信息化系统平台，提高采购效率，完善设备资源管理。创新调配机制，改革公用房管理服务体系，建立行政调配和经济杠杆并重的调配机制，探索全口径的公用房使用成本补偿机制。进一步深化后勤社会化改革，探索学校主导公益性服务与引入社会优质资源并举的后勤服务新途径，探索建立能源使用效益评估体系，促进绿色校园建设。创建符合我校事业发展需求的综合安全服务体系，综合实施校园平安工程，构建安全、有序、文明的平安校园。

（九）加快现代大学制度建设，做好大学章程实施工作，全面推进依法治校

以大学章程实施为抓手，对学校各类规章制度进行梳理，进一步加强制度建设的顶层设计。完善内部治理结构，理顺各种关系，进一步明确校、院两级的责权利划分，形成责任逐层分解、工作逐级落实、沟通反馈顺畅的校、院两级工作联动机制。

坚持民主办学，做好校务公开工作。进一步完善"党委领导、校长负责、教授治学、民主管理"的内部治理架构，拓展教职工参与学校民主管理和监督的渠道。推动服务型机关建设，实现机关部门工作作风和工作职能的两个转变，提高管理效能，服务广大师生。

（十）合理配置资源，加强财务管理、审计，提升校园管理、服务水平，为学校发展提供保障

继续拓宽筹资渠道，推进教育基金会发展，汇聚校友力量，服务学校发展。建立与学校综合改革相配套的财务管理体制的改革，探索以学院为实体，以效益为导向的推进资源配置管理改革。完善制度建设，强化经费使用监管，探索财务专业队伍向学院的延伸，提升财务管理与服务效能。

加大科研仪器、文献资源的整合和共享力度，规范管理，合理收费，增强共享和使用效率。建设通畅和安全的信息化"智慧型"校园，优化网络和服务，强化科研与教育信息化

建设。

深入贯彻落实中央"八项规定"和中国科学院党组"十二项要求",加强廉洁从业风险防控。以科研项目经费为重点,强化内部审计监督,将科研经济业务真实性合法性审计工作常态化,到2017年做到"双覆盖"。

二

在全面落实上述工作任务的同时,学校2015年将推进落实以下重点工作,由分管校领导分别组织实施。

1. 推进依法治校,在中国科学技术大学章程的基础上,加快《中国科学技术大学综合改革方案》的实施工作,争取相关部委与区域对学校的支持。

此项工作由许武同志、校长牵头,陈晓剑同志具体负责。

2. 继续实施科教结合、协同创新的战略布局。联合中国科学院合肥物质科学研究院,建设好合肥科教基地;加快推进与沈阳金属所等相关科研院所的科教结合。

此项工作由许武同志牵头,张淑林同志具体负责。

3. 总结"985工程""211工程"建设成效和经验,做好学科发展的规划与布局,提升学科发展的质量和水平。根据国务院学位委员会、教育部关于开展2014年学位授权点专项评估工作的相关要求,组织好2009~2011年新获授权的学术学位和专业学位授权点的专项评估工作。

此项工作由张淑林同志负责。

4. 做好海外杰出人才、高层次人才的引进与稳定工作;推进、深化学校、学院和青年教师"三位一体"青年教师培养体系;加快推进聘期制科研队伍建设;做好新一轮教师、支撑岗位专业技术职务聘用工作;构建以岗位绩效薪酬为主体、兼顾公平的薪酬分配体系。

此项工作由窦贤康同志负责。

5. 继续完善本科生培养方案和科技英才培养模式,初步实现本科一年级基础课程的全面贯通;加强教学过程管理,全面推进综合教务管理系统的升级和完善。加强学生实践实验教学,构建多层次实践实验教学体系。

此项工作由陈初升同志负责。

6. 进一步探索"教、学、管"联动的学生管理工作模式。开展"院系学生工作考评"试点、"辅导员班主任研讨课"试点。

此项工作由蒋一同志负责。

7. 根据国家招生制度改革的相关政策,探索适合学校发展的招生模式;完善校院两级招生组织管理架构,落实本科招生工作学院负责人制度,开展招生专员试点工作。加强学生的职业发展教育、创新创业教育,加大就业引导,鼓励多元化就业。

此项工作由陈初升同志负责。

8. 开展研究生教育综合改革,探索网络宣传、网络面试新模式,完善博士招生"申请-考核"制度;推进研究生层面的"双学位"和"主-辅修"项目。

此项工作由张淑林同志负责。

9. 深化科研机制体制改革，完善校院两级科技管理体系建设；做好国家级、省部级重点科研平台的验收、申报与培育工作，加强重大项目的组织与管理。

此项工作由朱长飞同志负责。

10. 成立国际合作交流专家委员会和国际战略指导委员会；建设特色国际学院；推进留学生精细化管理，提高留学生招生质量，扩大留学生规模。

此项工作由潘建伟同志负责。

11. 加快中校区建设，东区物质科学教研楼和中校区综合体育中心下半年开工建设；南校区3H工程——人才周转公寓暑期开工建设，"科大花园"二期人才楼年内完工。深化后勤保障体系综合改革，不断提升后勤保障与服务水平。

此项工作由周先意同志负责。

12. 加大科研仪器、文献资源的整合和共享力度，规范管理，合理收费，增强共享和使用效率。优化网络和服务，强化科研与教育信息化建设，努力建设"智慧型"校园。

此项工作由王晓平、黄素芳同志负责。

13. 建立与学校综合改革相配套的财务管理体制的改革。推进以学院和国家（重点）实验室为办学主体的资源配置改革，完善财务制度建设，强化经费使用监管。

此项工作由黄素芳同志负责。

14. 启动《中国科学技术大学"十三五"发展规划》编制工作。

此项工作由陈晓剑同志负责。

15. 加强廉洁从业风险防控，强化内部审计监督，将科研经济业务真实性合法性审计工作常态化。

此项工作由叶向东同志负责。

中国科学院关于万立骏任职的通知
（科发人任字〔2015〕13号）

中国科学技术大学：

根据国务院《关于万立骏任职的通知》（国人字〔2015〕57号），万立骏任中国科学技术大学校长（副部长级）。

中国科学院

二〇一五年四月八日

中共中国科学院党组关于窦贤康同志任职的通知

(科发党任字〔2015〕20号)

中共中国科学技术大学委员会：

　　经研究，决定窦贤康同志任中国科学技术大学党委常务副书记（正局级）。

中共中国科学院党组
二〇一五年五月十五日

中国科学院关于潘建伟任职的通知

(科发人任字〔2015〕22号)

中国科学技术大学：

　　经研究，决定潘建伟任中国科学技术大学常务副校长。

中国科学院
二〇一五年五月十五日

关于调整部分基层党组织设置的通知

(党组字〔2015〕26号)

各分党委、党总支、直属党支部，机关各部、处、室：

　　根据《中国共产党普通高等学校基层组织工作条例》《中国共产党发展党员工作细则》和《安徽省普通高等学校发展党员工作实施细则》的要求，为规范发展党员工作，经校党委常委会议研究决定，将数学科学学院党总支等10个教学科研单位党总支分别调整为分党委，其干部职数、职级不变。具体调整如下：

　　1. 撤销中共中国科学技术大学数学科学学院总支部委员会，成立中共中国科学技术大学数学科学学院委员会；

　　2. 撤销中共中国科学技术大学生命科学学院总支部委员会，成立中共中国科学技术大学生命科学学院委员会；

　　3. 撤销中共中国科学技术大学计算机科学与技术学院总支部委员会，成立中共中国科学技术大学计算机科学与技术学院委员会；

4. 撤销中共中国科学技术大学地球和空间科学学院总支部委员会，成立中共中国科学技术大学地球和空间科学学院委员会；

5. 撤销中共中国科学技术大学公共事务学院总支部委员会，成立中共中国科学技术大学公共事务学院委员会；

6. 撤销中共中国科学技术大学核科学技术学院总支部委员会，成立中共中国科学技术大学核科学技术学院委员会；

7. 撤销中共中国科学技术大学软件学院总支部委员会，成立中共中国科学技术大学软件学院委员会；

8. 撤销中共中国科学技术大学国家同步辐射实验室总支部委员会，成立中共中国科学技术大学国家同步辐射实验室委员会；

9. 撤销中共中国科学技术大学合肥微尺度物质科学国家实验室（筹）总支部委员会，成立中共中国科学技术大学合肥微尺度物质科学国家实验室（筹）委员会；

10. 撤销中共中国科学技术大学火灾科学国家重点实验室总支部委员会，成立中共中国科学技术大学火灾科学国家重点实验室委员会。

上述基层党组织负责人不变，职务名称同步作相应调整。

特此通知。

中共中国科学技术大学委员会
二〇一五年九月二日

关于成立综合科研仪器共享中心的通知

（校研字〔2015〕3号）

各院、系、重点科研机构、直属单位、机关各部、处、室：

为促进科研仪器的开放共享和学科交叉，提高分散在各实验室或研究组的仪器设备的使用效率，发挥更大效益，依照《中国科学技术大学公共实验中心建设与运行管理办法》（校研字〔2009〕118号），学校经研究，决定成立综合科研仪器共享中心。

该中心为校公共实验中心分中心之一，纳入校公共实验中心统筹管理。

特此通知。

中国科学技术大学
二〇一五年一月四日

关于规范接待社会团体来校参观的通知

(校保字〔2015〕91号)

各院、系、重点科研机构、直属单位,机关各部、处、室:

为进一步加强校园管理,营造良好校园环境,现就校内规范接待社会团体来校参观有关事宜通知如下:

一、工作日原则上不接待团体参观;

二、各单位不接待任何商业旅游团;

三、各单位如有接待社会团体来校参观需求,需填写《中国科学技术大学校外团体参观(考察)申请表》(该表格在 bwc.ustc.edu.cn 下载),经单位负责人审核、签字并加盖部门公章后,将表格交予保卫与校园管理处审核备案;

四、每次团体接待的校内各单位需明确联系人,负责接待组织工作。

特此通知。

附件:中国科学技术大学校外团体参观(考察)申请表

中国科学技术大学

二〇一五年六月十一日

附件

中国科学技术大学校外团体参观(考察)申请表

校内接待单位			
校外团体名称			
参观(考察)人数	未成年人_____人 (非中国科大在校学生)		成人_____人 (非中国科大教职工)
参观(考察)时间	_____年_____月_____日(星期____) _____时_____分至_____时_____分		
校内接待单位人员姓名		校外团队联系人姓名	
联系方式		联系方式	
校内接待单位意见	单位负责人签字： (单位盖章)		
备注			

说明：1. 工作日原则上不接待团体参观
　　　2. 不接待任何商业旅游团
　　　3. 保卫与校园管理处联系电话：0551-63602310
　　　　 联系邮箱：bwc@ustc.edu.cn

保卫与校园管理处制表

关于与中国科学院金属研究所联合成立
材料科学与工程学院的通知

(校办字〔2015〕144 号)

各院、系、重点科研机构、直属单位,机关各部、处、室:

为深化科教融合、协同创新,丰富"全院办校、所系结合"的新形式和新内涵,促进学校相关学科发展和人才培养等工作,经与中国科学院金属研究所商得一致,双方联合成立材料科学与工程学院(简称"材料学院")。

该学院纳入学校"所系结合"共建学院进行规划建设,依托化学与材料科学学院管理运行。

特此通知。

中国科学技术大学
二〇一五年九月二日

关于提高我校研究生基本助学金的通知

(校研字〔2015〕178 号)

各院、系、重点科研机构、直属单位,机关各部、处、室:

为激励研究生勤奋学习、刻苦钻研,保证研究生在学期间基本生活需要,学校经研究,决定适当提高国家计划全日制非在职研究生的基本资助,使广大研究生安心从事科研工作,现将有关事项通知如下,具体事宜由研究生院负责解释。

一、国家计划全日制非在职研究生的国家助学金为博士生 1000 元/月、硕士生 500 元/月,学校增设助学金配套资助,配套额度为:博士生 300 元/月、硕士生 200 元/月。配套后的研究生助学金为学校基本助学金,分别为:

博士生基本助学金:1300 元/月;

硕士生基本助学金:700 元/月。

二、上述基本助学金标准从 2015 年 9 月起执行,学校给予每位相关研究生补发 2015 年 9 月至 10 月的基本助学金差额。

三、从 2016 年 3 月起,导师设置研究生助研岗位的出资标准最低为 200 元/月,如:200 元/月、300 元/月、400 元/月……不设上限。学校对研究生助研岗位给予定额配套资助。

特此通知。

中国科学技术大学
二〇一五年十月二十一日

关于进一步加强涉密人员因私出国(境)管理的通知

(校人字〔2015〕187号)

各院、系、重点科研机构、直属单位,机关各部、处、室:

根据《国家保密局等八部门印发〈关于进一步加强涉密人员保密管理工作的意见〉的通知》精神和《中国科学院人事局关于报送开展因私出国(境)证件专项治理工作情况报告的通知》要求,为强化涉密人员管理,防止失泄密事故发生,学校进一步加强涉密人员因私出国(境)管理。现将有关事项通知如下,具体事宜由人力资源部负责解释。

一、本通知所指涉密人员是经校保密委员会认定的涉密人员。涉密人员名单由校保密办公室核定。

二、本通知所指因私出国(境)证件包括:因私护照、内地居民往来港澳通行证、大陆居民往来台湾通行证。

三、涉密人员因私出国(境)证件由人力资源部统一保管。

四、涉密人员因私出国(境)前,需履行审批手续:填写《中国科学技术大学涉密人员因私出国(境)审批表》,签署《中国科学技术大学涉密人员因私出国(境)保密承诺书》。审批通过后领取因私出国(境)证件并登记。

五、因私出国(境)人员回国后10天内应主动将证件交由人力资源部统一保管,并简要报告出国有关活动。

六、涉密人员隐瞒证件办理事实,未将证件统一保管,未经审批擅自出国(境),或回国后保留证件未经审批再次出国(境),一旦发生失泄密事故,将严肃追究涉密人员责任。

七、涉密人员脱密期满后,或因工作调动等原因离校且办理完离校手续后,到人力资源部领取因私出国(境)证件。

八、进入涉密岗位的领导干部,其因私出国(境)证件管理按照干部人事管理权限的有关规定执行。

特此通知。

中国科学技术大学
二〇一五年十一月二十六日

关于中国科学技术大学"十三五"
改革发展规划编制工作的意见

(校发规字〔2015〕208号)

各院、系、重点科研机构、直属单位,机关各部、处、室:

今年是学校完成"十二五"、谋划"十三五"的关键之年。根据《国务院关于印发统筹推进世界一流大学和一流学科建设总体方案的通知》(国发〔2015〕64号)、《教育部办公厅关于做好教育事业发展"十三五"规划编制工作的通知》(教发厅函〔2014〕134号)和中国科学院《关于印发〈院"十三五"发展规划编制工作方案〉的通知》(规字〔2015〕3号)的精神,为保证中国科学技术大学"十三五"改革发展规划编制工作的稳步推进,特制定本意见。

一、指导思想

根据党的十八大,十八届三中、四中、五中全会和习近平总书记系列重要讲话精神,贯彻落实党中央"四个全面"战略布局,围绕国家加快推进世界一流大学和一流学科建设、中国科学院深入实施"率先行动"计划、区域深入推进创新驱动战略等形势和机遇,把推进落实学校综合改革方案作为"十三五"改革发展规划的核心工作。

(一)全面加强党的建设。探索世界一流、中国特色的大学建设路径,坚持社会主义办学方向,坚持党委领导下的校长负责制,坚持"科教报国、服务社会"的优良办学传统,把学校建设成为"世界一流、中国特色、科大风格"的一流研究型大学。

(二)全面提升办学质量。坚持有质量的发展战略,紧扣"深化改革、率先突破、科教结合、协调发展"的工作思路,走以质量提升为核心的内涵式发展道路,建设世界一流研究型大学。

(三)着力推进综合改革。着力注重规划与综合改革的有机衔接,做好两者的衔接统筹,更加深入地推进学校的综合改革,以改革创新破解学校发展面临的瓶颈问题。

(四)大力推进依法治校。坚持依法治校,坚持以师生为本,尊重学术优先,推进学校治理体系和治理能力的现代化,推进现代大学制度建设。

二、编制原则

"十三五"改革发展规划的编制关系学校全局和未来发展,全校上下要统一思想、提高认识、加强领导。

(一)战略目标与深化改革相协调。认真总结"十二五"规划目标落实情况,明确"十三五"期间的发展思路和建设重点,积极推动综合改革的贯彻实施,破解影响和制约学校发展的关键难题。

(二)总体目标与院系目标相衔接。在规划编制过程中,注重发挥规划体系的合力,自上而下和自下而上相结合,保证校院两级规划之间的相互衔接,保证学校规划与国家有关规划的有序衔接。

(三)顶层设计与民主参与相结合。规划编制既要做好谋篇布局和顶层设计,又要充分发扬民主,广泛听取院系、部门及师生的意见和建议。采取自上而下、自下而上相结合的方式,把制定规划的过程变成统一思想、凝心聚力的过程。

(四)规划编制与贯彻实施相统一。在规划编制过程中,立足于改革创新和事业发展的需要,建立确保规划有效实施的资源配置机制和配套政策体系。

三、工作组织

成立"十三五"改革发展规划编制领导小组和工作小组,领导小组组长由书记和校长担任,所有校领导班子成员担任成员。同时成立规划编制工作小组,由分管校领导牵头推进规划编制的具体工作,成员包括相关单位负责人及工作人员。

四、主要任务

学校"十三五"改革发展规划体系由总体规划、专项规划和学院规划构成:

(一)总体规划:《中国科学技术大学"十三五"改革发展总体规划》,由学校规划编制工作小组负责编制。

(二)专项规划:学校事业发展有关专项规划,由相关部门负责编制。

(三)学院规划:学院级"十三五"改革发展规划,由各学院、重点科研单位负责编制。

五、进度安排

学校"十三五"改革发展总体规划编制工作大体分三个阶段:2015年5月至2015年10月为基本思路研究与规划草稿编制阶段,2015年10月至2015年12月为征求意见阶段,2015年12月至2016年6月为修订完善阶段。总体规划计划于2016年6月前报中国科学院批准、教育部备案。

学院规划应于2016年3月前形成初稿,并于2016年6月前提交党政联席会讨论通过。

中国科学技术大学
二〇一五年十一月三十日

关于对国内公务接待等各项费用支出从严控制和加强管理的通知

(校办字〔2015〕212号)

各院、系、重点科研机构、直属单位,机关各部、处、室:

为进一步贯彻落实和严格执行中央八项规定、中国科学院党组十二项要求以及《党政机关厉行节约反对浪费条例》等相关制度规定,严格控制"三公经费"、会议费、差旅费、培训费等各项费用支出,重申从严控制和加强各项经费使用管理的有关规定,现将有关事项通知如下:

一、国内公务接待费

凡发生国内公务接待费用,不论经费来源,都必须严格按照《党政机关国内公务接待管理规定》(中办发〔2013〕22号)等文件执行。接待费报销凭证包括财务票据、接待依据(公函、邀请函等）和接待清单。对于无接待依据、无接待事项审批单、无接待清单以及超范围、超标准的接待，一律不予报销。接待标准按照《安徽省省直机关公务接待费管理暂行办法》（财行〔2014〕2066号）执行。

二、加班工作餐

加班工作餐是指学校教职工、学生或其相关人员，由于教学、科研和管理等各项工作需要，因受到时间、地点和工作任务等因素影响不能正常就餐而发生的工作用餐。

加班工作餐原则上应在学校教工餐厅用餐，对在校外用工作餐从严控制。在校外就餐应在工作地点的附近，报销时应提供"加班工作餐审批单""费用结算清单（菜单）"，严格审批流程和控制就餐标准。

三、会议费

校内各单位举办各类会议，都必须严格按照《中央和国家机关会议费管理办法》（财行〔2013〕286号）等文件执行。召开二、三、四类会议应当在四星级以下（含四星）定点饭店召开，严禁在国家明令禁止的风景名胜区召开会议。召开各类会议，必须事先完备相关审批程序。会议费用报销严格按相关规定执行，严禁报销与会议无关的费用。对于超范围、超标准、相关材料不全等会议费的支出一律不予报销。

四、培训费

培训费的开支范围和标准，严格执行《中央和国家机关培训费管理办法》（财行〔2013〕523号）的规定。严禁报销与培训活动无关的费用。对于超范围、超标准、相关材料不全等培训费的支出一律不予报销。

五、差旅费

因公出差差旅费的报销，严格按照《中央和国家机关差旅费管理办法》（财行〔2013〕531号）、《安徽省省直机关差旅费管理办法》（财行〔2014〕97号）等文件执行。此前学校执行的"出差往返当天，前往机场、火车站等发生的交通费可凭据报销"不再执行。出差期间的市内交通费包干使用，不再据实报销。对于超标准、超范围的差旅费支出一律不予报销。

六、燃油费

因科研项目实验需要、野外科学考察作业需要、组织会议活动需要等发生的燃油费、过路过桥费、停车费支出，依据批复预算、合同协议等相关文件材料执行。没有支出依据的燃油费等，不论经费来源，一律不予报销。

七、商场购物

在商场、超市等采购办公用品、耗材等，发票上应载明详细的品名、数量、单价和金额。发票上没有明细信息，必须提供商家电脑系统生成的购物清单，手工填写的购物清单一律无效。

此前学校制定的相关制度规定，如有与国家规定不符的，一律以国家规定为准。

各单位务必高度重视，认真贯彻落实中央八项规定的要求，严格执行国家相关管理制度的规定。学校各级领导干部要率先垂范，各部门负责人对相关费用的支出报销要严格审查，严把审批关。对于监管不力、审核不严、不负责地审批等造成后果的，将按照有关规定严肃追责和处理。

特此通知。

附件：1. 会议费开支范围和标准
   2. 培训费开支范围和标准
   3. 差旅费开支范围和标准

中国科学技术大学
二〇一五年十二月九日

附件1

会议费开支范围和标准

会议费开支范围包括会议住宿费、伙食费、会议室租金、交通费、文件印刷费、医药费等。交通费是指用于会议代表接送站，以及会议统一组织的代表考察、调研等发生的交通支出。

会议代表参加会议发生的城市间交通费，按照差旅费管理办法的规定回单位报销。

会议费开支实行综合定额控制，各项费用之间可以调剂使用。

会议费综合定额标准如下：

单位:元/(人·天)

会议类别	住宿费	伙食费	其他费用	合计
一类会议	400	150	110	660
二类会议	300	150	100	550
三、四类会议	240	130	80	450

综合定额标准是会议费开支的上限，在综合定额标准以内结算报销。

附件2

培训费开支范围和标准

培训费支出包括住宿费、伙食费、培训场地费、讲课费、培训资料费、交通费、其他费用。

（一）住宿费是指参训人员及工作人员培训期间发生的租住房间的费用。

（二）伙食费是指参训人员及工作人员培训期间发生的用餐费用。

（三）培训场地费是指用于培训的会议室或教室租金。

（四）讲课费是指聘请师资授课所支付的必要报酬。

（五）培训资料费是指培训期间必要的资料及办公用品费。

（六）交通费是指用于接送以及统一组织的与培训有关的考察、调研等发生的交通支出。

（七）其他费用是指现场教学费、文体活动费、医药费以及授课教师交通、食宿等支出。
培训费开支综合定额标准如下：

单位:元/(人·天)

住宿费	伙食费	场地费和讲课费	资料费、交通费和其他费用	合计
180	110	100	60	450

讲课费执行以下标准（税后）：
（一）副高级技术职称专业人员每半天最高不超过1000元；
（二）正高级技术职称专业人员每半天最高不超过2000元；
（三）院士、全国知名专家每半天一般不超过3000元。

附件3

差旅费开支范围和标准

一、城市间交通费

出差人员要严格按照规定等级乘坐交通工具，凭据报销城市间交通费。未按规定等级乘坐交通工具的，交通费超支部分自理。

出差人员乘坐交通工具等级对照表

级别＼交通工具	火车(含高铁、动车、全列软席列车)	轮船(不含旅游船)	飞机	其他交通工具(不包括出租小汽车)
省级及相当职务人员，中国科学院院士、中国工程院院士	软席(软座、软卧)，高铁/动车商务座，全列软席列车一等软座	一等舱	头等舱	凭据报销
厅(局)级及相当职务人员，职务工资在五级(含五级)以上的高级职称及相当职务人员	软席(软座、软卧)，高铁/动车一等座，全列软席列车一等软座	二等舱	经济舱	凭据报销
其余人员	硬席(硬座、硬卧)，高铁/动车二等座，全列软席列车二等软座	三等舱	经济舱	凭据报销

二、住宿费、伙食补助费和市内交通费

安徽省省直机关差旅住宿费和伙食补助费标准表

省份（市）	住宿费标准（元/（间·天））			伙食补助费（元/天）	市内交通费（元/天）
	省级（普通套间）	厅级（单间或标准间）	其他人员（单间或标准间）		
北京	800	500	350	100	80
天津	800	450	320	100	80
河北	800	450	310	100	80
山西	800	480	310	100	80
内蒙古	800	460	320	100	80
辽宁	800	480	330	100	80
大连	800	490	340	100	80
吉林	800	450	310	100	80
黑龙江	800	450	310	100	80
上海	800	500	350	100	80
江苏	800	490	340	100	80
浙江	800	490	340	100	80
宁波	800	450	330	100	80
安徽	800	460	310	100	80
福建	800	480	330	100	80
厦门	800	490	340	100	80
江西	800	470	320	100	80
山东	800	480	330	100	80
青岛	800	490	340	100	80
河南	800	480	330	100	80
湖北	800	480	320	100	80
湖南	800	450	330	100	80
广东	800	490	340	100	80
深圳	800	500	350	100	80
广西	800	470	330	100	80
海南	800	500	350	100	80

续表

省份(市)	住宿费标准(元/(间·天))			伙食补助费(元/天)	市内交通费(元/天)
	省级（普通套间）	厅级（单间或标准间）	其他人员（单间或标准间）		
重庆	800	480	330	100	80
四川	800	470	320	100	80
贵州	800	470	320	100	80
云南	800	480	330	100	80
西藏	800	500	350	120	80
陕西	800	460	320	100	80
甘肃	800	470	330	100	80
青海	800	500	350	120	80
宁夏	800	470	330	100	80
新疆	800	480	340	120	80

关于与中国科学院长春光学精密机械与物理研究所联合成立中国科学技术大学国家示范性微电子学院的通知

（校办字〔2015〕219号）

各院、系、重点科研机构、直属单位，机关各部、处、室：

根据国务院、教育部关于国家示范性微电子学院的批复，为丰富"全院办校、所系结合"的新形式和新内涵，促进学校相关学科发展和人才培养等工作，经与中国科学院长春光学精密机械与物理研究所商得一致，双方联合成立中国科学技术大学国家示范性微电子学院（简称"微电子学院"）。

该学院纳入学校"所系结合共建学院"进行规划建设，依托信息科学技术学院管理运行。

特此通知。

中国科学技术大学
二〇一五年十二月二十九日

关于严格执行学校机关领导干部和工作人员
外出报备与请销假制度的通知

(校办字〔2015〕222号)

各院、系、重点科研机构、直属单位，机关各部、处、室：

　　根据中国科学院和学校组织人事有关管理规定，领导干部出差、出访和离岗休假、学习，必须实行外出报备制度。为贯彻落实这一要求，学校进一步重申机关领导干部和工作人员要严格执行外出报备与请销假制度。现就有关事项通知如下：

　　一、学校主要领导出差、出访和休假，按照中国科学院要求进行报告。其他校领导出差、出访和休假应事先向学校主要领导报告。各部门主要负责人出差、出访和休假，应事先向分管校领导报告，并委托副职代行职责。其他工作人员出差、出访和休假，应按学校人事管理规定请销假。

　　二、机关各级领导干部和工作人员出差、出访和离岗休假、学习，必须提前3天按照上述规定，逐级履行外出报备和请销假手续，明确报告外出的具体起止时间、地点、主要工作内容等。中途变更行程的，还需要重新报告，并说明变更原因。因紧急或特殊情况临时外出的，也须事先履行报告和请销假手续。

　　三、学校领导对所分管部门负责人执行外出报备和请销假制度，应严格要求、督促执行。各部门主要负责人除了要带头执行外出报备和请销假制度外，还要对本部门工作人员请销假制度的执行和落实情况负责。对执行和落实不力的，要严肃追究领导责任。

　　学校机关领导干部和工作人员外出报备和请销假工作，既是一项工作制度，也是一项纪律要求。各级领导干部和各部门全体工作人员，必须将其作为机关加强作风建设、维护工作秩序、严肃工作纪律的重要措施，认真抓好落实。

　　特此通知。

中国科学技术大学
二〇一五年十二月二十三日

六、规章制度

中国科学技术大学党风廉政建设责任制实施细则(暂行)

(党办字〔2015〕12号,2015年3月12日)

第一章 总 则

第一条 为严格贯彻执行党风廉政建设责任制,进一步明确主体责任和监督责任,深入推进我校党风廉政建设和反腐败工作,根据《中国共产党章程》《关于实行党风廉政建设责任制的规定》等党内法规和《中国科学院党风廉政建设责任制实施办法(暂行)》,结合我校实际,制定本实施细则。

第二条 实行党风廉政建设责任制,要坚持党要管党、从严治党,以明确责任主体为基础,以细化履责措施为重点,以健全体制机制为抓手,以严格责任追究为保障,促进主体责任和监督责任的贯彻落实,扎实推进我校惩治和预防腐败体系建设,为创建世界一流研究型大学提供有力保障。

第三条 实行党风廉政建设责任制,要坚持校党委统一领导、党政齐抓共管、纪委组织协调、部门各负其责、依靠群众支持参与的领导体制和工作机制。坚持集体领导与个人分工负责相结合,做到谁主管、谁负责,一级抓一级、层层抓落实。

第四条 实行党风廉政建设责任制,要将党风廉政建设纳入我校发展规划与党的建设总体布局,纳入学校领导班子任期目标和年度工作计划,与教学、科研、管理、服务等工作紧密结合,一起部署、落实、检查、考核。

第二章 党风廉政建设主体责任

第五条 党风廉政建设主体责任包括各级领导班子集体责任,党委书记党风廉政建设主要责任,法定代表人反腐倡廉建设第一责任人责任,领导班子其他成员职责范围内反腐倡廉建设领导责任,机关各部门、学院(直属系)、直属单位、重点科研机构(以下简称"各部门各单位")党政负责人和科研团队负责人反腐倡廉建设监督和管理责任。

第六条 校党委承担全校党风廉政建设主体责任,党委书记、校长是我校党风廉政建设第一责任人,校领导班子其他成员承担职责范围内反腐倡廉建设领导责任。

第七条 各部门各单位领导班子承担本单位党风廉政建设主体责任。各部门各单位主要负责人是本单位反腐倡廉建设第一责任人,各部门各单位副职承担职责范围内反腐倡廉建设领导责任,对业务范围内的反腐倡廉建设承担管理和监督责任。

第八条 企业工委、资产经营有限责任公司党总支负责学校投资控股企业的党风廉政建设工作。建立和完善学校投资控股企业"三重一大"(重大决策、重要干部任免、重大项目安排和大额度资金的使用)的科学决策机制,学校经营性国有资产监督管理制度、国有资产保值增值奖励办法和造成损失责任追究制度,以及企业领导人员廉洁自律和职务消费规定等。加强对学校所投资企业国有资产运营各个环节的监管,开展"三重一大"、关系职工群众切身利益等重大问题实行集体决策情况,以及学校投资控股企业高管人员廉洁自律和执行《国有企业领导人员廉洁从业若干规定》的监督检查。

第九条 学校领导班子对职责范围内党风廉政建设所负的集体责任主要包括:

(一)组织领导。及时传达学习、贯彻落实上级关于反腐倡廉建设的部署要求,建立健全党风廉政建设领导体制和工作机制,定期召开会议分析形势、研究工作、部署任务,及时听取汇报、安排监督检查、指导督导落实、严肃责任追究,统筹推进惩治和预防腐败体系建设与改革创新发展。

(二)选人用人。严格执行中央和中国科学院(以下简称"中科院")关于事业单位组织人事制度相关规定,健全干部选拔聘用机制,规范岗位聘用管理和职级晋升制度,坚持拟提任干部党风廉政或廉洁从业情况鉴定制度,严肃选人用人纪律,加强对干部选拔聘用工作的监督和党员领导干部的教育监管,防止和纠正选人用人上的不正之风。

(三)作风建设。建立健全作风和学风建设长效机制。巩固党的群众路线教育实践活动成果,深入落实中央八项规定精神和中科院党组十二项要求,重点加强"三公"经费等管理监督。定期组织开展作风建设监督检查,严肃处理顶风违纪行为,对典型案例公开通报或曝光。加强科研道德和学风建设,严肃惩处科研不端行为。

(四)宣传教育。将反腐倡廉和科研诚信宣传教育纳入党的建设总体部署和干部教育培训、科研人员职业培训体系,建立健全长效机制,与创新文化建设、精神文明建设、法制宣传教育等紧密结合,扎实开展理想信念和宗旨教育、党风党纪和廉洁自律教育、科研诚信和学风教育。领导班子每年至少组织一次党风廉政专题学习。

(五)制度建设。紧紧围绕深化科技与教育管理体制改革,健全完善议事决策、组织、人事、招生、财务资产、基建维修、采购、科研道德等方面的规章制度和管理流程。全面落实惩治和预防腐败体系建设各项任务,深入推进廉洁从业风险防控,以管理制度化、制度流程化、流程信息化为手段,确保主要业务活动和管理行为流程规范、权责清晰、防控有力、预警及时。

(六)强化监督。严格执行民主集中制,贯彻落实党内监督各项制度,深化党务公开,强化民主监督、群众监督。明确反腐倡廉重点领域,加强预防和监督。加强内部审计监督,重点抓好科研经济业务真实性合法性审计,逐步覆盖所有科研经济业务领域和主要科研团队。抓好审计和巡视发现问题的整改落实。落实任前廉政谈话、诫勉谈话等要求。

(七)惩治腐败。贯彻落实中央关于反腐败体制机制改革举措,领导和支持纪监审部门聚焦反腐倡廉主业,监督执纪问责。定期不定期听取纪监审工作汇报,依法依纪处理违法违纪行为。坚持"一案双查",强化责任追究。加强纪监审组织机构和队伍建设,注重纪监审干部的培养使用。

第十条 党委书记承担学校党风廉政建设主要责任。主要包括:

(一)领导部署。建立健全党风廉政建设领导体制和工作机制。牵头制定反腐倡廉中长远规划和年度计划及责任分解,提交领导班子会议审议。牵头组织对反腐倡廉工作任务完成情况的检查考核,并向领导班子汇报检查情况,提出改进工作的措施。

(二)组织推动。组织逐级签订党风廉政建设责任书,形成责任传导机制。督促校内各级党组织及其负责人严格落实党风廉政建设责任制。领导并监督分管的部门把反腐倡廉建设与业务工作一起部署落实,加强对任务落实情况的监督检查。

(三)宣传教育。自觉学习并传达落实上级关于党风廉政建设的部署要求,组织开展党性党风党纪和廉洁自律宣传教育。每年至少组织1次领导班子党风廉政专题学习。每年在校内讲1次廉政党课。

(四)监督管理。建立健全抓党风建设的工作机制,带头并督促各级党组织和党员严格落实中央八项规定精神和院党组十二项要求。严格执行民主集中制,贯彻落实党内监督各项制度,加强对领导班子其他成员、分管部门负责人的廉政教育、日常管理、监督约束。

(五)惩治腐败。严格落实上级对反腐倡廉工作的要求,加强纪监审机构和队伍建设。领导和支持纪监审部门聚焦反腐倡廉主业,监督执纪问责。督促查办重大违法违纪案件,排除办案工作中的干扰和阻力,依法依纪严肃处理违法违纪行为。坚持"一案双查",强化责任追究。

第十一条 校长履行学校反腐倡廉建设第一责任人责任,主要责任包括:

(一)决策部署。每年初组织召开领导班子会议审议确定反腐倡廉年度工作计划和责任分解。每年底组织召开领导班子会议听取反腐倡廉检查考核情况汇报,研究分析问题,明确改进措施,并纳入下一年度工作计划。

(二)组织推动。围绕惩治和预防腐败体系建设、作风和学风建设、廉洁从业风险防控等重点,谋划和推动反腐倡廉建设。加强内审监督,重点抓好科研经济业务真实性合法性审计。

(三)宣传教育。自觉加强对上级关于反腐倡廉规章制度和部署要求的学习,按要求参加领导班子党风廉政专题学习。每年在本单位作1次廉洁从业专题报告。

(四)监督管理。健全完善议事决策、组织、人事、招生、财务、资产、基建、维修、采购、校办产业、科研道德等方面的规章制度和管理流程。加强对行政领导班子其他成员的廉政教育、日常管理、监督约束。

(五)惩治腐败。严格落实上级对反腐倡廉工作的要求,加强监察审计机构和队伍建设。领导和支持监察审计机构聚焦反腐倡廉主业,监督执纪问责。督促查办重大违法违纪案件,排除办案工作中的干扰和阻力,依法依纪严肃处理违法违纪行为。坚持"一案双查",强化责任追究。

第十二条 学校领导班子其他成员根据工作分工,承担职责范围内反腐倡廉建设领导责任。主要包括:

(一)部署落实。贯彻落实上级关于反腐倡廉建设的部署要求,对牵头负责的反腐倡廉工作任务认真组织实施。领导并监督分管部门把反腐倡廉建设与业务工作一起部署落实,明确任务分工,提出具体举措,加强对任务落实情况的监督检查。

(二)教育引导。自觉学习上级关于反腐倡廉的规章制度和部署要求,按要求参加领导班子党风廉政专题学习,结合民主生活会认真述责述廉。带头并督促分管部门负责人参加反腐倡廉和科研诚信宣传教育活动,保证其每年至少参加1次。

(三)业务监管。根据上级和学校的要求,牵头组织有关部门研究制定、健全完善分管业务领域的规章制度或实施细则及管理流程,将反腐倡廉建设要求纳入其中,促进规范管理,防范廉政风险。

（四）加强监督。加强对分管部门负责人的廉政教育、日常管理、监督约束,对苗头性、倾向性问题,及时进行谈心谈话、工作约谈、提醒告诫,督促廉洁自律,履行"一岗双责"。督促分管部门自觉接受审计等监督,抓好审计整改意见的落实。

（五）及时汇报。定期听取分管部门反腐倡廉建设情况汇报,针对存在的问题提出具体整改要求,及时向领导班子报告。及时向纪监审部门通报发现的重大问题线索,支持纪监审部门严肃处理违法违纪行为。

第十三条　各部门各单位党政负责人是本部门本单位反腐倡廉建设第一责任人,对业务范围内的反腐倡廉建设承担管理和监督责任。主要包括:

（一）组织实施。根据惩治和预防腐败体系建设规划任务分工和反腐倡廉年度工作计划及责任分解,研究制定任务落实的具体措施并认真组织实施。每年底对任务完成情况进行自查总结,并向领导班子报告。

（二）学习教育。自觉学习上级关于反腐倡廉的规章制度和部署要求,带头并督促本部门本单位工作人员每年至少参加1次廉洁从业宣传教育活动。对业务范围内的相关法律法规和制度及管理流程加强宣讲。

（三）业务监管。认真落实廉洁从业风险防控工作任务,加强业务监管,带头并督促本部门本单位工作人员严格执行相关法律法规和制度及管理流程,并结合实际制定完善相关的实施办法或细则及工作流程。每年对制度、流程执行情况进行自查,不断优化完善。

（四）加强监督。加强对本部门本单位工作人员的廉政教育、日常管理、监督约束,对苗头性、倾向性问题,及时进行谈心谈话、工作约谈、提醒告诫,督促遵守廉洁自律和作风建设相关规定。自觉接受审计等监督,认真抓好审计意见的整改落实。发现违法违纪问题线索要及时向纪监审部门报告。

第十四条　科研团队负责人是所负责科研团队反腐倡廉建设第一责任人,对所负责的科研活动中的反腐倡廉建设承担管理和监督责任。主要包括:

（一）组织实施。根据惩治和预防腐败体系建设规划任务分工和反腐倡廉年度工作计划及责任分解,研究制定任务落实的具体措施并认真组织实施。每年底对任务完成情况进行自查总结,并向本单位领导班子报告。

（二）学习教育。自觉学习上级关于反腐倡廉的规章制度和部署要求,带头并督促所负责的科研团队成员参加廉洁从业宣传教育,保证科研骨干每年至少参加1次。加强对所负责科研团队成员的科研道德规范的宣传教育,引导树立良好学风。

（三）业务监管。严格执行课题经费管理使用、科研道德等方面的法律法规和制度及管理流程,结合实际,进一步梳理风险点,健全风险防控措施,加强团队内部管理监督,保证科研活动合法合规。

（四）加强监督。带头廉洁自律,加强对所负责科研团队成员的廉政教育、日常管理、监督约束,对苗头性、倾向性问题,及时进行谈心谈话、工作约谈、提醒告诫,督促遵守廉洁自律和作风建设相关规定。自觉接受审计等监督,认真抓好审计意见的整改落实。发现违法违纪问题线索要及时向纪监审部门报告。

第十五条　各级领导干部要严格落实党风廉政建设责任制,带头执行领导干部报告个人有关事项制度,带头遵守党纪国法、廉洁自律和改进作风的各项规定,带头管好自己,管好父母、配偶和子女,管好身边工作人员,带头接受组织和群众监督,自觉加强工作作风和学风建设,恪守科研道德。

第三章　机关各部、处、室党风廉政建设责任分工

第十六条　机关各部门要结合各自职能,将党风廉政建设要求融入业务工作,分别抓好以下重点工作:

(一)党政办公室负责学校重大决策程序的规范和完善;积极推进校务公开,加强《党政机关厉行节约反对浪费条例》学校配套制度的跟进,严格执行学校会议管理、公务接待、公车使用、礼品登记等管理规定,对相关制度执行情况进行督促和检查。

(二)党委组织部负责规范和完善学校党政领导干部选拔任用机制和领导干部考核评价体系,领导干部辞职、交流、任职回避等制度。积极推进党务公开。负责受理领导干部报告个人有关事项申报。会同纪委、监察审计处加强对领导干部特别是主要领导干部的作风、民主集中制和廉洁自律规定的执行情况进行监督检查。对领导干部在任期间因失职渎职导致所在单位发生重大事故、重大违法违纪问题的相应领导责任进行追究。

(三)人力资源部负责贯彻落实上级关于事业单位人事制度的相关规定,建立健全学校人力资源规划和优化机制,加强和完善人才管理、招聘录用、职务评聘、职级晋升、收入分配、考核激励、奖励评审等制度建设;完善各类人员培训、进修、短期因公出国(境)制度;健全对人事管理的监督机制。

(四)国际合作与交流部负责根据上级有关要求,结合我校教学、科研实际,建立健全外事管理有关规章制度,规范国际合作与交流、国际会议、外宾接待标准等。严格控制领导干部与管理人员因公出国(境)访问,严格规范科技人员国际合作与交流。健全和完善外国留学生招生、录取和管理制度。

(五)科研部负责建立健全科研项目经费预算编制、审查和报批制度,进一步规范课题申报、实施、验收、奖励申请和大型仪器装备计划管理等制度和流程。建立健全科技成果转移转化相关管理制度,促进科技成果转移转化。与财务处、监察审计处共同加强科研经费使用管理和监督;重视科研道德建设和科研项目管理的指导、监督和检查。

(六)招生就业处负责实施本科招生"阳光工程",在各种类型的招生中,严格执行招生工作的"六公开""六不准"制度;健全和完善少年班、创新试点班、试点学院、自主招生等各类招生面试及录取制度;根据我校招生工作实际,建立适合我校特点的招生专员制度。

(七)教务处负责本科生廉洁教育,每年安排3～5个学时的廉洁教育课程;健全和完善教学成果奖励机制;严格执行各类考试制度,加强监督和检查。

(八)研究生院、校学位委员会办公室负责研究生招生、入学考试、复试和学位授予有关规定的执行;规范和完善研究生招生、考试和录取制度;健全和完善研究生学术不端行为的预防和处理机制;

(九)财务处负责财务收支两条线管理;完善有关财务管理制度;健全和完善大额资金使用的监管制度等;建立完善的预算执行监控机制,提高财政资金运行的透明度;与科研部

共同健全完善科研项目经费使用管理制度；

（十）资产与后勤保障处严格执行政府采购制度，规范采购行为，健全完善事业性国有资产安全使用的监管制度，负责学校事业性国有资产管理和对全校各单位国有资产管理的监督工作；规范和完善规定限额以上的货物与服务项目的招标制度和程序。

（十一）基本建设处负责严格执行国家有关基本建设的法律、法规和中科院有关规定；严格执行基本建设程序，确保工程建设项目高效、安全、廉洁运行；负责加强对学校维修、改造项目的管理和监督工作，建立健全项目管理等方面的制度；规范和完善新建和维修改造项目的招标制度和程序。

（十二）保卫与校园管理处负责政保、治安、消防、户籍、交通、楼宇物业、危险品等管理规定的健全和完善。

第四章　党风廉政建设监督责任

第十七条　学校党风廉政建设领导小组，协助校党委加强全校反腐倡廉建设。领导小组由党委常委及有关职能部门负责人组成。领导小组建立健全工作制度，定期研究学校反腐倡廉工作，推动校党委反腐倡廉工作部署和重要决定的贯彻落实，协调解决学校反腐倡廉建设的重大问题。

第十八条　纪委书记围绕学校中心工作，谋划、推进执纪监督问责，领导和组织纪监审部门切实履行监督责任。协助党委建立健全党风廉政建设领导体制和工作机制，加强党内监督，加强对领导班子及其成员的监督。牵头组织纪监审等部门健全完善反腐倡廉规章制度，规范纪检监察审计工作程序，强化纪监审部门内部管理监督。加强对纪监审干部的廉政教育、日常管理、监督约束，督促接受组织和群众监督。

第十九条　纪委、监察审计处承担党风廉政建设监督责任。主要包括：

（一）强化组织协调。协助学校领导班子加强党风廉政建设和组织协调反腐败工作。协助党委研究制定反腐倡廉工作规划、计划和责任分解，开展检查考核，促进任务落实。及时向学校领导班子提出加强党风廉政建设的意见与建议。

（二）维护党的纪律。协助党委加强党内监督。加强对党的路线方针政策、决议决定执行情况和院党组重大决策部署贯彻落实情况的监督检查。维护党章和其他党内法规，检查党的纪律执行情况，严肃查处违反党纪行为。

（三）严格监督检查。加强对学校领导班子及其成员的监督。做好拟提任干部党风廉政或廉洁从业情况鉴定工作。组织实施内部审计，加强对审计意见整改落实情况的监督检查。加强对职能部门、科研团队履行监管责任的再监督、再检查。开展作风建设监督检查，及时向学校领导班子报告发现的顶风违纪行为并提出处理建议。

（四）开展警示教育。协助党委开展党性党风党纪、廉洁从业等方面的宣传教育活动，开展任前廉政谈话、诫勉谈话等工作。抓早抓小，对干部职工身上存在的苗头性、倾向性问题，及时进行谈心谈话，提醒告诫并监督纠正。

（五）严肃查办案件。认真处理来信来访，规范信访举报处理和案件查办工作，建立信访和案件查办数据库，严格依法依纪、安全文明办案。及时向学校领导班子报告信访举报处理和案件查办情况。信访线索处置和案件查办在向学校领导班子报告的同时必须向上级纪监审部门报告。协助学校领导班子和上级主管部门，落实"一案双查"，强化责任追究。

（六）加强自身建设。健全完善纪监审部门内部管理监督机制，对纪监审干部严格教育、严格管理、严格监督。加强纪监审干部教育培训，不断提升履职能力。纪监审干部带头严格执行党风廉政建设责任制，带头遵守党纪国法、廉洁自律和改进作风的各项规定，主动接受组织和群众监督。

第五章　工作措施

第二十条　建立健全党风廉政建设组织领导机制，形成抓好反腐倡廉建设的强大合力。

（一）实行专题会议制度。学校领导班子每年至少召开2次专题研究反腐倡廉建设的会议，并根据需要不定期召开会议，研究分析新情况新问题，及时作出部署安排。

（二）健全完善责任分解机制。各部门各单位要结合实际，研究制订工作计划、落实措施、完成时限，逐条逐项落实到分管领导、责任部门、具体人员，形成一级抓一级、层层抓落实的责任体系。

第二十一条　在全校实行层层签订个性化党风廉政或反腐倡廉建设责任书制度，做到明确责任、传导压力，并作为责任考核和责任追究的依据。签订责任书随领导班子换届进行，责任人如遇变更应及时重新签订。

（一）校党委书记、校长与校领导班子其他成员签订责任书。

（二）校领导班子成员与所分管的部门和直属单位主要负责人、所联系的学院和重点科研机构党政主要负责人签订责任书。

（三）机关各部门主要负责人与领导班子其他成员和管理骨干签订责任书。

（四）学院党政主要负责人与各系及内设机构主要负责人、科研团队负责人签订责任书。

（五）重点科研机构党政主要负责人与内设机构的主要负责人、科研团队负责人签订责任书。

第二十二条　建立报告工作制度。学校领导班子和纪监审部门每年年底前以书面形式，分别向中科院党组和中纪委驻中科院纪检组报告当年度主体责任和监督责任落实情况。纪监审部门严格落实信访案件处理情况向中纪委驻中科院纪检组、中科院监审局请示报告制度；信访举报统计情况按季度报送，发生违法违纪案件需当日报告，对干部职工进行党政纪处理提前报告。

第二十三条　实行签字背书制度。各责任人要对本部门本单位反腐倡廉建设责任分工、任务分解、专项工作报告、年度工作总结报告等重要工作进行审阅把关，提出审阅意见并签名，作为党风廉政建设责任制工作考核和责任追究的依据。

第二十四条　健全述责述廉制度。各责任人要结合年终工作考核和责任制考核，围绕履行主体责任和监督责任、作风建设、报告个人有关事项和廉洁自律等内容，进行大会或书面述责述廉。落实领导班子成员述责述廉制度。学校领导班子成员分别在班子届中和换届前一年结合领导班子民主生活会进行述责述廉,并将履行反腐倡廉建设责任情况和遵守廉洁自律规定情况作为重要内容。

第二十五条 实行谈话提醒制度。党政主要负责人对新任、连任、轮岗的领导干部开展任前廉政谈话。党委书记、纪委书记对有轻微违纪问题的干部职工进行诫勉谈话。党政主要负责人与领导班子其他成员、下级党政主要负责人,领导班子成员与分管部门负责人,部门负责人与部门工作人员,每年至少开展1次廉政谈心谈话,督促提醒履行"一岗双责",遵守廉洁自律和作风建设各项规定。

第二十六条 建立纪委约谈制度。对落实"两个责任"不力、群众反映强烈、"四风"问题频发、发生重大违法违纪案件的部门和单位的党政主要负责人,纪委书记要及时进行约谈,限期整改并报告结果。

第二十七条 落实工作保障机制。学校领导班子要支持纪监审部门转职能、转方式、转作风,保障纪监审部门聚焦反腐倡廉主业,监督执纪问责。

第六章 责任考核

第二十八条 建立健全党风廉政建设责任制检查考核制度,明确检查考核的内容、标准、方法、程序,促进主体责任、监督责任落实。学校每年对各部门各单位进行一次检查考核。

第二十九条 学校成立以党委书记为组长、纪委书记为副组长的考核领导小组,每年由组长、副组长带队进行检查考核。检查考核情况应及时向领导班子报告,并在适当范围内进行通报。对检查考核中发现的问题,领导班子要及时研究解决,督促整改落实。

第三十条 学校把党风廉政建设责任制执行情况的考核结果作为业绩评定、选拔任用、奖励惩处的重要依据。

第三十一条 学校纪监审部门协助学校领导班子开展对党风廉政建设责任制执行情况的检查考核,或者根据职责开展检查工作。

第三十二条 领导干部应当将执行党风廉政建设责任制的情况列为民主生活会和述责述廉的重要内容。

第七章 责任追究

第三十三条 坚持"一案双查",发生重大违法违纪问题和腐败案件,既要追究当事人责任,又要倒查领导班子及相关人员的责任。

第三十四条 对于违反或者未能正确履行本实施细则规定的职责,有下列情形之一的,应当严肃追究责任:

(一)发生窝案串案及连续发生重大腐败案件的;

(二)重复发生严重违反廉洁从业和作风建设有关规定问题的;

(三)对上级交办的党风廉政建设责任范围内的事项不传达贯彻、不安排部署、不督促落实,或拒不办理的;

（四）对严重违法违纪行为放任纵容、袒护包庇、压案不查、阻挠调查，或不依法依纪严肃处理的；

（五）内控制度存在明显漏洞或执行不力，执纪执法机关提出整改建议仍不进行有效整改，致使发生严重违法违纪问题的；

（六）违反规定选拔任用干部，或用人失察、失误造成恶劣影响的；

（七）对领导班子成员或者直接管辖下属失教失管失察，导致发生严重违法违纪问题的；

（八）对群众举报或通过其他途径发现的严重违法违纪线索隐瞒不报、压案不查，或出现严重办案安全问题的；

（九）对不履行或不正确履行党风廉政建设主体责任、监督责任的问题不及时纠正、处理或责任追究不力的；

（十）有其他违反党风廉政建设责任制行为并需要追究责任的。

第三十五条　领导班子成员有本实施细则第三十四条所列情形，情节较轻的，责令作出书面检查；情节较重的，给予通报批评；情节严重的，进行调整处理。

第三十六条　领导干部和各部门各单位负责人有本实施细则第三十四条所列情形，情节较轻的，给予批评教育、诫勉谈话、责令作出书面检查；情节较重的，给予通报批评；情节严重的，给予党纪政纪处分，或者给予调整职务、责令辞职、免职和降职等组织处理。涉嫌犯罪的，移送司法机关依法处理。

以上责任追究方式可以单独使用，也可合并使用。

第三十七条　领导班子、领导干部和各部门各单位负责人具有本实施细则第三十四条所列情形，并具有下列情节之一的，应当从重追究责任：

（一）对职责范围内发生的问题进行掩盖、袒护的；

（二）干扰、阻碍责任追究调查处理的。

第三十八条　领导班子、领导干部和各部门各单位负责人具有本实施细则第三十四条所列情形，并具有下列情节之一的，可以从轻或者减轻追究责任：

（一）对职责范围内发生的问题及时如实报告并主动查处和纠正，有效避免损失或者挽回影响的；

（二）认真整改，成效明显的。

第三十九条　领导班子、领导干部和各部门各单位负责人违反本实施细则，需要查明事实、追究责任的，由有关部门按照职责和权限调查处理。其中需要追究党纪政纪责任的，由纪监审部门按照党纪政纪案件的调查处理程序办理；需要给予组织处理的，由组织人事部门或者由负责调查的纪监审部门会同组织人事部门，按照有关权限和程序办理。

第四十条　实施责任追究，要实事求是，分清集体责任和个人责任、主要领导责任和重要领导责任。

追究集体责任时，领导班子主要负责人和直接主管的领导班子成员承担主要领导责任，参与决策的班子其他成员承担重要领导责任。对错误决策提出明确反对意见而没有被采纳的，不承担领导责任。

错误决策由领导干部、各部门各单位负责人个人决定或者批准的，追究该领导干部和各部门各单位负责人个人的责任。

第四十一条 实施责任追究不因领导干部和各部门各单位负责人工作岗位或者职务的变动而免予追究。已退休但按照本办法应当追究责任的,仍须进行相应的责任追究。

第四十二条 受到责任追究的领导班子、领导干部和各部门各单位负责人,取消当年年度考核评优和评选各类先进的资格。

单独受到责令辞职、免职处理的领导干部、各部门各单位负责人,一年内不得重新担任与其原任职务相当的领导职务;受到降职处理的,两年内不得提升职务。同时受到党纪政纪处分和组织处理的,按影响期较长的执行。

第四十三条 纪监审部门应当加强对领导班子实施责任追究情况的监督检查,发现有应当追究而未追究或者责任追究处理决定不落实等问题的,应当及时督促予以纠正。

第八章 附 则

第四十四条 本实施细则适用于学校各部门各单位。

第四十五条 本实施细则由纪委、监察审计处负责解释。

第四十六条 本实施细则自印发之日起施行。2011年10月印发的《中国科学技术大学党风廉政建设责任制实施细则》(党办字〔2011〕22号)同时废止。

中国科学技术大学离退休干部工作暂行办法

(党办字〔2015〕22号,2015年6月24日)

为了贯彻落实习近平总书记在全国离退休干部"双先"表彰大会上讲话的精神,进一步建立健全学校离退休干部工作机制,加强我校离退休干部服务管理工作,更好地适应新形势下离退休干部工作发展的需要,依据中科院、安徽省关于离退休干部工作的方针政策和规定,结合我校实际情况,制定本办法。

一、服务管理体制

将离退休干部工作纳入学校党委和行政工作统筹安排部署,建立起以学校离退休干部工作办公室为主,各院系(部门)积极参与的离退休干部服务管理工作体制。

二、服务管理机构

(一)离退休干部工作委员会:是校党委、行政领导下的学校离退休干部工作的领导机构和协调机构,由学校分管领导和有关职能部门负责人组成。

(二)离退休干部工作办公室:是校党委、行政领导下的负责学校离退休干部服务与管理工作的职能部门。

(三)院系(部门)联络人:各院系(部门)指定专人负责与各自退休支部的支部委员、管理片片长以及学校离退休干部工作办公室沟通联络,共同做好离退休人员服务管理工作。

三、服务管理职责

（一）校离退休干部工作委员会

1. 贯彻落实党和国家关于离退休干部工作的方针、政策，对全校离退休干部工作进行指导和协调。
2. 听取离退休干部工作情况汇报，及时研究解决离退休干部工作中出现的新情况、新问题。
3. 定期召开离退休人员代表座谈会，通报学校情况，听取老同志对学校工作的意见和建议。
4. 监督、检查学校有关部门和单位贯彻落实离退休干部工作方针、政策情况，促进学校离退休干部工作具体政策、规定的落实与执行。
5. 组织召开离退休干部工作相关会议，布置学校离退休干部工作，对校内各单位在离退休干部服务管理工作中取得的经验、出现的问题进行交流、总结。

（二）离退休干部工作办公室

1. 认真贯彻落实党和国家关于离退休干部工作的方针、政策，根据学校实际情况制定具体实施办法。切实加强离退休干部党建和思想政治工作。负责制定离退休干部服务管理制度和年度工作计划，协调、会同相关部门做好离退休干部工作。
2. 负责离退休干部工作经费的预算、管理和使用工作。
3. 负责离退休教职工信息的采集、管理和统计工作。
4. 负责老年大学的服务管理工作，创新工作方式，开展有益于身心健康的文体活动，丰富离退休干部的精神文化生活。
5. 配合有关部门做好离退休干部的保健和体检服务工作。配合人力资源部和各院系（部门）做好离退休干部丧事处理和抚恤工作。
6. 鼓励和支持离退休干部在学校教学、科研、促进改革发展、关心下一代等工作中发挥积极作用。
7. 定期向离退休干部工作委员会报告离退休干部工作，反映离退休干部的合理要求和建议，确保离退休干部政治、生活待遇的落实。
8. 协同学校及院系（部门），做好离退休教职工的走访慰问和特困救助等工作。
9. 负责离退休干部的来信来访和调查研究工作，及时向上级领导和有关部门反映离退休干部的意见，并做好相应的思想政治工作。
10. 负责离退休干部各老年团体的服务管理工作，充分发挥离退休干部的余热，组织、引导他们参加学校、社区公益活动。
11. 定期或不定期召开离退休人员座谈会及院系（部门）离退休工作联络人会议，了解离退休干部服务管理工作的具体情况。
12. 完成上级交办的其他工作。

（三）院系（部门）

1. 各院系（部门）积极协助离退休干部工作办公室做好相关工作。
2. 每年召开一次离退休同志座谈会，通报本单位的年度工作情况，鼓励老同志为各自单位的发展建言献策。

3. 通过校关工委、老年科协等平台,鼓励离退休干部为学校和院系(部门)的党团、学工等工作发挥余热。

4. 协助离退休干部工作办公室或各离退休党支部做好本单位离退休人员生病探望、节日慰问等工作。

5. 协助离退休干部工作办公室做好本单位离退休干部的丧事处理和抚恤工作。

(四)离退休干部服务管理工作是党政工作的重要组成部分,学校各部门必须高度重视,大力支持,密切配合,要不断增强服务意识,提升服务管理水平,切实帮助离退休干部解决实际问题。

四、本办法自印发之日起施行,由离退休干部工作办公室负责解释。

中国科学技术大学"教工之家"建设实施办法(试行)

(党工字〔2015〕23号,2015年7月3日)

为了贯彻落实中华全国总工会《关于在新形势下深入开展建设职工之家活动的意见》(总工发〔2003〕18号)、《关于进一步加强建设职工之家工作充分发挥基层工会作用的意见》(总工发〔2010〕29号)和安徽省教育工会《关于进一步加强高校、附院教职工之家建设活动的通知》(皖教工〔2009〕68号),切实加强基层工会组织建设,增强基层工会活力,不断提高工会工作水平,结合我校实际,制定本办法。

一、"教工之家"建设的目标

围绕学校创建世界一流研究型大学的目标要求,团结广大教职工为学校发展建功立业,不断推进基层民主建设,推进学校各级工会组织的群众化、民主化、法制化建设,努力把工会建设成为组织健全、维权到位、工作规范、活动正常、凝聚人心、充满活力、职工信赖的教职工之家。

二、"教工之家"建设的组织领导

学校成立"教工之家"建设、考评领导组,领导"教工之家"的建设考评等工作。领导组由以下人员组成:

组　　长:由分管工会工作的校领导担任

副组长:由校工会主席担任

成　　员:由校工会常委担任

领导组下设办公室,挂靠在校工会,负责"教工之家"的建设、考评等具体工作。

办公室主任:由校工会常务副主席担任

成　　员:工会专职副主席,各分工会、直属分工会负责人,相关职能部门财务处、资产与后勤保障处、保卫与校园管理处负责人

三、"教工之家"建设的具体要求

"教工之家"建设根据各建家单位的特点和实际情况,积极开展各项活动,增强基层工会凝聚力。坚持从实际出发,因地制宜,突出特色。采取切实有效措施,促进师德师风建设,增

强教职工职业道德素养；积极开展岗位练兵，提高教学技能等活动；关心教职工生活，积极组织送温暖等活动；积极组织教职工参加各项群众性文化体育活动。

1. 基层党组织重视、行政支持、分工会具体实施，形成党政工共建一个家的局面。成立"教工之家"建设领导小组，将建家工作纳入单位工作计划。
2. 分工会组织健全，委员分工明确，各司其职，工作扎实规范。
3. 制定具体可行的建家方案和日常管理制度，各项材料齐全、规范。
4. "教工之家"活动场所因地制宜，由各建家单位自行解决。
5. 根据批准的建家方案组织实施，购置必要的活动器材或设备。
6. 有相对固定的人员管理，负责活动场所及器材设备的管理、登记和资料保存等。

四、"教工之家"建设的经费

各"教工之家"建设活动经费主要由校工会支持，鼓励各建家单位自筹。

1. 为鼓励和支持各分工会、直属分工会开展"教工之家"建设，校工会给予符合建家基本要求的各建家单位一定的专项启动经费。
2. 各建家单位的建家方案经审核批准后，各种采购应符合采购制度，各项开支应在预算范围内按实际发生费用报账。
3. 建家活动的经费开支严格按照相关文件和《中国科学技术大学基层工会组织经费管理办法》执行。

五、"教工之家"建设的步骤

"教工之家"的基本建设周期原则上为1～2年，各建家单位可以边建设边使用，根据实际情况在2年内完成"教工之家"的基本建设，并提出验收申请。

第一阶段：组织申报阶段

具备条件的分工会、直属分工会成立"教工之家"建设领导小组，结合本单位的实际情况，制订相应建设计划或方案，填写《中国科学技术大学"教工之家"建设申报登记表》（见附件），经审核批准后，开始建设工作。

第二阶段：建设实施阶段

各建家单位按照建设方案和要求，开始组织"教工之家"的全面建设，做到发现问题，及时解决问题。办公室组织调研考察，对各"教工之家"建设活动提供指导服务。

第三阶段：评估验收阶段

"教工之家"建设完成后，由各建家单位提出验收申请，领导组组织专家对建设工作进行合格评估验收，对于验收合格的"教工之家"，授予"中国科学技术大学教工之家"称号。根据"教工之家"建设的不断充实和完善，对合格的"教工之家"将进行进一步的考评，根据考评结果评选"中国科学技术大学先进教工之家""中国科学技术大学模范教工之家"，并给予相应的奖励支持。

六、本办法自印发之日起施行，由校工会负责解释。

附件

中国科学技术大学"教工之家"建设申报登记表

建家单位：＿＿＿＿＿＿＿（盖　章）

填表日期：　　　年　月　日

教工之家名称			
负责人		E-mail	
办公电话		手机号码	
会员人数		教职工人数	
建设开始时间		计划验收时间	
教工之家地点		教工之家使用面积(m^2)	
管理员姓名		联系电话	
建设目标和特色			
"教工之家"具体建设方案			
(包括"教工之家"建设领导小组成员、建设具体内容和方案、建设时间、步骤等)			

各项开支预算	
所在单位意见	负责人签字：　　　　（盖章） 　　　　　　年　　月　　日
分党委（党总支）意见	负责人签字：　　　　（盖章） 　　　　　　年　　月　　日

中国科学技术大学党建兼职组织员制度实施办法

(党组字〔2015〕42号,2015年11月25日)

为认真贯彻落实第23次全国高校党建工作会议精神和习近平总书记批示精神,进一步加强和改进党的建设,充分发挥老党员在学校党建工作中的作用,进一步加强和改进大学生、青年教工发展党员工作、思想政治教育和基层支部建设,校党委决定在优秀老党员中聘任一批党建兼职组织员。为做好党建兼职组织员管理工作,特制定本实施办法。

一、工作职责

党建兼职组织员主要是协助各教学科研单位(包括各学院、重点科研机构,以下统称各学院)分党委(党总支)做好学生和青年教工党员发展、思想教育等党建工作,具体工作职责如下:

1. 坚持以马列主义、毛泽东思想、邓小平理论和"三个代表"重要思想为指导,全面贯彻落实社会主义核心价值观,协助党组织对学生、青年教工党员进行思想教育,严格党内生活。

2. 协助学院分党委(党总支)做好学生、青年教工《入党志愿书》等入党材料的全面审查工作。

3. 加强与学生、青年教工的联系,加强对他们的教育引导,代表学院分党委(党总支)参与同入党积极分子和发展对象进行谈话。

4. 参加学院分党委(党总支)讨论大学生、青年教工党员发展审批会议或学生党总支预审会议,指导基层支部规范组织程序。

5. 积极开展学生、青年教工思想状况的调查分析,把握其整体思想状态,注意研究和总结发展党员工作经验,定期向所在学院党组织、党委组织部提出针对性的建议。

二、任职条件

1. 政治素质好,具有履行职责所需要的理论素养和政策水平,认真贯彻执行党的路线、方针、政策,在政治上同党中央保持一致。

2. 熟悉党的基本理论、基本路线、基本纲领和基本经验,了解高等学校师生思想动态和工作规律。

3. 具有较强的事业心和责任感,坚持原则,公道正派,严于律己,注重调查研究,密切联系群众。

4. 热爱党建工作,有较丰富的党建工作经验,善于与师生沟通,在师生中具有一定的威望。

5. 中共正式党员,身体健康,原则上应具有本科以上学历、副高以上职称或曾担任过中层领导干部,年龄不超过70岁。

三、聘任程序

1. 党建兼职组织员应从离退休同志、在岗党员干部和教师中选聘,专职从事组织、思政和党务工作的人员不能聘任为兼职组织员。

2. 党建兼职组织员由各学院分党委（党总支）推荐提名，在尊重个人意愿的基础上，由各分党委（党总支）根据本单位实际和党建兼职组织员个人具体情况研究确定具体工作内容，并征得本人同意，由各学院填写《党建兼职组织员申报表》（详见附件）报党委组织部初审，经学校党委审批后聘任。

3. 各学院分党委（党总支）聘一名党建兼职组织员。党建兼职组织员一般聘期为两年，视工作需要可以连续聘任。各学院分党委（党总支）根据实际工作需要聘请，不作硬性要求。

四、实施管理

1. 各学院分党委（党总支）要根据本单位的需要和党建兼职组织员的自身特点，合理安排好其具体工作，定期进行交流沟通，听取他们的意见和建议。

2. 各学院书记要协调好党建兼职组织员、党务秘书与学生党建工作队伍的关系，明确分工，确保党建兼职组织员作用的充分发挥。

3. 党建兼职组织员要保证一定的工作投入，做好相关党建工作；认真学习党的基本理论知识与党建业务知识，不断提高自身的理论水平和业务能力。

4. 党建兼职组织员在发展党员工作中，要坚持原则，严把程序，确保党员发展工作健康规范运行。

5. 党建兼职组织员工作满两年要进行工作述职。学校视考评结果决定是否继续聘任，并对工作出色的党建兼职组织员给予表彰和奖励。

五、组织保障

1. 党建兼职组织员可列席本学院分党委（党总支）的相关工作会议，就有关工作提出意见和建议。

2. 党委组织部负责给党建兼职组织员提供有关党建工作方面的学习资料。

3. 党委组织部负责对党建兼职组织员的业务指导，定期组织党建兼职组织员培训，并召开工作会议，讨论研究工作，交流工作经验。

4. 学校将拨付一定的专项经费，主要用于党建兼职组织员的学习资料、业务培训、表彰奖励和兼职劳务等。

本办法自印发之日起施行，由党委组织部负责解释。

附件

党建兼职组织员申报表

单　位：　　　　　　　　　　　　　　　　　填表日期：　　年　　月　　日

姓　　名		出生年月		性　别	
入党时间		职　　务		职　称	
党务工作经历					
获得表彰情况					
基层党组织意见	党委(党总支)书记签名：　　　　(盖章) 　　　　　　　　　　　　年　月　日				
党委组织部意见	（盖章） 　　　　　　　　　　　　年　月　日				

中国科学技术大学形势报告会和哲学社会科学报告会、研讨会、讲座管理办法

(党宣字〔2015〕45号,2015年11月25日)

第一条 为进一步加强和规范形势报告会和哲学社会科学报告会、研讨会、讲座的管理,根据中共中央办公厅、国务院办公厅印发《关于进一步加强和改进新形势下高校宣传思想工作的意见》(中办发〔2014〕59号)、《关于进一步加强对形势报告会和哲学社会科学报告会、研讨会、讲座管理的意见》(中办发〔2008〕10号)、教育部党组《高校举办形势报告会和哲学社会科学报告会、研讨会、讲座管理暂行办法》(教党〔2009〕2号)等有关文件精神,结合我校实际,制定本办法。

第二条 形势报告会和哲学社会科学报告会、研讨会、讲座等活动是我校宣传思想工作和校园文化建设的重要组成部分,必须坚持以马克思主义、毛泽东思想和中国特色社会主义理论体系为指导,深入贯彻落实党的十八大、十八届三中、四中、五中全会和习近平总书记系列重要讲话精神,遵守国家法律法规和学校的规章制度;必须宣传科学理论、传播先进文化、引领道德风尚、塑造美好心灵、弘扬社会正气,有利于繁荣校园文化生活,有利于创新文化建设,有利于促进学术交流,有利于培养全面发展的人才。

第三条 举办形势报告会和哲学社会科学报告会、研讨会、讲座等,实行一会一报制,举办单位党委负责人为第一政治责任人和第一管理责任人。主办单位须事先对拟请报告人、讲座人的思想政治倾向和报告主要内容进行把关,并如实填写《中国科学技术大学形势报告会和哲学社会科学报告会、研讨会、讲座审批备案表》,按第四条规定办理审批手续。上述各类活动原则上应提前一周(大型学术会议应提前一个月)申报,未经批准不得举办。

第四条 对形势报告会和哲学社会科学报告会、研讨会、讲座等活动,根据不同内容、性质,实行分级分类审批:

(一)各单位举办此类活动须经所在分党委、未隶属分党委的党总支和直属党支部负责人审查同意后,报相关部门审批。

(二)形势报告会和哲学社会科学报告会、研讨会、讲座等活动,由党委宣传部等部门审批。其中:

纳入教学管理范围内的相关报告会、研讨会、讲座等活动,分别由教务处、研究生院审批,并报党委宣传部备案;

纳入科研管理范围内的相关报告会、研讨会、讲座等活动,由科研部审批,并报党委宣传部备案;

学工、团学系统举行的相关报告会、研讨会、讲座等活动由党委学生工作部审批,并报党委宣传部备案;

邀请国外、境外人员参加有关学术会议或担任哲学社会科学报告会、研讨会、讲座报告人,由国际交流与合作部会同党委宣传部审核,并报请上级部门审批。

（三）上述活动中级别较高、影响重大的活动，在有关部门审查后报请相关分管校领导审批。

第五条　按照"谁主办、谁负责；谁审批、谁监督"的原则，在审查审批过程中，主办单位要从讲政治、讲大局的高度，切实负起领导责任。主办单位和审批部门要加强管理，各司其职，严格程序，严格把关。主办单位要做好主讲人、报告人的接待和研讨会、报告会、讲座等活动的组织协调、秩序维护、报告发言内容的记录以及资料整理和归档工作。

第六条　形势报告会和哲学社会科学报告会、研讨会、讲座中出现传播政治谣言、政治性错误观点等情况，主办单位要在第一时间采取有效措施，及时消除不良影响，同时要向审批部门和党委宣传部如实反映情况。

第七条　经批准举办的形势报告会和哲学社会科学报告会、研讨会、讲座，可以根据批准情况通过校园网、BBS等适当途径发布活动预告和活动报道。如需邀请校外新闻单位进行宣传报道，须征得党委宣传部的同意，并注意把握正确的政治导向。对于未经批准召开的学术会议、报告会、讲座，不得在校内外媒体、网络、新媒体等平台上进行宣传和报道。

第八条　各单位要加强对形势报告会和哲学社会科学研讨会、报告会、讲座等活动的组织管理，对未经批准而举办此类研讨会、报告会、讲座等，或因疏于管理造成不良政治影响的，将严肃追究相关责任，并向当事人所在单位通报。对相关责任人员，将依据有关规定，视情节轻重，给予批评教育、组织处理或党纪、政纪处分。

第九条　主办单位邀请国外或境外人员来校参加有关学术会议或担任哲学社会科学报告会、研讨会、讲座报告人，必须严格按照《中共中央办公厅、国务院办公厅印发〈关于在华举办国际会议的管理办法〉的通知》（中办发〔2006〕10号），以及《关于印发〈中国科学院关于在华举办国际会议的管理细则〉的通知》（科发际字〔2006〕191号）的规定，提前向国际合作与交流部申报，并报请上级部门审批同意后方可举办。

第十条　各单位在互联网上举办形势报告会和哲学社会科学报告会、研讨会、讲座，要根据中共中央办公厅、国务院办公厅《关于进一步加强互联网管理工作的意见》（中办发〔2004〕32号）和《关于加强网络文化建设和管理的意见》（中办发〔2007〕16号）的精神，按照教育部、共青团中央《关于进一步加强高等学校校园网络管理工作的意见》（教社政〔2004〕17号）以及教育部办公厅《关于进一步加强高等学校校园网络信息安全工作的意见》（教电〔2007〕399号）等相关规定，严格审查程序，加强日常监管，及时掌握动态，对非法和错误观点的信息及时进行删除和封堵，努力营造积极健康的网络舆论环境。

第十一条　本办法适用于我校各单位、部门、社团等举办的各类形势报告会和哲学社会科学报告会、研讨会、讲座等。

第十二条　本办法自印发之日起施行，由党委宣传部负责解释。

中国科学技术大学形势报告会和哲学社会科学报告会、研讨会、讲座审批备案表

组织单位			论坛名称	
活动负责人			联系电话	
报告人姓名			单位、职务、职称	
报告人简况	(政治面貌、单位及职务、专业研究方向、主要学术成就等)			
报告主题				
举办时间		举办地点		参加人员
内容摘要	(不够可另附页)			
主办单位党组织意见	签字(章)： 年 月 日			
审批部门意见	签字(章)： 年 月 日			

续表

主管校领导意见	（需校领导审批的按要求填写） 签字(章)：　　　　　　年　　月　　日

注：此表一式三份，主办单位、审批部门、备案部门各存一份。

审 批 说 明

根据不同内容、性质，实行分级分类审批，"谁主办、谁负责；谁审批、谁监督"，在审查审批过程中，主办单位和审批部门要加强管理，各司其职，严格程序，严格把关。

（一）各单位举办此类活动须经所在分党委、未隶属分党委的党总支和直属党支部负责人审查同意后，报相关部门审批。

（二）形势报告会和哲学社会科学报告会、研讨会、讲座等活动，由党委宣传部等部门审批。其中：

纳入教学管理范围内的相关报告会、研讨会、讲座等活动，分别由教务处、研究生院审批，并报党委宣传部备案；

纳入科研管理范围内的相关报告会、研讨会、讲座等活动，由科研部审批，并报党委宣传部备案；

学工、团学系统举行的相关报告会、研讨会、讲座等活动由党委学工部审批，并报党委宣传部备案；

邀请国外、境外人员参加有关学术会议或担任哲学社会科学报告会、研讨会、讲座报告人，由国际交流与合作部会同党委宣传部审核，并报请上级部门审批。

（三）上述活动中级别较高、影响重大的活动，在有关部门审查后报请相关分管校领导审批。

中国科大各类论坛、讲坛情况登记表

论坛名称		举办时间	
论坛主办单位		协办单位	
论坛管理负责人		联系电话、邮件	
论坛管委会成员			
论坛宗旨			
是否纳入教学管理		是否纳入科研管理	
开办以来报告情况综述以及报告目录	（报告目录含时间、地点、报告人、报告题目、受众范围等内容，可附页）		
论坛管理中存在的问题			
论坛经费来源			
论坛负责人意见	签字：　　年　　月　　日		
所在党组织审核	签字：　　年　　月　　日		

中国科学技术大学学位评定委员会章程

(校学位字〔2015〕4号,2015年1月6日)

第一章 总 则

第一条 根据《中华人民共和国学位条例》《中华人民共和国学位条例暂行实施办法》和《中国科学技术大学章程》的有关精神和规定,为做好我校学位与研究生教育工作,保证研究生培养质量和学位授予水平,规范学位评定委员会职责,特制定本章程。

第二条 中国科学技术大学学位评定委员会(以下简称"校学位委员会")是负责学校学位与研究生教育管理的学术机构,领导全校的学位及学科建设工作,在国家授权范围内负责学士、硕士、博士三级学位的评定和授予,负责全校学位授予质量的评估。

第二章 组织机构

第三条 校学位委员会成员由校内相关学科专家组成,设主任委员1人,副主任委员、秘书长和委员若干人。

第四条 主任委员由校长担任,秘书长由分管学位与研究生教育工作的副校长担任,副主任委员和委员由主任委员提名、校长工作会议审定。

第五条 学校根据学科和机构设置需要下设若干学位评定分委员会(以下简称"学位分委会")。学位分委会由校学位委员会依照程序设立。

第六条 学位分委会设主任1人,副主任和委员若干人。主任必须为校学位委员会委员,一般应为相关学院主持工作的院长或执行院长。学位分委会委员由分委会主任委员提名,经校学位委员会主任委员与秘书长会议通过,报校学位委员会备案。

第七条 校学位委员会根据学校学科建设和实际发展的需要,可以依照程序增补和调整校学位委员会委员,增设和调整学位分委会。

第八条 校学位委员会的日常办事机构为中国科学技术大学学位办公室(以下简称"校学位办")。

第三章 各级组织机构职能

第九条 校学位委员会职能:
(一)论证审核学位与研究生教育发展规划、学科建设与发展规划;
(二)审定各学科研究生培养方案及学位授予标准;
(三)在国务院学位委员会授权职责范围内负责各类学位授权点增列与动态调整工作;
(四)遴选研究生指导教师;

（五）作出授予各类学位的决定或撤销已授学位的决定；
（六）决议处理各类学位授予中有争议的问题；
（七）检查、评估各学科学位授予质量；
（八）审议学校学位与研究生教育工作中的其他重大问题；
（九）完成国务院学位委员会交给的其他任务。

第十条 学位分委会职能：
（一）负责本领域学科的建设，制定相关发展规划；
（二）制定本领域学科的研究生培养方案及学位授予标准；
（三）对本领域学科内各类学位授权点的增列与调整提出建议；
（四）初评本领域学科内新增博士生指导教师资格；
（五）遴选本领域学科硕士生指导教师；
（六）作出授予各类学位的建议或撤销已授学位的建议；
（七）协助校学位委员会处理各类学位授予中有争议的问题和其他相关事务；
（八）根据校学位委员会的相关要求，检查、评估本领域学科学位授予质量；
（九）审议本领域学科学位与研究生教育工作中的其他重要问题；
（十）完成校学位委员会交给的其他任务。

第十一条 校学位办负责处理校学位委员会授权与交办的各类学位与学科建设等工作。

第四章 议事规程

第十二条 校学位委员会原则上每年3月、6月、11月各召开一次全体会议。如有必要，主任委员可临时召集全体委员会议。

第十三条 校学位委员会闭会期间，如有必要，经主任提议，全体委员可对有关事项进行通讯评议。

第十四条 校学位委员会全体会议一般由主任委员主持，经主任委员委托，也可由副主任委员主持，实际到会人数不少于全体成员的2/3方可召开。会议决定应以不记名投票方式表决，经到会委员2/3以上（含2/3）通过方为有效。

第十五条 各级学位评定委员会委员一般不应缺席学位评定委员会全体会议，因故不能出席者应向校学位办请假并说明缺席理由，由校学位办汇总后分别报请校学位委员会主任或学位分委会主任核准。

第十六条 各级学位评定委员会会议实行回避制度。在讨论、审议或评定与委员本人及其配偶或直系亲属有关的事项时，该委员须回避。

第十七条 校学位委员会以及分委会委员，应自觉维护学位评定委员会的权威和声誉，严格遵守保密制度，未经授权，不得泄露会议讨论的内容。

第五章 附 则

第十八条 任何单位和个人，未经校学位委员会授权，不得以我校名义从事任何学位活动。

第十九条 本章程经 2014 年 11 月 28 日校学位委员会全体会议审定,自公布之日起施行。

第二十条 本章程由校学位委员会负责解释。

中国科学技术大学公共实验中心收费管理办法(试行)

(校财字〔2015〕6 号,2015 年 1 月 9 日)

第一章 总 则

第一条 中国科学技术大学公共实验中心(以下简称"实验中心")是学校内部独立核算的二级单位,是学校高质量人才培养和高水平科学研究的重要基地,同时也承担为校内外教学科研提供分析、测试服务的重任。

第二条 实验中心包括理化科学实验中心、生命科学实验中心、工程与材料科学实验中心、信息科学实验中心、超级计算中心、微纳研究与制造中心和综合科研仪器共享中心。

第三条 为使我校优质公共资源发挥最大效益,提高仪器设备的使用效率,促进测试服务的良性发展,根据《中国科学技术大学公共实验中心建设与运行管理办法》(校研字〔2009〕118 号)两级管理体制的要求,按照"统一管理、开放公用、资源共享"的原则,制定本办法。

第二章 共享管理

第四条 学校鼓励校内的仪器设备纳入实验中心开放、共享,同意实验中心收取测试服务费,并对实验中心给予适当的运行补贴。未纳入共享平台的仪器设备,所在单位不得收取相应的测试服务费和能源使用费。

第五条 实验中心对共享的仪器设备运行情况等进行总负责,并依据仪器设备类别与档次、测试业务类别与服务性质,按照"有偿使用、合理收费"的原则,制定收费标准,报经相关部门批准或备案后执行;提交测试需求的单位和实验中心对测试业务的真实性负责,对测试数据、测试结果、测试图片等资料负有保管责任;实验中心负责仪器设备的日常运行和维护;资产部门负责仪器设备的采购与资产管理;财务部门负责具体的收费及预算安排工作。

第六条 实验中心在优先满足校内教学科研工作所需的分析测试任务前提下,可根据自身条件积极开展校外测试服务。重大或价高的测试服务、单价两万元以上的测试,原则上双方应签订合同。

第七条 对于校内的一般测试服务采用委托的方式,通过校内转账的形式进行合理收费;对校外提供的测试服务,使用学校统一税务票据进行费用结算。

第三章　分配方案与考核机制

第八条　实验中心提供测试服务所取得的收入纳入学校统一核算、统筹安排，主要用于公共实验中心的仪器设备更新、技术开发及运行维护、实验耗材、日常办公开支、人员培训、绩效奖励、人员劳务费等（具体细则另行制定）。

第九条　学校每年对仪器设备的共享使用和管理情况进行绩效评估考核。

第四章　附　则

第十条　本办法经校长工作会议讨论通过后生效，自印发之日起施行。

第十一条　本办法由学校公共实验中心、财务处共同解释。

中国科学技术大学
教师岗位专业技术职务聘用实施办法（试行）

（校人字〔2015〕13 号，2015 年 1 月 31 日）

第一章　总　则

第一条　根据《中国科学院岗位管理实施办法》（科发人教字〔2012〕146 号）和《〈中国科学院岗位管理实施办法〉文件说明》（人教字〔2012〕88 号）精神，为建设一支规模适度、素质优良、结构优化、富有创新精神和创新能力、具有较强国际竞争力的一流教师队伍，规范教师岗位的聘用与管理，特制定本办法。

第二条　教师岗位是指担负学校教学、科研任务，具有相应专业技术水平和能力要求的工作岗位。教师岗位专业技术职务包括高校教师系列、自然科学研究系列。

第三条　教师岗位聘用遵循"科学设岗、公开公正、平等竞争、择优聘用"的原则。坚持教师为本、学术优先，倡导优良学风，激发创新精神，营造有利于教师队伍建设与发展的制度环境。

第二章　岗位设置

第四条　在中国科学院核定的编制、岗位职数和结构比例控制下，依据学校教师队伍建设的总体规划，在综合分析各学院、直属科研单位的教学科研任务、学科建设和教师队伍结构等情况的基础上，研究制定岗位设置方案，确定聘用岗位职数，经学校研究批准执行。

第五条　教师岗位高校教师系列和自然科学研究系列设：教授和研究员、副教授和副研究员、讲师和助理研究员、助教和研究实习员专业技术职务。

第三章　聘用范围

第六条　本办法是进行教师岗位专业技术职务的聘用。在教师岗位工作已聘相应系列的专业技术职务，且符合相应专业技术职务聘用条件的人员，可申报聘用。

第四章　聘用条件

第七条　应聘者必须具备的基本条件：遵守中华人民共和国宪法和法律；遵守中国科学院章程；遵守中国科学技术大学章程；具有良好的公民意识和职业道德；学风端正，科学态度严谨，爱岗敬业；拥有岗位所需的专业或技能条件；适应岗位要求的身体条件。

第八条　相应专业技术职务的基本聘用条件：

1. 学历学位和任职年限要求

教授（研究员）：大学本科及以上学历，并获得学士及以上学位，任副教授（副研究员）岗位满5年，年度考核合格；1991年及以后参加工作的，应具有博士学位。对引进的特别优秀的人才或作出重大创新贡献的专业技术人员，可适当放宽任职年限要求，具体为：年龄在40岁（含）以下，博士毕业满5年，且被聘为副高级专业技术岗位满3年。

副教授（副研究员）：大学本科及以上学历，并获得学士及以上学位，任讲师（助理研究员）岗位满5年，或博士研究生毕业任讲师（助理研究员）岗位满2年，或博士后出站人员工作满1年；年度考核合格；1991年及以后参加工作的，应具有硕士及以上学位。

讲师（助理研究员）：大学本科及以上学历，并获得学士及以上学位，任助教（研究实习员）岗位满4年，或硕士研究生毕业任助教（研究实习员）岗位满2年；年度考核合格；1991年及以后参加工作的，应具有硕士及以上学位。博士研究生毕业，试用期满且考核合格。

助教（研究实习员）：硕士研究生毕业，试用期满且考核合格。

2. 外语水平要求

通过相应级别的全国职称外语等级考试（外国语言学科应考第二外国语），并取得《职称外语等级考试合格证》（符合职称外语免试条件者除外），并能够运用外语开展国际交流。

3. 教学工作能力和工作量的要求，科研工作能力和项目、成果的要求，人才培养及其他方面的要求，由各学科组研究制定，并公布执行。

第五章　组织机构

第九条　学校成立教师岗位专业技术职务聘用工作委员会（以下简称"校聘委会"），负责教师岗位的评议、推荐和聘用等工作。

校聘委会下设自然科学、工程与信息、管理与人文3个学科组，分别负责研究制定本学科组所属系列岗位聘用在教学、科研、人才培养等方面的要求和评价标准，以及评议与推荐工作。

第十条　学院（单位）成立聘用推荐工作小组，组长由学院（单位）领导担任，原则上由9

名及以上成员组成。其职责：
1. 进行本学院（单位）应聘人员申报材料和申报资格审查工作；
2. 负责本学院（单位）应聘正、副高级专业技术职务人员的评议、推荐工作；
3. 组织开展本学院（单位）中级及以下专业技术职务的聘用工作。

第十一条　学校成立资格复核小组，成员由相关部门负责人或工作人员组成。负责对应聘人员申报材料和申报资格作进一步复核，汇总有关信息和问题，提请校聘委会研究。

第六章　工作程序

第十二条　聘用工作程序：
1. 传达布置聘用工作，建立健全聘用组织。
2. 各学科组研究制定所属系列岗位聘用在教学、科研、人才培养等方面的要求和评价标准，并公布执行。
3. 各学院（单位）研究制定聘用推荐工作细则（组织成员名单及工作细则报人力资源部备案）。
4. 应聘人员进行网上申报，并提交申报材料（单位推荐破格者提交破格推荐材料）。
5. 学院（单位）聘用推荐工作小组对应聘人员提交的申报材料的真实性和申报资格的有效性进行审查。采取适当形式在学院（单位）范围内公开应聘人员材料，接受广大教职工的监督。
6. 学校资格复核小组对应聘人员申报材料和申报资格进行复核，并将复核结果反馈给各学院（单位）。
7. 学院（单位）聘用推荐工作小组根据聘用推荐工作细则，组织完成以下工作：
（1）对应聘中级及以下专业技术职务的人员进行评议、投票表决（得同意票数超过与会人数 2/3 者为有效），产生拟聘人选，并在学院（单位）范围内对拟聘人选进行公示。公示完成后，将拟聘人选及有关材料报送人力资源部。
（2）组织召开教授大会，进行正、副高级专业技术职务聘用的推荐工作，到会教授不得少于本单位教授总数的 2/3。教授大会对应聘正、副高级专业技术职务的人员进行评议、投票表决（得同意票数超过与会人数 2/3 者为有效），并进行排序。
8. 学科组受理、审核申报材料；召开学科组会议，对学院（单位）报送的正、副高级专业技术职务人选进行评议、投票表决（得同意票数超过与会人数 2/3 者为有效）、排序，产生推荐人选。
9. 学校召开校聘委会会议，对学科组报送的正、副高级专业技术职务推荐人选进行评议、投票表决（得同意票数超过与会人数 2/3 者为有效），确定报送校长工作会议的拟聘人选。
10. 对拟聘人选进行公示，公示期不少于 7 天。
11. 将拟聘人选提交校长工作会议研究批准，校长聘用。

第七章 其他规定

第十三条 应聘者被公认有重大创新性研究成果,或发表有重要影响力的高水平论文,可不受学历学位和任职年限的限制,由学院(单位)推荐破格申报。推荐破格需提交《破格推荐表》及有关证明材料,报学校研究批准后,方可进入后续聘用工作程序。

第十四条 基础课教学工作表现特别突出者,可以适当降低对发表论文和科研项目的要求,由学院(单位)向校教学委员会推荐破格申报,并提交破格者教学质量证明材料和教学成果证明材料。校教学委员会评审通过,出具书面推荐意见。推荐破格申报获准后,方可进入后续聘用工作程序。

第十五条 工作量的计算:
工作量仅计算任现职以来所完成的教学、科研等工作。

第十六条 为全面考察申报者教学能力、学术水平等情况,学院(单位)聘用推荐工作小组和学科组可根据聘用工作需要,安排应聘者作应聘报告。

第十七条 符合申报条件者正常出国期间可以申报。如评议通过,聘期自其回国到校工作之日算起;未经批准逾期未归者,其评议结果作废。学院(单位)应在此类人员评议通过后,及时将其出(回)国有关情况,书面报人力资源部。

第十八条 聘用工作开始之日,已达到规定的退休年龄、应办理退休手续的人员,不得参加应聘。符合条件且申请已被受理,但在评议过程中达到规定退休年龄者不受此限制,若应聘得以通过,聘期至学校规定其退休之日止。

第十九条 申请调出或已调出的人员,学校不再接受其应聘申请或进行评议。

第二十条 鼓励与支持本校教师合理流动、跨单位申请及聘用。由本人申请,经现所在单位同意后,可直接向设岗单位申请,设岗单位不得拒评、人为设障或歧视。若应聘得以通过,必须正式进入设岗单位工作(现调任管理岗位领导职务者,按兼职教学、科研工作处理)。

第二十一条 应聘者应如实提交申报材料,如发现有弄虚作假行为,取消本次和下一次申报资格,情节严重者,将按有关法规给予处分。

第二十二条 评议与聘用过程中,各级聘用工作人员应严格遵守聘用纪律、保密制度和亲属回避制度,如有徇私舞弊行为,一经查实,当严肃处理。学校纪委和人力资源部具体受理申诉、投诉与举报事宜。

第八章 附 则

第二十三条 此前有关规定与本实施办法不一致的,以本实施办法为准。
第二十四条 本实施办法由人力资源部负责解释。
第二十五条 本实施办法自印发之日起施行。

中国科学技术大学
支撑岗位专业技术职务聘用实施办法(试行)

(校人字〔2015〕14号,2015年1月31日)

第一章 总 则

第一条 根据《中国科学院岗位管理实施办法》(科发人教字〔2012〕146号)和《〈中国科学院岗位管理实施办法〉文件说明》(人教字〔2012〕88号)精神,结合我校实际,为做好支撑岗位的聘用工作,特制定本办法。

第二条 支撑岗位是指为教学、科研及人才培养提供高水平技术支撑、为学校各项事业开展提供综合保障和服务的岗位。

第三条 支撑岗位分系列设置。主要设置工程技术系列、实验技术系列,以及综合支撑系列岗位。

第四条 支撑岗位分系列建立评价指标体系。充分体现不同系列岗位的特点及其评价的差异性,理顺、明晰不同系列岗位人员的晋升通道和发展方向。

第五条 支撑岗位分系列聘用。工程技术系列、实验技术系列,由学校按照"科学设岗、公开公正、平等竞争、择优聘用"的原则进行聘用;综合支撑系列,按照国家、中国科学院及业务主管部门的有关规定,由相关单位结合实际,制订实施方案,组织聘用工作。

第二章 岗位设置

第六条 在中国科学院核定的编制、岗位职数和结构比例控制下,依据学校支撑队伍建设的总体规划,在综合分析工作目标、任务和队伍结构等情况的基础上,针对各技术系列的不同特点,分系列研究制定岗位设置方案,确定聘用岗位职数,经学校研究批准执行。

第七条 工程技术系列岗位设高级工程师(教授级)、高级工程师、工程师和助理工程师专业技术职务。

根据大型设备(仪器)的研制、维护和运行,以及重大科研项目的技术需要,具体分析工程技术系列队伍结构等情况进行岗位设置。

第八条 实验技术系列岗位设高级实验师、实验师、助理实验师和实验员专业技术职务。

根据教学和科研实验任务需要,具体分析实验技术系列队伍结构进行岗位设置。

第九条 综合支撑系列按照按需设岗、规范聘用的原则,实行学校宏观指导、结构比例控制、职业和任职资格准入、分系列组织聘用。有关系列须严格按照国家、中国科学院及业务主管部门专业技术岗位聘用管理的有关规定,制定本系列聘用实施办法,报学校批准后施行。

副高级及以下专业技术岗位,由学校按照合理的结构比例,分系列下达聘用职数;正高级专业技术岗位职数,由学校统一控制使用。

根据学校对有关单位的功能定位,结合人员构成、专业特点等情况,系列划分如下:

图书馆、档案馆、博物馆所属系列(图书、档案、文博);

出版社及其他单位所属系列(出版、编辑、校对);

医院所属系列(医、药、护、技);

附属中学、幼儿园所属系列(中、小学教师)。

第三章 聘用范围

第十条 本办法是进行支撑岗位专业技术职务的聘用。在支撑岗位工作已聘相应系列的专业技术职务,且符合相应专业技术职务聘用条件的人员,可申报聘用。

第四章 聘用条件

第十一条 应聘者必须具备的基本条件:遵守中华人民共和国宪法和法律;遵守中国科学院章程;遵守中国科学技术大学章程;具有良好的公民意识和职业道德;学风端正,科学态度严谨,爱岗敬业;拥有岗位所需的专业或技能条件;适应岗位要求的身体条件。

第十二条 工程、实验技术系列相应专业技术职务的基本聘用条件:

1. 学历学位和任职年限要求

高级工程师(教授级):大学本科及以上学历,并获得学士及以上学位,任高级工程师岗位满5年,年度考核合格;1991年及以后参加工作的,应具有硕士及以上学位。对引进的特别优秀的人才或作出重大创新贡献的专业技术人员,可适当放宽任职年限要求,具体为:年龄在40岁(含)以下,博士毕业满5年,且被聘为副高级专业技术岗位满3年。

高级工程师(高级实验师):大学本科及以上学历,并获得学士及以上学位,任工程师(实验师)岗位满5年,或博士研究生毕业任工程师(实验师)岗位满2年,或博士后出站人员工作满1年;年度考核合格;1991年及以后参加工作的人员,应具有硕士及以上学位。

工程师(实验师):大学本科毕业,并获得学士学位,任助理工程师(助理实验师)岗位满4年,或硕士研究生毕业任助理工程师(助理实验师)岗位满2年;年度考核合格。博士研究生毕业,试用期满且考核合格。

助理工程师:大专毕业任技术员岗位满2年,年度考核合格。大学本科毕业,并获得学士学位,1年试用期满且考核合格。硕士研究生毕业,试用期满且考核合格。

助理实验师:中专毕业任实验员岗位满4年,或大专毕业任实验员岗位满2年,年度考核合格。大学本科毕业,并获得学士学位,1年试用期满且考核合格。硕士研究生毕业,试用期满且考核合格。

实验员:大、中专毕业1年试用期满且考核合格。

2. 外语水平要求

通过相应级别的全国职称外语等级考试(外国语言学科应考第二外国语),并取得《职称外语等级考试合格证》（符合职称外语免试条件者除外）；高级工程师（教授级）、高级工程师应能够运用外语开展国际交流。

3. 工程技术能力和项目、成果，实验技术能力和工作量、成果，以及其他方面的要求，由各学科组研究制定，并公布执行。

第十三条　综合支撑系列的基本聘用条件，按上述第二章第九条的系列划分，由相关系列在制定岗位聘用实施办法时予以规定。聘用条件制定应遵循的原则：充分体现所属系列的特点，有利于队伍素质的提高，有利于队伍结构的优化，兼顾与学校其他系列聘用标准的平衡。

第五章　组织机构

第十四条　学校成立支撑岗位专业技术职务聘用工作委员会（以下简称"校聘委会"），负责支撑岗位的评议、推荐和聘用等工作。

校聘委会下设工程技术和实验技术2个学科组，分别负责研究制定本学科组所属系列岗位聘用在工程、实验技术方面的要求和评价标准，以及评议与推荐工作。

第十五条　单位成立聘用推荐工作小组，组长由学院（单位）领导担任，原则上由9名及以上成员组成。其职责：

1. 进行本单位应聘人员申报材料和申报资格审查工作；
2. 负责本单位应聘正、副高级专业技术职务人员的评议、推荐工作；
3. 组织开展本单位中级及以下专业技术职务的聘用。

第十六条　学校成立资格复核小组，成员由相关部门负责人或工作人员组成。负责对应聘人员申报材料和申报资格作进一步复核，汇总有关信息和问题，提请校聘委会研究。

第十七条　综合支撑系列由各系列分别建立聘用组织机构，并在其实施办法中予以明确，负责相关系列专业技术职务的评议、推荐和聘用等工作。

第六章　工作程序

第十八条　聘用工作程序（综合支撑系列，由各系列分别在其实施办法中予以明确）：

1. 传达布置聘用工作，建立健全聘用组织。
2. 各学科组研究制定所属系列岗位聘用在工程、实验技术方面的要求和评价标准，并公布执行。
3. 各学院（单位）研究制定聘用推荐工作细则（组织成员名单及工作细则报人力资源部备案）。
4. 应聘人员进行网上申报，并提交申报材料（单位推荐破格者提交破格推荐材料）。
5. 学院（单位）聘用推荐工作小组对应聘人员提交的申报材料的真实性和申报资格的有效性进行审查。采取适当形式在学院（单位）范围内公开应聘人员材料，接受广大教职工的监督。
6. 学校资格复核小组对应聘人员申报材料及其申报资格进行复核，并将复核结果反馈给各学院（单位）。

7. 学院（单位）聘用推荐工作小组根据聘用推荐工作细则，组织完成以下工作：

（1）对应聘中级及以下专业技术职务的人员进行评议、投票表决（得同意票数超过与会人数 2/3 者为有效），产生拟聘人选，并在学院（单位）范围内对拟聘人选进行公示。公示完成后，将拟聘人选及有关材料报送人力资源部。

（2）组织召开教授大会，进行正、副高级专业技术职务聘用的推荐工作，到会教授不得少于本单位教授总数的 2/3。教授大会对申报正、副高级专业技术职务的人员进行评议、投票表决（得同意票数超过与会人数 2/3 者为有效），并进行排序。

8. 学科组受理、审核申报材料；召开学科组会议，对学院（单位）报送的正、副高级专业技术职务人选进行评议、投票表决（得同意票数超过与会人数 2/3 者为有效）、排序，产生推荐人选。

9. 学校召开校聘委会会议，对学科组（含综合支撑系列）报送的正、副高级专业技术职务推荐人选进行评议、投票表决（得同意票数超过与会人数 2/3 者为有效），确定报送校长工作会议的拟聘人选。

10. 对拟聘人选进行公示，公示期不少于 7 天。

11. 将拟聘人选提交校长工作会议研究批准，校长聘用。

第七章 其他规定

第十九条 应聘者在本专业领域有特别突出表现，取得重大成果，可不受任职年限、学历学位的限制，由学院（单位）推荐破格应聘。推荐破格需提交《破格推荐表》及有关证明材料，报学校研究批准后，方可进入后续聘用工作程序。

第二十条 为全面考察申报者业务能力、业绩成果等情况，学院（单位）聘用推荐工作小组和学科组可根据聘用工作需要，安排应聘者做应聘报告。

第二十一条 岗位类别未发生事实上的变动，未经人事部门批准、备案，所执行的系列不得变更；岗位类别发生事实上的变动，且经人事部门批准、备案，可根据岗位要求执行相应的系列。

第二十二条 符合申报条件者正常出国期间可以申报。如评议通过，聘期自其回国到校工作之日算起；未经批准逾期未归者，其评议结果作废。学院（单位）应在此类人员评议通过后，及时将其出（回）国有关情况，书面报人力资源部。

第二十三条 聘用工作开始之日，已达到规定的退休年龄、应办理退休手续的人员，不得参加应聘。符合条件且申请已被受理，但在评议过程中达到规定退休年龄者不受此限制，若应聘得以通过，聘期至学校规定其退休之日止。

第二十四条 申请调出或已调出的人员，学校不再接受其应聘申请或进行评议。

第二十五条 应聘者应如实提交申报材料，如发现有弄虚作假行为，取消本次和下一次申报资格；情节严重者，将按有关法规给予处分。

第二十六条 评议与聘用过程中，各级聘用工作人员应严格遵守聘用纪律、保密制度和亲属回避制度，如有徇私舞弊行为，一经查实，当严肃处理。学校纪委和人力资源部具体受理申诉、投诉与举报事宜。

第八章 附 则

第二十七条 此前有关规定与本实施办法不一致的,以本实施办法为准。
第二十八条 本实施办法由人力资源部负责解释。
第二十九条 本实施办法自印发之日起施行。

中国科学技术大学科研项目经费外拨管理办法(试行)

(校科字〔2015〕24号,2015年1月31日)

为进一步规范和加强我校各类科研项目经费外拨管理,根据《国务院关于改进加强中央财政科研项目和资金管理的若干意见》(国发〔2014〕11号)、《财政部、科技部关于调整国家科技计划和公益性行业科研专项经费管理办法若干规定的通知》(财教〔2011〕434号)、《教育部、财政部关于加强中央部门所属高校科研经费管理的意见》(教财〔2012〕7号)、《教育部关于进一步加强高校科研项目管理的意见》(教技〔2012〕14号)以及《中国科学院院级科研项目经费管理办法(修订版)》等有关规定,特制定本管理办法。

第一条 本管理办法适用于我校承担的各类各级科研项目(课题)的外拨、外协经费管理。

第二条 由我校承担,其他单位参与合作的国家、地方政府财政拨款的科研项目(以下简称"纵向科研项目"),项目计划(任务)书和预算书中须写明合作单位名称、课题负责人、承担的工作内容、经费预算以及外拨、外协经费的比例或金额等。

第三条 我校承担的纵向科研项目需要委托外单位开展研究或提供服务的,必须在项目计划(任务)书和预算书中明确相应的研究内容及预算,并签订技术合同(涉及科学技术研究的技术开发、技术服务和技术咨询合同)。

第四条 我校与中华人民共和国境内外自然人、法人和其他组织通过签订技术合同所确立的横向课题项目,因科学研究需要委托其他单位协助开展科学研究或提供技术服务的,原则上应在合同中予以明确。

第五条 我校承担的纵向科研项目需要进行物资设备加工、采购、租赁以及劳务采购的,在批复的预算书中要有相应的支出预算,并按学校采购管理相关制度规定签订合同。

第六条 经批复的项目计划(任务)书、技术合同、采购合同等是办理经费外拨的主要依据,项目预算未经批复前,或未签订相关合同,不得办理项目经费外拨。

第七条 项目经费到账后,方可办理经费外拨手续。办理经费外拨时,必须持批复的项目总预算、合作单位分解预算以及相关合同,并填写《项目经费外拨审批表》办理外拨手续。外协经费支付按合同规定执行。

第八条 项目负责人对项目经费外拨的真实性、相关性负有直接责任,合同双方不得有任何违法违规的利益关联。原则上,外拨经费应按项目任务书和技术合同的约定分期拨付。

第九条 科研部、资产与后勤保障处根据《中国科学技术大学合同管理办法(试行)》(校办字〔2012〕63号)规定负责对技术合同、采购合同的相应条款进行审核把关。

第十条 科研部负责对《项目经费外拨审批表》所填内容与研究任务的相关性和合理性进行审核把关并签署审批意见。

第十一条 财务处依据批复的项目预算书或有关合同,对外拨经费的合规性和准确性进行审核把关并签署审批意见。

第十二条 项目合作单位或被委托方违反项目经费使用管理规定或计划进度不符合合同书约定的,科研部有权减拨或停拨后续外拨经费,对后续外拨经费申请不予审批。情节严重的将终止合同,并追回已拨付的经费。

第十三条 凡弄虚作假、违规办理项目经费外拨业务的,一经查出,将按有关规定严肃处理,情节严重或触犯法律的将移送司法机关处理。

第十四条 本办法由校科研部、财务处、资产与后勤保障处负责解释。

第十五条 本办法自印发之日起施行。

中国科学技术大学编外用工管理办法

(校人字〔2015〕25号,2015年1月31日)

为规范学校各单位编外用工管理秩序,防范用工风险,进一步明确编外用工的管控目标和具体措施,保障学校和编外劳务人员的合法权益,特制定本办法。

第一条 本办法中的编外用工,系指学校除在编、聘期制、合同制、人事代理和人才派遣人员外,从事辅助性临时工作的劳务用工。

本办法中的各单位或用工单位,系指学院、国家实验室和直属单位等二级建制的单位,以及后勤范畴的各类服务保障性单位。

第二条 学校对编外用工一律实行劳务派遣制度。劳务派遣公司由学校确定,并由学校与派遣公司依法签订劳务派遣合同。

单位确因工作需要设立编外用工岗位,须经学校审核批准,同时须在学校签订的劳务派遣合同框架内,与劳务派遣公司签订劳务派遣管理实施协议后,方可使用编外用工。

第三条 用工单位须依照劳动合同法以及管理实施协议对编外用工进行使用并具体管理,依法保障学校和编外用工人员双方的权益;要严格用工制度,规范用工行为,防范用工风险。

用工单位主要负责人作为第一责任人,应加强对本单位编外用工的管理,切实承担管理责任。对因违法、违规、违约用工给学校经济和声誉造成损失或不良影响的,学校将追究相关责任人的责任。

第四条 编外用工的申报审批程序:

1. 用工单位向人力资源部报送《编外用工岗位计划申报审批表》；申报审批表经人力资源部审核和校分管领导审批后，人力资源部向用工单位下达同意用工通知书。

2. 用工单位应遵循"公开公正，集体决定"的原则确定拟派人员。即用工单位须组成不少于5人评议小组，集体决定拟派人选，并在本单位内张榜公示5天；最后将有关评审等材料报人力资源部审核与备案，办理与劳务派遣公司签订劳务派遣管理实施协议等手续。

第五条　编外用工岗位作为辅助性临时工作岗位，原则上不应长期设置和连续用工。因特殊原因确需保留原岗位连续用工的，须在编外用工人员派遣期满前进行续派考核，考核合格方可办理续派手续，不合格即终止用工和撤销岗位。

为逐步压缩编外用工岗位的范围和规模，编外用工岗位数量较大的单位，应适时实行劳务外包。

第六条　编外用工所需经费按相关财务制度规定执行，并按以下程序办理有关经费转拨手续：

各用工单位的编外用工人员控制数经人力资源部核准后，以书面形式通知财务处；财务处根据人力资源部的通知和劳务派遣管理实施协议的相关约定，对各用工单位编外用工人员的薪酬和社会保险等费用进行核定后，方可向劳务派遣公司足额转拨款项。

第七条　在用工过程中如发生劳务纠纷或诉讼，用工单位须承担直接责任并具体负责处理；处理纠纷或诉讼所发生的费用以及所造成的经济赔偿，由用工单位承担。

第八条　本办法适用于以学校作为法人主体的用工单位。学校具有独立法人资格的单位和机构，自主依法对编外用工进行派遣与管理，自行承担一切法律和经济责任。

访问学者、双聘合作研究人员、外聘教师、退休返聘人员以及以小时计酬为主的非全日制用工等，不在本办法适用范围内。

第九条　本办法自印发之日起施行，《中国科学技术大学编外用工管理暂行办法》（校人字〔2008〕38号）同时废止。

第十条　本办法由人力资源部负责解释。

中国科学技术大学基本建设类档案管理办法

（校办字〔2015〕62号，2015年4月21日）

第一章　总　　则

第一条　为提高我校基本建设档案工作的质量和管理水平，充分发挥基建档案在我校建设和发展中的作用，根据国家档案局和原国家计委《基本建设项目档案资料管理暂行规定》、国家档案局《建设项目（工程）档案验收办法》等有关规定的要求，特制定本办法。

第二条　本办法所称基本建设类档案，是指在我校基本建设管理和基本建设工程项目活动过程中直接形成的，具有保存价值的文字、图表、图纸及声像等不同载体的真实记录。

第三条　基建档案必须实行集中统一管理的原则，确保档案材料完整、准确、系统、安全和有效利用。

第四条 基建档案工作要纳入基建规划、计划、管理制度和基建人员职责范围之中，做到：基建工程立项与提出建档要求同步；基建项目建设管理过程与竣工材料的积累、整编、审定工作同步；基建项目竣工验收与档案验收同步。

第二章 管理责任

第五条 学校基建管理部门须确定一位负责人分管基建档案工作，按照项目所属关系，负责对各参建单位的有关工作进行协调。并配备相应专（兼）职档案员，负责基建文件材料的收集、整理、归档工作。

第六条 学校档案馆应随时了解大型基建项目的主要工程进度，监督、指导各参建单位对基建档案的收集整理，协助基建管理部门对立卷和归档工作进行定期检查并参加基建工程的验收。

第七条 基建项目实行总承包给外单位的，由各分承包单位负责收集、整理分包范围内的基建文件材料，交总承包单位汇总、整理，竣工时由总承包单位向学校基建部门提交完整、准确、系统的基建档案材料。基建项目由几个单位分别承包的，各承包单位负责收集、整理所承包工程的基建文件材料，交学校基建部门汇总、整理。

第八条 凡与引进技术或引进设备的基本建设项目有关的技术文件材料，不论是通过何渠道得到的，均由建设单位负责收集整理归档。

第三章 归档范围与保管期限

第九条 凡归档的基建文件材料，必须对学校和社会当前与长远发展及工作开展具有参考价值和凭证作用。

第十条 凡归档的基建文件材料，必须能够完整、准确、系统地反映基建项目管理和建设的全过程，并遵循其自然形成规律，保持其有机联系，与实物完全一致且具有成套性。

第十一条 归档的主要内容包括：综合管理，可行性研究、任务书，设计基础，设计文件，工程管理文件，施工文件，竣工验收，基建财务、器材管理，监理文件等。具体见《中国科学技术大学基本建设类档案归档范围和保管期限表》。

第十二条 归档的重点是基建项目各个阶段形成的不同载体、形式的文件材料，特别是包括竣工图在内的全套竣工资料。

第十三条 基本建设项目档案的保管期限分为永久、长期、短期三种，其中长期保管的基建档案实际保管期限不得短于建设项目的实际寿命。

第四章 立卷与归档要求

第十四条 凡需归档的基本建设项目文件材料应达到如下要求：
1. 文件材料必须齐全完整，反映项目建设的全过程；

2. 文件材料必须履行规定的签字手续。文件图纸等必须与实物、实况相一致；

3. 文件材料应为原始件,保持历史真迹,不得擅自修改、剪贴、伪造或事后补制；

4. 文件材料必须纸质优良、字迹工整、线条清晰、图面整洁,利于长远保存。

第十五条　基建项目结束(含最终完成、阶段完成)后,由基建管理部门组织本项目形成的应归档的基建文件材料的整理组卷工作。根据基建文件材料的形成规律,按保持其有机联系和便于利用查考的组卷原则,对基建文件材料的内容、价值、数量和载体形式进行系统整理,按工程项目组卷,一项一卷或若干卷。管理性文件材料排在整个项目首卷,其余材料按文件性质分别组成案卷。

1. 文字材料的排列:正本在前,附件在后;印件在前,原稿在后;批复在前,请示在后。图纸按图的类别序号排列(即:地质地形、总体布置、地下管网、建筑、结构、装饰、给排水、电气、采暖通风、燃气等)。

2. 拆除卷内金属物,对破损的材料进行修补。

3. 基建文件材料采用卷皮、卷盒(袋)方式保管。蓝图大于卷盒的,以手风琴式折叠成 A4 图幅的规格,标题栏露在外面,底图采用卷筒或平放两种方式保管。蓝图、底图可以不装订。

4. 无论单面或双面只要有书写文字,均作为一页编写页号,每卷页号均从 1 开始,页号位置在非装订线一侧的下角,蓝图、底图可以一组有机联系的图纸为一件,以件为单元,在每件文件材料的右上角加盖有单位名称、档号、件号的戳记章,并逐一填写。

5. 既有文字材料又有图纸的案卷,文字材料在前,图纸在后。

第十六条　基建管理部门应严格执行基建文件材料的审签制度,明确职责,把好文件材料形成的质量关。要检查设计、施工单位基建文件材料的编号是否统一并与它所反映的对象一致,能揭示其性质与特征。使用基建文件材料过程中不允许随便更改。如有更改,必须填写变更通知单,并履行批准手续。

第十七条　案卷质量应符合 GB/T11822—2000《科学技术档案案卷构成的一般要求》。竣工图的编制和折叠必须符合《编好基本建设工程竣工图的几项暂行规定》和《技术制图——复制图的折叠方法》的要求。

第五章　档案验收与移交

第十八条　基建项目在验收前,档案馆对准备归档的基建文件材料进行预验收,并出具相关证明,否则不能组织工程竣工验收。在工程竣工验收时,档案馆须作为工程竣工验收小组成员,会同校基建管理部门做好基建档案的验收。

第十九条　基建档案须在项目验收结束后两个月内由校基建管理部门移交档案馆归档。移交时填写基建档案资料移交目录,一式两份,连同案卷经档案部门清点无误后,交接双方在移交目录上签字盖章,各执一份存查。

第二十条　基建项目在签署合同时,应把基建档案管理工作作为一项重要内容,明确规定各参建单位提交相应项目的文件材料质量、数量和时间等要求。工程开工时,学校财务部门应从基建总投资中预留 5% 作为基建档案保证金,待基建档案归档验收合格并经基建管理部门同意、档案馆开具基建档案验收证明后发还。

第二十一条 基建文件材料归档后,在改扩建、维修中所产生的基建文件材料,基建部门应随时整理,向档案部门补充归档。对已归档的基建文件材料需要更改时,必须填写更改审查清单,经基建部门分管负责人同意。未经批准,严禁更改已归档的任何基建档案材料。档案部门对补充归档的基建文件材料应及时整理编目。归档材料不多的,可归入相关案卷内并填写卷内目录;归档材料较多的,可单独组卷、编目。

第六章 开放利用

第二十二条 充分发挥基建档案的凭证作用和信息功能,做好跟踪服务,提高其社会效益和经济效益。

第二十三条 利用馆藏基建档案,本校工作人员须持证办理利用手续,校外单位和有关人员须出具合法证明并按照国家规定收取一定费用。重要基建档案只允许在馆内查阅,图纸借出复制须留押合法证明并交纳一定数量的押金,借出时间一般不超过三天。

第二十四条 档案利用者须履行登记手续,填写姓名、单位、利用档案的目的和内容等。归还时须由经办人员当面验收、注销。必要时需填写利用效果登记表。

第二十五条 借出档案,利用者应按期归还;档案人员如发现损坏或丢失,应及时写出书面报告,报学校按规定严肃处理。

第七章 附 则

第二十六条 校内大中型基础设施改造涉及结构管理变动的项目资料管理工作参照本办法相关条款执行。

第二十七条 本办法自印发之日起施行。原《中国科学技术大学基本建设类档案管理暂行办法》(校后字〔2001〕31号)同时废止。

第二十八条 本办法由校档案馆负责解释。

中国科学技术大学测试费管理暂行规定

(校财字〔2015〕64号,2015年5月4日)

第一章 总 则

第一条 为加强我校公共实验中心(以下称"实验中心")测试费的管理,保证实验中心的可持续发展,根据《国务院关于国家重大科研基础设施和大型科研仪器向社会开放的意见》(国发〔2014〕70号),财政部、科技部《公益性行业科研专项经费管理试行办法》(财教〔2006〕219号),财政部、科技部、发展改革委《民口科技重大专项资金管理暂行办法》(财教

〔2009〕218号),《中国科学院院级科研项目经费管理办法》(科发计字〔2009〕250号)以及国务院《关于改进加强中央财政科研项目和资金管理的若干意见》(国发〔2014〕11号)等文件精神,制定本规定。

第二条 本规定适用于通过学校实验中心所属各分中心的测试平台承担的校内、校外各项测试、化验、加工、计算等业务而收取的测试费用,不包括项目组通过外协合同支付给校外测试单位所发生的测试费用。

第三条 实验中心是学校内部独立核算的二级单位,统一管理所属各分中心的测试业务。

第四条 测试费管理的原则

1. 真实性原则:通过实验中心测试平台发生的测试业务必须是真实的,不得以虚假或未发生的测试业务作为测试费的结算依据。

2. 统一管理原则:校内、校外测试业务都必须通过实验中心测试平台进行管理,未通过实验中心测试平台的测试费结算,学校财务部门不予认可。

3. 独立核算原则:通过实验中心测试平台发生的测试费的收支业务,由学校财务部门进行相对独立核算。

4. 公平合理原则:测试业务收费应本着公平合理的定价原则,不得以不合理的价格变相转移和套取项目资金。

第五条 所有测试业务都必须通过实验中心的测试平台进行操作和管理。各分中心应根据自身业务特点和管理要求,制定出具体的测试业务操作流程或业务操作指南,并在网上公开。

第六条 实验中心所属各分中心承担相关测试加工业务,必须具备以下条件:

1. 有明确的测试业务收费标准和收费依据;

2. 有明确的计量办法和可操作的计量手段;

3. 能提供手续完备的委托业务书、测试报告、设计加工验收单、费用结算清单等资料。

第七条 实验中心及相关测试人员对所发生的测试业务的真实性负责。实验中心应完善并妥善保存与测试业务相关的实证资料,并在审计检查时能随时提供查询。

第二章 测试费核算管理

第八条 实验中心所属各分中心收取的测试费,实行校内相对独立的经济核算模式。实验中心测试费收入全部纳入学校财务统一管理和专项核算,支出按照学校相关的预算审批程序实施。

第九条 学校财务部门根据相对独立核算原则,通过设立专门经费指标卡号,对实验中心及所属各分中心进行测试费的日常收支账务核算和资金管理。

第十条 实验中心根据自身管理运行的需要,可以实行中心内部经费分级核算和管理,学校财务部门在账务核算管理上给予支持和配合。

第十一条 校内测试费收取统一采用卡点结算方式进行收费;校外测试费收取,原则上应通过银行转账方式结算;特殊情况也可以现金方式缴纳,直接由学校财务部门收取。收取校外测试费,学校财务部门出具相应的税务发票。

第十二条 实验中心测试费收入按校内、校外分别设卡核算。

第三章 测试费收费标准

第十三条 实验中心应按照成本补偿和非营利的定价原则制定合理的测试费收费标准。测试费定价标准的测算依据应合理充分并可验证。为鼓励开放共享,校内、校外测试业务采用统一的收费标准,校内测试可享受一定的补贴政策(具体补贴政策由实验中心制订并执行)。

第十四条 实验中心所属各分中心应根据不同的仪器设备,分类别制定具体的收费标准。制定测试费的收费标准应结合当地物价水平进行合理测算,收费定价应包括:测试过程中消耗的实验材料费、燃动费(水、电、气等)、人员的工资薪酬、仪器设备的运行维护费等。

第十五条 测试过程中发生的水、电、气等燃动费作为测试收费价格的组成部分,应能单独计量。受客观条件限制,确实无法单独计量的,应建立台账详细记录每项测试业务发生的实际机时数,再按设备额定功率计算所消耗的燃动费。

第十六条 各分中心制定的收费标准报实验中心审核同意,报财务处审核按规定程序备案后,由学校发文统一执行,并作为财务部门测试费收费审核的依据。

第十七条 未制定收费标准或收费标准未按规定程序报备的,财务部门不予办理测试费收费业务的结算。

第四章 测试费结算管理

第十八条 校内测试费通过卡点结算时,应附的结算凭证包括:测试费内部转账单、测试业务委托单、测试费结算清单。测试报告由实验中心存档备查。

第十九条 校外测试费通过银行转账或现金方式收取时,应附的结算凭证包括:校外测试费缴款单、测试业务委托协议或委托单、测试费结算清单。测试报告由实验中心存档备查。

第二十条 测试费结算凭证中的各项内容的填写必须真实、完整和准确。测试费内部转账单收付双方负责人应签字或盖章。校外测试费缴款单,测试业务承担单位负责人应签字或盖章。

第五章 测试费支出管理

第二十一条 实验中心所取得的测试费收入主要用于实验中心仪器设备的更新和维护、实验耗材、实验用房使用费、水电费、业务培训费、办公费、技术开发等日常运行支出,以及用于补偿学校支付给实验中心在职人员薪酬经费的来源和非在职人员的劳务酬金等。

第二十二条 实验中心对校外取得测试费收入的5%作为学校的管理费。

第二十三条 实验中心及各分中心的经费使用应符合相关的政策法规和财务规章制

度,按照有关规定合理支出,确保实验中心业务的正常有效运行。

第六章 测试费监督管理

第二十四条 实验中心负责对所属各分中心的日常测试业务的真实性、规范性进行监督检查。

第二十五条 学校财务处对日常发生的测试费收支业务手续的完备性、合规性进行审核检查。

第二十六条 学校监察审计处结合内部项目审计工作对测试费业务的规范性、真实性、合理性进行审计监督。

第七章 附 则

第二十七条 本规定由实验中心、财务处负责解释。此前有关测试费管理与本规定不符的,以本规定为准。

第二十八条 本规定自印发之日起施行。

中国科学技术大学重点实验室管理办法(试行)

(校科字〔2015〕66号,2015年4月27日)

第一章 总 则

第一条 为推进学校科研体系建设,规范科研机构管理,依据国家发展改革委、科学技术部、中国科学院、教育部和安徽省等有关规定,结合学校实际情况,制定本办法。

第二条 本办法所指重点实验室是依托我校建设或我校与外单位共建的科研实体。我校重点实验室按照国家级、中科院级、省部级和校级进行分类管理。

(一)国家级重点实验室,包括国家实验室、国家重点实验室、国家工程中心、国家工程实验室、国家级协同创新中心等。

(二)中科院级重点实验室,包括中国科学院"率先行动"计划四类机构、中国科学院重点实验室、中国科学院工程中心等。

(三)省部级重点实验室,包括安徽省重点实验室、安徽省协同创新中心、安徽省高校人文社科重点研究基地、安徽省工程技术研究中心、安徽省产业共性技术研究院和教育部重点实验室等。

(四)校级重点实验室,包括学校批准设立的实验室和研究中心、所系结合实验室、校企联合实验室、校地联合实验室等。

第二章　重点实验室的设立

第三条　重点实验室的建立必须具备如下基本条件：
（一）符合学校总体办学方向与要求；
（二）具有明确的研究方向、发展目标与建设规划；
（三）有高水平的学术带头人和相对稳定的科研骨干队伍；
（四）有明确的科研任务和经费来源以及必要的研究设施条件；
（五）有规范健全的运行管理规章制度。

第四条　国家级、中科院级、省部级重点实验室的设立，原则上由科研部组织遴选，经校学术委员会讨论和校长工作会议审议通过后，由学校向相关主管部门推荐上报，经主管部门批准后设立。

第五条　校级重点实验室的设立，由学院或部门根据学科发展需要提出建议，经校学术委员会讨论通过，由校长工作会议批准后设立。

第六条　学院和直属科研机构可以与国内外企事业单位、研究机构合作建立联合实验室，联合实验室应明确双方的权责，包括合作任务、人员投入、经费投入和保障条件等。校级联合实验室经校学术委员会讨论通过后报校长工作会议批准设立。涉外联合实验室还需国际合作与交流部审核。

第三章　管理与运行

第七条　国家级、中科院级重点实验室由科研部归口管理，相对独立运行。
省部级、校级重点实验室依托学院或直属科研机构管理和运行。

第八条　重点实验室原则上应在校学术委员会的指导下成立学术分委员会，定期召开委员会会议并切实发挥其在审议重点实验室的发展目标、研究方向、重大学术活动、年度工作计划和总结等方面的重要作用。

第九条　重点实验室实行主任负责制，一般设主任1名、副主任2~3名。主任、副主任不得同时担任其他同级同类实验室的负责人。
国家级、中科院级重点实验室主任参照学校中层干部选拔任用办法审核、校长工作会讨论通过并上报主管部门后聘任，副主任由学校聘任。
省部级、校级重点实验室主任、副主任由依托学院或直属科研机构遴选，科研部聘任。

第十条　重点实验室一般应成立管理委员会或室务委员会，作为管理运行执行机构，负责重点实验室重大事宜的决策和协调。

第十一条　重点实验室可根据其研究方向面向全校组织科研队伍，明确聘任人员的岗位职责与工作时间，并加强聘期制科研人员的选聘与培养，形成规模适度的专职科研队伍。

第十二条　重点实验室应加强目标导向性重大科研项目的策划组织，开展科技攻关。

第十三条　国家级和中科院级重点实验室作为学校财务独立核算单元统筹管理运行费、科研经费及相关经费。

第十四条 重点实验室应对其所属的科研用房和仪器设备进行统筹管理,实现仪器设备的开放共享。

第十五条 重点实验室应加大开放力度,积极开展国际科技合作和交流,成为本领域公共研究平台。

第十六条 重点实验室应建立健全内部规章制度;重视学风建设和科学道德建设;遵守国家有关保密规定;加强网站和科技档案建设;加强知识产权保护,重视研究成果规范署名。

第十七条 重点实验室的运行期限按照审批部门的批复或协议约定执行。重点实验室应于每年度(日历年或协议年度)结束后4个月内向科研部提交年度工作报告。

第十八条 国家级、中科院级和省部级重点实验室由主管部门组织考核评估,并决定其继续运行、限期整改或不再列入相应实验室序列。科研部可按相关要求组织中期考核或年度考核。

校级重点实验室由科研部组织评估,校长工作会议审定评估结果并决定其继续运行、限期整改或予以撤销。校级重点实验室经政府部门批准升级或合并到其他科研实体后,原实验室应予以撤销。

校级联合实验室由科研部审查双方协议执行情况,如协议得不到正常履行,可报请校长工作会议决定其继续运行、限期整改或予以撤销。

第四章 附 则

第十九条 学院可根据学科发展需要设立学科实验室和联合实验室,经学院学术分委员会讨论通过后报科研部批准设立。学科实验室设置不应与学校已有科研机构重叠。学院应参照本办法另行制定学科实验室管理办法。

第二十条 本办法如有与国家发展改革委、科学技术部、中国科学院、教育部和安徽省等有关规定不符之处,以相关部门规定为准。

第二十一条 本办法自印发之日起施行,由科研部和学校相关职能部门负责解释。

中国科学技术大学学术委员会章程

(校科字〔2015〕67号,2015年4月27日)

第一章 总 则

第一条 为规范和加强学术委员会建设,完善学校内部治理结构,保障学术委员会在学校学术事务中有效发挥作用,依据《中华人民共和国高等教育法》《高等学校学术委员会规程》和《中国科学技术大学章程》,特制定本章程。

第二条 中国科学技术大学学术委员会(以下简称"校学术委员会")是统筹行使学术

事务的决策、审议、评定和咨询等职权的校内最高学术机构。

第三条 校学术委员会遵循"学术优先、以人为本"的办学理念和"崇尚科学、追求卓越"的创新精神,尊重学术自由和学术平等,鼓励学术创新,弘扬科学精神,促进学术发展和人才培养,提高学术质量,树立优良学风,维护学校学术声誉,公平、公正、公开地履行职责,保障教师、科研人员和学生在科研和学术事务中充分发挥主体作用,促进学校建设世界一流研究型大学。

第二章 组 成

第四条 校学术委员会由学校各学科、专业的教授及具有正高级专业技术职务的专家组成。人数原则上不超过教授的十分之一,一般为单数,其中不担任学校及职能部门党政领导职务及学院主要负责人的专任教授,不少于委员总人数的 2/3。

第五条 校学术委员会委员应当具备以下条件:

(一)遵守宪法法律,学风端正、治学严谨、公道正派;

(二)学术造诣高,在本学科或者专业领域具有良好的学术声誉和公认的学术成果;

(三)关心学校建设和发展,有参与学术议事的意愿和能力,能够正常履行职责。

第六条 各学院和直属科研机构根据其正高级专业技术职务人数和学科分布按比例民主推选委员候选人,校长可以提名不超过总数五分之一的委员候选人。校学术委员会委员由校长工作会议讨论通过,校长聘任。

第七条 校学术委员会委员实行任期制,任期与学校行政领导班子任期同步,可以连任,连任原则上不超过两届。

校学术委员会每次换届,连任的委员人数应不高于委员总数的 2/3。

第八条 校学术委员会设主任委员 1 名,副主任委员若干名,秘书长 1 名。主任委员人选由校长提名,校长办公会通过,经校学术委员会全体会议选举确定。副主任委员和秘书长由校学术委员会主任委员提名,经校学术委员会全体会议选举确定。

校学术委员会下设秘书处,秘书处办公室挂靠科研部。

校学术委员会的运行经费,纳入学校预算安排。

第九条 校学术委员会可根据工作需要成立若干常设专门委员会或临时性工作组。

第十条 委员因故需要替换或增补时,人选由校长、校学术委员会主任委员或者 1/3 以上校学术委员会委员提名,经校学术委员会同意后报校长工作会议审定,校长聘任。

委员的免除由校学术委员会主任会议提出,并经全体委员 2/3 以上通过,报校长工作会议讨论确定。

第十一条 学院和直属科研机构成立学术分委员会。学术分委员会参照本章程制定各自章程,报校学术委员会批准后执行。

学术分委员会根据法律规定、校学术委员会的授权及各自章程开展工作,向校学术委员会报告工作,接受校学术委员会的指导和监督。

第三章 职　　责

第十二条　校学术委员会负责审议学科、专业和教师队伍建设规划,以及科学研究、对外学术交流合作等重大学术规划。

第十三条　审议学术机构设置方案,交叉学科、跨学科协同创新机制的建设方案、学科资源的配置方案。

第十四条　审议教师职务聘任的学术标准、科研成果和人才培养质量的评价标准。

第十五条　对学校高层次人才引进,校内各类科研基金、科研项目和科研奖项,上报科学研究成果奖等学术相关事项进行学术水平评价。

第十六条　对学校制订的与学术事务相关的全局性、重大发展规划和发展战略提出咨询意见。

第十七条　审议学术评价、争议处理规则和学术道德规范,受理有关学术不端行为的举报并进行调查,裁决学术纠纷。

第十八条　经校学术委员会1/2以上成员联名提议,校学术委员会可要求校长或副校长就学校专项工作在校学术委员会上进行说明。

第十九条　经校学术委员会2/3以上成员联名提议,可以临时召开校学术委员会全体会议,就委员提出意见的事项进行讨论、表决,超过全体委员2/3以上的票数通过,可以对学校涉及第十二条至第十七条内容的决策,要求学校领导做出说明、重新协商研究或者暂缓执行。

第四章 议　　程

第二十条　校学术委员会每学期至少召开1次全体委员会议。根据工作需要,经学术委员会主任或1/3以上委员提议,可以临时召开全体委员会议。全体委员会议实际到会人数不少于应到会人数的2/3方可召开。校学术委员会全体会议由主任委员主持。

主任委员可根据需要召开主任会议,商讨、决定校学术委员会日常工作。主任会议成员由主任委员、副主任委员和秘书长组成。

第二十一条　校学术委员会采用表决制作出决定,议事决策实行少数服从多数的原则,重大事项应当以与会委员的2/3以上同意,方可通过。

校学术委员会作出的重大决定应当予以公示,并设置异议期。在异议期内如有异议,经1/3以上委员同意,可召开全体会议复议。经复议的决定为终局结论。

第二十二条　讨论重大学术及相关问题时,校学术委员会可邀请相关专家学者和职能部门负责人列席会议并参与讨论。

第二十三条　校学术委员会审议或评议的事项与委员及其配偶和直系亲属有关,或者具有利益关联的,相关委员应当回避。

第二十四条　凡校学术委员会会议上确定需要保密的内容,委员必须保密,并执行和维护校学术委员会的审议或评议结果。

第五章　附　　则

第二十五条　本章程的修改须由校学术委员会讨论通过，校长工作会议审定后发布施行。

第二十六条　本章程由校学术委员会负责解释。

第二十七条　本章程自印发之日起施行。

中国科学技术大学因公出国(境)管理实施细则

(校办字〔2015〕85 号，2015 年 6 月 5 日)

第一章　总　　则

第一条　为进一步规范因公临时出国(境)管理，根据《中国科学院因公临时出国(境)管理办法》(科发际字〔2013〕193 号)和《中国科学院国际合作局、条件保障与财务局、监察审计局关于印发〈院属单位因公临时出国分类管理实施细则〉的通知》(际字〔2014〕16 号)的要求，结合我校实际情况，特制定本管理实施细则。

第二条　本细则适用于我校所有的教职员工(含持外国永久居留证或已取得外国国籍的教职人员及博士后，以下简称"教职员工")。

第三条　本细则适用短期临时因公出国(境)活动。

第四条　学校因公出国(境)管理工作，接受中国科学院国际合作局的监督和指导，归口部门为校国际合作与交流部暨港澳台事务办公室(以下简称"国际部")。

第二章　出国(境)计划及任务批件申请

第五条　教职员工需在每年年底将下一年度出国(境)计划送交国际部，年度计划需说明是否属分类管理并详细列明项目名称、团组人员、主要任务、出访时间、经费来源等内容，经国际合作交流专家委员会审批后报中国科学院国际合作局备案。允许在总量不变的情况下调整出访计划。

第六条　根据出国(境)计划，教职员工出国(境)前需在事前公示结束后最迟于出国(境)前 15 天通过中国科学院 ARP 公文处理系统国际合作模块填报出国(境)申请，并提供国外邀请函的复印件、出国(境)事前公示情况、《因公临时出国/境人员备案表》、在职证明(60 周岁及以上，院士除外)、健康证明(65 周岁及以上)等材料，经 ARP 公文处理系统国际合作模块校内各节点审核后，报中国科学院国际合作局审批并签发《出国及赴港澳任务批件》；如果参加中国科学院院外单位组团出访，须得到组团单位的批件和任务通知书后，报中国科学院国际合作局审批签发《出国/赴港澳任务确认件》。

第三章 出国(境)事前公示和事后公示

第七条 出国(境)前,须对因公出访信息进行事前公示,公示内容包括全体人员的姓名、单位、职务、出访国家、任务、日程、往返航线、邀请函、邀请单位情况介绍、全年出国(境)次数、经费来源和经费预算等。

第八条 出访任务完成后,须进行因公出访事后公示。事后公示包括出访实际执行情况、费用和出访报告。

第九条 各学院、国家实验室、国家重点实验室教职员工在本单位的公示栏上公示,校党政管理服务部门员工在国际部的公示栏上公示。公示期限原则上不少于5个工作日。

第四章 分类管理

第十条 对我校因公临时出国人员执行以下任务实现分类管理,不计入个人年度因公临时出国批次限量管理范围,出访团组、人次数和经费单独统计。分类管理人员通过ARP公文处理系统国际合作模块申请因公出访批件时,需在出访目的描述中作出说明并提供相应的证明材料。

1. 承担国家科技计划(专项、基金)科研项目的科研人员(须在项目书或课题任务书中列明),出国执行项目书或课题任务书中明确列出的国际科研交流与合作任务(须提供项目书或课题任务书的批复件的扫描件,并上传至ARP公文处理系统)。

2. 出席重要国际学术会议并担任大会主席、副主席、常务理事、理事、分会主席,作会议特邀报告、大会报告或分会报告(须提供邀请函件扫描件,并上传至ARP公文处理系统)。

3. 执行中外政府间(国家级)双(多)边科技合作协议的科研人员,出国执行协议规定的国际科研交流与合作任务(须提供协议扫描件,并上传至ARP公文处理系统)。

4. 在科技类国际组织中任职或兼职,出国执行与其在国际组织中的职务相对应的任务(须提供相关证明扫描件,并上传至ARP公文处理系统)。

5. 由外方提供全额资助且外方背景可靠、不损害我方利益的国际科研交流与合作任务(须提供其外方背景简介扫描件,并上传至ARP公文处理系统)。

第十一条 不直接参与第十条所述任务的科研人员,以及非专程出国执行第十条所述任务的科研人员,其因公临时出国,仍按现行外事管理规定要求,实行限量管理。

第十二条 出国参加国际会议或从事科学实验、观测、勘探、采集、合作研究等科研活动团组的人数和在外停留时间,根据任务实际需要和人员身份从严掌握。

第五章 因公证件管理

第十三条 因公临时出访团组和个人必须通过国际部办理因公护照(因公赴港澳通行证/赴台通行证)和签证(签注)手续,必须持因公护照(因公赴港澳通行证/赴台通行证)执行因公出访任务。

第十四条　因公出访人员出访任务完成后一周内须将因公护照(因公赴港澳通行证/赴台通行证)交由国际部保管。

第六章　出国(境)费用

第十五条　因公出国(境)经费包括：国际旅费、国外城市间交通费、住宿费、伙食费、公杂费和其他费用。

国际旅费，是指出境口岸至入境口岸旅费。

国外城市间交通费，是指为完成工作任务所必须发生的，在出访国家的城市与城市之间的交通费用。

住宿费，是指出国人员在国外发生的住宿费用。

伙食费，是指出国人员在国外期间的日常伙食费用。

公杂费，是指出国人员在国外期间的市内交通、邮电、办公用品、必要的小费等费用。

其他费用，主要是指出国签证费用、必需的保险费用、防疫费用、国际会议注册费用等。

第十六条　因公临时出访应当优先选择由我国航空公司运营的国际航线。出国(境)住宿、伙食和公杂标准遵照财政部、外交部《因公临时出国经费管理办法》(财行〔2013〕516号)执行。

第十七条　出国人员回国报销费用时，须凭有效票据填报国(境)外费用报销单。各种报销凭证须用中文注明开支内容、日期、数量、金额等，由单位负责人签字，并经国际部审核。出国(境)费用审核的依据是中国科学院签发的《出国及赴港澳任务批件》或《出国/赴港澳任务确认件》。出访内容、时间及费用来源原则上与批件所述一致。报销时需提交出国任务批件复印件和事后公示表。

第七章　附　　则

第十八条　本细则自 2015 年 3 月起施行。

第十九条　本条例在执行过程中，遇有国家相关政策法规调整时，由国际合作交流专家委员会负责修订。

第二十条　本条例由国际合作与交流部(含港澳台事务办公室)和人力资源部负责解释。

中国科学技术大学采购管理暂行办法实施细则

(校产字〔2015〕86 号,2015 年 6 月 8 日)

第一章　总　　则

第一条　为强化我校物资采购过程管理，提高物资采购效率，推进采购管理的规范化、科学化，根据国家法律法规和中国科学院有关规定及《中国科学技术大学采购管理暂行办法》，结合实际情况，制定本实施细则。

第二条　本细则所称采购是指学校以合同形式有偿获得货物或服务的行为，包括购买、租赁、委托等。其中货物是指各种形态和种类的物品，包括仪器、设备、原辅材料、试剂、产品等；服务是指除货物和工程以外的其他采购对象。

第三条　政府集中采购目录中的物资按政府采购制度实行采购。

第二章　采购方式和适用情况

第四条　本细则所称采购方式，是指公开招标、邀请招标、竞争性谈判、竞争性磋商、询价和单一来源六种采购方式。

一、公开招标采购

指招标采购单位依法以招标公告的方式邀请不特定的供应商参加投标的采购方式。采购金额达到政府采购限额标准以上的采购项目，应当采用公开招标方式采购。其中，采购金额大于120万元（含）的采购项目，经学校审批通过后，须公开招标。

二、邀请招标采购

指招标采购单位依法从符合相应资格条件的供应商中随机邀请三家以上供应商，并以投标邀请书的方式，邀请其参加投标的采购方式。符合下列情形之一，经学校审批通过后，方可邀请招标：

（一）具有特殊性，只能从有限范围的供应商处采购的；

（二）采用公开招标方式的费用占政府采购项目总价值的比例过大的。

三、竞争性谈判采购

指谈判小组与符合资格条件的三家以上供应商就采购货物和服务事宜进行谈判，供应商按照谈判文件的要求提交响应文件和最后报价，采购人从谈判小组提出的成交候选人中确定成交供应商的采购方式。符合下列情形之一，经学校审批通过后，方可进行竞争性谈判：

（一）招标后没有供应商投标或者没有合格标的或者重新招标未能成立的；

（二）技术复杂或者性质特殊，不能确定详细规格或者具体要求的；

（三）采用招标所需时间不能满足用户紧急需要的；

（四）不能事先计算出价格总额的。

四、竞争性磋商采购

指采购人、政府采购代理机构通过组建竞争性磋商小组（以下简称"磋商小组"）与符合条件的供应商就采购货物和服务事宜进行磋商，供应商按照磋商文件的要求提交响应文件和报价，采购人从磋商小组评审后提出的候选供应商名单中确定成交供应商的采购方式。

符合下列情形之一，经学校审批通过后，方可进行竞争性磋商采购：

（一）政府购买服务项目；

（二）技术复杂或者性质特殊，不能确定详细规格或者具体要求的；

（三）因艺术品采购、专利、专有技术或者服务的时间、数量事先不能确定等原因不能事先计算出价格总额的；

（四）市场竞争不充分的科研项目，以及需要扶持的科技成果转化项目。

五、询价采购

指询价小组向符合资格条件的三家以上供应商发出采购货物询价通知书，要求供应商一次报出不得更改的价格，采购人从询价小组提出的成交候选人中确定成交供应商的采购方式。对于货物规格、标准统一，现货货源充足且价格变化幅度小的采购项目，经学校审批通过后，方可进行询价采购。

六、单一来源采购

指采购人从某一特定供应商处采购货物和服务的采购方式。符合下列情形之一，经学校审批通过后，方可单一来源采购：

（一）只能从唯一供应商处采购的；

（二）发生了不可预见的紧急情况不能从其他供应商处采购的；

（三）必须保证原有采购项目一致性或者服务配套的要求，需要继续从原供应商处添购，且添购资金总额不超过原合同采购金额百分之十的。

第五条 金额在120万元（含）以上的单项或批量采购项目，需要采用非招标采购方式的，应当在采购活动开始之前，按照《中国科学院事业单位变更政府采购方式审批管理办法》要求，填报《变更政府采购方式申请表》《变更政府采购方式单位内部会商意见表》以及其他相关材料，通过资产管理部门上报中国科学院和财政部，经批准后方可实施采购活动。

第六条 金额在50万元（含）至120万元之间的单项或批量采购项目，按审批流程，经过各相关部门批准后，可以采取竞争性谈判、竞争性磋商、询价和单一来源方式采购。若采用招标方式采购应参照本细则第十条第一项执行。

第七条 金额在50万元以下的单项或批量采购项目，采购人可自行选择采购方式，报送资产与后勤保障处备案。

第三章 采购流程及管理

第八条 坚持"先审批，后采购"原则，凡单价或批量在2万元（含）以上的采购项目，须进行网上申报和电子审批，审批通过后，方可实施采购活动。采购人须打印纸质版审批表单，签字后递交至资产与后勤保障处存档。

（一）单价或批量在2万元（含）至50万元的采购项目，采购人应填写《中国科学技术大学物资采购申报表（50万元以下）》，报送至资产与后勤保障处备案。

（二）单价或批量在50万元（含）以上的采购项目，采购人应填写《中国科学技术大学非单一来源物资采购申报表》或《中国科学技术大学单一来源物资采购申报表》，并进行专家论证，专家人员不能与论证项目有直接利害关系，不能是潜在供应商及其关联单位的工作人员。专家人数不少于5人，专业技术职务原则上不低于副教授或同等职级。论证结束后，形成《中国科学技术大学购置物资可行性论证报告》，由采购人报送至资产与后勤保障处。

其中，拟选择单一来源采购方式（金额在120万元以下）的项目，按照《中国科学院事业单位变更政府采购方式审批管理办法》的要求，专家论证及部门会商结束后，网上公示5个工作日，如无异议，可实施采购活动。

第九条 采购审批涉及采购人、采购单位、项目归口管理部门、财务部门、资产管理部门和学校分管领导：

（一）采购人和采购单位对采购需求的必要性、真实性和合理性负责；

（二）项目归口管理部门对拟采购物资与项目的相关性和合理性负责；

（三）财务部门对拟采购物资的经费保障性和使用合理性负责；

（四）资产管理部门对采购过程的合规性负责；

（五）限额标准以上的单一来源采购由资产管理部门、项目归口管理部门、财务部门和采购单位共同会商，其他采购方式由采购单位与资产管理部门共同会商，按照本细则第二章规定的方式确定。

第十条 采购流程

一、招标采购（公开招标、邀请招标）程序

（一）编制招标文件

招标文件由招标代理机构负责编制，并由采购人确认。招标文件发出之日至投标人提交投标文件截止日，不得少于20天。

（二）刊登招标公告或发出招标邀请

公开招标须通过公开媒体或其他途径向所有潜在的供应商发出公告。采取邀请招标方式采购的，招标代理机构从符合相应条件的供应商中，采取随机方式抽取3家以上的供应商，向其发出投标邀请书。

（三）审查供应商资格

招标代理机构根据招标文件要求，对供应商的资格进行审查。

（四）确定评标委员会

评标委员会由招标人代表和有关技术、经济等方面的专家组成，成员人数为5人以上单数，其中技术、经济等方面的专家不得少于成员总数的三分之二。

（五）开标

开标应当在招标文件确定的提交投标文件的截止时间的同一时间公开进行；开标地点应当为招标文件中预先确定的地点。

（六）评标

评标委员会应当按照招标文件确定的评标标准和方法，对投标文件进行评审和比较。评标委员会完成评标后，应当向招标人提出书面评标报告，并推荐合格的中标候选人。

（七）招标结果公示

依法必须进行招标的项目，招标人应当自收到评标报告之日起3日内公示中标候选人，公示期不得少于3日。

（八）确定中标供应商

招标人根据评标委员会的书面评标报告和推荐中标候选人确定中标人。

中标人确定后，招标人应当向中标人发出中标通知书。双方应当自中标通知书发出之日起30日内，按照招标文件和中标人的投标文件订立书面合同。

二、竞争性谈判程序

（一）成立谈判小组

谈判小组由采购人的代表和有关专家共3人以上的单数组成，其中专家的人数不得少于成员总数的三分之二。

（二）制定谈判文件

谈判文件应当明确谈判程序、谈判内容、合同草案的条款以及评定成交的标准等事项。谈判文件不得要求或者标明供应商名称或者特定货物的品牌，不得含有指向特定供应商的技术、服务等条件。

从谈判文件发出之日起至供应商提交首次响应文件截止之日不得少于3个工作日。

（三）确定邀请参加谈判的供应商名单

采购人从符合相应资格条件的供应商名单中确定不少于3家的供应商参加谈判，并向其提供谈判文件。

（四）谈判

谈判小组所有成员集中与单一供应商分别进行谈判。在谈判过程中，谈判的任何一方不得透露与谈判有关的其他供应商的技术资料、价格和其他信息。谈判文件如有实质性变动，谈判小组应当以书面形式通知所有参加谈判的供应商。

（五）确定成交供应商

谈判结束后，谈判小组应当要求所有参加谈判的供应商在规定时间内进行最后报价，谈判小组从质量和服务均能满足采购文件实质响应要求的供应商中，按照最后报价由低到高的顺序提出3名以上成交候选人，并编写评审报告，由采购人确定成交供应商。

三、竞争性磋商程序

（一）成立竞争性磋商小组

磋商小组由采购人代表和评审专家共3人以上的单数组成，其中评审专家人数不得少于磋商小组成员总数的三分之二。

（二）确定参加竞争性磋商的供应商名单

采购人、采购代理机构应当通过发布公告、从省级以上财政部门建立的供应商库中随机抽取或者采购人和评审专家分别书面推荐的方式，邀请不少于3家符合相应资格条件的供应商参与竞争性磋商采购活动。

（三）制定竞争性磋商文件

竞争性磋商文件（以下简称"磋商文件"）应当根据采购项目的特点和采购人的实际需求制定，并经过采购人书面同意。采购人应当以满足实际需要为原则，不得擅自提高经费预算和资产配置等采购标准。

磋商文件不得要求或者标明供应商名称或者特定货物的品牌，不得含有指向特定供应商的技术、服务等条件。

从磋商文件发出之日起至供应商提交首次响应文件截止之日不得少于10日。

（四）磋商

1. 磋商小组成员应当按照客观、公正、审慎的原则，根据磋商文件规定的评审程序、评审方法和评审标准进行独立评审。未实质性响应磋商文件的响应文件按无效响应处理，磋商小组应当告知提交响应文件的供应商。

2. 采购人、采购代理机构可以视采购项目的具体情况,组织供应商进行现场考察或召开磋商前答疑会,但不得单独或分别组织只有一个供应商参加的现场考察和答疑会。

3. 磋商小组所有成员应当集中与单一供应商分别进行磋商,并给予所有参加磋商的供应商平等的磋商机会。

4. 在磋商过程中,磋商小组可以根据磋商文件和磋商情况实质性变动采购需求中的技术、服务要求以及合同草案条款,但不得变动磋商文件中的其他内容。实质性变动的内容,须经采购人代表确认。

5. 磋商文件能够详细列明采购标的的技术、服务要求的,磋商结束后,磋商小组应当要求所有实质性响应的供应商在规定时间内提交最后报价,提交最后报价的供应商不得少于3家。

6. 磋商文件不能详细列明采购标的的技术、服务要求,需经磋商由供应商提供最终设计方案或解决方案的,磋商结束后,磋商小组应当按照少数服从多数的原则投票推荐3家以上供应商的设计方案或者解决方案,并要求其在规定时间内提交最后报价。

(五)确定成交供应商

磋商小组应当根据综合评分情况,按照评审得分由高到低顺序推荐3名以上成交候选供应商,并编写评审报告。采购代理机构应当在评审结束后2个工作日内将评审报告送采购人确认。

对于市场竞争不充分的科研项目,以及需要扶持的科技成果转化项目,提交最后报价的供应商可以为2家。

具体参见《政府采购竞争性磋商采购方式管理暂行办法》(财库〔2014〕214号)。

四、询价程序

(一)成立询价小组

询价小组由采购人的代表和有关专家共3人以上单数组成,其中专家的人数不得少于成员总数的三分之二。

(二)制定询价文件

询价文件应对采购项目的价格构成和评定成交的标准等事项作出规定。询价文件不得要求或者标明供应商名称或者特定货物的品牌,不得含有指向特定供应商的技术、服务等条件。

从询价文件发出之日起至供应商提交首次响应文件截止之日不得少于3个工作日。

(三)确定被询价供应商名单

询价小组根据采购需要,从符合相应资格条件的供应商名单中确定不少于3家的供应商,并向其发出询价通知书让其报价。

(四)询价

询价小组要求被询价的供应商一次报出不得更改的价格。

(五)确定成交供应商

询价小组从质量和服务均能满足采购文件实质响应要求的供应商中,按照报价由低到高的顺序提出3名以上成交候选人,并编写评审报告,由采购人确定成交供应商。

五、单一来源采购程序

（一）采购人、采购代理机构应当组织具有相关经验的专业人员与供应商商定合理的成交价格并保证采购项目质量。

（二）达到120万元（含）以上的货物和服务项目，拟采用单一来源采购方式的，采购人按照规定上报中国科学院、财政部，经批准后实施。

（三）采购金额达到50万元（含）以上的，采购人员应编写《中国科学技术大学购置物资可行性论证报告》和单一来源采购价格协商记录。其中，价格协商记录格式不限，可为邮件、报价单和协议等。

第十一条 采购管理

一、采购人不得将应当公开招标的货物或者服务化整为零，或者以其他任何方式规避公开招标采购。

二、招标代理机构由学校公开招标确定，原则上不少于3家。遴选每两年开展一次，并将结果在学校部门网页上予以公布。采购人在学校选定的招标代理机构中随机抽取（或特殊情况可指定）一家代理招标事宜，由资产管理部门委托其组织招标工作。

三、外贸代理机构由学校公开招标确定，原则上不少于3家。招标工作每两年开展一次，并将结果在学校部门网页上公布。采购人在学校中标的外贸代理机构中自行选择一家代理外贸事宜，由资产管理部门委托其办理进口事项。

四、学校资产管理部门对招标代理机构和外贸代理机构实行定期考核制度，对取得代理资格的机构，每年进行一次资格审查和考评。

五、国内设备采购合同由资产管理部门代表学校与供应商签订，资产管理部门负责审核采购合同。进口设备外贸合同由采购人自行选定的外贸代理机构与供应商签订，资产管理部门代表学校与外贸代理机构签订委托合同。

六、签订采购合同必须遵守《中华人民共和国合同法》的规定。合同的内容由当事人约定，一般包括以下条款：当事人的名称或姓名和住所、标的、数量、质量、价格或者报酬、履行期限、地点和方式、违约责任、解决争议的方法。

七、根据采购合同及学校相关规定对采购物资进行验收。

八、质量管理体系内涉及的设备、原材料和元器件等货物的验收，由相关使用课题组根据质量管理体系的要求，自行组织货物的全面验收工作。

九、采购项目完成后，资产管理部门留存申报材料、合同和验收单据进行归档备案。

第四章　采购监督

第十二条 学校的采购管理遵照国家有关法律、法规，以及《中国科学院贯彻落实〈党政机关厉行节约反对浪费条例〉实施办法》《中国科学技术大学贯彻落实〈建立健全惩治和预防腐败体系2013—2017年工作规划〉实施细则》执行。

第十三条 采购工作接受监察审计部门的监督。

第五章 附 则

第十四条 本细则由资产与后勤保障处负责解释。

第十五条 本细则自印发之日起施行，未尽事宜按照国家有关规定执行。

附件1

中国科学技术大学非单一来源物资采购申报表
（本表适用于金额50万元（含）以上）

编号：

物资名称		采购金额	
		指标卡号	
采购单位名称（加盖章）		联系人	
		联系方式	
拟采用方式	（ ）公开招标	申请人承诺： 1. 本申请人与供货商之间无关联方关系。 2. 有足够的经费支付此次采购项目。 申请人签字： 年 月 日	
	（ ）邀请招标		
	（ ）竞争性谈判		
	（ ）竞争性磋商		
	（ ）询价		
采购项目概况及拟采用采购方式的理由：			
采购单位意见			签名： 年 月 日

续表

项目归口管理 部门意见	 签名: 年　　月　　日
财务部门意见	 签名: 年　　月　　日
资产管理 部门意见	 签名: 年　　月　　日
分管校领导 审定意见	 签名: 年　　月　　日

说明:1.该表须与《中国科学技术大学购置物资可行性论证报告》一起提交;2.如由教务处、研究生院和公共实验中心等部门直接管理的经费,则须在项目归口管理一栏签字;3.如属科研项目经费,则由科研部在项目归口管理一栏签字。

附件 2

中国科学技术大学单一来源物资采购申报表
（本表适用于金额 50 万元（含）以上）

编号：

采购单位名称	
采购项目名称	
采购项目预算（万元）	
拟采用采购方式	单一来源采购

采购项目概况、拟采用采购方式的理由、供应商（制造商及相关代理商）名称及地址

申请人承诺：
1. 本申请人与供货商之间无关联方关系。
2. 有足够的经费支付此次采购项目。
申请人签名： 年　月　日

采购单位意见	同意□　　不同意□	签名： 年　月　日
项目归口管理部门意见	同意□　　不同意□	签名： 年　月　日
财务部门意见	同意□　　不同意□	签名： 年　月　日

续表

资产管理部门意见	同意□　　不同意□	签名： 年　　月　　日
分管校领导意见	同意□　　不同意□	签名： 年　　月　　日

说明：1. 对采购金额50万元（含）以上，需要直接采用单一来源采购方式的采购项目，需在采购前填写此表；2. 该表须与《中国科学技术大学购置物资可行性论证报告》一起提交。

附件3

中国科学技术大学物资采购申报表
（本表仅适用于50万元以下物资采购）

编号：

物资名称		采购金额	
		指标卡号	
采购单位名称 （加盖章）		联系人	
		联系方式	
拟采用方式	（　）公开招标　　（　）邀请招标　　（　）竞争性谈判 （　）竞争性磋商　　（　）询价　　（　）单一来源采购		
采购项目概况：(选择单一来源采购时，需充分阐明所采购项目的唯一性和排他性理由；申报进口设备时，需写明生产商、供货商、原产地、主要规格和外贸代理商等相关信息。)			

续表

申请人承诺： 　1. 本申请人与供货商之间无关联方关系。 　2. 有足够的经费支付此次采购项目。 　　　　　　　　　　　　　　　　　　　　　　申请人签名： 　　　　　　　　　　　　　　　　　　　　　　　年　　月　　日	
采购单位 负责人意见	（用户单位负责人须为各学院、处（部、室）以及直属单位正职或副职负责人）
项目归口管理 部门意见	（由科研部、教务处、研究生院和公共实验中心等部门直接管理的经费，则在该栏签署意见）
资产管理部门 备案意见	

　　说明：1. 本表不适用于政府集中采购目录中的产品申报审批；2. 机关、直属单位进行10万元（含）以上物资采购时，需附校分管领导审批的书面材料；3. 如由教务处、研究生院和公共实验中心等部门直接管理的经费，则须在项目归口管理一栏签字；4. 如属科研项目经费，则由科研部在项目归口管理一栏签字。

附件 4

中国科学技术大学
购置物资可行性论证报告

申请单位：_____院（系）_____实验室
项目名称：_____
负 责 人：_____
物资名称：_____
填表时间：_____年_____月_____日

中国科学技术大学资产与后勤保障处制

说　明

一、凡申购单价或批量五十万元以上（含五十万元）仪器设备，均需填写此报告。

二、该可行性论证报告必须由五名校内或者校外同行业专家论证并签字，其中专家专业技术职务原则上不低于副教授或同等职级。

一、申购物资概况

物资名称			
采购预算(万元)		经办人	
物资管理人		联系电话	
		E-mail 地址	
安装地点			
拟购物资的必要性、采购理由及预测性分析：			
拟购物资的用途及一般原理：			
拟购物资涉及的技术性能的先进性、适用性和价格的合理性（价格合理性是指预算价格的合理性，如果招标、询价、竞争性谈判则价格以最后中标价格为准）：			
拟购物资经费落实情况	（需写明经费名称或指标卡代码）		

续表

人员配备、维修能力及运行维护的分析			
	姓　名	专业技术职务或职级	年运行维护、维修能力及经费的预测和落实情况
项目负责人			
专职管理人			
实验技术人员			
购置仪器设备的外贸代理商或招标代理机构名称			
公司名称			
备注:			

二、专家组论证意见

	姓　名	专业技术职务或职级	专　业	所在单位	签　名
论证专家组成员					

专家组组长签名：
年　月　日

中国科学技术大学计算机网络与信息安全管理规定

(校办字〔2015〕94号,2015年6月16日)

为加强我校网络与信息安全管理,应对日益复杂的国际国内信息安全形势,根据教育部关于加强教育行业网络与信息安全工作的指导意见,落实《国务院关于大力推进信息化发展和切实保障信息安全的若干意见》精神,依照《中华人民共和国计算机信息系统安全保护条例》(国务院147号令)和相关法律法规,制定本规定。

第一条　学校网络与信息安全管理依照国家法律法规和中国信息安全等级保护制度执行,对于涉密信息按照国家保密工作管理规定执行。

第二条　学校网络与信息安全的统筹协调部门是党政办公室。网络与信息安全专项工作由网络信息中心会同保卫与校园管理处及相关部门具体落实执行。

第三条　党政办公室对网络与信息安全工作履行以下职责:
(一)发布学校网络与信息安全的相关规定;
(二)检查督促学校网络与信息安全管理的落实情况;
(三)履行法律、法规、规章制度规定的其他职责。

第四条　网络信息中心是校园网管理服务支撑部门,负责组织网络与信息安全相关检查、队伍建设和人员培训,落实有关网络与信息安全的法律法规,督促整改安全隐患。

第五条　上级监管单位公文往来和工作接洽中,公安部门工作由保卫与校园管理处负责,政府部门和中科院工作由党政办公室或委托相关对口部门负责,网络信息中心负责技术工作。

第六条　计算机网络与信息安全责任严格按照"谁主管,谁负责""谁使用,谁负责""谁运维,谁负责"的原则逐级落实。

第七条　计算机网络与信息系统采取等级保护和备案制度。新建系统在规划设计阶段应同步确定安全保护级别,并按照相应安全保护级别的要求进行建设。系统上线前应向网络信息中心进行备案申请。

第八条　计算机网络与信息系统在规划、设计、建设和维护中应当同步落实相应的安全措施,使用符合国家有关规定、满足计算机信息系统安全保护需求的信息技术产品。

第九条　计算机网络与信息系统委托外包服务机构时应考察其信息安全管理体系认证情况,并签订网络信息安全保密协议。

第十条　上线运行的系统必须明确责任主体,责任主体信息变更时应及时通报网络信息中心。对于无法落实责任主体且缺乏日常管理的系统,网络信息中心应作关闭处理。

第十一条　网络信息中心每年审核修订网络与信息安全管理文件和应急预案,不定期组织全校范围内的安全应急演练和安全培训。

第十二条　网络信息中心每年定期组织开展校内网站和信息系统安全自查工作,并且不定期进行安全检查。

第十三条　任何人不允许进行任何干扰网络用户、破坏网络服务和设备的活动,禁止非授权对非管辖网段进行扫描或其他网络攻击行为。

第十四条　各单位网络与信息安全组织应加强对工作人员和学生的信息安全意识和保密意识的教育,严格遵守国家有关信息安全管理的法律法规,确保信息发布内容合法合规。

第十五条　本规定自印发之日施行,由党政办公室、网络信息中心共同负责解释。

中国科学技术大学网站与信息系统安全管理办法

(校办字〔2015〕94号,2015年6月16日)

总　　则

第一条　学校网站与信息系统安全管理工作在党政办公室统筹协调下,由网络信息中心会同保卫与校园管理处和相关部门具体开展执行。

第二条　学校网站与信息系统采取备案管理,严格执行问题网站退出机制。

第三条　学校网站与信息系统安全管理由立项评级、上线前安全审查、日常监测评估、年审、用户安全培训等环节组成。

第四条　校内网站与信息系统的网络互联情况分为不联网、业务专网、校园网、互联网。对于联网系统,使用学校二级域名访问和校内地址段IP地址访问的网站和信息系统,原则上必须在网络信息中心备案。

第一章　立项评级

第五章　依照国家等级保护政策规定,校内网站与信息系统在立项时应确立安全保护级别。以网站和信息系统的重要性和信息系统遭到破坏后对国家安全、社会稳定、人民群众合法权益的危害程度为依据来评定安全保护级别。

第六条　网站与信息系统的定级标准严格遵照国家等级保护政策和教育部指导文件进行,并按相关规定进行立项和建设。

第七条　网站与信息系统在规划设计和建设时,应按照所处等级保护级别同步进行安全规划设计和建设,在选购信息安全技术产品时应选择通过国家信息安全认证的产品。

第八条　校内网站与信息系统在委托第三方进行开发时,应注重对运行维护和安全修复方面条款的要求,确保使用中出现问题时能迅速解决。

第二章　上线审查

第九条　校内网站与信息系统在投入使用前应向网络信息中心提交备案材料,申请上线发布。

第十条 网络信息中心对申请上线系统的备案材料进行审查,检查备案材料中的负责人和管理员信息、物理机房安全措施、运维措施等是否合规。对于不合规的系统不予上线,修改后重新申请。

第十一条 网络信息中心对申请上线的网站和信息系统进行安全检查,使用漏洞扫描设备对网站和信息系统进行主机服务器和 Web 应用服务安全扫描。对于存在安全风险的系统不予上线,修改后重新申请。

第十二条 申请上线的系统应标明系统的使用期限,对于短期使用的网站和信息系统,在使用期限到期后将自动关闭。

第三章 监测评估

第十三条 网络信息中心在接收到上级安全监管部门的检测问题通知后,联系该问题网站负责人和管理员,转告问题通知。管理员须在要求的时间内解决问题。

第十四条 对于出现严重安全事件的网站和信息系统,将立刻关闭,并通知负责人和管理员,责令整改并需提交整改报告。

第十五条 网络信息中心对校内网站和信息系统进行日常安全管理,根据网站和信息系统的安全防护级别,定期进行安全扫描和风险评估,并将评估报告发送给管理员。

第十六条 对于存在高风险的网站和信息系统,将停止其互联网访问,通告负责人和管理员,并责令在 15 个工作日内修复,过期未修复的网站和信息系统将被关闭。

第十七条 校内网站和信息系统的备案信息发生变动时,管理员应主动报告并修订备案信息。

第十八条 对于出现问题的网站和信息系统,无法联系到负责人和管理员时,将视为无人维护,进行关闭处理。

第四章 年 审

第十九条 校内网站和信息系统实行年审制,每年定期对网站和信息系统备案情况进行核查修订。

第二十条 年审期间管理员应检查所管理网站和信息系统的各项备案信息是否有变更,重点确认负责人和管理员的联系信息是否准确,并提交修改或确认。

第二十一条 在年审过程中,超过规定期限没有进行备案信息确认的网站和信息系统,将视为无人维护,进行关闭处理。

第五章 安全培训和技术支持

第二十二条 网络信息中心不定期举行面向校内网站管理员和相关人员的信息安全培训,通报校内信息安全形势,进行信息安全管理指导和技术培训。

第六章 附 则

第二十三条 本办法自印发之日起施行，由党政办公室、网络信息中心共同负责解释。

中国科学技术大学暂付款管理办法
（校财字〔2015〕105号，2015年7月9日）

第一章 总 则

第一条 为加强暂付款管理，规范因公业务借款行为，保证学校资金的安全和完整，提高资金使用效益和会计信息质量，依据《中华人民共和国会计法》和《高等学校财务制度》，制定本办法。

第二条 暂付款是单位或个人因为业务活动需要向学校预借的款项，是被借出使用但停留在结算过程中的资产，表现为学校对单位或个人的债权。学校各单位、各科研课题所有因业务工作需要的借款，必须依照本办法规定办理借支、使用、报账或归还。

第三条 按照财权与事权相结合的原则，各单位、各科研课题的经费审批人，对本单位、本课题组业务借款的支取、使用、报销或归还负责。

第四条 各单位、各科研课题因公需要借款，必须按照学校财务部门的业务规定和程序要求办理借款业务。

第五条 本办法适用学校各单位包括所属二级核算单位，校办企业可参照执行。

第二章 暂付款的办理

第六条 各单位、各科研课题因业务需要借款，应通过财务网上报账系统填写借款单，原来手工填写的三联复写式借款单停止使用。借款单中要求填写的内容必须真实、准确和完整。

第七条 借款单的借款人和单位负责人的签字，必须是借款人和经费审批人本人的签字，不允许代签和冒签。

第八条 网上填写的借款单如需修改，必须在网上撤单后重新填写，不得在原借款单上手工涂改。

第九条 各单位、各科研课题的各项借款必须有经费来源，对有预算额度控制的项目，借款金额应在预算额度范围内。

第十条 为加强资金管理，办理大额借款，例如：修建工程款、大宗设备购置款、国外订货、转拨科研课题经费以及特殊事项借款等，除了应按照规定程序报相关负责人审批外，还要按相关规定交付合同书或批件等文件的原件。按照合同分期付款的，支付首付款时必须附合同书或批件的原件,以后陆续付款时可提供复印件。

第十一条 办理借款业务的借款人,仅限于学校在职教职工和全日制在校研究生(硕士生、博士生)。

第三章 暂付款的管理

第十二条 借款人向财务部门提交的借款单,是其向学校出具的明确经济责任的有效凭证,在借款未报销前,借款人必须对所借款项的安全负责,按规定用途使用。

第十三条 借款人在完成相关工作任务或办理有关结算手续过程中,应及时取得发票等合法报销凭证,填制报销单据,履行验收或证明手续,经单位或科研课题负责人审批签字后,及时到财务部门报账冲销借款。

第十四条 各类发票报销的时限不超过1年,超过1年的发票原则上不予报销。

第十五条 预借发票视同借款管理。凡预借预开发票,经办人和项目负责人应督促款项及时到账。预借发票的时限最长不得超过1年。

第十六条 各项暂付款核销的规定时限:

序号	暂付款项目	报账核销借款的要求	最长报销时限
1	国内差旅费	返回学校之日起30天内报账冲销借款(按照车票、机票等标明的时间)	以借款之日起计算90天
2	出国(境)差旅费	返回学校之日起30天内报账冲销借款(按照车票、机票等标明的时间)	返回学校之日起30天
3	仪器设备、材料、图书采购(国内采购)	在收到供货方发票(以发票上标明的日期为准)并验收无误后,30天内报销。特殊情况(如:验收不合格、因故退货、更换等)报销时间最长不得超过60天	以借款之日起计算180天
4	仪器设备、材料、图书采购(国外订货)	取得供货方或进出口代理商的发票,设备、材料、图书资料验收(试运行)合格后,及时报销,最长不超过90天	以借款之日起计算360天
5	科研设备研制、测试、加工等借款	以合同规定的交货时间或取得发票的时间30日内核销借款,特殊情况不得超过60天	以借款之日起计算180天(设备研制交付后60天)
6	基建、维修等工程项目借款	审计部门出具定案的决算审计报告后30日内核销借款	出具决算审计报告后30天
7	其他借款	除上述1~5项外的其他各种用途的借款30天内报销	以借款之日起计算60天

第十七条 借款人所借款项,因各种原因取消原定使用计划,应及时将借款如数退还财务部门。以现金或转卡方式支取的借款,超过一定期限未使用且未归还的,经有关部门认定违纪或触犯刑律的,将依纪、依法进行处理。

第十八条 借款人调离学校(或毕业离校)以及出国(境)时间在3个月以上的,必须在离校前报销或归还其经手的所有借款。如果确实因特殊情况暂时无法报销时,经单位负责人批准,可由其他教职工转借。

第十九条 学校财务部门对暂付款的支付、报销和归还进行监督和管理。定期和不定期地对暂付款进行清理,保证学校资金的安全与完整。

第二十条 各单位、各科研课题负责人必须对本单位、本科研课题暂付款的使用情况进行监督检查,督促借款人按时报账。

第四章 经济责任

第二十一条 各单位、各科研课题所借款项,必须按约定用途使用,对于不按照规定用途使用,或发生以业务用款的名义借款归个人私用、弄虚作假、假公济私等违法违纪行为,由借款单位、科研课题负责人承担责任。

第二十二条 借款人不按照规定时限核销借款的,经财务部门催报仍不报销清账,按照"前账不清,后账不借"的原则,财务部门将暂停借款人办理新的借款。情况严重的(超过最长报销时限的借款在3笔以上),将冻结指标卡的借款业务。

第二十三条 借款人无正当理由长期不报账核销借款,在财务部门催报无效的情况下,对超过最长报销时限的借款,以及预借发票时间超过1年的,学校授权财务部门从借款人的工资或相关收入中扣还。扣款金额每月不低于500元,所扣款项直接冲抵暂付款直至结清借款为止。

对学生经办的借款,借款业务审批人或经费指标卡负责人应承担其监管和催报的责任。对超过最长报销时限的借款,按照"谁批准(同意)谁负责"的原则,从批准人和经费指标卡负责人工资中扣还。

第二十四条 因各单位、各科研课题负责人未督促借款人及时报账,或者因借款人玩忽职守,使借出的资金无法收回,形成呆账,造成学校资金损失的,学校将追究相关单位或科研课题经办人及负责人的经济责任。

第五章 附 则

第二十五条 本办法由学校财务处负责解释。

第二十六条 本办法自印发之日起施行。原《中国科学技术大学暂付款管理暂行办法》(校财字〔2006〕6号)同时废止。

中国科学技术大学教师、支撑岗位专业技术等级聘用实施办法(试行)

(校人字〔2015〕129号,2015年8月11日)

根据《中国科学院岗位管理实施办法》(科发人教字〔2012〕146号)和《〈中国科学院岗位管理实施办法〉文件说明》(人教字〔2012〕88号)有关精神,结合我校实际,为做好教师、支撑岗位专业技术等级聘用工作,特制定本办法。

一、岗位等级

教师岗位教学、研究系列设12个等级。其中,教授(研究员)岗位设4个等级,副教授(副研究员)岗位设3个等级,讲师(助理研究员)岗位设3个等级,助教(研究实习员)岗位设2个等级。

支撑岗位工程技术系列设12个等级。其中,高级工程师(教授级)岗位设4个等级,高级工程师岗位设3个等级,工程师岗位设3个等级,助理工程师岗位设2个等级。

支撑岗位实验技术系列设8个等级。其中,高级实验师岗位设3个等级,实验师岗位设3个等级,助理实验师岗位设2个等级。

支撑岗位其他专业技术系列设9个等级。其中,正高级岗位设1个等级,副高级岗位设3个等级,中级岗位设3个等级,初级岗位设2个等级。

本办法是进行正高、副高、中级、初级各岗位内的国家通用专业技术等级聘用。

二、聘用范围

在学校教师、支撑岗位工作已聘相应专业技术职务,且符合相应国家通用专业技术岗位等级聘用条件人员。

三、聘用条件

根据中国科学院有关文件精神和学校有关规定,申报者须符合下列条件:

(一)基本条件:遵守中华人民共和国宪法和法律;遵守中国科学院章程;遵守《中国科学技术大学章程》;具有良好的公民意识和职业道德;学风端正,科学态度严谨,爱岗敬业;拥有岗位所需的专业或技能条件;适应岗位要求的身体条件。

(二)各等级"基本聘用条件"详见附件。

四、聘用组织机构及职责

(一)学校成立专业技术岗位等级聘用工作委员会(以下简称"校聘委会"),负责二、三级专业技术岗位等级的聘用工作,以及五级及以下岗位等级拟聘人选的审定工作。

(二)各有关单位成立岗位等级聘用工作小组(以下简称"聘用组"),负责制定所属单位聘用实施细则,开展五级及以下专业技术岗位等级的聘用工作,并负责二、三级专业技术岗位等级聘用的推荐工作。

聘用组原则上由9名及以上成员组成。各学院、国家(重点)实验室聘用组成员由执行院长、主任和正高级专家组成;其他聘用组成员由单位负责人和本系列具有五级及以上专业技术等级的人员组成(单位也可视情外请专家参加本单位聘用组的聘用工作)。聘用组按以下单位划分：

1. 各学院、国家(重点)实验室各自成立聘用组(国家同步辐射实验室与核科学技术学院合并成立聘用组；计算机科学与技术学院与软件学院合并成立聘用组)；
2. 其他有关单位(机构)划分如下：

网络信息中心、现代教育技术中心共同成立一个聘用组；

图书馆、档案馆和博物馆共同成立一个聘用组；

附中、幼儿园共同成立一个聘用组；

医院成立一个聘用组；

出版社成立一个聘用组(校报、学报出版系列人员划归本聘用组)。

在具体实施过程中，如遇特殊情况由学校人事部门协调处理。

（三）各单位成立资格审查小组，负责本单位申报人员材料真实性及其申报资格的审查。

（四）学校成立资格复核小组，对申报人员材料的真实性及其申报资格进行复核，并统一有关聘用条件的认定标准。

五、岗位设置

按中国科学院核定批准的岗位设置方案执行。专业技术二、三级岗位职数，由校聘委会统一控制使用(支撑岗位中图书、档案、文博、出版、卫生等系列不新设三级及以上专业技术岗位)。五级及以下专业技术岗位职数，由学校下达到各聘用组。

六、工作程序

（一）传达聘用工作有关文件，布置聘用工作。建立健全各级聘用组织；各聘用组制订聘用实施细则。聘用组织成员名单、实施细则报人力资源部备案。

（二）二、三级专业技术岗位等级聘用工作程序：

1. 应聘人员按岗位类别进行网上申报，并提交申报材料；
2. 单位资格审查小组审查申报材料及其申报资格；
3. 学校资格复核小组复核申报材料及其申报资格，并将复核结果反馈给各单位；
4. 各聘用组进行初评、投票表决(得同意票超过与会人数2/3者为有效)、排序，产生推荐人选；
5. 学校召开校聘委会会议，对各聘用组报送的二、三级专业技术岗位推荐人选进行评议、投票表决(得同意票超过与会人数2/3者为有效)，确定报送学校批准的拟聘人选；
6. 对拟聘人选进行公示，公示时间为7天；
7. 提交校长工作会议研究批准，校长聘用。

（三）五级及以下专业技术岗位等级聘用，由各聘用组根据各自的聘用实施细则进行。主要工作程序：

1. 应聘人员按岗位类别进行网上申报，并提交申报材料；
2. 单位资格审查小组审查申报材料及其申报资格；
3. 学校资格复核小组复核申报材料及其申报资格，并将复核结果反馈给各单位；
4. 各聘用组召开聘用工作会议，按学校下达的岗位职数，依据聘用实施细则，评议产生拟聘人选；

5. 学校召开校聘委会会议，对各聘用组报送的五级及以下专业技术岗位等级拟聘人选进行审定。

6. 对拟聘人选进行公示，公示时间为7天；

7. 提交校长工作会议研究批准，校长聘用。

七、其他规定

1. 原从事教学、科研工作，现调任管理岗位领导职务，且所属专业技术职务系列未发生改变，目前仍承担教学、科研工作的人员，报请学校同意，可在本人教学、科研工作所在单位申报等级聘用。

2. 岗位等级须逐级聘用，不受理越级申请。

3. 等级聘用工作开始之日，已达到规定的退休年龄、应办理退休手续的人员，不得参加应聘。符合条件且申请已被受理，但在评议过程中达到规定退休年龄者不受此限制，若应聘得以通过，聘期至学校规定其退休之日止。

4. 申请调出或已调出的人员，学校不再接受其应聘申请或进行评议。

5. 应聘者应如实提交申报材料，如发现有弄虚作假行为，取消本次和下一次申报资格；情节严重者，将按有关法规给予处分。

6. 评议与聘用过程中，各级聘用工作人员应严格遵守聘用纪律、保密制度和亲属回避制度，如有徇私舞弊行为，一经查实，当严肃处理。学校纪委和人力资源部具体受理申诉、投诉与举报事宜。

7. 此前有关规定与本实施办法不一致的，以本实施办法为准。

8. 本实施办法由人力资源部负责解释。

9. 本实施办法自印发之日起施行。

附件

教师、支撑岗位专业技术等级基本聘用条件

（一）教师岗位教学、研究系列

专业技术职务	国家通用专业技术岗位等级	基本聘用条件
教授（研究员）	一级	中国科学院院士、中国工程院院士；或在自然科学、工程技术、社会科学领域作出系统的、创造性的成就和重大贡献的专家、学者；或其他为国家作出重大贡献，享有盛誉，业内公认的一流人才
	二级	本专业领域的领军人才，对本学科领域的学术进步或高技术创新与集成产生了重大影响，并被国内外同行认可；主持并完成过国家、中国科学院重要科技项目或等效项目；任教授（研究员）三级岗位满5年或任教授（研究员）岗位满10年，年度考核合格
		对引进的特别优秀的人才或作出重大创新贡献的专业技术人员，可适当放宽任职年限要求，具体为：国务院学位委员会学科评议组成员，国内一级学会或国际重要学术组织的主要负责人，国家重大专项专家组成员，"973"项目首席科学家，"863"领域专家委员会及专家组成员，"国家杰出青年科学基金"获得者，国家科技三大奖二等及以上奖励获得者，武器装备及航天型号重点任务正副总指挥、总设计师和主任设计师，总装备部科技委兼职委员、总装备部专业组成员，少数为科技事业发展作出突出贡献的关键人才等，被聘为教授（研究员）岗位满6年
	三级	本学科领域的学术带头人，具有本学科系统的研究积累；取得具有一定影响的原创性科技成果或关键技术成果，或在解决国民经济、国家安全和社会发展的问题上，提出了有价值的新思路或新方法；作为主要负责人之一承担过国家、中国科学院重要科技项目或等效项目；任教授（研究员）四级岗位或任教授（研究员）岗位满5年，年度考核合格
		对引进的特别优秀的人才或作出重大创新贡献的专业技术人员，可适当放宽任职年限要求，具体为："国家杰出青年科学基金"获得者、"百人计划"终期考核优秀者，被聘为教授（研究员）岗位满3年
副教授（副研究员）	五级	主持2项及以上国家自然科学基金面上项目或等效项目；任副教授（副研究员）岗位满4年，年度考核合格
	六级	任副教授（副研究员）岗位满2年，年度考核合格

续表

专业技术职务	国家通用专业技术岗位等级	基本聘用条件
讲师 (助理研究员)	八级	任讲师(助理研究员)岗位满3年,或博士研究生毕业任讲师(助理研究员)岗位满1年;年度考核合格。博士后出站人员
	九级	任讲师(助理研究员)岗位满2年,年度考核合格。博士研究生毕业,年度考核合格
助教 (研究实习员)	十一级	任助教(研究实习员)岗位满2年,年度考核合格。硕士研究生毕业,年度考核合格

（二）支撑岗位工程技术系列

专业技术职务	国家通用专业技术岗位等级	基本聘用条件
高级工程师 (教授级)	一级	中国科学院院士、中国工程院院士;或在自然科学、工程技术领域作出系统的、创造性的成就和重大贡献的专家、学者;或其他为国家作出重大贡献,享有盛誉,业内公认的一流人才
	二级	本专业领域的领军人才,对本学科领域的学术进步或高技术创新与集成产生了重大影响,并被国内外同行认可;主持并完成过国家、中国科学院重要科技项目或等效项目;任专业技术三级岗位满5年或任正高级专业技术岗位满10年,年度考核合格
		对引进的特别优秀的人才或作出重大创新贡献的专业技术人员,可适当放宽任职年限要求,具体为:国务院学位委员会学科评议组成员,国内一级学会或国际重要学术组织的主要负责人,国家重大专项专家组成员,"973"项目首席科学家,"863"领域专家委员会及专家组成员,"国家杰出青年科学基金"获得者,国家科技三大奖二等及以上奖励获得者,武器装备及航天型号重点任务正副总指挥、总设计师和主任设计师,总装备部科技委兼职委员、总装备部专业组成员,少数为科技事业发展作出突出贡献的关键人才等,被聘为正高级专业技术岗位满6年
	三级	本专业领域的带头人,取得了具有一定影响的原创性科技成果或关键技术成果,或在解决国民经济和社会发展的问题上,提出了有价值的新思路或新方法;作为主要负责人之一承担过国家、中国科学院重要科技项目或等效项目;任专业技术四级岗位或任正高级专业技术岗位满5年,年度考核合格

续表

专业技术职务	国家通用专业技术岗位等级	基本聘用条件
高级工程师（教授级）	三级	对引进的特别优秀的人才或作出重大创新贡献的专业技术人员，可适当放宽任职年限要求，具体为："国家杰出青年科学基金"获得者、"百人计划"终期考核优秀者，被聘为正高级专业技术岗位满3年
高级工程师	五级	作为主要负责人之一承担过国家、中国科学院科技项目或等效项目；任高级工程师岗位满4年，年度考核合格
	六级	任高级工程师岗位满2年，年度考核合格
工程师	八级	任工程师岗位满3年，或博士研究生毕业任工程师岗位满1年；年度考核合格。博士后出站人员
	九级	任工程师岗位满2年，年度考核合格。博士研究生毕业，年度考核合格
助理工程师	十一级	任助理工程师岗位满2年，年度考核合格。硕士研究生毕业，年度考核合格

（三）支撑岗位实验技术系列

专业技术职务	国家通用专业技术岗位等级	基本聘用条件
高级实验师	五级	能够根据本学科国内外实验技术发展趋势，提出有实际应用价值的实验方案，在国家、中国科学院科技项目或等效项目中发挥了重要作用；任高级实验师岗位满4年，年度考核合格
	六级	组织过本学科的大型实验，或对实验技术和仪器设备进行过重要的改进或开发利用工作；任高级实验师岗位满2年，年度考核合格
实验师	八级	任实验师岗位满3年，或博士研究生毕业任实验师岗位满1年；年度考核合格。博士后出站人员
	九级	任实验师岗位满2年，年度考核合格。博士研究生毕业，年度考核合格
助理实验师	十一级	任助理实验师岗位满2年，年度考核合格。硕士研究生毕业，年度考核合格

（四）支撑岗位其他专业技术系列

专业技术职务	国家通用专业技术岗位等级	基本聘用条件
副高级	五级	本专业的业务带头人，工作中作出重要成绩和贡献；任副高级岗位满4年，年度考核合格
副高级	六级	任副高级岗位满2年，年度考核合格
中级	八级	任中级岗位满3年，或博士研究生毕业任中级岗位满1年；年度考核合格。博士后出站人员
中级	九级	任中级岗位满2年，年度考核合格。博士研究生毕业，年度考核合格
初级	十一级	任初级岗位满2年，年度考核合格。硕士研究生毕业，年度考核合格

中国科学技术大学科技成果使用、处置和收益管理办法（试行）

（校科字〔2015〕133号，2015年7月31日）

第一章 总 则

第一条 为规范我校科技成果（专利、技术秘密等知识产权，下同）转化工作，调动科研人员从事科技成果转化工作的积极性和创造性，促进科技成果应用与实施，依照《关于开展深化中央级事业单位科技成果使用处置和收益管理改革试点的通知》和《关于开展中央级事业单位科技成果使用处置和收益管理改革试点相关工作的通知》等文件精神，结合学校实际，特制定本办法。

第二条 科技成果转化活动应保护知识产权，遵守法律，维护国家利益，不得损害社会公共利益。科技成果转化应当遵循自愿、互利、公平、诚实信用的原则，依据法律法规和合同约定，享受利益、承担风险。

第三条 科技成果转化应当有利于国家经济建设的发展，有利于本校科技事业的发展，有利于本校的学科建设，有利于科技人员积极性的发挥。

第四条 科技成果向境外转让、独占许可的，应当依法履行审批程序。对列入《中国禁止出口限制出口技术目录》禁止出口以及其他影响、损害国家竞争力和国家安全的科技成果，禁止向境外许可或转让。

第五条 凡是本校人员（包括离退休、退职以及曾经在校工作的调出人员、客座人员等）利用学校有形资产、无形资产、技术条件、人员智力和劳力等完成的科技成果，属于职务科技成果。学校享有所有权、使用权、转让权和其他处置权，其使用、转让、作价投资等的收益归本校所有,由学校对成果完成人以及对科技成果转化作出重要贡献的人员及机构给予奖励。

第六条 本校与外单位合作或接受外单位委托产生的科技成果归属,有明确约定的从其约定,无约定的按照本办法执行。

第二章 组织管理

第七条 校党政联席会议是科技成果转化的领导与决策机构,负责制定科技成果使用、处置和收益管理办法,审定科技成果处置方案,决策其他重大事项。

第八条 校经营性资产监督管理委员会(下称"经资委")全面负责科技成果使用、处置和收益分配的日常管理;形成科技成果处置方案、撰写科技成果转化年度报告等;协调相关部门和科技成果完成人推动相关决定的实施。

第九条 相关职能部门按照协同工作、分段管理原则负责科技成果转化工作:
(一)科研部负责科技成果的申请、维护和权属变更;
(二)资产与后勤保障处负责科技成果的评估和处置;
(三)人力资源部负责科技成果转化的岗位设置与管理、考核评价和奖励;
(四)财务处负责科技成果的财务管理和会计核算,进行收入分配;
(五)监察审计处负责对科技成果处置行为的监督审计;
(六)中科大资产经营有限责任公司(下称"资产公司")负责科技成果中介交易服务、专利托管、科技成果作价入股及股权运营等工作。

第三章 处置方法

第十条 科技成果可以采用下列方式进行转化:
(一)许可他人使用该科技成果;
(二)向他人转让该科技成果;
(三)以该科技成果作价投资,折算股份或者出资比例。

第十一条 对于授权后三年内没有实施转化的专利,学校按照资产公司、中国科学技术大学先进技术研究院或专利发明人的先后顺序进行委托或转让,如上述单位与个人不愿实施转让的,专利权作放弃处理。

第十二条 科技成果的交易机制,遵从市场定价原则,通过协议定价、在技术市场挂牌交易、拍卖等方式确定价格。原则上,要按照国有资产处置原则对无形资产进行评估,形成处置方案。

第四章 收益分配

第十三条 本办法所指"收益"是指该科技成果转化产生的一切权益,包括转让费收入、许可费收入、技术入股的股权和与该成果相关的所有权益。

第十四条 科技成果许可、转让所获得的收入,扣除专利申请和维护、科技成果评估、中介与法律事务等相关成本费用,净收入原则上按 6∶2∶2 的比例在技术发明人(或团队)、依托单位(学校重点科研机构或学院)及学校之间进行分配。其中:

(一)技术发明人(或团队负责人)有权要求不超过 60% 的收益分成并确定团队内部的分配比例。技术发明人(或团队负责人)如果要求直接分配超过 50% 的收益,其分配方案应当由学校教职工代表大会讨论通过;如果要求直接分配的比例不超过 50% 则由党政联席会议讨论决定。非直接分配(剩余奖励)部分学校通过基金形式支持技术发明人(或团队负责人)用于科学技术研究开发和转化工作(如果是股权,则等实现收益后学校再予以兑现)。

(二)技术发明人(或团队负责人)所在重点科研机构(或学院)所获 20% 奖励用于单位的科学技术研究开发和成果转化工作(如果是股权,则等实现收益后学校再予以兑现)。

(三)学校的 20% 作为科技成果转化基金(如果是股权,则等实现收益后学校再予以兑现),用于专利申请维护、成果的转移转化以及科技成果转化中有贡献人员的奖励,奖励部分原则上不超过 10%。

(四)上述奖励和分配资金,应当在许可费、转让费或股权收益到账后 3 个月内兑现。

第十五条　获得奖励的人员应该按照国家相关规定及时纳税。

第五章　法律责任

第十六条　在科技成果转化活动中如有弄虚作假、玩忽职守、徇私舞弊等行为,学校有权责令当事人予以改正,并视情节给予行政处分、追缴违法所得;给学校造成经济损失的,应依法赔偿经济损失;构成犯罪的,移交司法机关对当事人追究法律责任。

第十七条　职务科技成果权归学校所有。任何人泄露技术秘密,擅自转让、变相转让职务科技成果,或者以其他方式损害学校权益的,学校将给予必要处分;给学校造成经济损失的,应依法赔偿经济损失;构成犯罪的,移交司法机关对当事人追究法律责任。

第六章　附　　则

第十八条　本办法自校党政联席会议批准发布之日起试行,试行期至 2015 年 12 月 31 日截止。试行期间,本办法如与国家相关政策不符,则以国家政策为准。

第十九条　本办法由校党政联席会议和经资委负责解释。

中国科学技术大学关于普通本科学生转学工作的规定
(试行)

(校学字〔2015〕152 号,2015 年 9 月 15 日)

为深入贯彻《普通高等学校学生管理规定》(教育部令第 21 号)、《教育部办公厅关于进一步规范普通高等学校转学工作的通知》(教学厅字〔2015〕4 号)以及《安徽省教育厅关于转发教育部办公厅关于进一步规范普通高等学校转学工作的通知》(皖教秘学〔2015〕19号)精神,进一步规范我校普通本科学生(以下简称"学生")转学工作,维护教育公平公正和学生合法权益,特制定本规定。

一、进一步提高对转学工作的认识,增强法制意识,严格规范转学制度

学校严格按照《规定》要求,以条件明确、手续完备、程序正当、权责清晰为原则,在符合高校招生录取政策的前提下,建立健全学生转学制度,确保转学工作公开、公平、公正。

1. 学生应当在本校完成学业,如患病或者确有特殊困难,无法继续在本校学习的,可申请转学。其中患病学生需提供正规医院检查证明。特殊困难一般指因家庭有特殊情况,确需学生本人就近照顾的,以及符合学校规定的其他情形。

2. 申请转学的学生高考分数应达到拟转入学校相关专业在生源地相应年份的高考录取分数。

3. 学生有下列情形之一,不得转学:
(1) 入学未满一学期的;
(2) 高考分数低于拟转入学校相关专业相应年份录取分数的;
(3) 由低学历层次转为高学历层次的;
(4) 通过定向就业、艺术类、体育类、高水平艺术团、高水平运动队等特殊招生形式录取的;
(5) 未通过普通高等学校招生全国统一考试或未使用高考成绩录取入学的(含保送生等);
(6) 拟转入在合肥市的学校的;
(7) 跨学科门类的;
(8) 应予退学的;
(9) 其他无正当理由的。

4. 转学由学生提出申请,说明理由,学校审核并提出意见。

5. 符合转学条件的学生,要填写《安徽省普通高等学校转学学生备案表》一式五份,我校和拟转入学校签署意见后分别留存一份,我校在规定的时间内向安徽省教育厅正式发文并同时上报备案,另有一份供迁转户口备用。

6. 外校本科生因故拟转入我校学习,要严格审核转学条件及相关证明,符合我校培养要求,经招生委员会或招生监督部门同意,院、校两级会议集体研究决定,确定拟接收转入学生名单,校长签署接收函。外校学生拟转入我校学习的转学程序和手续比照转出办理。

二、加强对转学工作的组织领导,建立健全相应的管理机制和运行机制

按照"权责明晰、程序清楚、分工明确、责任到人"的原则,学校建立"学校统一领导,部门分工负责,师生参与监督"制度。分管学生工作的党委副书记对普通本科学生转学工作进行全面领导,负责签署校内学籍异动表、转学备案表中的相关意见;学生工作部(处)负责对转出学生转学理由、转学手续和证明材料真实性的审核把关,负责发文、报备、档案转递与接收等事务的办理;教务处、招生就业处、相关院系负责对拟转入学生的入学当年的高考情况、当前的学习状况以及业务能力的考核和测试,核实其是否具备在我校相关专业学习的资格;纪检、监察等部门以及广大师生员工参与监督。

三、建立健全信息公开机制

学校进一步建立健全信息公示和公开机制。对转学的政策、程序予以公开,对拟转学学

生相关信息(主要包括:学生姓名,拟转入学校和专业名称,入学年份,录取分数,转学理由等)通过学校 BBS 网站学生工作部(处)版进行不少于 5 个工作日的公示。

四、严肃纪律,严禁违规转学行为

学校严格规范转学工作,严肃纪律,严禁以转学为幌子,变相突破招生录取分数线择校、择专业,严禁违反程序、弄虚作假、徇私舞弊、以权谋私等行为。有相关违规行为的学生,一经查实,立即取消其转学资格,依据情节轻重,给予相应的处分。对转学中的违规行为,追究相关人员的责任。涉嫌违纪的,按管理权限由纪检监察部门处理;涉嫌犯罪的,移交司法机关处理。

五、本规定由学生工作部(处)负责解释,自印发之日起施行。

中国科学技术大学消防安全管理办法(试行)

(校保字〔2015〕154 号,2015 年 9 月 21 日)

第一章 总 则

第一条 为规范我校的消防安全管理,预防和减少火灾危害,保障师生员工的生命及财产安全,根据《中华人民共和国消防法》《高等学校消防安全管理规定》等法律、规章,结合我校具体实际,制定本办法。

第二条 我校的消防安全工作遵循预防为主、防消结合的方针,实行校、院两级管理。

第三条 学院、系、课题组,直属单位,机关部、处、室(以下简称"校内各单位")根据"管行业必须管安全,管业务必须管安全,管生产必须管安全,党政同责,一岗双责,齐抓共管"的原则,逐级落实消防安全责任制和岗位消防安全责任制,明确安全职责,确定各级、各岗位的消防安全责任人。

第四条 校内各单位和师生员工应当依法履行保护消防设施、预防火灾、报告火警和扑救初起火灾等维护消防安全的义务。

第二章 消防安全责任

第五条 校长是我校的消防安全责任人,全面负责我校的消防安全工作,依法履行以下消防安全职责:

(一)贯彻落实消防法律、法规,批准实施我校的消防安全管理制度、消防安全责任制,与各学院、直属单位等负责人签订消防安全责任书;

(二)批准消防安全年度工作计划、年度经费预算,定期召开消防安全工作会议;

(三)为消防安全提供组织保障;

(四)督促开展消防安全检查和重大火灾隐患整改,及时处理涉及消防安全的重大问题;

(五)组织制定灭火和应急疏散预案;

(六)法律、法规规定的其他消防安全职责。

第六条 分管副校长是我校的消防安全管理人,协助校长管理消防安全工作,履行下列消防安全职责:

(一)组织制定我校的消防安全管理制度,组织、实施和协调校内各单位的消防安全工作;

(二)组织制订消防安全年度工作计划,审核年度消防经费预算;

(三)组织开展消防安全教育、培训、应急疏散演练;

(四)组织实施消防安全检查和隐患整改;

(五)督促落实消防设施、器材的维护、维修及检测,确保其完好有效,确保疏散通道、安全出口、消防车通道的畅通;

(六)协助校长做好其他消防安全工作。

其他校领导在分管工作范围内对消防工作负有领导、监督、检查、教育和管理职责。

第七条 保卫与校园管理处是我校的日常消防安全管理机构,具体职责是:

(一)拟订我校年度消防工作计划、年度经费预算,拟订我校消防安全责任制、灭火和应急疏散预案等管理制度,并报校长批准后实施;

(二)监督检查校内各单位消防安全责任制的落实情况;

(三)监督检查校园公共区域的消防设施、器材的使用与管理,定期组织检验、检测和维修;

(四)确定校园消防安全重点部位,并监督指导其做好消防安全工作;

(五)推进技术防范人员上岗培训工作,定期组织志愿消防队等人员进行消防安全教育、培训,组织消防演练;

(六)受理校内各单位新建、改建及装饰装修工程的消防备案审查手续,督促其向公安消防机构进行申报、验收工作;

(七)负责日常管理消防安全户籍化管理系统;

(八)协助公安消防等部门调查处理火灾事故。

其他职能部门在分管工作范围内,对相应的消防安全工作负有监督、检查、教育和管理的职责。

第八条 校内各单位的主要负责人是单位的消防安全责任人,对本单位的消防安全工作全面负责:

(一)落实学校的消防安全管理制度,结合本单位实际制定并落实消防安全管理细则、操作规程、应急预案,落实消防安全责任制;

(二)开展消防安全教育、培训及应急演练;

(三)每月进行防火检查,做好记录,及时消除火灾隐患,对重点部位须进行每日防火巡查;

(四)维护消防设施、器材,保证疏散通道、安全出口畅通;

(五)新建、扩建、改建及装饰装修工程报学校消防安全管理机构备案。

第三章 消防安全管理

第九条 新建、改建、扩建和装饰装修活动,应当依法办理消防审核、验收手续,并有保卫与校园管理处参加。严格执行相关消防技术标准,配置消防设施和器材,设置消防安全疏散指示标志和应急照明设施,每年组织检测维修,确保消防设施和器材完好有效。

施工单位负责施工现场的消防安全,接受保卫与校园管理处的监督、检查。竣工后,应将相关图纸、资料和文件报保卫与校园管理处备案。

第十条　学生公寓、教室、礼堂等人员密集场所,禁止违规使用大功率电器。利用地下空间作为教学、科研场所,应报保卫与校园管理处备案。

第十一条　消防控制室应配备24小时专职值班人员,持证上岗。

第十二条　各单位实施购买、储存、使用和销毁易燃易爆等危险品,动用明火等行为前,须向保卫与校园管理处备案,并严格管理、规范操作,落实应急防范措施和现场监管人。

第十三条　出租房屋时,由出租方落实消防安全责任;外来务工人员的消防安全管理由校内用人单位负责。

第十四条　发生火灾时,各单位应立即向保卫与校园管理处报警,并立刻启动应急预案,组织扑救初起火灾,疏散人员。

第四章　消防安全检查和整改

第十五条　保卫与校园管理处每季度组织一次消防安全检查,填发《火灾隐患整改通知书》。检查的主要内容包括:
（一）消防安全教育、培训、演练情况;
（二）消防安全制度与责任制的落实情况;
（三）防火检查、隐患整改落实及记录情况;
（四）消防设施、器材的配置及完好情况;
（五）其他需要检查的内容。

第十六条　校内各单位每月进行一次防火检查,并进行记录,检查的主要内容包括:
（一）火灾隐患、整改落实情况;
（二）消防设施、器材、疏散通道、安全出口的有效情况;
（三）用火、用电有无违章情况;
（四）人员的消防知识、技能培训情况;
（五）重点部位每日防火巡查的落实情况;
（六）其他需要检查的内容。

对于可以当场整改的隐患,查到一处,整改一处。对于无法立即整改的,应制订整改措施,限期整改,并落实整改完成前的安全保障措施。

第五章　消防安全教育、培训及演练

第十七条　校内各单位组织开展消防安全教育和培训的主要内容包括:
（一）国家消防法律、法规、政策;
（二）各单位、各岗位的火灾危险性,火灾预防知识和措施;

（三）配置的消防设施、器材的使用方法；
（四）报火警、扑救初起火灾和自救互救技能；
（五）组织、引导人员疏散的方法。

第十八条　保卫与校园管理处每学年至少举行一次消防安全专题讲座、常见消防设施器材的使用演练及疏散引导演练；为校内各单位组织的安全教育活动提供指导；在校园网络、公告栏开设消防安全教育栏目。

第十九条　校内各单位应组织本单位师生员工每年开展一次消防安全教育、培训和疏散演练活动。

课题组应当组织新上岗和进入新岗位的员工开展岗前消防安全教育和培训。

第二十条　校内各单位应制定符合本单位实际的灭火和应急疏散预案，建立应急反应和处置机制，为火灾扑救和应急救援提供人员、装备保障。

第二十一条　各实验室应有针对性地制定突发事件应急处置预案，并将预案涉及的危化品、生物制品的种类、性质、数量、危险性和应对措施，以及处置药品的信息报保卫与校园管理处备案。

第六章　消防经费

第二十二条　我校将消防经费纳入年度经费预算，以保障校园消防安全管理的需要。

第二十三条　日常消防经费主要用于灭火器材的配置、维修、更新，灭火和应急疏散预案所需备用设施、器材的配置和保养，以及开展消防安全教育、培训等活动。

第二十四条　学校安排专项经费，用于维修、改造、检测消防专用给水管网、灭火系统、自动报警系统、防排烟系统、消防通信系统、消防监控系统等消防设施。

第七章　奖　　惩

第二十五条　我校将消防安全工作纳入校内评估考核内容，对在消防安全工作中成绩突出的单位和个人给予表彰奖励。

第二十六条　对未履行消防安全职责、违反消防安全管理制度，导致发生重大火灾事故的，由学校行使一票否决权，取消主管人员和直接责任人员的年度评优资格，相关责任单位和责任人还应承担相关法律责任。

第八章　附　　则

第二十七条　本办法由保卫与校园管理处负责解释。
第二十八条　本办法自学校印发之日起施行。

中国科学技术大学实验室安全管理办法(试行)

(校保字〔2015〕155号,2015年9月21日)

第一章 总 则

第一条 为加强我校的实验室安全管理,预防和减少实验室安全事故的发生,保障师生员工的生命、财产安全,保证我校正常的教学、科研秩序,根据《中华人民共和国安全生产法》《中华人民共和国消防法》《高等学校消防安全管理规定》《危险化学品安全管理条例》《中国科学院危险化学品安全管理规定》《放射性同位素和射线装置安全与防护管理办法》《气瓶安全技术监察规程》《电力供应与使用条例》《病原微生物实验室生物安全管理条例》和《实验室生物安全通用要求》等法律、规章、标准,制定本办法。

第二条 本办法适用于我校的实验室安全管理。

第三条 本办法中的"实验室"是指我校开展教学、科研等活动的所有实验场所。本办法中的"实验室安全",是指实验室的危险化学品、生物制品、放射源/射线装置、承压气瓶等危险品的购置、储存、使用和退役安全,以及水电、消防安全。

第四条 我校对实验室安全管理以人为本,遵循"安全第一、预防为主、各负其责、人人参与"的方针,实行校、院两级管理体制。

第五条 学院、系、课题组,直属单位,机关部、处、室(以下简称"校内各单位")根据"管行业必须管安全,管业务必须管安全,管生产必须管安全,党政同责,一岗双责,齐抓共管"的原则,落实逐级安全责任制和岗位安全责任制,明确安全职责,确定各级、各岗位的安全责任人。

第六条 校内各单位按照职责分工,对实验室安全应做到"五到位":安全责任到位、安全投入到位、安全培训到位、安全管理到位、应急救援到位。

第二章 安全责任

第七条 校长是我校的安全责任人,全面负责全校实验室的安全工作。校长的安全职责是:

(一)贯彻落实安全相关法律、法规和规章,批准实施我校的实验室安全管理制度和安全责任制,与学院、直属单位等单位负责人签订安全责任书。

(二)批准年度实验室安全工作计划、年度安全经费预算,定期召开全校安全工作会议。

(三)为实验室安全工作提供组织保障。

(四)督促开展实验室安全检查和隐患整改,及时处理重大安全问题。

(五)组织制定实验室安全应急预案。

(六)法律、法规规定的其他安全职责。

第八条　分管副校长是我校的安全管理人,协助校长管理实验室安全工作,履行以下安全职责:

（一）组织制定学校的实验室安全管理制度,组织、实施和协调校内各单位的安全工作。

（二）组织制订年度安全工作计划,审核年度安全经费预算。

（三）组织实验室师生员工开展安全教育、培训与演练活动。

（四）组织实施实验室安全检查与隐患整改。

（五）督促落实各类安全防护设施、器材的维护、维修及检测,确保其完好有效,确保疏散通道、安全出口畅通。

（六）协助校长做好其他安全工作。

其他校领导在分管工作范围内对相应的实验室安全工作负有领导、监督、检查、教育和管理的职责。

第九条　保卫与校园管理处是我校实验室安全管理的职能部门,行使监督管理的职能,具体职责是:

（一）拟订实验室安全责任制、实验室安全管理制度,拟订年度安全工作计划和年度经费预算,并报学校批准后实施。

（二）监督检查校内各单位实验室安全责任制的落实情况。

（三）监督检查安全设施、设备、器材的使用和管理情况,定期组织检验、检测和维修。

（四）确定实验室安全重点部位,建立隐患台账,提供安全工作指导。

（五）推进实验室安全教育、培训与演练工作。

（六）受理校内各单位新建、改建、扩建涉及实验室安全的项目备案,协助推进安全项目竣工验收工作。

（七）协助上级主管部门调查处理实验室安全事故及善后工作。

其他职能部门在分管工作范围内,对相应的安全工作负有监督、检查、教育和管理的职责。

第十条　校内各单位主要负责人是本单位的安全责任人,负责本单位的安全工作。

学院负责人对本学院的实验室安全负主体责任:

（一）结合本学院实际落实本办法,制定安全管理制度、应急预案,制定并落实安全责任制。

（二）组织安全管理机构和队伍。

（三）每月组织实验室安全检查并做好记录,及时消除安全隐患。

（四）组织开展实验室安全教育、培训及演练。

实验室负责人对本实验室的安全管理工作负直接责任:

（一）制定实验室安全管理细则、操作规程、应急预案。

（二）保证安全资金投入,配备必要的防护装备,保障实验室安全条件。

（三）开展实验室安全教育和培训,保证从业人员熟悉相关安全规章制度和操作规程,具备必要的安全生产知识和技能,对有资格要求的岗位,应配备依法取得相应资格的人员。未经培训合格的人员,不得上岗参与实验教学与科研工作。

（四）配备专职安全员负责日常安全检查和管理工作。

实验室作业人员应了解本实验室的安全特性，掌握安全防护技能，严格遵守实验室安全管理制度、操作规程，熟悉应急预案，有权向安全管理责任部门报告违法违规行为。

第三章　实验室安全管理内容

第十一条　学校对实验项目实行安全备案制度。

新建、改建、扩建涉及消防、危险化学品、生物制品、放射源/射线装置、承压气瓶等实验项目时，应在保卫与校园管理处备案，并严格按照国家有关安全和环保规范要求进行设计、施工，落实"同时设计、同时施工、同时投入使用"的"三同时"制度；项目建成后，须经相关部门安全验收合格，并明确后续管理维护单位和职责后方可投入使用。

第十二条　实验室危险化学品的安全管理。

（一）本办法所称危险化学品（以下简称"危化品"），是指具有毒害、腐蚀、爆炸、燃烧、助燃等性质，对人体、设施、环境具有危害的剧毒化学品和其他化学品。

（二）我校对实验室危化品的安全管理，参照《危险化学品安全管理条例》《中国科学院危险化学品安全管理规定》执行。

（三）使用危化品单位应根据各自实验室实际，建立健全危化品安全管理细则、操作规程和应急预案，对易制爆、剧毒等危化品还应制定并落实"双人收发、双人保管、双人使用、双把锁、双本账"的"五双"管理制度，建立危化品采购、使用、保存、回收、销毁等全过程台账，确保账卡物相符。

（四）使用危化品的单位必须采取严格的安全措施，保证安全实验的技术条件，配备专业的防护装备，张贴醒目的中文警示标志，确保操作人员具备必要的安全知识和技能，并尽量减小危化品库存。

（五）对危险废弃物应按照《中国科学技术大学危险化学品废弃物分类回收制度》统一回收处置。

第十三条　实验室生物安全管理。

（一）实验室生物安全主要涉及病原微生物安全、实验动物安全、转基因生物安全等方面。

（二）对实验室生物安全的管理，参照《病原微生物实验室生物安全管理条例》《实验室生物安全通用要求》等执行。

（三）各单位应依法落实生物安全实验室的建设、管理和备案工作，获取相应资质，建立生化类试剂和用品的采购、实验操作、废弃物处理等规章制度和操作程序。

（四）菌种、毒株、疫苗等物品及实验动物应落实专人负责管理，并建立健全审批、领取、储存、发放登记制度。剩余实验材料必须妥善保管、存储、处理，并作好详细记录；有害废弃物必须集中存放，定期统一销毁，严禁随意丢弃。

（五）实验动物的尸体、器官和组织应统一回收处理，对含有病原体的废弃物，须经严格消毒、灭菌等无害化处理后，送有资质的专业单位进行销毁处理。严禁乱扔、乱放、随意倾倒。

第十四条　实验室辐射安全管理。

（一）实验室辐射安全包括放射性同位素（密封放射源和非密封放射性物质）和射线装置的管理。

（二）对实验室辐射安全的管理，参照《放射性同位素和射线装置安全与防护管理办法》《中国科学技术大学放射性同位素与射线装置管理规定》执行。

（三）进行放射性同位素/射线装置的采购、转移、退役活动，应依法履行备案申报程序。

（四）使用放射性同位素/射线装置的单位应建立与实际规模相适应的辐射安全与防护管理制度、操作规程、应急预案，并严格执行。

（五）放射性同位素/射线装置应交由专人管理，对放射源的领取、使用、归还、保存、退役等活动进行详细登记。辐射操作人员上岗前应当进行专业培训，持证上岗，并严格遵守操作规程，核安全关键岗位必须由注册核安全工程师担任。

（六）达到使用年限的放射性同位素/射线装置应依法退役，放射性废物应送交有资质单位处置，严禁随意丢弃放射性废物。

第十五条 实验室仪器设备的操作安全管理。

（一）使用仪器设备的单位应采取优化试验，减少仪器设备的安全隐患，提高本质安全。

（二）实验室必须对具有危险性的设备制定安全管理细则、操作规程，采取严密的安全防范措施。精密仪器、大功率仪器、电气设备等用电仪器设备应有安全接地等保护措施；对于达到使用年限的设备应及时报废，消除安全隐患。

（三）仪器设备操作人员应当接受业务和安全培训，了解仪器设备的性能特点、熟练掌握操作方法，严格按照操作规程开展实验教学和科研工作。具有危险性的特殊仪器设备，须在专职管理人员同意和现场监管下，方可进行操作。压力容器（含气瓶）、压力管道等承压类特种设备的操作人员，上岗前必须通过专门培训，考核合格方可上岗。

（四）气瓶等承压类特种设备的安全管理，参照《气瓶安全技术监察规程》执行。

第十六条 实验室水电安全管理。

（一）对实验室水电的安全管理，参照《电力供应与使用条例》等法规，结合我校实验室实际执行。

（二）实验室必须规范用电、用水管理，按相关规范安装用电、用水设施和设备。新建、改建水电项目应向资产与后勤保障处提出申请，并由有资质单位按规范施工，确保施工质量。

（三）实验室内必须使用带漏电保护装置的空气开关；电气设备应配备合适电功率的电气元件，不得超负荷用电；电气设备和大型仪器须接地良好，对电线老化等隐患应当定期检查并及时排除。

（四）实验室固定电源插座未经能源保障部门允许不得拆装、改线，不得乱接、乱拉电线。不得私自改装给、排水管道，避免长流水。

（五）实验过程中人员不得离岗，确保安全。

（六）实验室严禁使用与工作无关的电加热器具（包括各种电取暖器、热得快等）。确因工作需要，必须选择具有足够安全性能的加热设备，并落实安全防范措施，使用完毕后拔掉插头。

第十七条 实验室消防安全管理。

（一）实验室消防安全管理参照《高等学校消防安全管理规定》《中国科学技术大学消防安全管理办法》执行。

（二）各单位应结合自身实验室实际，制定消防安全管理制度，包括岗位责任制和实验安全守则等，严格落实各项消防安全管理措施。

（三）各单位保证消防器材定点存放，性能良好，任何人不得损坏、挪作他用。失效的消防器材应当及时维修、更换。疏散通道、安全出口、消防车通道等应保持畅通，禁止堆放杂物。

（四）实验室管理人员应当接受消防安全知识和相关技能培训，了解不同火源所对应的灭火方法，熟悉本岗位的防火要求，掌握所配灭火器的使用方法。

第四章 实验室隐患排查、整改与事故处理

第十八条 实验室安全员应当对实验室安全进行日常检查和管理，并作好记录，主要内容包括：

（一）实验室安全教育及培训。

（二）实验室操作规程等制度是否落实。

（三）台账等档案是否及时更新。

（四）安全防护装备、设施的有效情况。

（五）安全隐患自查及整改情况。

（六）其他需要检查的内容。

第十九条 各学院、直属单位每月应至少组织一次实验室安全检查，并作好记录。检查的主要内容包括：

（一）实验室安全教育及培训情况。

（二）实验室安全制度及责任制落实情况。

（三）实验室安全工作档案建立健全情况。

（四）实验室安全设施、器材配置及有效情况。

（五）实验室安全隐患和隐患整改情况。

（六）其他需要检查的内容。

第二十条 保卫与校园管理处对各学院的实验室安全进行定期和不定期检查，对发现的安全问题和隐患出具整改通知。各单位应及时采取措施进行整改，对不能及时消除的安全隐患，隐患单位应当提出整改方案，确定整改措施、期限以及负责整改的部门、人员，并落实整改资金。安全隐患尚未消除的，应当落实防范措施，保障安全。

第二十一条 对于搬迁或废弃的实验室，相关学院和实验室应组织彻底清查存在的易燃易爆品、剧毒品、放射源、生物制品等危险品，严格按照相关要求及时处理，消除安全隐患。

第二十二条 发生安全事故后，实验室及相关单位应立即启动应急预案，减小损失，并配合相关部门，迅速查明事故原因，及时落实整改措施。

第五章 罚 则

第二十三条 对实验室安全管理工作不到位,未依法依规履行安全职责,导致出现重特大安全事故的单位,应当追究相关责任人的责任;对因严重失职、渎职而造成重大损失或人员伤亡事故的,依法追究有关人员的法律责任。

第六章 附 则

第二十四条 本办法由保卫与校园管理处负责解释。

第二十五条 本办法自印发之日起施行。

中国科学技术大学留学生奖学金计划实施管理办法

(校学字〔2015〕159号,2015年9月23日)

第一章 总 则

第一条 留学生数量是衡量一所大学国际化程度的主要指标之一。为了更加灵活地吸引并鼓励优秀留学生来我校学习,参考中国政府奖学金的规定,学校建立中国科学技术大学留学生奖学金计划,并制定本办法。

第二条 留学生奖学金计划由研究生院、教务处以及国际合作与交流部共同负责协调并具体落实。

第二章 奖学金种类与标准

第三条 留学生奖学金分为两类:"A类 优秀学位生奖学金"和"B类 优秀交换生奖学金"。

第四条 "A类 优秀学位生奖学金"主要针对来我校就读学位的留学生,每年资助15位。资助内容如下:

1. 免学费。
2. 提供住宿。
3. 学生生活费,具体标准如下:

本科生:2500元/(月·人);
硕士研究生:3000元/(月·人);
博士研究生:3500元/(月·人)。

第五条 "B类 优秀交换生奖学金"主要针对与我校有正式协议的世界一流大学的交

换或访问学生。每年资助15位学生,资助时间根据协议交换或访问的时间而定。资助标准与A类相同。

第六条 辅导留学生的导师每个月补贴800元的导师业务费。其中本科生导师资格由教务处认定,研究生导师资格由研究生院认定。

第七条 奖学金资助及导师补贴标准参考中国政府奖学金作相应调整。

第八条 留学生奖学金由学校国际合作交流经费支持。

第三章 申请条件

第九条 "A类 优秀学位生奖学金"申请条件:
(一)符合我校留学生入学要求、希望攻读学位的学生。
(二)申请人的学历和年龄要求:
攻读学士学位者,须具有高中毕业证书,年龄不超过30周岁;
攻读硕士学位者,须具有学士学位,年龄不超过40周岁;
攻读博士学位者,须具有硕士学位,年龄不超过45周岁。

第十条 "B类 优秀交换生奖学金"申请条件:
(一)协议项目对于推进我校的国际合作交流具有重大意义。
(二)申请人须为非中国籍公民,身体健康。
(三)申请人来自世界一流大学。
(四)申请人为本科生须由对方学校推荐,研究生须由对方学校教授和我校教授共同推荐。

第十一条 申请人须按我校相关招生简章的要求提交申请材料。已申请中国政府奖学金的留学生不能再申请中国科学技术大学留学生奖学金。

第四章 评审管理

第十二条 留学生奖学金的评审工作本着"公开、公平、公正、择优"的原则进行。凡符合申请条件的留学生先向各院系或实验室提交申请,经院系或实验室审核后,研究生推荐至研究生院,本科生推荐至教务处。

第十三条 "A类 优秀学位生奖学金"每学年评选一次,申报截止日期为每年5月30日。由奖学金评审专家小组对申请者进行评审,并于当年7月1日前确定获奖者名单。初步确定的获奖者名单予以公示3天,无异议后确定为正式获奖者。

第十四条 优秀交换生奖学金每学年评选两次,申报截止日期分别为每年3月1日和9月1日。其中本科生申报至教务处,研究生则由各院系或实验室申报至研究生院。特别情况可向教务处或研究生院说明,酌情处理。奖学金评审专家小组对申请者进行评审,分别于当年4月1日或10月1日前确定获奖者名单。初步确定的获奖者名单予以公示3天,无异议后确定为正式获奖者。

第十五条 奖学金评审专家小组由研究生院、教务处以及国际合作与交流部根据学生的专业学习兴趣或研究方向推荐相关专家组成。评审结果由专家小组评审的综合排序决定。

第十六条　评审材料包括以下几项：

（一）《中国科学技术大学留学生奖学金申请表》（用中文或英文填写，见附件），该申请表可从研究生院、教务处或国际合作与交流部网站下载。

（二）学位生需提交经过公证的最高学历证明和曾就读学校的学习成绩单，交流生需提交就读学校出具的成绩证明。

（三）来华学习或研究计划，用中文或英文书写。

（四）留学生本国推荐信，用中文或英文书写。研究生学历的留学生还需提交中国科大教授推荐信。

第十七条　奖学金自批准发放之日起逐月定期发放。规定假期内奖学金照常发放。对学习期间休学、退学或结业回国者，奖学金自下月起停发。因特殊原因确实需要休学或延长学习期限，可重新申请奖学金。

第五章　附　　则

第十八条　凡违反《中国科学技术大学外国留学生管理办法》者，取消留学生奖学金。
第十九条　本办法由校国际合作与交流部负责解释。
第二十条　本办法自印发之日起施行。

附件

中国科学技术大学留学生奖学金申请表
Application Form for USTC Scholarship

表一（Form Ⅰ）

本表由奖学金申请人本人逐项认真填写/This form shall be filled in by the applicant.

护照用名 Passport Name	姓 Family Name		名 Given Name	
出生地点 Birth Place		性别 Gender	☐ 男/Male ☐ 女/Female	
国　籍 Citizenship		护照号码 Passport No.		
出生日期 Date of Birth	年 Year	月 Month		日 Day

续表

当前联系地址 Present Address	
永久通信地址 Permanent Address	
联系电话 Telephone	
电子邮件 E-mail	
学生类别 Student Category	本科生/Undergraduate Student ☐ 硕士研究生/Master's Degree Student ☐ 博士研究生/Doctoral Student ☐
学习院系或实验室 School or Lab	
学习专业 Research Major	
获奖励情况和特长/ Honors and Awards	
专业学习或研究经历/Professional or Research Experience	
已发表的代表性论著或作品/Publications	

申请人保证/I Hereby Affirm that：
(1) 填写的上述内容和提供的材料真实无误；

All the information and materials given in this form are true and correct;

(2) 在华期间,遵守中国法律、中国科学技术大学校纪校规和奖学金有关章程。
During my stay in China, I shall abide by the laws and decrees of the Chinese Government, the rules of USTC, and the regulations of USTC Scholarships.

申请人签字
Signature of the Applicant _____

日期
Date of Signature _____

表二(Form II)

本表由培养单位填写/This form shall be filled in by the recommendation school or lab at USTC.

Undergraduate Student Only

培养单位名称 Recommendation School or Lab at USTC:
培养单位意见 Recommendation of the School or Lab: 培养单位公章 Seal of the school or lab
负责人签字 Signature of the Dean or Director:　　　　年 Year　　月 Month　　日 Day
评审专家小组意见 Recommendation of the Expert Review Panel:
评审小组组长签字 Signature of the Panel Leader:　　　　年 Year　　月 Month　　日 Day

表三(Form III)

本表由培养单位填写/This form shall be filled in by the recommendation school or lab at USTC.

Graduated Student Only

培养单位名称 Recommendation School or Lab at USTC：					
导师信息 Information of the Supervisor：					
推荐老师姓名 Recommendation of Supervisor		工作单位 School or Lab		职称/职务 Title or Position	
联系电话 Telephone		E-mail			
Recommendation Letter should be attached. 推荐老师签字 Signature of the Supervisor： 年 Year 月 Month 日 Day					
培养单位意见 Recommendation of the School or Lab： 培养单位公章 Seal of the School or Lab 负责人签字 Signature of the Dean or Director： 年 Year 月 Month 日 Day					
评审专家小组意见 Recommendation of the Expert Review Panel： 评审小组组长签字 Signature of the Panel Leader： 年 Year 月 Month 日 Day					

中国科学技术大学优秀学生国际交流资助计划实施管理办法

(校学字〔2015〕160号,2015年9月23日)

第一章 总 则

第一条 为了培养全球型人才,推进我校优秀学生赴世界一流大学及科研机构的访问交流,学校建立中国科学技术大学优秀学生国际交流资助计划,并制定本办法。

第二条 优秀学生国际交流资助计划由研究生院、教务处以及国际合作与交流部共同负责协调并具体落实。

第二章 资助种类与要求

第三条 本科生

申请人向学院提交个人申请;经学院遴选后向教务处排序推荐不超过5名本科生。按计划每年资助名额为10人。具体资助名额、资助金额由教务处决定。

获评的申请人可获得校级荣誉证书。持该证书可任意选择参加校级国际交流项目,无需通过校内面试,直接进入校内推荐名单;或者,可选择利用该资助资格,通过导师或个人直接联系世界一流大学(国际排名前20,参照QS排名)的导师,进行研究实习或毕业设计。资助资格自入选之日起一年内有效(以收到交流单位邀请函为准)。

第四条 研究生

(一)国际交流A类资助

教授推荐,学院遴选不超过10名研究生,在校期间可申请一次国际交流A类资助,包括国际旅费、当地住宿及基本生活费。以往曾经接受过研究生院资助的研究生,不再进行资助。具体资助名额、资助金额由研究生院决定。

(二)国际交流B类资助

教授推荐,学院遴选不超过30名学生,在校期间可申请一次国际交流B类资助,即不超过一万元的国际旅费。以往曾经接受过研究生院资助的研究生,不再进行资助。已经获得A类资助的学生不参加B类资助的申请。

第三章 评审管理

第五条 申请资助的本科生需填写《中国科学技术大学优秀学生国际交流资助计划申请表(本科生)》(附件1)并提交给教务处,由教务处、国际合作与交流部联合推荐相关专家组成评审小组进行评审。

第六条 申请资助的研究生需填写《中国科学技术大学优秀学生国际交流资助计划申请表(研究生)》(附件2)并提交给研究生院,导师填写部分需要导师本人签名,申请表由研究生院、国际合作与交流部联合推荐相关专家组成评审小组进行评审。

第四章 资助标准

第七条 本科生资助

每月固定生活费和一次往返国际旅费报销。每月生活费参照国家留学基金委公派留学本科生资助标准,给予适当提高。

第八条 研究生资助

暑期项目(资助不超过2个月)		学期项目(资助不超过4个月)	
亚洲地区	欧美澳	亚洲地区	欧美澳
不超过2.0万元	不超过3.5万元	不超过2.0万元	不超过4.5万元

第九条 B类资助支持不超过一万元的国际旅费。
第十条 A类、B类资助的具体报销额度以实际票据为准。
第十一条 资助计划原则上不支持语言类、文化类培训项目。
第十二条 优秀学生国际交流资助的经费主要包括研究生院、教务处管理的国际交流经费、学校自筹国际交流经费。

第五章 附 则

第十三条 本办法由校国际合作与交流部负责解释。
第十四条 本办法自印发之日起施行。

附件 1

中国科学技术大学优秀学生国际交流资助计划申请表(本科生)

<table>
<tr><td rowspan="8">申请人基本情况</td><td>姓 名</td><td></td><td>性 别</td><td></td><td colspan="2">民 族</td><td></td><td rowspan="4">照片</td></tr>
<tr><td>所在院系</td><td></td><td colspan="2"></td><td colspan="2">学 号</td><td></td></tr>
<tr><td>年 级</td><td></td><td colspan="2"></td><td colspan="2">英才班名称</td><td></td></tr>
<tr><td>籍 贯</td><td></td><td colspan="2"></td><td colspan="2">担任学生干部职位</td><td></td></tr>
<tr><td>身份证号码</td><td></td><td colspan="2"></td><td rowspan="2">联系方式</td><td>手机号码</td><td colspan="2"></td></tr>
<tr><td></td><td></td><td></td><td>E-mail</td><td colspan="2"></td></tr>
<tr><td>以往国际交流经验</td><td colspan="3">交流单位名称/项目名称:</td><td colspan="4">交流时间:</td></tr>
<tr><td>国际交流形式</td><td colspan="3">□计划参加校级或院级交流项目
(在适用项前打钩)</td><td colspan="4">□计划通过个人或导师联系交流单位</td></tr>
<tr><td>申请理由</td><td colspan="8">请用英语描述个人优势(400 字左右)</td></tr>
<tr><td rowspan="3">科研经历</td><td>导师</td><td colspan="3"></td><td>题目</td><td colspan="3"></td></tr>
<tr><td>时间</td><td colspan="3"></td><td>研究方向</td><td colspan="3"></td></tr>
<tr><td colspan="8">多于一项研究经历可自行增加行进行填写</td></tr>
<tr><td rowspan="6">在校期间所获奖项</td><td colspan="4">获奖时间</td><td colspan="4">获奖名称及所获奖励</td></tr>
<tr><td colspan="4"></td><td colspan="4"></td></tr>
<tr><td colspan="4"></td><td colspan="4"></td></tr>
<tr><td colspan="4"></td><td colspan="4"></td></tr>
<tr><td colspan="4"></td><td colspan="4"></td></tr>
<tr><td colspan="4"></td><td colspan="4"></td></tr>
</table>

续表

社会实践经历	时间	活动名称及主要职责

特长与爱好	

英语水平	CET4:　　　CET6:　　　TOEFL:　　　(R:　L:　S:　W:　)　　　IELTS: (R:　L:　S:　W:　)　　　GRE:V　　　/Q　　　/W　　　　　其他:

推荐老师	姓　名		所在院系	
	推荐老师签名：		日期：	
	(附推荐老师的一封推荐信)			

学院意见	学生成绩	GPA:　　　　　　　　排名：
	综合意见	推荐排序：
		本科教学院长签名：　　　日期：

备注	1. 初选后会进行校内专家委员会面试，由专家委员会确定入选学生

附件 2

中国科学技术大学优秀学生国际交流资助计划申请表（研究生）

<table>
<tr><td rowspan="7">申请人基本情况</td><td>姓　名</td><td></td><td>性　别</td><td></td><td>民　族</td><td></td><td rowspan="4">照片</td></tr>
<tr><td>所在院系</td><td></td><td colspan="2">学　号</td><td colspan="2"></td></tr>
<tr><td>最高学历</td><td></td><td colspan="2">健康状况</td><td colspan="2"></td></tr>
<tr><td>籍　贯</td><td></td><td colspan="2">护照号码</td><td colspan="2"></td></tr>
<tr><td rowspan="2">身份证号码</td><td rowspan="2"></td><td colspan="2" rowspan="2">联系方式</td><td>手机号码</td><td></td></tr>
<tr><td>E-mail</td><td></td></tr>
<tr><td>通信地址</td><td></td><td colspan="2">导师姓名</td><td colspan="2"></td></tr>
<tr><td rowspan="4">推荐老师</td><td>推荐人姓名</td><td></td><td colspan="2">所在院系</td><td colspan="3"></td></tr>
<tr><td colspan="6">推荐老师签名：　　　　　　　　　日期：</td></tr>
<tr><td colspan="6">推荐老师签名：　　　　　　　　　日期：</td></tr>
<tr><td colspan="6">（附推荐老师的两封推荐信）</td></tr>
<tr><td rowspan="7">对方导师信息</td><td>对方是否与本课题组有科研合作关系</td><td></td><td>姓　名</td><td></td><td>学校及院系名称</td><td colspan="2"></td></tr>
<tr><td rowspan="2">研究方向</td><td rowspan="2"></td><td rowspan="2">职　务</td><td rowspan="2"></td><td>联系电话</td><td colspan="2"></td></tr>
<tr><td>E-mail</td><td colspan="2"></td></tr>
<tr><td>是否获得对方的邀请函
（附对方导师的邀请函）</td><td colspan="6"></td></tr>
<tr><td>是否获得对方的资助
（请描述是何种形式的资助）</td><td colspan="6"></td></tr>
<tr><td>预计出国交流的时间段
（请注明时间）</td><td colspan="6">A. 2个月左右　　　B. 4个月左右</td></tr>
<tr><td colspan="7"></td></tr>
<tr><td rowspan="4">申请类别</td><td>请选择类别</td><td colspan="6">A. 国际交流 A 类资助　　　B. 国际交流 B 类资助</td></tr>
<tr><td>请描述自己的科研背景和成果（附发表论文首页，专利首页，曾获得奖项和研究生阶段成绩单）</td><td colspan="6"></td></tr>
<tr><td>以往是否曾经接受研究生院资助（若有请描述何时以何种形式资助）</td><td colspan="6"></td></tr>
<tr><td colspan="6">申请人签名：　　　　　　　　　　　日期：</td></tr>
</table>

续表

导师填写部分	以下部分由导师填写	
	本次出国交流与导师的科研安排的匹配程度	A. 不符合　B. 比较符合　C. 很符合　D. 非常符合
	本次出国交流与导师对该学生培养计划的匹配程度	A. 不符合　B. 比较符合　C. 很符合　D. 非常符合
	导师是否愿意给予研究生出国的配套资助	A. 是　　　　　B. 否
	若是,请选择倾向配套资助的比例	A. 10%　B. 20%　C. 30%　D. 40% E. 50%　F. 其他____
	导师签名：	日期：

中国科学技术大学大额资金支付审批管理暂行办法

(校财字〔2015〕177号,2015年10月21日)

第一章　总　则

第一条　为加强学校资金管理,保障资金安全,提高资金使用效益,落实中央关于"三重一大"的决策制度,依据财政部《行政事业单位内部控制规范(试行)》(财会〔2012〕21号)、教育部财政部《关于加强中央部门所属高校科研经费管理的意见》(教财〔2012〕7号),结合《中国科学技术大学综合改革方案》的有关精神,特制定本办法。

第二条　本办法所称大额资金,是指学校对外现金支付(或个人转卡)单笔金额在1万元(不含)以上,银行转账支付单笔金额在10万元(不含)以上的资金款项。

第三条　学校对大额资金的支付,实行学校主体责任、学院(实验室、归口管理部门)监管责任、个人直接责任的分级责任体制,按照"经费预算控制,分类归口审批,财务统一支付"的管理原则,学院(实验室、归口管理部门)负责经济业务的真实性、相关性、合理性的审批,财务部门负责支付业务经济资料完整性、合规性、程序性以及经费来源合理性的审批。

第四条　各单位在申请大额资金支付前,必须确认所支付的款项经费已落实到位。对于经费预算没有落实的大额资金支付申请,财务处一律不予受理。

第五条　本办法适用校内各单位包括所属二级核算单位。独立核算的法人单位,应按照法人治理结构,制定相应的大额资金审批管理办法。

第二章 分类归口审批程序

第六条 学院(实验室)的在职人员经费支出,按学校人事部门的规定不论经费来源和金额大小,必须经学院(实验室)主要负责人审批。

第七条 科研项目经费支出,应符合国家和学校科研项目经费管理的相关制度规定。支付校外单位的科研协作费,必须按规定程序办理外协、外拨经费审批手续。

审批权限:科研项目中除学生助研酬金外的劳务费、专家咨询费等人员费支出,项目负责人签字后,必须经项目所在单位(学院、实验室)主要负责人或被授权的单位负责人审批;科研项目中的其他经费支出,单笔支付金额在10万元(含)以下的,由项目负责人签字审批;单笔支付金额在10万元(不含)以上的,除项目负责人签字外,须报经项目所在单位(学院、实验室)主要负责人或被授权的单位负责人签字审批。

第八条 学院(实验室)的教学、行政等其他经费支出,单笔支付金额在10万元(含)以下的,由学院(实验室)主要负责人或被授权的负责人审批。具体审批办法可由学院(实验室)自行制定并报财务处备案后执行。单笔支付金额在10万元(不含)以上的,必须经学院(实验室)主要负责人审批。

第九条 机关各部、处、室,直属单位、所属单位业务支出,应符合国家和学校相关政策制度规定。

审批权限:属于本单位预算经费或由单位统筹管理的经费支出,必须经单位主要负责人审批。单笔支付金额在20万元(含)以上的,经单位主要负责人审核签字后报经分管校领导审批。

第十条 涉及物资设备采购、服务采购、维修改造或基建工程款项的支付,在申请支付前,应依法依规履行招投标、政府采购等程序,必须符合学校预算管理、资产管理、基建及维修改造项目管理以及合同管理等相关政策制度规定。

审批权限:学校相关制度或文件中已有明确规定的,执行规定。已经按规范程序签订合同的,经单位主要负责人或被授权的单位负责人审批,财务处依据采购审批表、中标通知书及合同等相关材料办理支付手续。

第三章 资金支付审批程序

第十一条 对于经费来源明确、经费预算落实、归口审批手续完备、支付报销凭据齐全的大额资金支付,财务处受理后,在支付前应按下列规定权限办理大额资金支付审批手续:

(一)现金支付单笔1万元(不含)以上,10万元(含)以下由财务处负责人签字审批;10万元(不含)以上由财务处主要负责人签字后,报请分管财务的校领导审批。

(二)银行转账支付单笔10万元(不含)以上,30万元(含)以下,由财务处负责人签字审批;30万元(不含)以上的经财务处主要负责人签字后,报请分管财务的校领导或经其授权的财务处负责人审批。

第四章 例行业务事项大额资金支付的审批

第十二条 下列例行业务事项50万元(含)以下的款项支付,由财务处负责人签字审批;50万元(不含)以上的款项支付,财务处负责人签字后,报分管财务的校领导审批。

(一)学校例行发放的在职人员工资薪金、离退休人员离退休金、职工各项社保金、住房公积金、工会经费等;学生的生活补贴、困难补助、学校例行发放的各类奖助学金等。

(二)学校人事部门核批的抚恤金、遗属补助,丧葬费,教职员工困难补助,出国保证金等。

(三)经学校预算批复支付给独立核算的后勤保障部门运行协议经费、附属学校的义务教育经费等大额资金的划拨。

(四)学校相关文件制度规定的办学收入分成经费的划拨。

(五)应缴财政专户资金汇缴。

(六)应缴纳的各项税费款。

(七)由后勤保障部门核准支付的水、电、汽、暖等费用。

(八)学校内部各银行账户之间的资金调度和划拨。

(九)其他例行事项。

第十三条 通过借款方式支付时,已履行大额资金审批程序的,报账核销借款时,在相应的额度内不再重复履行大额资金支付审批程序。

第十四条 学校统一集中发放的岗位津贴及各类绩效、奖励等大额支出,除相关业务部门审核和相关分管校领导审批外,还须报请学校主要校领导批准。

第五章 超合同款项和预算外项目支付的审批程序

第十五条 基建工程和维修改造项目超合同款项的支出应履行以下审批程序:

经决算审计后,工程项目造价超过原合同价款在30%以内或20万元(含)以下的,由基建管理部门负责人审批;超过原合同价款30%以上或20万元(不含)以上的,由基建管理部门负责人签字后,报经分管校领导审批。

经决算审计后,工程项目造价超过原合同价款100%且金额超过原合同价款100万元(含)以上的,须提请主要校领导批准。

第十六条 其他超合同款项原则上不予支付。因特殊原因,确实需要支付的,必须提供相关实证材料和补充协议,经单位主要负责人或相关职能部门负责人批准后支付。超过原合同30%的,由单位主要负责人签字后,报经分管校领导审批。

第十七条 未在年度预算中立项的项目,不得擅自实施。确实需要实施的预算外项目,应按照学校预算管理办法的相关规定,先申请预算外项目立项,经批准后方可实施。

第十八条 经过校党政联席会议、校长工作会议集体作出决策、决议的超预算或预算外事项,可不再履行大额资金支付审批程序,以相关决议文件为支付依据。

第六章 权限与责任

第十九条 大额资金支付必须履行完备的审批程序和手续,审批人必须严格按照审批权限,履行审批职责,对不符合规定的大额资金支付,审批人有权予以制止和拒绝审批。

第二十条 按照学校各级经济责任制的要求,对在支付环节上未履行必要程序和审核不严等造成资金损失的有关单位和个人,学校将追究相应的责任。

第二十一条 财务人员办理审核业务时,应按照会计基础工作规范要求,认真审核审批范围、权限、程序是否正确,手续及相关凭证是否齐备,金额计算是否准确,支付方式、支付单位是否合理等。审核无误后,进行账务处理和办理付款手续。

第七章 附 则

第二十二条 本办法自印发之日起施行,此前有与本办法不一致的以本办法的规定为准。

第二十三条 本办法由财务处负责解释。

中国科学技术大学毕业生就业工作先进集体和先进个人评选办法

(校招就字〔2015〕179号,2015年10月21日)

为进一步做好我校毕业生就业工作,夯实院系(直属单位)毕业生就业工作基础,不断提高毕业生的就业质量,鼓励更多毕业生到国家需要的重点领域、重点行业、重点发展地区就业,学校决定开展毕业生就业工作先进集体和先进个人的评选工作,并制定本办法。

一、评选原则

坚持"公开、公平、公正"的原则,将定性考核和定量考核相结合,注重实绩,规范细则,严格把关,增强评选工作的权威性和透明度。

二、奖项设置

就业工作先进奖项设置分为集体奖和个人奖。

集体奖设为先进集体奖和单项奖两类。其中,单项奖包括:进步奖、特色奖和引导奖三种。

个人奖设为先进个人奖。

三、评分细则

考评项目		评分细则	分值
组织领导 （12分）		成立院系毕业生就业工作指导小组，把毕业生就业工作列入院系工作日程	2分
		单位领导和就业工作具体负责人每年参加全校毕业生就业工作会议	2分
		每年度召开一次院系的毕业生就业工作动员会，由院系主要领导为毕业生做动员	2分
		认真完成年度就业工作总结，分析存在的问题，提出解决办法	3分
		明确班主任、辅导员、研究生导师在毕业生就业工作中的责任	3分
就业指导服务 （40分）	就业指导 （13分）	从新生入学教育就进行有关就业教育，分不同阶段和年级有针对性地进行职业生涯规划、就业教育与指导	4分
		负责就业的老师熟悉就业政策，能回答学生关于就业政策的问题	3分
		固定时间开展就业指导，认真做好咨询	2分
		开展有特色的职业生涯发展教育和就业指导活动	4分
	就业服务 （21分）	充分发挥供需主渠道作用，主动与用人单位联系，开拓、稳固本单位毕业生就业市场，开展就业实践活动，建立就业实习基地	5分
		积极为毕业生收集就业岗位或实习岗位需求信息，并及时发布给学生	3分
		在本院的主页上建立就业板块，与全校各单位建立供需信息共享机制，尽最大努力整合利用有效信息	2分
		做好毕业生生源审核、毕业生推荐、各类就业证明材料验证、就业协议签约、违约管理等工作	4分
		全程、定期开展排查工作，动态了解本院系毕业生就业的整体情况，掌握每位毕业生的就业进展状况	4分
		对就业不顺利的学生进行帮扶，对待就业学生长期追踪，努力实现个性化服务	3分
	就业教育 （6分）	认真贯彻落实国家及地方出台的关于引导鼓励毕业生到基层、到西部就业的政策和措施；对各新项目、新政策积极响应	2分
		重视毕业生的思想政治教育，开展形式多样的教育引导活动	2分
		认真开展文明离校教育，无任何事故发生	2分

续表

工作实绩 (35 分)	管理 (9 分)	本单位就业各项工作实现规范化管理	3 分
		统计毕业生去向情况准确、客观、及时,严格把关,及时为毕业生办理各项就业手续	3 分
		能够按照学校部署及时、准确地完成其他各项工作任务,并作好毕业生跟踪调查	3 分
	就业率 (10 分)	就业率在全校平均水平以上或较往年稳中有升	7 分
		违约情况较少,违约率较低	3 分
	就业去向 (16 分)	国、内外深造	6 分
		赴中国科学院系统、国防军工单位、全球五百强企业、省级及以上行政事业单位等重点领域、重点行业就业	6 分
		到国家重点发展地区(西部、东北)、到基层就业	4 分
其他工作 (8 分)		在校就业信息网等校内媒体上发布院系就业工作相关的简讯	2 分
		积极参加专业化的学习和培训	2 分
		积极参加各级组织的论文征集活动	2 分
		积极开展毕业生就业工作的调查研究,并提交调研报告	2 分
工作特色 (5 分)		在长期就业工作中形成的相对稳定的、独具特色的做法或机制,取得成效	5 分

四、申报条件

申报各奖项的集体和个人,要确实在整体或单项工作方面做出成效,具有先进性,能够为其他单位和个人作出表率。

1. 先进集体奖:基本符合上述第三条"评分细则"中的各项指标,毕业生就业工作开展较为全面,就业工作实绩明显。

2. 单项奖:符合上述第三条"评分细则"中的部分指标,毕业生就业工作在某些方面有特色开展,单项就业工作实绩明显。

(1) 进步奖:就业指导服务工作和工作实绩高于全校平均水平,或与自身相比,较往年有明显提升。

(2) 特色奖:在就业工作中,采取独具特色的做法或机制,取得明显工作实绩。

(3) 引导奖:加强对学生的就业指导与就业教育,在鼓励学生到国家重点行业领域就业、多元化就业、深造等方面取得明显实绩。

3. 先进个人奖:从事就业工作,遵纪守法,团结协作,严谨求实,在就业工作中,能够充分发挥表率和榜样作用的老师。

五、评选程序和办法

1. 申报评选工作一般在每年十月份进行。

2. 当年的评选数据以招生就业处八月底的初次就业统计为主要依据。

3. 奖项评选实行申报制。各单位和个人报送的相关材料,必须确保其真实性、准确性。

先进集体奖和单项奖不得重复获奖。

先进集体奖：以学院（直属单位）为单位，参照申报条件和评分细则进行申报，根据招生就业处相关工作要求准备申报材料。

单项奖：不需要另外准备申报材料。根据招生就业处相关工作要求，在先进集体申报材料中，侧重阐述一下有意向的单项奖方面的工作内容。

先进个人：根据各学院（直属单位）的毕业班级和从事就业工作的老师数量综合考虑，分配指标到各单位。各单位采取等额推荐的办法，把推荐的人选报招生就业处。

4. 招生就业处负责组织专家进行评审。

5. 评审结果公示，为期五天。

6. 公示后的评审结果提交校毕业生就业工作指导委员会审批。

7. 就业工作先进集体一般不超过申报单位数的百分之三十；每种单项奖数不作比例限制，根据申报单位的具体情况而定。

六、奖励办法

对获得毕业生就业工作先进集体、进步奖、特色奖、引导奖和先进个人的单位和个体，学校将进行表彰，并以奖金鼓励。对获奖单位颁发荣誉奖牌，对获奖个人颁发荣誉证书。

七、附则

1. 本办法自印发之日起施行。

2. 本办法由招生就业处负责解释。

中国科学技术大学预算管理暂行办法

（校财字〔2015〕211号，2015年11月30日）

第一章 总 则

第一条 为加强学校预算管理，优化资源配置，规范财务收支行为，提高资金使用效益，促进学校健康、有序和可持续发展。根据新修订的《中华人民共和国预算法》《高等学校财务制度》等国家有关财政规章制度，结合我校实际情况，制定本办法。

第二条 学校综合财务预算是学校根据事业发展目标和计划编制的年度财务收支计划。预算的内容主要包括收入预算和支出预算两部分。预算由校级预算和所属单位各级预算组成。

第三条 学校预算管理的主要任务：完善预算管理体制和运行机制；建立健全预算管理办法和制度；科学合理安排学校年度预算；监督预算的执行；对预算资金使用追踪问效和考核分析，提高预算资金使用效益。

第四条 学校综合财务预算，一经批准不得随意更改。各项支出必须以经批准的预算为依据，未列入预算的不得支出。

第五条 学校综合财务预算按财政年度编制，预算年度自1月1日起，至12月31日止。每年 9 月初起开始编制下一年度预算。预算收入和预算支出以人民币(万元)为计量单位,精确到小数点后两位。

第六条 本办法适用于学校可分配资源的安排,包括学校综合财务预算的编制、审核、批准、监督,以及预算的执行和调整。学校申请的中央部门预算和竞争性取得的科研项目预算依照财政部门及主管部门规定执行。

第二章 预算管理体制与职责

第七条 学校预算管理实行"统一领导、分级管理、共同参与"的管理体制。资源分配实行学校预算专家委员会论证、预算工作小组审议和校长工作会议审定的三级预算保障机制。预算执行督导检查工作小组负责预算执行过程的分析和督促。

第八条 校长工作会议是学校年度综合预算的最高决策机构。主要职责是审查、批准学校关于预算的规章制度;确定学校预算编制的方针、原则;审议、批准学校预算编制方案和预算调整方案、预算执行情况的报告;审查、批准学校财务决算报告。

第九条 预算工作小组受学校财务工作领导小组领导,是预算编制、预算预审、预算考评的议事机构。负责审议学校预算经费的来源及规模,审议学校预算专家委员会提交的项目论证结果,考评预算执行情况,对执行年度预算、改进预算管理、提高预算绩效、加强预算监督等提出意见和建议。

第十条 学校预算专家委员会根据预算工作小组的委托,履行下列职责:

(一)对各单位申报的学校综合财务预算有关项目进行论证,包括建设项目(基建项目除外)、维修改造项目(含学校公共维修改造项目和各单位申报的涉及公共维修改造项目)、支撑服务专项、行政专项和其他专项等(以下简称"项目")。

(二)对学校综合财务预算项目有关重大政策问题进行研究并提出专家建议。

(三)对上年度学校综合财务预算有关项目进行抽查和绩效评价。

第十一条 学校财务处为预算工作小组秘书单位,具体负责预算的编制、执行、调整和监督工作等,其主要职责:

(一)拟定预算管理规章制度;

(二)按照上级主管部门的要求及时准确地编报部门预算;

(三)审核学校各单位提出的预算建议,根据上级主管部门预算批复意见,编制学校综合财务预算建议草案;

(四)根据学校预算专家委员会、预算工作小组提出的预算评审和审核意见,对综合财务预算建议草案进行必要的调整,形成学校综合财务预算初步方案,并提交校长工作会议审议;

(五)根据校长工作会议决定,批复学校综合财务预算,按事权和财权相统一的原则将预算下达到各有关责任单位;

(六)认真执行学校年度财务收支计划,监督学校预算执行,努力提高资金使用效益;

(七)结合学校事业发展具体情况会同相关部门提出预算调整建议,按照规定程序调整年度预算;

（八）准确、及时地分析、报告预算执行情况，建立预算执行预警系统，强化预算执行的约束力；

（九）年终全面分析预算执行情况，准确及时地编报财务决算。

第十二条 院级单位、职能部门和附属机构是学校预算的责任单位，其主要职责：

（一）按照学校要求，结合单位工作任务实际情况，提出本单位年度预算建议，对项目进行可行性研究及效益分析，并对项目的真实性、合法性负责；

（二）根据事业发展情况，按照"量入为出"的原则进一步细化本部门的预算，编报本部门具体预算方案；

（三）根据事业发展情况，年内确需调整预算的，要据实向学校提出预算调整建议，按规定程序报批；

（四）严格本单位的预算执行，维护预算的严肃性和约束力；

（五）年终，各单位应当对预算执行情况开展绩效自评。

第三章　预算编制原则

第十三条 编制预算必须坚持"量入为出、收支平衡、积极稳妥、统筹兼顾、保证重点、效益优先"的原则，根据学校总体事业发展规划和预算年度可能取得的各项收入情况，量力而行，量财办事，统筹安排支出项目，原则上不得编制赤字预算。

第十四条 收入预算的编制要坚持积极稳妥的原则，逐项核实各项合法收入，尽可能排除收入中的不确定因素。支出预算的编制要坚持统筹兼顾、保证重点、勤俭节约的原则，严格控制机关运行经费支出，优先安排重点支出。

第十五条 预算编制坚持"收支两条线"的原则，所有收入全部由学校统一调度使用，全部支出由学校预算统一安排。

第十六条 预算编制坚持公开、公正的原则。要从学校和各部门的实际出发，对编制程序、重点项目、支出标准和定额、资金分配等加强科学论证，努力做到客观、公正、透明，确保资金分配的科学合理。

第四章　预算编制与审核

第十七条 学校综合财务预算编制内容主要包括收入预算和支出预算两部分。

学校收入预算主要包括教育经费拨款、科研经费拨款、其他经费拨款、教育事业收入、科研事业收入、上级补助收入、拨入专款、其他收入等；

学校支出预算主要包括人员经费、教学经费、学生及学生工作经费、后勤及公共保障经费、科研专项经费、机关及学院行政经费、直属及支撑单位经费、文体专项经费、人才培训专项经费、自筹基建经费、其他专项经费等。

第十八条 为应对学校事业发展过程中的突发需求，解决预算执行中难以预见的急需开支和特殊开支，学校综合财务预算原则上按预算支出额的百分之三设置预备费，具体预算额度根据学校当年财力安排。

第十九条 学校各单位编制预算时应当根据事业发展规划和年度目标需求,参考上一年预算执行情况、有关支出绩效评价结果和本年度收支预测,按照规定程序征求各方面意见后,进行编制。

第二十条 学校综合财务预算编制按照国家规定的模式,采取"二上二下"的程序编制。

学校每年9月初开始布置和组织编制下一年度的预算工作。各单位应在学校布置预算编制后30个工作日内完成第一轮预算编制,并提交财务处汇总。财务处应在收到各单位的第一轮预算报表后5~10个工作日内整理汇总完毕,并提出预算建议草案,报学校预算专家委员会评审。

学校预算专家委员会对预算建议草案中各单位申报的预算项目进行评审,重点关注新增项目及经常性增幅较大的项目,必要时安排预算申报单位进行论证答辩,评审后3~5个工作日内完成资料汇总整理,并提出预算评审方案,报预算工作小组审议。

预算工作小组审议预算评审方案,特别是对预算收入的确定及影响预算的重要变动事项提出建议。财务处根据预算工作小组审议建议进行调整及修改预算方案,报校长工作会议审定。

学校预算方案经校长工作会议审定后,由校长签发预算通知,下达到校内各部门,本年度内据以执行。

第五章 预算执行

第二十一条 学校各单位均应按照国家关于预算执行的要求加强预算管理,增强预算执行严肃性。学校按照责、权、利相结合原则和分级经济责任制的规定,进行管理和监督。

第二十二条 学校预算执行督导检查工作小组负责分析和督促各单位按计划和进度执行预算。

第二十三条 实行预算执行定期报告制度。财务处定期对预算执行情况进行报告和跟踪分析,及时掌握预算执行进度和目标完成情况并反馈到学校决策部门及相关单位。

第二十四条 实行预算执行通报和预警制度,财务处定期通报预算执行实际进度以及预算执行计划完成情况,对预算执行相对缓慢的单位实行预警。

第二十五条 实行预算执行定期分析会议制度。根据预算执行情况,学校预算执行督导检查工作小组定期召开预算执行工作会议,针对各单位的执行情况,分析提出改进措施和工作要求。

第二十六条 实行预算执行约谈制度。学校对预算执行缓慢的单位或项目进行重点关注和督促,开展调查研究,必要时约谈课题(项目)负责人。

第二十七条 年度终了一个月内,预算资金使用单位要撰写本单位预算执行情况分析与说明,包括经费收支情况、计划完成情况以及在经费管理中存在的问题与建议等。

第二十八条 实行预算执行绩效考评制度。年终学校预算执行督导检查工作小组组织协调学校预算专家委员会成员共同对各单位预算执行情况进行检查,开展预算项目年度绩效考评。

第二十九条　学校坚持预算安排与预算执行目标完成情况挂钩制度。学校以各单位完成预算执行目标的情况作为年度考核和奖励的依据,对于完成预算执行目标的单位,经学校批准给予适当奖励,对于未完成预算执行目标的单位,经费结余按学校要求清理,并对下一年度预算安排适当扣减。

第六章　预算调整及预备费使用

第三十条　预算调整是指在预算年度内学校事业有重大变化、对预算产生重大影响时,需对原定预算进行必要的调整(包括总额调整和局部调整)。支出预算调整要有相应的收入来源;减少收入时,要压缩相应的支出。

第三十一条　总额调整是指学校对原定预算收支总额的调整。局部调整是指在收支总额不变的情况下对部分预算的调整,包括追加预算、削减预算、预算项目调剂等。

第三十二条　学校每年安排四次预算调整,在4月份、6月份、8月份、10月份进行。各单位需进行预算调整的项目必须在此期间申报,此外一律不予调整。

第三十三条　预算调整必须遵循原预算批准程序,任何部门或个人均不得超越权限作出减收或增支的决定。预算调整项目经财务处整理汇总后报学校预算专家委员会评审,评审后报学校预算工作小组审议,审议后报校长工作会审定。

第三十四条　经规定程序审批通过的调整项目,财务处按照批准意见调整预算。

第三十五条　临时应急项目,无法履行正常预算调整程序,确因特殊原因需要支出,按下列原则和程序执行:

(一)临时应急项目必须通过应急项目立项申报。

(二)各应急项目立项由经费具体使用单位向归口部门申报,由项目归口部门根据项目额度按以下流程报批:

1. 单项金额20万元(含)以下的项目,由项目归口部门报学校预算专家委员会签署意见后,报分管校领导和分管财务校领导审定。

2. 单项金额20万元以上、50万元(含)以下的项目,由项目归口部门报学校预算专家委员会签署意见后,报分管校领导和分管财务校领导共同签署意见,最终报校长审定。

3. 单项金额50万元以上、100万元(含)以下的项目,由项目归口部门报学校预算专家委员会签署意见后,报分管校领导和分管财务校领导共同签署意见,最终报学校财务领导小组审定。

4. 单项金额100万元以上的项目,由项目归口部门报学校预算专家委员会签署意见后,报分管校领导和分管财务校领导共同签署意见,最终报校长工作会议审定。

(三)根据审定意见,由财务处从预备费中安排项目经费。

第七章　预算监督

第三十六条　财务处负责组织对学校各级预算的执行情况进行监督,并按照国家拨款的进度调整和控制,及时向学校报告预算执行情况。

第三十七条 学校有关部门和个人不按规定擅自变更预算资金的用途或超支使用预算、虚报预算项目与支出、不按规定使用预算的,对负有直接责任的主管人员和其他人员追究行政责任,性质严重的移交司法机关处理。

第三十八条 财务处在财政年度结束后,应就财务预算的执行情况向校长工作会议提交专项报告。

第八章 附 则

第三十九条 本办法由财务处负责解释。

第四十条 本办法自印发之日起施行。原《中国科学技术大学预算管理办法(试行)》(校财字〔2012〕85号)同时废止。

七、机构与干部

学校党政领导

党委书记	许　武
校　　长	万立骏
党委常务副书记、副校长	窦贤康
常务副校长	潘建伟
党委副书记、纪委书记	叶向东
副　校　长	陈初升
党委常委、副校长	张淑林
党委常委、副校长	陈晓剑
党委常委、副校长	周先意
党委常委、副校长	朱长飞
党委副书记	蒋　一
副校长（兼）	江海河
校长助理	王晓平
总会计师	黄素芳

中共中国科学技术大学第十一届委员会常务委员会委员名单

许　武　万立骏　窦贤康　叶向东　张淑林　陈晓剑　周先意　朱长飞　蒋　一

中共中国科学技术大学第十一届委员会委员名单
（按姓氏笔画排序）

万立骏　王晓平　尹　民　叶邦角　叶向东　朱长飞　刘　斌　许　武　杨　正
何淳宽　张淑林　陆夕云　陈华平　陈晓剑　罗喜胜　周先意　龚流柱　屠　兢
葛学武　董　雨　蒋　一　蒋家平　傅　尧　窦贤康　褚家如

中共中国科学技术大学纪律检查委员会委员名单
（按姓氏笔画排序）

丁望斌　叶向东　田扬超　刘天卓　赵　峰　洪　军　黄超群

行政机构设置

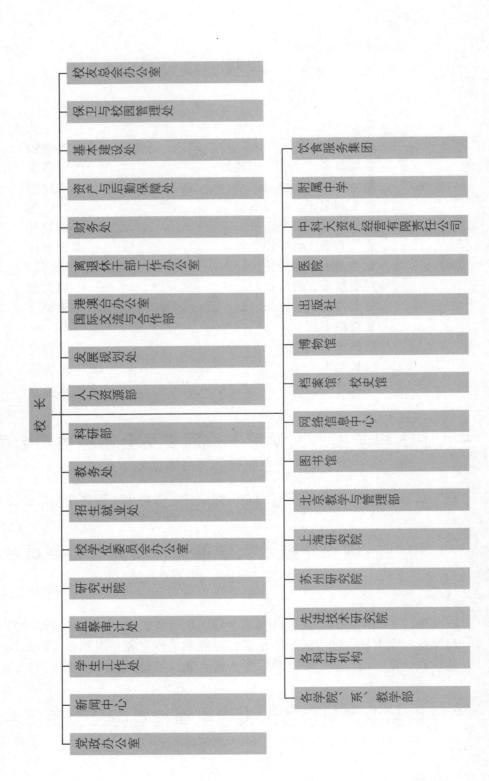

党群机构设置

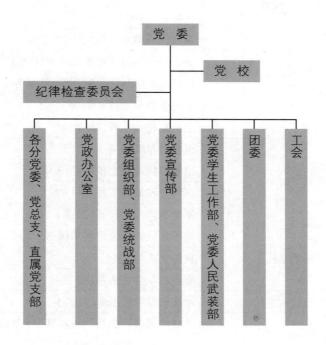

学院、系和教学部设置

学　　院	系、教学部
少年班学院	少年班、教改试点班
数学科学学院	数学系(45系)
	计算与应用数学系(46系)
	概率统计系(47系)
物理学院	物理系(2系)
	近代物理系(4系)
	天文学系(22系)
	光学与光学工程系(38系)

续表

学　　院	系、教学部
化学与材料科学学院	化学物理系(3系)
	材料科学与工程系(14系)
	化学系(19系)
	高分子科学与工程系(20系)
生命科学学院	分子生物学与细胞生物学系(8系)
	神经生物学与生物物理学系(21系)
	系统生物学系(27系)
	医药生物技术系(28系)
工程科学学院	近代力学系(5系)
	精密机械与精密仪器系(9系)
	热科学和能源工程系(13系)
	安全科学与工程系(26系)
信息科学技术学院	电子工程与信息科学系(6系)
	自动化系(10系)
	电子科学与技术系(23系)
计算机科学与技术学院	计算机科学技术系(11系)
地球和空间科学学院	地球物理与行星科学技术系(71系)
	地球化学与环境科学系(72系)
管理学院	工商管理系(15系)
	管理科学系(16系)
	统计与金融系(17系)
	专业学位教育中心
人文与社会科学学院	外语系(18系)
	科技史与科技考古系(24系)
	科技传播与科技政策系(25系)
	科技哲学教学研究部
	人文素质教学研究部
	马克思主义理论教学研究部
	体育教学部
核科学技术学院	核科学与技术学科
公共事务学院	法律硕士教育中心
	物流工程硕士中心
	MPA中心

校部机关党政机构负责人名单

党　校
　　校　长　　　　　　许　武（兼）
　　常务副校长　　　　赵永飞

纪律检查委员会
　　书　记　　　　　　叶向东（兼）
　　副书记　　　　　　黄超群

党政办公室
　　主　任　　　　　　刘天卓
　　副主任　　　　　　王　伟　周　宇

党委组织部
　　部　长　　　　　　何淳宽
　　副部长　　　　　　张　玲　赵　峰

党委统战部
　　部　长　　　　　　张　玲

党委宣传部
　　部　长　　　　　　蒋家平
　　副部长　　　　　　杨保国　褚建勋

新闻中心
　　主　任　　　　　　蒋家平
　　常务副主任　　　　杨保国
　　副主任　　　　　　褚建勋

党委学生工作部
　　部　长　　　　　　董　雨
　　副部长　　　　　　李　峰

学生工作处
　　处　长　　　　　　董　雨
　　副处长　　　　　　聂　磊　李　峰　倪晓玉（挂职）

党委人民武装部

  部　　长　　　　　　　　董　雨
  副部长　　　　　　　　　聂　磊

监察审计处

  处　　长　　　　　　　　丁望斌
  副处长　　　　　　　　　杨自浣

研究生院

  院　　长　　　　　　　　万立骏（兼）
  常务副院长　　　　　　　张淑林（兼）
  副院长　　　　　　　　　屠　兢　古继宝　倪　瑞　陈　钱（挂职）

综合办公室

  主　　任　　　　　　　　裴　旭

教学与学籍办公室

  主　　任　　　　　　　　万洪英

学科管理与评估（211/985工程管理）办公室

  主　　任　　　　　　　　陈　伟（兼）
  副主任　　　　　　　　　熊　文

招生办公室

  主　　任　　　　　　　　倪　瑞（兼）
  副主任　　　　　　　　　杜　进

专业学位办公室

  主　　任　　　　　　　　曹一雄

学位办公室

  主　　任　　　　　　　　陈　伟
  副主任　　　　　　　　　李兴权

发展规划处

  副处长　　　　　　　　　钟　琪

招生就业处

  处　　长　　　　　　　　傅　尧
  副处长　　　　　　　　　魏　英　韦巍巍

教务处
  处　长　　　　　　周丛照
  副处长　　　　　　汤家骏　马运生　杨　凡　李思敏（挂职）
  　　　　　　　　　秦　进（挂职）

科研部
  部　长　　　　　　罗喜胜
  副部长　　　　　　朱霁平　王　峰　李　俊　王敬宇

人力资源部
  部　长　　　　　　褚家如
  副部长　　　　　　刘　明　黄　方　梁宏飞

国际合作与交流部
  部　长　　　　　　侯中怀
  副部长　　　　　　蒋家杰　周　密

财务处
  副处长　　　　　　章　晨（主持工作）　皇甫越　高维孝

资产与后勤保障处
  处　长　　　　　　张鹏飞
  副处长　　　　　　姚子龙　詹月红

基本建设处
  处　长　　　　　　阮文川

保卫与校园管理处
  处　长　　　　　　洪　军
  副处长　　　　　　曹学含　张宪锋

团委
  书　记　　　　　　张　平
  副书记　　　　　　赵　林（挂职）

工会
  主　席　　　　　　龚流柱
  常务副主席　　　　史明瑛
  副主席　　　　　　李　静

离退休干部工作办公室

  主　任　　　　　　　　刘　艳
  党总支书记　　　　　　刘　艳
  党总支副书记　　　　　厉　洪

校友总会

  会　长　　　　　　　　万立骏（兼）
  副会长　　　　　　　　鹿　明　郭胜利
  办公室主任　　　　　　朱洪超

机关党委

  书　记　　　　　　　　窦贤康（兼）
  常务副书记　　　　　　何淳宽（兼）
  副书记　　　　　　　　郑红群

学院、系、教学部党政负责人名单

少年班学院

  执行院长　　　　　　　陈　旸
  副院长　　　　　　　　尹　民　李震宇
  党总支书记　　　　　　尹　民
  党总支副书记　　　　　兰　荣

数学科学学院

  院　长　　　　　　　　马志明（兼）
  执行院长　　　　　　　李嘉禹
  副院长　　　　　　　　邓建松　李思敏　麻希南
  党总支书记　　　　　　邓建松
  党总支副书记　　　　　杨晓果

物理学院

  院　长　　　　　　　　欧阳钟灿（兼）
  执行院长　　　　　　　杜江峰
  副院长　　　　　　　　叶邦角　王冠中　陈向军　徐　宁
  党委书记　　　　　　　叶邦角
  党委副书记　　　　　　张增明

化学与材料科学学院
  院　　长　　　　　李　灿(兼)
  执行院长　　　　　杨金龙
  副院长　　　　　　葛学武　侯中怀　刘世勇　徐铜文
  党委书记　　　　　葛学武

工程科学学院
  院　　长　　　　　杜善义(兼)
  执行院长　　　　　陆夕云
  副院长　　　　　　刘明侯　吴恒安　倪　勇
  党委书记　　　　　刘明侯
  党委副书记　　　　赵　钢

信息科学技术学院
  名誉院长　　　　　吴一戎(兼)
  院　　长　　　　　吴　枫
  副院长　　　　　　陈卫东　王　永　徐正元　李厚强
  党委书记　　　　　陈卫东
  党委副书记　　　　谢　超

地球和空间科学学院
  院　　长　　　　　陈　颙(兼)
  执行院长　　　　　汪毓明
  副院长　　　　　　刘　斌　陈福坤　姚华建
  党总支书记　　　　刘　斌
  党总支副书记　　　吕冰涛

生命科学学院
  荣誉院长　　　　　张明杰(兼)
  执行院长　　　　　薛　天
  副院长　　　　　　魏海明　臧建业　胡　兵
  党总支书记　　　　魏海明
  党总支副书记　　　丁丽俐

计算机科学与技术学院
  院　　长　　　　　李国杰(兼)
  执行院长　　　　　陈华平
  副院长　　　　　　陈恩红　许胤龙
  党总支书记　　　　钱　海

管理学院
  名誉院长   周小川（兼）
  院 长   余玉刚
  副院长   曹威麟 胡太忠 杨锋
  党委书记   曹威麟
  党委副书记   芮 锋

人文与社会科学学院
  院 长   刘 钝（兼）
  党委书记   潘正祥

核科学技术学院
  院 长   万元熙（兼）
  执行院长   秦 宏
  副院长   叶民友 傅 鹏
  党总支书记   丁翠平

公共事务学院
  院 长   宋 伟
  副院长   李晓纲
  党总支书记   李晓纲

软件学院
  院 长   陈华平
  常务副院长   李 曦
  副院长   汪 炀
  党总支书记   尹 红

环境科学与光电技术学院
  执行院长   刘文清
  副院长   谢品华 翁宁泉

材料科学与工程学院
  院 长   杨 锐

上海研究院
  副院长   陈良高

苏州研究院
  执行院长   黄刘生

副院长　　　　　　　　　　李　彬　俞书宏
北京教学与管理部
　　　主　任　　　　　　　　　　胡岳东
　　　副主任　　　　　　　　　　冯　锋
先进技术研究院
　　　常务副院长　　　　　　　　陆守香
　　　党委副书记　　　　　　　　朱东杰
　　　院长助理　　　　　　　　　王　兵　陈　林
　　　副总工程师　　　　　　　　刘　文　李卫平
　　　总会计师　　　　　　　　　倪晋鹏
数学系
　　　主　任　　　　　　　　　　黄　文
　　　常务副主任　　　　　　　　王　毅
计算机与应用数学系
　　　主　任　　　　　　　　　　刘利刚
概率统计系
　　　主　任　　　　　　　　　　张土生
物理系
　　　主　任　　　　　　　　　　沈保根（兼）
　　　执行主任　　　　　　　　　林子敬
　　　党总支书记　　　　　　　　崔宏滨
近代物理系
　　　主　任　　　　　　　　　　韩　良
　　　党总支书记　　　　　　　　朱林繁
光学与光学工程系
　　　执行主任　　　　　　　　　周正威
　　　党总支副书记　　　　　　　张永生
天文学系
　　　执行主任　　　　　　　　　孔　旭
　　　党总支书记　　　　　　　　袁业飞
物理实验教学中心
　　　主　任　　　　　　　　　　张增明

党总支副书记　　　　　　浦其荣

化学物理系
　　主　任　　　　　　　　包信和（兼）
　　执行主任　　　　　　　胡水明
　　党总支书记　　　　　　闫立峰

材料科学与工程系
　　主　任　　　　　　　　吴以成（兼）
　　执行主任　　　　　　　杨上峰
　　党总支书记　　　　　　刘伟丰

化学实验教学中心
　　主　任　　　　　　　　朱平平

化学系
　　主　任　　　　　　　　洪茂椿（兼）
　　执行主任　　　　　　　邓兆祥
　　党总支书记　　　　　　虞正亮

高分子科学与工程系
　　主　任　　　　　　　　王利祥（兼）
　　执行主任　　　　　　　罗开富
　　党总支书记　　　　　　何卫东

分子生物学与细胞生物学系
　　主　任　　　　　　　　周丛照

神经生物学与生物物理学系
　　主　任　　　　　　　　毕国强

系统生物学系
　　主　任　　　　　　　　吴家睿（兼）
　　执行主任　　　　　　　刘海燕

医药生物技术系
　　主　任　　　　　　　　裴瑞卿（兼）
　　执行主任　　　　　　　肖卫华

生命科学实验教学中心
　　主　任　　　　　　　　赵　忠

近代力学系
- 主　任　　　丁　航
- 党总支书记　赵　凯

精密机械与精密仪器系
- 主　任　　　徐晓嵘
- 党总支书记　邓伟平

热科学和能源工程系
- 主　任　　　裴　刚
- 党总支书记　胡　芃（兼）

电子工程与信息科学系
- 主　任　　　吴一戎（兼）
- 执行主任　　俞能海
- 党总支书记　谭　勇

自动化系
- 主　任　　　王东琳（兼）
- 副主任（主持工作）　凌　强
- 党总支书记　郑　烇（兼）

电子科学与技术系
- 主　任　　　叶甜春（兼）
- 执行主任　　邱本胜
- 党总支书记　陈　香

信息安全专业
- 执行主任　　胡红钢

地球物理与行星科学技术系
- 主　任　　　陆全明

地球化学与环境科学系
- 主　任　　　周根陶

工商管理系
- 主　任　　　洪　进

管理科学系
- 主　任　　　吴　杰

统计与金融系
  执行主任   张伟平

人文社科基础教学中心
  主　任   孙　蓝

科技史与科技考古系
  主　任   刘　钝（兼）
  执行主任   石云里

科技传播与科技政策系
  主　任   周荣庭

外语系
  常务副主任   汪　滔
  党总支书记   徐守平

马克思主义理论教学研究部
  常务副主任   汤俪瑾

人文素质教学研究部
  主　任   孔　燕

科技哲学教学研究部
  主　任   徐　飞

体育教学部
  主　任   曾　文

重点科研机构负责人名单

国家同步辐射实验室
  主　任   陆亚林
  副主任   田扬超　张国斌　王　琳
  党总支书记   田扬超

合肥微尺度物质科学国家实验室（筹）
  常务副主任   罗　毅

副主任　　　　　　　　　鲁　非　陈　旸（兼）　王　兵（兼）
　　党总支书记　　　　　　　王　兵

语音及语言信息处理国家工程实验室

　　副主任　　　　　　　　　戴礼荣　陈恩红

火灾科学国家重点实验室

　　主　任　　　　　　　　　张和平
　　副主任　　　　　　　　　孙金华　刘乃安
　　党总支书记　　　　　　　宋卫国

核探测与核技术国家重点实验室

　　副主任　　　　　　　　　安　琪

国家高性能计算中心（合肥）

　　副主任　　　　　　　　　许胤龙

量子信息与量子科技前沿协同创新中心

　　主　任　　　　　　　　　潘建伟

大尺度火灾国际联合研究中心

　　主　任　　　　　　　　　刘乃安

中国科学院量子信息与量子科技前沿卓越创新中心

　　主　任　　　　　　　　　潘建伟

中国科学院合肥大科学中心

　　联络人　　　　　　　　　陆亚林

合肥物质科学技术中心

　　副主任　　　　　　　　　陆亚林

未来网络实验室

　　主　任　　　　　　　　　吴　枫
　　执行主任　　　　　　　　张云飞

其他单位负责人名单

公共实验中心

  主　任　　　　　　　　鲁　非
  副主任　　　　　　　　陈　伟
  副主任　　　　　　　　朱霁平

图书馆

  常务副馆长　　　　　　田乐胜
  副馆长　　　　　　　　汪忠诚　宁　劲
  直属党支部书记　　　　汪忠诚

网络信息中心

  主　任　　　　　　　　李　京
  副主任　　　　　　　　张焕杰　徐　兵

档案馆

  馆　长　　　　　　　　刘　明
  副馆长　　　　　　　　方黑虎

博物馆

  馆　长　　　　　　　　张居中

出版社

  常务副社长　　　　　　伍传平
  副社长　　　　　　　　张春瑾
  总编辑　　　　　　　　高哲峰
  副总编辑　　　　　　　李攀峰

医　院

  副院长　　　　　　　　王建强
  直属党支部书记　　　　夏炳乐

中科大资产经营有限责任公司

  董事长　　　　　　　　王　兵
  党总支书记　　　　　　杨定武
  总经理　　　　　　　　应　勇

中国科学技术大学教育基金会
  副理事长兼财务总监 尹登泽
  副理事长兼秘书长   郭胜利

附属中学
  校 长   李 蓓
  副校长   蔡婉若 张峻菡
  党总支书记   方文琴

企业工作委员会
  书 记   苏 俊

饮食服务集团
  副总经理   顾 韬（主持工作） 徐 燕

后勤党总支
  副书记   顾 韬

能源保障中心
  主 任   魏宏刚

修缮服务中心
  主 任   夏益林

环卫服务中心
  主 任   邓保健

电信服务中心
  主 任   郝敬安

劳动服务公司
  总经理   蔡兆雄

接待中心
  总经理   杨 拓
  副总经理   吴 伟 金蒙菲

汽车队
  队 长   杨梅生

各类委员会(非常设机构)及其成员名单

学位委员会

(校学位字〔2014〕224号,《中国科学技术大学学位评定委员会章程》)

主 任 委 员：万立骏
副主任委员：潘建伟
秘 书 长：张淑林
委　　员（按姓氏笔画排序）：
　　万元熙　万宝年　王　水　古继宝　石云里　田志刚　匡光力
　　朱清时　伍小平　刘文清　齐　飞　杜江峰　李嘉禹　李曙光
　　杨金龙　吴　枫　何多慧　余玉刚　汪毓明　宋　伟　张文逸
　　张和平　张家铝　张裕恒　陆夕云　陆亚林　陈发来　陈华平
　　陈国良　陈昶乐　陈晓非　范维澄　罗　毅　周又元　周丛照
　　郑永飞　赵政国　俞昌旋　施蕴渝　姚华建　秦　宏　袁军华
　　钱逸泰　徐　宁　郭光灿　黄刘生　龚知本　谢　毅　薛　天

第八届学位评定分委员会

(校学位字〔2015〕39号)

数学学科学位分委员会

主　　任：李嘉禹
副主任：胡太忠
委　　员：邓建松　叶向东　任广斌　李思敏　杨亚宁　吴耀华　陈　卿　陈发来
　　　　欧阳毅　胡　森　郭文彬　麻希南

物理与天文学科学位分委员会

主　　任：杜江峰
副主任：徐　宁
委　　员：孔　旭　邓友金　叶邦角　张家铝　陈向军　林子敬　金　革　周又元
　　　　周正威　周先意　郑　坚　赵政国　俞昌旋　袁军华　郭光灿　韩　良
　　　　韩正甫

化学与材料学科学位分委员会

主　　任：杨金龙
副主任：刘世勇　俞汉青

委　　员：刘扬中　张兴元　陈春华　武晓君　胡水明　龚流柱　梁高林　葛学武
　　　　　谢　毅　熊宇杰

地学与环境学科学位分委员会

主　　任：郑永飞
副主任：汪毓明
委　　员：王　水　刘　斌　刘桂建　李　锐　肖益林　吴小平　陆全明　陈晓非
　　　　　陈福坤　姚华建　傅云飞　谢周清　窦贤康

生命科学学科学位分委员会

主　　任：施蕴渝
副主任：薛　天
委　　员：史庆华　光寿红　刘海燕　吴　缅　张华凤　陈　林　周荣斌　赵　忠
　　　　　胡　兵　臧建业　魏海明

力学与工程学科学位分委员会

主　　任：伍小平
副主任：陆夕云
委　　员：丁　航　刘乃安　刘明侯　吴恒安　张和平　竺长安　倪　勇　徐晓嵘
　　　　　褚家如　裴　刚

电子信息与计算机学科学位分委员会

主　　任：吴　枫
委　　员：卫　国　王　永　刘发林　许胤龙　李厚强　邱本胜　汪增福　陈华平
　　　　　陈恩红　林福江　周学海　洪佩琳　殷保群　黄刘生

核科学与技术学科学位分委员会

主　　任：万元熙
副主任：韦世强
委　　员：万宝年　叶民友　田扬超　刘功发　齐　飞　李为民　何多慧　张国斌
　　　　　陆亚林　陈红丽　秦　宏　盛六四　傅　鹏

管理科学与工程学科学位分委员会

主　　任：余玉刚
副主任：杨　锋
委　　员：丁栋虹　王荣森　古继宝　刘志迎　杨亚宁　吴　杰　吴　强　吴耀华
　　　　　张曙光　赵定涛　胡太忠　曹威麟

公共管理与人文学科学位分委员会

主　　任：宋　伟

副主任：石云里

委　员：古继宝　史玉民　刘桂建　杨海滨　汪明生　张淑林　陈晓剑　金正耀
　　　　周荣庭　崔海建　屠　兢　曾建雄　褚建勋　潘正祥

微尺度国家实验室学位分委员会

主　任：罗　毅

副主任：王　兵　毕国强

委　员：石　磊　杨金龙　陆朝阳　陈　旸（兼）　林子敬　俞书宏

科学岛分院学位分委员会

主　任：匡光力

副主任：万宝年

委　员：万元熙　王英俭　王俊峰　王儒敬　傅　鹏　刘文清　孙玉平　吴李君
　　　　吴宜灿　吴海信　宋云涛　张忠平　张裕恒　孟国文　龚知本　曾　雄
　　　　谢品华

管理人文类专业学位学位分委员会

主　任：古继宝

副主任：余玉刚　宋　伟

委　员：石云里　刘　庭　孙　蓝　杨　辉　吴耀华　张圣亮　罗　彪　周荣庭
　　　　周朝生　赵定涛　黄攸立　曹威麟　臧武芳

工程类专业学位学位分委员会

主　任：黄刘生

副主任：陈华平

委　员：王文楼　叶民友　许立新　邱本胜　何陵辉　张和平　陈恩红　季　杰
　　　　季海波　竺长安　俞能海　黄建华　屠　兢　滕脉坤

专业学位教育中心管理委员会
(校学位字〔2014〕189号)

主　任：张淑林

副主任：余玉刚　陈华平

委　员（按姓氏笔画排序）：
　　　　王　永　古继宝　李　彬　宋　伟　余玉刚　张淑林　陈华平　周荣庭
　　　　倪　瑞　黄素芳　屠　兢　褚家如

管理人文类和工程类专业学位研究生教育指导委员会
(校学位字〔2014〕190号)

管理人文类专业学位教育指导委员会

主　　任：余玉刚

副主任：宋　伟

委　员（按姓氏笔画排序）：

万洪英　古继宝　石云里　叶五一　孙　蓝　杨　辉　宋　伟　余玉刚
张圣亮　陈　伟　罗　彪　周荣庭　周朝生　赵定涛　屠　兢　臧武芳

工程类专业学位教育指导委员会

主　　任：陈华平

副主任：刘发林

委　员（按姓氏笔画排序）：

万洪英　王文楼　王　永　古继宝　叶民友　李　曦　刘发林　杨立中
陈华平　陈　伟　陈恩红　竺长安　骆敏舟　屠　兢

学术委员会
(校科字〔2015〕8号)

主任委员：何多慧

副主任委员（按姓氏笔画排序）：

万元熙　赵政国

秘　书　长：朱长飞

委　　员（按姓氏笔画排序）：

丁　航　卫　国　王　水　王　兵　王官武　王挺贵　叶向东
田志刚　毕国强　朱清时　伍小平　刘万东　刘文清　齐　飞
孙金华　严以京　李厚强　李曙光　吴　杰　吴　缅　张振宇
张家铝　张裕恒　陆亚林　陈仙辉　陈发来　陈宇翱　陈国良
陈晓非　陈恩红　罗　毅　季　杰　周又元　郑永飞　俞汉青
俞昌旋　施蕴渝　钱逸泰　徐　飞　徐正元　郭光灿　黄刘生
麻希南　谢　毅　廉哲雄　窦贤康　潘建伟

教学委员会
(校教字〔2014〕230号、校教字〔2015〕162号)

主　　任：万立骏

副 主 任：陈初升
秘 书 长：周丛照
委　　员（按姓氏笔画排序）：
丁泽军　卢建新　古继宝　石云里　刘　斌　刘发林　刘明侯
刘海燕　毕国强　李卫平　杨亚宁　杨基明　汪志勇　陈　卿
陈发来　陈春华　周正威　周学海　林铭章　胡水明　赵政国
顾乃杰　高　琛　崔海建　黄　文　龚兴龙　蒋　一　谢周清

顾问委员（按姓氏笔画排序）：
孙立广　朱近康　朱栋培　何天敬　吴清松　宋光天　施蕴渝
程福臻　缪柏其

关心下一代工作委员会
(党办字〔2015〕20号)

主　　任：蒋　一
副主任：鹿　明
成　　员（按姓氏笔画排序）：
于天顺　王泽普　方文琴　尹　民　厉　洪　刘　艳　何淳宽　汪晓莲
陈　香　张　平　张　静　张利华　袁　洁　黄吉虎　董　雨

校关工委办公室设在离退休干部工作办公室。

党建与思想政治工作研究会第一届理事会
(党办字〔2015〕34号)

会长兼理事长：许　武
副会长兼理事长：窦贤康　叶向东　陈晓剑　蒋　一
理　　　　事（按姓氏笔画排序）：
王　兵　方文琴　尹　民　尹　红　邓建松　叶民友　叶向东
叶邦角　田扬超　朱东杰　刘　艳　刘　斌　刘天卓　刘仲林
刘明侯　许　武　苏　俊　李　彬　李晓纲　杨定武　何淳宽
汪忠诚　汪银生　宋卫国　张　平　张　玲　陈卫东　陈晓剑
罗喜胜　周丛照　周建新　郑红群　赵永飞　洪　军　夏炳乐
顾　韬　钱　海　黄超群　曹威麟　龚流柱　屠　兢　葛学武
董　雨　蒋　一　蒋家平　傅　瑶　窦贤康　褚家如　潘正祥
魏海明

秘　书　长：郑红群　汪银生

校档案工作委员会

(校办字〔2015〕5号、校办字〔2015〕142号)

主　　任：万立骏
副主任：陈晓剑
成　　员(按姓氏笔画排序)：
　　　　王　兵　伍传平　刘　明　刘天卓　阮文川　李　京　何淳宽　宋　伟
　　　　张鹏飞　陆亚林　罗喜胜　周　密　周丛照　黄素芳　屠　兢　董　雨
　　　　蒋家平　傅　尧　褚家如

委员会下设办公室，挂靠档案馆，刘明同志兼任办公室主任。

校计划生育协会

(校办字〔2015〕15号)

会　　　长：许　武
常务副会长：周先意
副　会　长：褚家如　龚流柱　夏炳乐
会　　　员(按姓氏笔画排序)：
　　　　王　兵　方文琴　尹　民　尹　红　邓建松　叶民友　叶邦角
　　　　田扬超　刘明侯　刘　艳　刘　斌　何淳宽　宋卫国　李　京
　　　　李　彬　李晓纲　杨定武　汪忠诚　陈卫东　洪　军　钱　海
　　　　顾　韬　曹威麟　葛学武　潘正祥　魏海明

校计划生育协会下设办公室，挂靠校医院，夏炳乐同志兼任办公室主任。

国际合作交流专家委员会

(校办字〔2015〕20号)

主　　　　任：许　武
区域校长代表(按姓氏笔画排列)：
　　欧洲事务代表：万元熙　赵政国
　　北美事务代表：李卫平　张　捷　陆亚林
　　日本事务代表：杨　杰
成　　　　员(按姓氏笔画排列)：
　　　　古继宝　杜江峰　杨金龙　李嘉禹　吴　枫　余玉刚　宋　伟
　　　　汪毓明　张振宇　张梦萍　陆夕云　陆守香　陈华平　陈秀雄
　　　　陈初升　罗　毅　罗喜胜　周　密　周正凯　周丛照　周荣庭
　　　　蒋　一　蒋家杰　褚家如　薛　天

校优秀人才引进学术委员会

(校人字〔2015〕70号)

主　任：万立骏

委　员（按姓氏笔画排序）：

万元熙　王　水　朱清时　伍小平　许　武　杜江峰　李嘉禹　李曙光
杨金龙　吴　枫　何多慧　余玉刚　汪毓明　张和平　张家铝　张裕恒
陆夕云　陆亚林　陈　旸　陈华平　陈初升　陈国良　范维澄　罗　毅
周又元　郑永飞　赵政国　俞昌旋　施蕴渝　秦　宏　钱逸泰　徐正元
郭光灿　谢　毅　窦贤康　褚家如　潘建伟　薛　天

校管理岗位设置与聘用委员会

(校人字〔2015〕71号)

主　任：窦贤康

委　员（按姓氏笔画排序）：

叶邦角　何淳宽　余玉刚　吴　枫　张鹏飞　杨金龙　陆夕云
陈　旸　黄素芳　董　雨　褚家如　薛　天

校支撑岗位设置与聘用委员会

(校人字〔2015〕72号)

主　任：窦贤康

委　员（按姓氏笔画排序）：

王　永　王　兵　王晓平　田扬超　孙金华　陆朝阳　陈向军
周丛照　罗喜胜　侯中怀　屠　兢　谢　毅　鲁　非　褚家如

校养老保险制度改革领导小组及工作小组

(校人字〔2015〕104号)

领导小组

组　长：许　武　万立骏
副组长：窦贤康　潘建伟
成　员：叶向东　黄素芳　何淳宽　褚家如

工作小组

组　　长：褚家如

成　　员：刘　明　洪　军　刘　艳　章　晨　梁宏飞　李方元　李　荣　阮迪利
　　　　　朱　波

质量工程项目、振兴计划项目检查验收领导组、专家组和工作组
(校教字〔2015〕213号)

项目检查验收领导组

组　　长：万立骏

副组长：陈初升

成　　员(按姓氏笔画排序)：

　　　　王　永　尹　民　叶友明　刘乃安　刘天卓　孙　蓝　李思敏　陈恩红
　　　　吴恒安　周丛照　侯中怀　胡太忠　姚华建　徐　宁　黄素芳　蒋　一

项目检查验收专家组

组　　长：陈初升

成　　员(按姓氏笔画排序)：

　　　　朱士信(合肥工业大学)　　刘　斌　孙腊珍　陈　卿
　　　　陈翌庆(合肥工业大学)　　李　斌　张增明　岳丽华
　　　　席贻龙(安徽师范大学)　　顾乃杰　高　琛　梁祥君(安徽省教育厅)
　　　　储常连(安徽省教育厅)　　程福臻　缪柏其　薛照明(安徽大学)

项目检查验收工作组

组　　长：周丛照

成　　员：汤家骏　马运生　杨　凡　秦　进　张　晖　李　晶　王晓燕

2015级本科生军训团
(校学字〔2015〕121号)

团　　　长：聂　磊(中国科学技术大学)

政　　　委：张　平(中国科学技术大学)

副 团 　长：张永久(中国人民解放军电子工程学院)

副 政 　委：李　峰　赵　林　倪晓玉(中国科学技术大学)

参 谋 　长：赵　伟(电子工程学院)

一营营长：卢　波(电子工程学院)

一营教导员：何卫东（中国科学技术大学）
二营营长：荣宝斌（电子工程学院）
二营教导员：赵　刚（中国科学技术大学）

军训团下设办公室，肖厚勇同志任办公室主任，人员由学生工作部（处）、校团委派出、组成。

校科普工作领导小组
(校科字〔2015〕68号)

组　长：朱长飞　蒋　一
成　员（按姓氏笔画排序）：
　　　　王挺贵　刘天卓　张　平　张和平　张居中　陆亚林　周丛照　罗喜胜
　　　　洪　军　顾　韬　傅　尧　董　雨　蒋家平

公共实验中心管理委员会
(校研字〔2015〕2号)

主　任：张淑林
副主任：王晓平　黄素芳　鲁　非　陈　伟
委　员（按姓氏笔画排序）：
　　　　古继宝　刘文奇　张鹏飞　李　京　罗喜胜　胡　兵　黄　鲁　屠　兢
　　　　褚家如　翟　超

校毕业生就业工作指导委员会
(校招就字〔2015〕214号)

主　任：万立骏
副主任：陈初升　蒋　一
委　员（按姓氏笔画排序）：
　　　　周丛照　洪　军　屠　兢　董　雨　傅　尧　魏　英

校财务工作领导小组
(校财字〔2015〕63号)

组　长：万立骏
成　员：许　武　黄素芳

校预算工作小组
(校财字〔2015〕65号)

组　　　长：万立骏
副组长（常务）：黄素芳
成　　　员（按姓氏笔画排序）：
　　　　丁望斌　阮文川　陆夕云　陈华平　陆守香　杜江峰　杨金龙
　　　　张鹏飞　周丛照　罗喜胜　俞向群　屠　兢　鲁　非　董　雨
　　　　褚家如

校教育收费工作领导小组
(校财字〔2015〕119号)

组　　长：万立骏
副组长：陈初升（常务）　张淑林　黄素芳
成　　员（按姓氏笔画排序）：
　　　　丁望斌　张鹏飞　章　晨　屠　兢　蒋　一　傅　尧　董　雨

校定密工作小组
(校密字〔2015〕9号)

组　　长：朱长飞
副组长：刘天卓　罗喜胜
成　　员（按姓氏笔画排序）：
　　　　王东进　叶向东　李　京　陆守香　陈卫东　陈晓非　陈增兵　龚兴龙
　　　　韩正甫　薛向辉

校安全工作委员会
(校保字〔2015〕153号)

主　任：许　武　万立骏
成　员：窦贤康　潘建伟　叶向东　陈初升　张淑林　陈晓剑　周先意　朱长飞
　　　　蒋　一　王晓平　黄素芳
委员会下设工作小组，负责安全工作具体实施，工作小组组成人员如下：
组　　长：周先意
成　　员（按姓氏笔画排序）：
　　　　王　兵　王建强　叶邦角　田扬超　阮文川　刘天卓　汤家骏　李　京

张和平　张宪锋　何淳宽　张鹏飞　罗喜胜　洪　军　顾　韬　章　晨
　　　　　　黄超群　屠　兢　董　雨　葛学武　蒋家平　褚家如　魏海明

工作小组下设办公室，办公室设在保卫与校园管理处，张宪锋同志任办公室主任。

校办公用房清理整改工作领导小组
(校产字〔2015〕44号)

组　　长：许　武
副组长：窦贤康　叶向东　陈晓剑　周先意
成　　员(按姓氏笔画排序)：
　　　　　丁望斌　刘天卓　何淳宽　张鹏飞　黄超群　褚家如

领导小组下设办公用房清理整改工作办公室，办公室挂靠资产与后勤保障处。

第九届教代会第二次会议有关机构

主席团

　　许　武　万立骏　窦贤康　潘建伟　叶向东　陈初升　张淑林　陈晓剑　周先意
　　朱长飞　蒋　一　王晓平　黄素芳　龚流柱　史明瑛　李群祥　褚家如　王　永
　　刘万东　李　平　闫立峰　李震宇　杨基明　孙金华　张世武　王　刚　安　虹
　　魏海明　朱仁斌　杨　锋　陆亚林　汪忠诚　张焕杰　顾　韬　李　蓓　夏炳乐
　　董　雨　朱霁平　张　平

常务主席

　　蒋　一

常务副主席

　　许　武　万立骏　窦贤康　潘建伟　叶向东　陈初升　张淑林　陈晓剑　周先意
　　朱长飞　王晓平　黄素芳　龚流柱　史明瑛　李群祥　褚家如　王　永

秘书长

　　龚流柱

副秘书长

　　史明瑛

第一次大会执行主席

　　许　武　万立骏　潘建伟　陈初升　周先意　蒋　一　黄素芳　龚流柱　褚家如

第二次大会执行主席

　　窦贤康　叶向东　张淑林　陈晓剑　朱长飞　王晓平　史明瑛　李群祥　王　永

提案工作委员会

主 任 委 员：李群祥

副主任委员：张鹏飞　李　静

委　　　员（按姓氏笔画排序）：

丁翠平　安　虹　李　静　李群祥　张鹏飞　周　鹏　胡水明
宣本金　柴　松　徐庶民　黄丽华

劳动保障与福利工作委员会

主 任 委 员：褚家如

副主任委员：黄素芳　史明瑛

委　　　员（按姓氏笔画排序）：

史明瑛　兰　荣　宋　策　倪向贵　徐　燕　黄素芳　崔宏滨
斯　俊　谢　超　褚家如　臧武芳

发展与规划工作委员会

主 任 委 员：王　永

副主任委员：刘天卓　龚流柱

委　　　员（按姓氏笔画排序）：

丁兆君　王　永　朱仁斌　伍传平　刘天卓　刘志迎　张增明
胡　源　龚流柱　熊宇杰

担任各级人大代表、政协委员以及各民主党派重要职务等人员名单

第十二届全国人大代表

侯建国　郑永飞

第十二届全国政协委员

牛立文　潘建伟

安徽省第十二届人大代表

陈晓剑

安徽省第十一届政协委员

牛立文（副主席、常委）　潘建伟（常委）　杨金龙（常委）　俞书宏　陈乾旺（常委）
陈初升（常委）　齐　飞　韦世强（常委）　叶向东　张　玲（特邀）　郑永飞（常委）

王　永　谢　毅　周先稠　王　兵　程晓舫　徐铜文

合肥市第十五届人大代表	孙　汭　余　彦
合肥市第十三届政协委员	程晓舫(副主席、常委)　田长麟(常委)　何陵辉
蜀山区第三届人大代表	岳丽华　应雨桐(学生)
蜀山区第三届政协委员	李　毅(常委)　周先稠
包河区第三届人大代表	朱平平　贺成浩(学生)
包河区第三届政协委员	陈家富(副主席、常委)
安徽省人民政府参事	孙立广　赵政国
中国民主同盟第十一届中央常委、安徽省第十二届委员会主任委员	郑永飞
中国农工民主党第十五届中央委员会常委、安徽省第十届委员会主任委员	牛立文
中国农工民主党安徽省第十届委员会副主任委员	杨金龙
九三学社第十三届中央常委、安徽省第十届委员会副主任委员	潘建伟
九三学社安徽省第十届委员会副主任委员	陈乾旺
中国国民党革命委员会安徽省第十二届委员会委员	周先稠
中国民主同盟安徽省第十二届委员会委员	齐　飞
中国民主促进会安徽省第七届委员会委员	李　毅
中国致公党安徽省第五届委员会常委	程晓舫
中国致公党安徽省第五届委员会委员	俞书宏
九三学社安徽省第十届委员会委员	王　永
安徽省无党派知识分子联谊会第二届理事会副会长	陈初升
中国致公党合肥市第四届委员会主任委员	程晓舫
中国国民党革命委员会科大支部主委	汤家骏
中国民主同盟科大总支主委	王挺贵
中国民主建国会科大支部主委	徐铜文
中国民主促进会科大支部主委	何陵辉
中国农工民主党科大支部主委	董振超
中国致公党科大支部主委	俞书宏
九三学社科大基层委员会主委	王　永
校无党派知识分子联谊会会长	陈初升
中国侨联副主席	万立骏
安徽省侨联副主席	叶向东
校侨联主席	汪　箭

八、学科专业

本 科 专 业

（共 37 个）

学 院 名 称	学 院 所 含 系	学 院 所 含 专 业	专 业 代 码
数学科学学院 (001)	数学系(45系) 计算与应用数学系(46系) 概率统计系(47系)	数学与应用数学 信息与计算科学	070101(理) 070102(理)
物理学院 (203)	物理系(2系) 近代物理系(4系) 天文学系(22系) 光学与光学工程系(38系)	物理学 应用物理学 天文学 光电信息科学与工程	070201(理) 070202(理) 070401(理) 080705(理)
化学与 材料科学学院 (206)	化学物理系(3系) 材料科学与工程系(14系) 化学系(19系) 高分子科学与工程系(20系)	化学 材料物理 材料化学 高分子材料与工程	070301(理) 080402(理) 080403(理) 080407(工)
生命科学学院 (207)	分子生物学与细胞生物学系(8系) 神经生物学与生物物理学系(21系) 系统生物学系(31系) 医药生物技术系(32系)	生物科学 生物技术	071001(理) 071002(理)
地球和 空间科学学院 (208)	地球物理与行星科学技术系 地球化学与环境科学系	地球物理学 地球化学 大气科学 环境科学	070801(理) 070902(理) 070601(理) 082503(理)
工程科学学院 (209)	近代力学系(5系) 精密机械与精密仪器系(9系) 热科学和能源工程系(13系) 安全科学与工程系(30系)	理论与应用力学 机械设计制造及其自动化 测控技术与仪器 能源与动力工程 安全工程	080101(理) 080202(工) 080301(工) 080501(工) 082901(工)
核科学技术学院 (214)		核工程与核技术	082201(工)
信息 科学技术学院 (210)	电子工程与信息科学系(6系) 自动化系(10系) 电子科学与技术系(23系)	电子信息工程 通信工程 自动化 电子科学与技术 信息安全	080701(工) 080703(工) 080801(工) 080702(工) 080904K(工)
计算机科学与 技术学院 (215)	计算机科学与技术系(11系)	计算机科学与技术 软件工程	080901(工) 080902(工)

续表

学院名称	学院所含系	学院所含专业	专业代码
管理学院 (204)	工商管理系(15系) 管理科学系(16系) 统计与金融系(17系)	管理科学 信息管理与信息系统 金融学 工商管理 统计学	120101(管) 120102(管) 020301K(经) 120201K(管) 071201(理)
人文与 社会科学学院 (211)	外语系(18系) 科技史与科技考古系(24系) 科技传播与科技政策系(25系)	英语 传播学 考古学	050201(文) 050304(文) 060103(史)

一级学科博士、硕士学位授权点

序号	学科门类代码名称	一级学科代码	一级学科名称	授权类型
1	01 哲学	0101	哲学	博士
2	02 经济学	0202	应用经济学	硕士
3	03 法学	0301	法学	硕士
4	05 文学	0503	新闻传播学	硕士
5	07 理学	0701	数学	博士
6		0702	物理学	博士
7		0703	化学	博士
8		0704	天文学	博士
9		0706	大气科学	硕士
10		0708	地球物理学	博士
11		0709	地质学	博士
12		0710	生物学	博士
13		0712	科学技术史	博士
14		0713	生态学	博士
15		0714	统计学	博士

续表

序 号	学科门类代码名称	一级学科代码	一级学科名称	授权类型
16	08 工学	0801	力学	博士
17		0803	光学工程	硕士
18		0804	仪器科学与技术	博士
19		0805	材料科学与工程	博士
20		0807	动力工程及工程热物理	博士
21		0809	电子科学与技术	博士
22		0810	信息与通信工程	博士
23		0811	控制科学与工程	博士
24		0812	计算机科学与技术	博士
25		0827	核科学与技术	博士
26		0830	环境科学与工程	博士
27		0831	生物医学工程	博士
28		0835	软件工程	博士
29		0837	安全科学与工程	博士
30		0839	网络空间安全	博士
31	12 管理学	1201	管理科学与工程	博士
32		1202	工商管理	博士
33		1204	公共管理	硕士

专业学位授权点

序号	类别	专业代码（工程领域代码）	专业名称（工程领域名称）
1	0251	025100	金融
2	0252	025200	应用统计
3	0351	035100	法律
4	0354	035400	国际商务
5	0551	055100	翻译
6	0552	055200	新闻与传播

续表

序号	类别	专业代码(工程领域代码)	专业名称(工程领域名称)
7	0651	065100	文物与博物馆
8	0852(工程)	085201	机械工程
		085202	光学工程
		085203	仪器仪表工程
		085204	材料工程
		085206	动力工程
		085208	电子与通信工程
		085209	集成电路工程
		085210	控制工程
		085211	计算机技术
		085212	软件工程
		085216	化学工程
		085217	地质工程
		085224	安全工程
		085226	核能与核技术工程
		085229	环境工程
		085230	生物医学工程
		085238	生物工程
		085239	项目管理
		085240	物流工程
9	1251	125100	工商管理
			高级管理人员工商管理硕士(EMBA)
10	1252	125200	公共管理
11	1256	125600	工程管理

注:另有高等学校教师在职攻读硕士学位(发科学学位证书)。

国家级重点学科

一级学科国家重点学科

序 号	学 科 代 码	学 科 名 称
1	0701	数学
2	0702	物理学
3	0703	化学
4	0708	地球物理学
5	0710	生物学
6	0712	科学技术史
7	0801	力学
8	0827	核科学与技术

二级学科国家重点学科

序 号	学 科 代 码	学 科 名 称
1	070401	天体物理
2	070902	地球化学
3	081001	通信与信息系统
4	081202	计算机软件与理论

国家重点培育学科

序 号	学 科 代 码	学 科 名 称
1	081903	安全技术及工程
2	120100	管理科学与工程

安徽省重点学科

序 号	学 科 代 码	学 科 名 称
1	0101	哲学
2	0704	天文学
3	0709	地质学
4	0713	生态学
5	0714	统计学
6	0803	光学工程
7	0804	仪器科学与技术
8	0805	材料科学与工程
9	0807	动力工程及工程热物理
10	0809	电子科学与技术
11	0810	信息与通信工程
12	0811	控制科学与控制工程
13	0812	计算机科学与技术
14	0830	环境科学与工程
15	0831	生物医学工程
16	0835	软件工程
17	1202	工商管理
18	1204	公共管理

博士后科研流动站学科

（共 20 个）

序号	学 科	专 业
1	数学	基础数学、计算数学、概率论与数理统计、应用数学、运筹学与控制论
2	物理学	凝聚态物理、光学、理论物理、粒子物理与原子核物理、等离子体物理、声学、原子与分子物理

续表

序号	学　科	专　业
3	化学	无机化学、分析化学、物理化学(含:化学物理)、有机化学、高分子化学与物理
4	天文学	天体物理
5	地球物理学	固体地球物理学、空间物理学、空间环境科学
6	地质学	地球化学
7	生物学	神经生物学、遗传学、细胞生物学、生物化学与分子生物学、生物物理学
8	科学技术史	科学技术史
9	力学	固体力学、流体力学、工程力学、工程安全与防护技术、材料力学与设计
10	材料科学与工程	材料物理与化学、材料学、材料加工工程
11	动力工程及工程热物理	工程热物理、热能工程、动力机械及工程、流体机械及工程、制冷机低温工程、化工过程机械
12	电子科学与技术	物理电子学、电路与系统、微电子学与固体电子学、电磁场与微波技术
13	信息与通信工程	通信与信息系统、信号与信息处理
14	控制科学与工程	模式识别与智能系统、控制理论与控制工程
15	计算机科学与技术	计算机系统结构、计算机软件与理论、计算机应用技术、信息安全
16	核科学与技术	核技术及应用、同步辐射及应用、核能科学与工程
17	管理科学与工程	商务智能、评估系统工程、金融工程、传媒管理
18	环境科学与工程	环境科学、环境工程
19	矿业工程	安全技术及工程
20	仪器科学与技术	精密仪器及机械

中国科大进入ESI前1%学科

（共10个）

	数学	物理	化学	材料科学	地球科学	生物/生化	临床医学	环境/生态学	工程学	计算机科学
被引总数	5626	127691	118606	40848	16012	15243	3871	5249	25830	6105
论文总数	1238	10571	7240	2910	1156	1028	305	398	3267	1194
篇均被引	4.54	12.08	16.38	14.04	13.85	14.83	12.69	13.19	7.91	5.11

续表

	数学	物理	化学	材料科学	地球科学	生物/生化	临床医学	环境/生态学	工程学	计算机科学
篇均被引 C9 排名	3	2	3	3	2	1	1	2	2	1
世界篇均被引	4.14	11	13.28	10.17	11.62	16.91	12.95	12.69	6.44	5.75

九、教学与人才培养

各类学生人数

（2015年12月）

单位：人

类别		毕业生数	招生数	在校学生数
研究生	合　计	4307	5905	17077
	博士生	1037	1305	4189
	硕士生	3270	4600	12888
本科生	合　计	1714	1859	7408
其他学生	网络教育专升本（合计）	161	67	842
总　计		6182	7831	25327

备注：本科生学生人数统计截止时间为2015年9月。

本科学生人数

（2015年9月）

单位：人

类别 项目	毕业生数	在校学生数
总　计	1714	7408
经济学	51	160
文学	20	36
管理学	44	96
理学	873	3779
工学	726	3337

硕士研究生人数

(2015 年 12 月)

单位：人

类　　别	毕业生数	授予学位数	招生数		在校学生数			
			合计	其中应届	合　计	一年级	二年级	三年级
总　　计	3270	3221	4600	2100	12888	4600	4320	3968
其中：女	1016	1007	1489	1011	3952	1489	1329	1134
学术型学位硕士	911	910	1990	1990	5003	1990	1912	1101
其中：女	317	316	668	640	1705	668	630	407
专业学位硕士	2359	2311	2610	110	7885	2610	2408	2867
其中：女	699	691	821	26	2247	821	699	727

博士研究生人数

(2015 年 12 月)

单位：人

类　　别	毕业生数	授予学位数	招生数		在校学生数			
			合计	其中应届	合　计	一年级	二年级	三年级
总　　计	1037	1023	1305	1144	4189	1305	1366	1518
其中：女	270	266	325	283	1088	325	326	437
学术型学位博士	1021	1013	1287	1144	4141	1287	1346	1508
其中：女	267	266	319	283	1081	319	326	436
专业学位博士	16	10	18	0	48	18	20	10
其中：女	3	0	6	0	7	6	0	1

继续教育学生人数

(2015年12月)

单位：人

类别 项目	毕业生数	招生数	在校学生数
网络教育专升本	161	67	842

接收外国留学生情况

单位：人(人次)

类别		毕(结)业生数	授予学位数	招生数	在校学生数					
					合计	第一年	第二年	第三年	第四年	第五年
总计		48	23	229	403	211	98	62	24	8
其中：女		15	1	48	76	43	13	15	4	1
分层次	博士	15	15	163	295	148	77	49	17	4
	硕士	6	6	43	78	38	19	13	6	2
	本科	2	2	1	4		1		1	2
	专科									
	培训	25		22	26	25	1			
分大洲	亚洲	29	13	174	297	158	74	47	15	3
	非洲	7	6	37	65	32	18	8	3	4
	欧洲	4	1	5	13	7	3	1	2	
	北美洲	8	3	11	22	11	1	5	4	1
	南美洲				3	1	2			
	大洋洲			2	3	2		1		

续表

类别		毕(结)业生数	授予学位数	招生数	在校学生数					
					合计	第一年	第二年	第三年	第四年	第五年
分经费来源	国际组织资助	12		12	12	12				
	中国政府资助	23	20	207	370	188	96	61	22	3
	本国政府资助	5		4	5	4	1			
	学校间交换	4		5	4	4				
	自费	4	3	1	12	3	1	1	2	5

高端培训情况一览表

单位：人

培训班名称	参加培训人数
总装备部第十四期高级专业技术职务晋升研修班	74
中科院联想学院第二十期科研人员科技成果转化研修班	39
大数据及语音智能处理技术高级培训班	75
安徽省第五期赴台企业高级管理人才研修班	28
科院与合芜蚌自主创新试验区第五期科技成果转移转化人才研修班	55
合肥市乡镇、街道社会服务分管领导研修班	86
合肥市社区、村居两委班子成员执政能力提升研修班	166
合肥市乡镇、街道、社区社会创新管理服务研修班	169
合肥市人力资源服务机构负责人研修班	74
合肥市社会服务人才培训机构负责人研修班	98
合肥市社区幼儿园园长研修班	95
安徽省第二期工业设计高级研修班	45
合肥市社区卫生机构负责人研修班	73
合肥市社区社会福利机构负责人研修班	66
黑龙江省省院科技合作和科技成果转化人才培训班	84
国际组织后备人员培训班	25
合计	1252

国家级人才培养基地

序号	类别	学院	专业
1	国家理科基础科学研究与教学人才培养基地	数学科学学院	数学
2		物理学院	物理学
3		物理学院	天文学
4		工程科学学院	力学
5		生命科学学院	生物科学
6		化学与材料科学学院	化学
7	国家生命科学与技术人才培养基地	生命科学学院	

实验教学示范中心

国家级实验教学示范中心

序号	学院	名称
1	物理学院	物理实验教学中心
2	生命科学学院	生命科学实验教学中心
3	化学与材料科学学院	化学实验教学中心
4	信息科学技术学院 计算机科学与技术学院	信息与计算机实验教学中心

省级实验教学示范中心

序号	学院	名称
1	地球和空间科学学院	地球和空间科学探测实验教学中心
2	工程科学学院	工程实践中心

教学实验室一览表

所属单位	实验室名称
少年班学院	微机与网络开放实验室
物理学院 实验教学中心	物理学专业基础实验室(5级)
	凝聚态物理专业实验室
	微电子学专业实验室
	光信息科学与技术专业实验室
	核与粒子物理专业实验室
	物理电子学实验室
	核电子学实验室
	等离子体物理专业实验室
	天文物理专业实验室
	大学物理-基础物理实验室(一级)
	大学物理-综合物理实验室(二级)
	大学物理-现代技术物理实验室(三级)
	大学物理-研究性物理实验室(四级)
	大学物理-开放实验室
	大学物理-力学演示实验室
	大学物理-电磁学演示实验室
	大学物理-光学演示实验室
化学与材料科学学院 实验教学中心	普通化学实验室
	无机化学实验室
	分析化学实验室
	有机化学实验室
	物理化学实验室
	化学工程实验室
	仪器分析实验室
	中级有机化学实验室

续表

所 属 单 位	实 验 室 名 称
化学与材料科学学院 实验教学中心	化学物理基础教学实验室
	材料科学基础教学实验室
	高分子物理实验室
	高分子化学实验室
	高级分析化学实验室
	化学生物学实验室
生命科学学院 教学实验中心	数字显微网络互动实验室
	普通生物学实验室
	细胞生物学实验室
	生物化学及分子生物学实验室
	生理学与神经生物学实验室
	多媒体教学实验室
	放射性同位素实验室
	结构生物学实验室
	膜片钳实验室
	创新研究型高级生物学实验室
	GMP中试车间
工程科学学院 教学实验中心	力学基础实验室
	机械与测控实验室
	热科学基础实验室
	计算机辅助工程实验室
	工程实践中心
	创新实践基地
信息科学技术学院 实验教学中心	计算机软件与系统实验教学平台
	电路与系统实验教学平台
	专业实验教学平台
	综合创新实验教学平台
计算机科学与技术学院	软件教学实验室
	硬件教学实验室

续表

所属单位	实验室名称
地球与空间科学学院教学实验中心	岩石与矿物物理实验室
	地球物理探测实验室
	地球物理数值模拟实验室
	大气数值模拟实验室
	空间探测实验室
	结晶学与矿物学实验室
	普地实验室
	岩石学与岩矿分析实验室
	环境分析实验室
人文与社会科学学院	科技传播与科技政策系教学实验中心
	数字文化教学实验中心
	科学可视化实验室
管理学院	企业竞争决策实验室
	数据挖掘实验室
	项目协同管理实验室
	企业资源计划实验室

2015年"大学生研究计划"执行情况

单位：人

学院	校外大研	校内大研	机器人竞赛	创新创业计划	合计
少年班学院	12	50	5	31	98
数学科学学院	4	17	0	20	41
物理学院	32	41	0	48	121
化学与材料科学学院	1	25	0	34	60
工程科学学院	0	5	39	42	86
信息科学技术学院	9	19	74	59	161
地球和空间科学学院	0	21	0	19	40
生命科学学院	0	7	0	19	26

续表

学 院	校外大研	校内大研	机器人竞赛	创新创业计划	合 计
计算机科学与技术学院	1	3	5	21	30
管理学院	9	2	0	21	32
核科学技术学院	5	21	5	18	49
人文与社会科学学院	0	4	0	3	7
合 计	73	215	128	335	751

国家级虚拟仿真实验教学中心

序 号	学 院	名 称
1	物理学院	物理虚拟仿真实验教学中心
2	化学与材料科学学院	化学虚拟仿真实验教学中心

国家精品开放课程一览表

序 号	课程名称	主持人	批准年度	所属单位
1	数学实验	李尚志	2003	数学科学学院
2	并行计算	陈国良	2003	计算机学院
3	大学物理实验	霍剑青	2003	物理学院
4	线性代数	李尚志	2004	数学科学学院
5	微积分	程 艺	2004	数学科学学院
6	生理学	徐耀忠	2004	生命学院
7	高聚物的结构与性能	何平笙	2005	化学学院
8	电磁学	程福臻	2007	物理学院
9	地震学原理与应用	刘 斌	2007	地空学院
10	线性代数和空间解析几何	陈发来	2007	数学科学学院
11	天体物理概论	向守平	2008	物理学院
12	概率论与数理统计	缪柏其	2008	管理学院

续表

序号	课程名称	主持人	批准年度	所属单位
13	大学生心理学	孔燕	2010	人文学院
14	认识宇宙(视频课)	向守平	2012	物理学院
15	陶瓷艺术鉴赏与制作(视频课)	汤书昆 王祥	2012	人文学院
16	科学简史·科学革命篇(视频课)	石云里	2012	人文学院
17	地震活动与地震学(视频课)	刘斌 黄金水	2012	地空学院
18	核聚变——人类理想新能源(视频课)	万元熙	2012	核学院
19	系统生物学与生命(视频课)	吴家睿	2013	生命学院
20	来自量子世界的新技术(视频课)	郭光灿	2013	物理学院
21	生命科学导论(视频课)	施蕴渝 高平 魏海明 周江宁 沈显生	2013	生命学院
22	生活中的光学(视频课)	高琛	2014	物理学院
23	化学与社会生活中的安全(视频课)	汪志勇	2014	化学学院
24	人体健康的卫士:免疫系统(视频课)	魏海明	2014	生命学院
25	极地考察与全新世生态地质学(1~6讲)(视频课)	孙立广	2015	地空学院

近年来荣获国家级教学成果奖一览表

序号	成果名称	等级	获奖单位	主要完成人	获奖年份
1	大学物理实验的改革与实践	一等奖	天文与应用物理系	霍剑青 王晓蒲 熊永红 赵永飞	2001
2	面向国家重大需求产学研与新兴交叉学科建设相结合培养高层次创新人才	一等奖	火灾科学国家重点实验室	范维澄 王清安 张和平 袁宏永 胡源	2001

续表

序号	成　果　名　称	等级	获奖单位	主要完成人	获奖年份
3	并行算法类教学基地建设	二等奖	计算机科学技术系	陈国良　安　虹 顾乃杰　许胤龙 黄刘生	2001
4	数学实验课程建设	二等奖	数学系	李尚志　陈发来 吴耀华　张韵华	2001
5	全面提升高分子物理重点课程的教学质量	二等奖	化学学院	何平笙　朱平平 杨海洋	2005
6	力学类专业课程结构和基础课教学内容体系改革	二等奖	工程学院	王秀喜　何世平 尹协振　胡秀章	2005
7	大学生创新能力培养体系建设与实践	二等奖	学校	程　艺　吴　敏 向守平　高天芳 汤家骏	2005
8	"并行计算"课程的创建及其辐射与示范作用	二等奖	计算机学院	陈国良　徐　云 郑启龙　吴俊敏 孙广中	2009
9	信息化环境下新型研究生教育管理模式的探索与实践	二等奖	研究生院	张淑林　倪　瑞 李兴权　胡忠辉 李芳平　万　明 万洪英　路卫娜 袁胡骏　刘海清	2014
10	多层次研究型物理实验教学在拔尖人才培养中的改革与实践	二等奖	物理学院	张增明　王中平 张宪锋　孙腊珍 霍剑青　张　权	2014
11	基于能力培养的大学计算机基础课程改革总体规划与体系建设	二等奖	计算机学院	陈国良　李　廉 冯博琴　周学海 何钦铭　张　龙 马斌荣　苏中滨 龚沛曾　郝兴伟	2014
12	全景体验式教学模式及其在MBA教育中应用	二等奖	管理学院	梁　樑　赵定涛 张圣亮　古继宝 朱　宁　林　峰 刘红梅	2014
13	大学英语口语评测系统的研发及其相关教育测量的应用研究与实践	二等奖	软件学院	吴　敏　叶　艳 庄智象　黄　卫 李萌涛	2014

中国科学院优秀博士学位论文奖获得者名单

姓　名	学位论文题目	学科名称	导师姓名
康红梅	适合于分析和建模的若干样条的研究	数学	陈发来
武　平	金属表面石墨烯生长机理的理论研究	物理学	李震宇
逯　鹤	多光子纠缠的制备及应用	物理学	潘建伟
李兆凯	基于核自旋的量子计算实验研究	物理学	杜江峰
张晓东	原子级厚度二维晶体的设计及其性能研究	化学	谢　毅
尚　睿	基于脱羧和铁催化碳-氢键活化的新型碳-碳偶联反应	化学	傅　尧
胡祥龙	肿瘤微环境响应性聚合物药物载体的构筑和纳米结构调控	化学	刘世勇
刘建伟	有序无机纳米线薄膜的可控组装及组装体功能研究	化学	俞书宏
陈伊翔	大陆碰撞过程中地壳深熔作用：苏鲁造山带超高压变质岩研究	地质学	郑永飞
杨　帆	非编码 RNA 在肿瘤代谢和细胞凋亡中的分子机制研究	生物学	吴　缅
孙文平	中低温固体氧化物燃料电池新材料与结构设计及电化学性能研究	材料科学与工程	刘　卫
王占东	环己烷及其单烷基衍生物燃烧反应动力学的实验和模型研究	动力工程及工程热物理	齐　飞
高　庆	非仿射类非线性系统的通用模糊控制器问题研究	控制科学与工程	王　永
梁红瑾	并发程序精化验证及其应用	计算机科学与技术	冯新宇
陈　洁	污染物生物与化学转化中的界面电子转移机制	环境科学与工程	俞汉青
郭晓龙	仓储系统中存储策略与设备维护策略研究	管理科学与工程	余玉刚

各类奖教金获得者

第十届杨亚基金—爱岗敬业奖
(校人字〔2015〕69号)

欧阳毅	黄力研	程路华	杜淮江	张义红	程冰华	郑新华	周小东	罗昭锋	
张家海	胡茂彬	马 英	张世武	李福生	邱 林	魏衡华	方 瑾	王海龙	
胡银玉	谢 智	李艳梅	尹 曼	王相宁	孙劲松	徐守平	翟淑婷	陈红丽	
宫晓梅	童东灵	叶树集	赵继印	张恒庆	马 壮	熊 成	凤 勤	刘爱华	
付 淼	倪淮光	周宏敏	刘 翔	沐 林	周文胜	韦晓丽	韦巍巍	詹月红	
蒋家杰	厉 洪	沈迎新	兰 荣	陈立婷	经 纶	檀 晔	李会民	周英华	
刘艳民	于 明	汤传霞	李攀峰	孙红梅	谷原刚	罗永娟	徐晓莉	刘 平	
刘忠建	喻 敏	李 静	杨晓果	褚 婷	王 昱	汤 茜	戴耀华	陈邮军	
张银保	谢 劲	张悠金	韩 星	徐鑫明	鲍小丹	陈新元	金东权	许家传	
丁保森	程月芳	苗全红	郝 政	陈道海	刘 敏	王咏梅	张同兵	赵从学	

2015年度惠普信息科学青年教师奖
(校人字〔2015〕126号)

陈香兰　薛开平

2015年度王宽诚育才奖
(校人字〔2015〕127号)

一等奖

王 毅　张 杨　王中夏　张华凤　帅建梅　刘 奇　秦美婷　李震宇　叶大鹏
闵石头

二等奖

申伊琎　张仁友　吴守国　马 菁　徐 平　陈晓辉　马建辉　吕冰涛　曹 平
史玉民　黄松筠　毛世峰　王 强　孙 喆　陈海翔　谢 斌　黄晓明　方 芳
徐晓宏　沈旭红　丁望斌　张 玲　范 琼　周书涛　连东侠　朱 晨　殷世群
张 静　王 蔚　孙振华

2015年度张宗植青年教师奖
(校人字〔2015〕128号)

张明波　赵　霞　徐允河　彭冉冉　郭　振　刘难生　赵　钢　李玉虎　缪　彬
罗　彪　刘　杰　吴成林　李兰兰　杨永良　潘　楠

第十届困学守望教学奖
(校人字〔2015〕150号)

育人终身成就奖
季孝达　向守平　楼立人

杰出教学奖
李　平　陈效群　王冠中　崔宏滨　蒋　一　秦　敢　吴　强　高　琛　郑惠南
郑坚坚

优秀教学奖
屠彩凤　李　娟　王新茂　段雅丽　申伊塬　阮可青　翁明其　孙勇杰　徐春凯
周海洋　朱界杰　潘海俊　张鹏飞　周宏岩　林宣滨　孙方稳　王安廷　项国勇
涂　涛　王中平　陶小平　赵　伟　冯群强　张伟平　吴丛凤

2015年度海外校友基金会教师奖
(校人字〔2015〕170号)

青年教师成就奖
徐　宁

优秀教学奖
宣本金　袁业飞　汪志勇　汪　铭　陈　彪

青年教师事业奖
苏吉虎　穆　杨　张效初　丁卫平　肖明军　秦礼萍　朱永春

第十届杨亚基金教育奖
(校人字〔2015〕193号)

黄　文　麻希南　安　琪　潘必才　洪春雁　夏长荣　陈宇星　魏海明　胡小方
王建华　陈宗海　吴　枫　陈华平　蒋　凡　冯　敏　汪毓明　吴　林　余玉刚

汤俪瑾　汪　滔　李　蓓　顾　韬　叶民友　陆守香　陆亚林　朱俊发　罗　毅
张振宇　褚家如　陈　伟　阮文川　蒋家平

第八届平凡基金教育奖
(校人字〔2015〕194号)

宣本金　潘海俊　朱平平　汪　铭　叶　宏　曾　文　葛学武　韩　良　徐栋哲
金嗣炤

2015年度宝钢优秀教师奖
(校人字〔2015〕224号)

优秀教师特等奖提名奖

　　叶邦角

优秀教学奖

　　郭文彬　陈春华　安　虹

2015年度杰出研究校长奖
(校办字〔2015〕228号)

陆朝阳　刘乃乐　周荣斌　暗物质粒子探测卫星科大研制团队

2014～2015学年度
校优秀学生工作干部、优秀辅导员和优秀班主任名单

优秀学生工作干部

物理学院：彭　慧
计算机科学与技术学院：王海龙
软件学院：程徽娉

优秀辅导员

工程科学学院：赵　凯
核科学技术学院：方智勇

优秀班主任

少年班学院：郭民生　潘海俊　许　毓　赵　茹　王　莉　代　镭　朱小虹
　　　　　　唐　宁

数学科学学院：杨 瑱
物理学院：王声波 张一飞 赵 伟 汤 茜 陶小平 孙方稳 王春成 段开敏 刘磁辉
化学与材料科学学院：李 恒 孙 静 郑 媛 姚奇志 刘 红 朱 芸 石 景 张国颖
工程科学学院：王奉超 骆念武 李桂强 赵马杰 曾文茹 张世武 何清波 郭 杰 王军纪杰
信息科学技术学院：刘海玲 许小东 帅建梅 王百宗 刘桂英 卢汉成 周 燚 袁国富
计算机科学与技术学院：张俊霞 苗付友 周 宇 王行甫
地球和空间科学学院：夏海云 裘家伟 汤琴琴 张 群 吕冰涛 刘 奇 刘 洋 黄 方 邵 达
管理学院：朱洪超 李艳梅 刘 杰 赵 征 芮 锋
人文与社会科学学院：张燕翔 于全夫 董军锋
核科学技术学院：张孝东 王 炜 李远杰
软件学院：刘 业
国家同步辐射实验室：邱友凤
合肥微尺度物质科学国家实验室：潘 楠 周 俊 杨淑红
火灾科学国家重点实验室：王青松 陈海翔
后备军官选培办公室：徐 洋

奖学金一览表

奖学金名称	设奖单位(个人)	设立年份	奖励范围	额度(元/年)
郭沫若奖学金	首任校长郭沫若先生	1980	年级综合排名前三名的本科生	10000
张宗植科技奖学金	旅日爱国华侨张宗植先生	1988	优秀本科生、研究生,不限专业	1500
中科院院长奖学金	中国科学院	1989	优秀研究生	5000～10000
宝钢奖学金	宝钢教育基金会	1993	高年级优秀本科生、研究生	5000～10000
光华奖学金	台湾光华教育基金会	1993	优秀本科生、研究生,同等条件少数民族学生优先	1000
力学攀登奖学金	中国科学院力学所	1994	工程科学学院优秀本科生、研究生	2000

续表

奖学金名称	设奖单位(个人)	设立年份	奖励范围	额度(元/年)
优秀学生奖学金	中国科学技术大学	1995	优秀本科生	500/1000/2000
优秀新生奖学金	中国科学技术大学	1995	优秀本科新生	500/1000/2000
地奥奖学金	成都地奥制药公司	1995	优秀本科生、研究生,不限专业	1000
海外校友基金会优秀新生奖学金	中国科大海外校友基金会	1996	高考成绩特别优异的本科新生	2000/5000
华为奖学金	深圳华为技术有限公司	1997	电子信息和管理类优秀本科生、研究生	4000/6000/8000
何多慧院士奖学金	中国工程院院士何多慧先生	1998	优秀本科生,同等条件贫困生优先	1000
中科院宝洁优秀博士生奖	中国科学院	1999	化学与材料科学学院优秀博士研究生	3000
求是研究生奖学金	香港求是科技基金会	2000	物理、化学、生物、数学类优秀博士研究生	5000
三星奖学金	三星集团中国总部	2002	信息科学技术学院、工程科学学院等优秀本科生、研究生	5000/7000/10000
郭永怀奖学金	中国科学技术大学	2003	化学物理系、力学与机械工程系研究生	3000
力学基地人才奖	力学与机械工程系	2003	力学与机械工程系本科生	500
唐仲英德育奖学金	美国唐仲英基金会	2003	优秀本科新生	4000
CASC 奖学金	中国航天科技集团公司	2006	大三、大四本科生及研二以上研究生	3000/5000/10000
百人会英才奖学金	百人会大中华区项目	2006	品学兼优、具有领导能力的研究生	10000
黄鸣龙奖学金	中国科学院上海有机化学研究所	2006	化学与材料科学学院优秀本科生	5000
上海微系统所奖学金	中科院微系统与信息技术研究所	2007	信息科学技术学院优秀本科生	2000
IBM 中国优秀学生奖学金	国家留学基金管理委员会	2007	计算机专业成就优秀的本科生、研究生	4000/8000
国家奖学金	财政部、教育部	2007	品学特别优秀的本科学生	8000

续表

奖学金名称	设奖单位(个人)	设立年份	奖励范围	额度(元/年)
赵九章奖学金	吴京生先生,中国科学院空间科学与应用研究中心,中国科学院大气物理研究所	2007	地球和空间科学学院优秀本科生	2000
合志奖学金	刘合教授	2007	工程科学学院优秀本科生	2000
吴学周奖学金	中科院长春应用化学研究所	2008	化学与材料科学学院优秀本科生	5000
刘有成奖学金	刘有成院士	2008	化学与材料科学学院优秀本科生、研究生	3000
中广核奖助学金	中国广东核电集团有限公司	2009	核科学技术学院在读本科生、研究生	2000/5000
中科院朱李月华优秀博士生奖学金	中国科学院	2009	优秀博士研究生	5000
钱军校友奖学金	钱军校友	2009	热科学和能源工程系品学兼优学生	3000/4000/5000
中国电科十四所国睿奖学金	中国电子科技集团第十四研究所	2010	信息科学技术学院、计算机科学与技术学院、核科学技术学院等优秀的二、三年级研究生	5000
大连化学物理研究所优秀学生奖学金	中国科学院大连化学物理研究所	2010	化学与材料科学学院优秀本科生	10000
陈国良院士奖学金	陈国良院士	2011	优秀本科生	2000
化学所英才奖学金	中国科学院化学研究所	2011	化学与材料科学学院优秀本科生	5000
中科院广州能源所奖学金	中国科学院广州能源研究所	2011	热科学和能源工程系三年级优秀本科生	2000
中科院电子所奖学金	中国科学院电子学研究所	2011	信息科学技术学院、物理学院、少年班学院二年级以上(含二年级)的优秀本科生	4000
劳雷奖学金	劳雷工业有限公司	2011	地球和空间科学学院的优秀本科生、研究生	4000
王光太领导力奖学金	安徽光太集团公司董事长王光太先生	2012	表现出较为突出的组织能力和领导能力,获得广泛肯定的本科生	2000

续表

奖学金名称	设奖单位(个人)	设立年份	奖励范围	额度(元/年)
孙国升领导力奖学金	安徽真心食品有限公司董事长兼总裁孙国升先生	2012	表现出较为突出的组织能力和领导能力,获得广泛肯定的本科生	2000
刘丽领导力奖学金	利辛县天童小额贷款有限公司董事长刘丽女士	2012	表现出较为突出的组织能力和领导能力,获得广泛肯定的本科生	2000
孙斌领导力奖学金	安徽静安投资集团有限公司董事长孙斌先生	2013	表现出较为突出的组织能力和领导能力,获得广泛肯定的本科生	2000
陈桂林领导力奖学金	安徽宇晟投资发展集团有限公司董事长陈桂林先生	2013	表现出较为突出的组织能力和领导能力,获得广泛肯定的本科生	2000
希捷奖学金	希捷科技	2013	优秀的全日制本科生	5000
"智造顺德"奖学金	顺德区人民政府	2014	优秀的全日制本科生	3000
8814奖学金	8814全体校友	2014	化学与材料科学学院优秀的毕业班学生	8814

助学金一览表

助学金名称	设奖单位(个人)	设立年份	助学(奖学)范围	额度(元/年)
曾宪梓奖助学金	曾宪梓教育基金会通过教育部港澳台办设立	2000	本科贫困生(连续三年)	5000
海外校友爱心奖学金	海外校友基金会	2001	本科贫困生(连续四年)	3000
新创校友爱心奖学金	校友新创基金会	2007	本科贫困生(连续四年)	3000
新长城助学金	中国扶贫基金会	2002	本科贫困生	3000
精进助学金	香港精进基金有限公司	2005	本科优秀贫困生(连续四年)	5000
国家助学金	财政部、教育部	2005	本科贫困生	2000/3000/4000

助学金名称	设奖单位(个人)	设立年份	助学(奖学)范围	额 度 (元/年)
晨光基金会奖助学金	晨光基金会	2006	本科优秀贫困生(连续四年)	3000
香港思源奖助学金	香港思源基金会	2006	本科优秀贫困生(连续四年)	4000
村田奖助学金	村田(中国)投资有限公司	2006	信息科学技术学院本科优秀贫困生(连续四年)	4000
丰田助学金	中国宋庆龄基金会	2006	本科贫困生(连续四年)	5000
817校友助学金	817校友	2006	地球和空间科学学院本科贫困生	4000
国家励志奖学金	财政部、教育部	2007	二年级以上(含二年级)本科优秀贫困生	5000
中快助学金	安徽中快餐饮有限公司	2009	本科贫困生(连续四年)	2000
886新生助学金	中国科大886全体校友	2013	信息科学技术学院本科贫困新生	4000
阳光助学金	上海紫瑞投资有限公司	2014	本科贫困生(连续四年)	4000
孙大光张刚助学金	孙大光先生及夫人	2016	安徽籍本科优秀贫困生	4000

2014～2015学年度国家奖学金、中国科学院院长奖、郭沫若奖学金获得者名单

国家奖学金

本科生(共112人)

陈哲晖	谢李岩	王文椠	陶雪成	余辛炜	王芷路	张子怀	谢方明	段博言
蒋招立	刘 通	雷 蜜	唐 榕	赵一迪	姜钟灵	徐远哲	杨 阳	王子丰
张 禄	陆星阳	王嘉铭	罗宇杰	逯与凯	肖 庆	吴晨岩	宋 飞	卜林峰
张沛吉	於得晟	胡正冕	邱建祥	邓宇皓	许轶臣	史雨阳	周艺枫	周 洋
陈小冬	姜翰生	张昊锋	钱 舰	曲彦霖	徐金伟	刘永棠	胡佳栋	丛 蓉
李 翔	马博文	翟曦雨	成 功	王泽冠	丁历杰	张化雨	杜东雪	徐峰灏

闫　东	薛文瑾	王新意	贾开诚	陈于中	魏柯成	叶梦珊	陈　勋	籍文波
周　媛	程　翔	王　翔	董玉龙	彭　琦	刘雨熙	伊梦然	俞钧陶	赵志晔
吴小玲	余子安	韩江帆	孟雨泉	麦家齐	隋凡平	周　凯	熊紫远	熊文瀚
陈心怡	林秋林	任泽坪	沈国栋	陈　旺	权国聪	吴美琪	李宏亮	钟　震
张　攀	王甲名	魏　锦	周天贶	侯思卿	阮震元	刘旭彤	周　泉	杨德中
王策策	郭志国	金泽宇	彭丹力	桂　林	孙丽萍	张浩翔	郑丽丽	高玉锦
叶珍珍	童　馨	张恒权	陈嘉琪					

硕士生（共 212 人）

姚昌园	刘萱文	王　昕	王　勇	田红春	王力威	丁　星	张光宇	陈晓阳
王　超	秦　金	王茹雪	方宏威	袁振亨	张文婷	任亚飞	黄家崑	张王宇
万喆彦	尚世界	司家佳	付　培	柴双明	王世花	邱　榆	刘　闯	叶会林
冯佳宾	逄浩明	何倩云	陆宇阳	欧阳可赛		吴　强	金雪莹	宋鹏飞
杨懿琨	陈　华	张　赣	胡中停	宋澜波	李　越	梁伟浩	吴润泽	郭寒松
王英子	张良鹏	仲小伟	李亦铁	高　臻	程昊宇	吴重亮	何化钧	怀梦迪
孙经纬	史潇潇	刘东阳	田　野	张亦凡	贺治伟	陈箫翰	杨连娇	党　童
苟廷玉	冯　璐	郑小艺	万红琼	贾　哲	周福顺	陈　琪	张晓愿	邵　琰
周　宇	徐延辉	文鹏权	张　科	王颖红	杨　正	马　超	汪　梅	吕　游
朱苗苗	王晶晶	张晓磊	李　曼	万华仙	黄沛丰	邱水来	曹　卫	潘露露
吕彬彬	方智成	江文雅	赵　旭	苏虹阳	汪冬冬	周建斌	黄　浩	黄伟川
刘　颖	徐学哲	杨　骋	周彬斌	苗守葵	蒋科成	房　震	龚万兵	崔庆哲
胡广骁	王开荣	冯　铿	陈有华	何　欣	张　岩	韩曼芬	樊文远	汪　琦
张恒华	常一曼	唐国泽	禹晓博	彭惠东	李灿润	关　静	周　康	赵长隆
马　骁	赵志斌	安建成	薛　璐	刘永瑞	成天元	张　鹏	魏浩然	韩倩倩
宋　浩	王继龙	文　明	熊贝贝	李　峰	吕　林	丛日飞	冷宗阳	朱庆缘
储军飞	张保丰	徐　佳	程赵锐敏		陆姗姗	刘亮亮	余玲玲	宋　君
吴文娣	张洪刚	郦博文	谢其军	徐润雅	孙子君	江　玉	周万丰	伏　启
隋学林	周　操	杨玉芬	李　敏	张　雷	陈　微	易　洪	宋王琴	刘　研
付明臣	裴丹妮	李兴宇	邱圣祺	侯之国	海子娟	杨其浩	李丽君	张东阳
李晓港	贺玉彬	李　坤	沈　忱	陈　岑	童仁杰	马守江	洪佳楠	薛娜娜
李　亚	姚菁菁	郑梦策	李晟如	李　威	杨露露	郭　聪	董　哲	董广忠
戴　一	胡扬声	王叶文	王大艳	马国旗	刘　畅	段云鹏	王陆洋	王汉成
孙翠敏	陈茂启	金乐乐	姜玉杰	王　震	习佳宁	杨家琪		

博士生（共 94 人）

李　冰	芮　俊	罗智煌	孙维佳	曹　靖	张　逍	连建辉	邓光伟	潘建松
余国栋	孙伯业	童　华	邱国寰	曾　超	聂艳赐	周小敏	黄俊宇	范　煜
陈　杰	朱志强	琚　斌	谢　标	龙林爽	张　凯	吴　乐	王　昕	潘　晓

赵明宇　吴　非　黄　川　楼创能　阮海炳　王国强　黄钧衡　刘　琴　范其琉
王　申　王秀伟　李迪迪　李晓恋　潘　颖　孔　飞　李　周　富　尧　陈　锟
张荣荣　陈　胜　秦　维　江　嵩　陆　璐　李　洁　吴　宏　刘迪龙　宋东坡
王祥学　窦仁勤　王　敏　李　翔　赵鹏程　康宇阳　罗颐秀　任大龙　王　蒙
沈　松　曹　洋　毛　慧　杨镜波　王艳明　孙林冲　朱平平　陈　亚　陈夏雨
韩小雅　赵富国　赵树良　吴　蔚　陈士龙　严　欢　李维汉　汪　松　代胜瑜
王龙海　王　辉　梁　㤭　刘友文　田攀攀　刘　爽　林　宁　黄云泽　卢　昊
陈小良　王朝旭　汪玉洁　傅孝明　周明洋

中国科学院院长特别奖

贺　煜　张　琪　李星星　柏　嵩　王夏琼　王洪波　刘　震　张　凯　高新亮
季思聪

中国科学院院长优秀奖

郭　莉　杜　洁　陈漪恺　王锡朋　刘文娟　周志远　于　涛　龚　韬　周少帅
宋弘烨　周　辉　卫　涛　宋廷结　陈殿峰　汪枭睿　李红春　徐　坤　袁　月
汪普生　王洪玉　谷　皓　吴逊尧　郑小虎　李诗楠　孙春阳　初　波　李国强
刘晓毅　年永乐　刘太祥　邓　娜　彭金磷　钟　祎　刘　羽　于　磊　李亦镁
田　飞　曾广翔　周春财　张　淼　谷升阳　雷西洋　王　创　王善勇　朱贾昂
张兴香　赵鹏程　李　敏　黄伟峰　程位任　卢秀芳　郑方才　蔡昕东　冯　冯
张　旺　王　禹　周克清　高　超　杨　亮　高筱培

中国科学院优秀导师奖

陆朝阳　杜江峰　杨金龙　熊宇杰　周荣斌　冯志华　李厚强　华　蓓　王　水
陈　帅

郭沫若奖学金

张　翔　王若水　张瀚涛　谢雨佳　王　昊　周正清　付伟博　苏　朕　邹益健
王佳慧　宋天城　邓海韬　伦正言　祁一峰　章　晔　白冠华　李济安　魏志远
钱栩良　孙佳宇　杨天威　李　韧　邹夏婷　程玉娇　焦盛哲　张智帅　李　也
刘力源　李晓磊　杨　硕　梁扬帆　陈　懿　叶　卉　李志霞

本科招生分省(市、自治区)录取情况

省(市、自治区)	录取总人数	最高分	最低分	平均分
安徽	272	688	671	679
北京	21	692	685	687
福建	40	680	663	667
甘肃	58	649	630	636
广东	110	683	670	674
广西	44	664	644	648
贵州	28	656	643	647
海南	9	845	821	831
河北	61	698	683	688
河南	121	668	656	660
黑龙江	28	688	669	673
湖北	101	677	658	662
湖南	65	678	662	666
吉林	61	679	663	667
江苏	87	399	391	393
江西	85	666	657	661
辽宁	46	674	665	669
内蒙古	19	660	647	651
宁夏	10	628	623	625
青海	8	631	619	624
山东	67	693	684	687
山西	35	656	640	644
陕西	40	690	667	670
上海	16	523	486	495
四川	79	657	642	647

续表

省（市、自治区）	录取总人数	最高分	最低分	平均分
天津	31	675	668	670
新疆	13	656	639	643
云南	20	694	665	671
浙江	154	726	720	724
重庆	27	688	674	679

注：2015年，我校面向全国招收本科生1825人，实际报到1793人，其中少年班52人、少年班"创新试点班"188人、自主招生131人、农村自主专项98人，在浙江和广东开展三位一体综合评价录取170人、国防生50人、中国工程物理研究院定向生9人、贫困地区专项计划131人、内地新疆班17人、内地西藏班8人、港澳台联考招生2人。

国家任务毕业生去向

2015届本科毕业生去向

单位：人

类别\项目	合计	出国留学	国内深造	部队	科研、高校等事业单位就业	国有、三资等企业就业	地方待就业
毕业生	1675	541	760	16	29	249	80

2015届毕业研究生去向

单位：人

类别\项目	合计	出国留学	国内深造	部队	科研、高校等事业单位就业	国有、三资等企业就业	地方待就业
博士毕业生	779	88	174	5	309	154	49
硕士毕业生	2523	87	807	23	244	1318	44

注：以上数据统计截止到2015年12月，且不含结业生。

近年来选拔国防生情况

签约时间	选拔方式	签约人数
2009.9	高考录取	50
2010.9	高考录取	49
2011.9	高考录取	53
2012.9	高考录取	52
	在校选拔	6
2013.9	高考录取	57
	在校选拔	8
2014.9	高考录取	57
	在校选拔	7
2015.9	高考录取	50
	在校选拔	2
小 计		391

2015年我校学生获国际、全国性奖励或荣誉称号一览表

奖项/荣誉称号名称	获奖等级	颁发机构	获奖学生姓名	获奖学生所在学院
第35届国际企业管理挑战赛暨第19届中国赛区总决赛	一等奖	赛事组委会	陈世明 欧劲峰 马 力 刘 钧 张 林	管理学院
第35届国际企业管理挑战赛暨第19届中国赛区总决赛	一等奖	赛事组委会	黄永罡 于亚军 王青松 田 静 栾晓虎	管理学院

续表

奖项/荣誉称号名称	获奖等级	颁发机构	获奖学生姓名	获奖学生所在学院
第六届全国大学生数学竞赛	数学类一等奖	中国数学会	钱　舰	数学科学学院
第六届全国大学生数学竞赛	数学类二等奖	中国数学会	计宇亮	数学科学学院
第六届全国大学生数学竞赛	数学类三等奖	中国数学会	陈　皓	数学科学学院
第六届全国大学生数学竞赛	非数学类一等奖	中国数学会	翟曦雨	
第六届全国大学生数学竞赛	非数学类一等奖	中国数学会	余阳阳	
第六届全国大学生数学竞赛	非数学类一等奖	中国数学会	沈默涵	
第六届全国大学生数学竞赛	非数学类一等奖	中国数学会	雷　蜜	
第六届全国大学生数学竞赛	非数学类二等奖	中国数学会	黄　阳	
第五届中国名校龙舟竞渡赛	冠军	C9高校	团队	学校
第三届全国大学生物理实验竞赛	综合实验题一等奖	教育部	徐子龙　梁文韬	物理学院
第三届全国大学生物理实验竞赛	基础实验A题一等奖	教育部	王泽冠	物理学院
第三届全国大学生物理实验竞赛	基础实验B题二等奖	教育部	张化雨	物理学院
第三届全国管理案例精英赛华东一区晋级赛	冠军	赛事组委会	中国科大一队	管理学院
第19届RoboCup机器人世界杯赛服务机器人精确测试项目	冠军	赛事组委会	中国科大蓝鹰队	计算机科学与技术学院
第19届RoboCup机器人世界杯赛机器人足球仿真2D项目	冠军	赛事组委会	中国科大蓝鹰队	计算机科学与技术学院

续表

奖项/荣誉称号名称	获奖等级	颁发机构	获奖学生姓名	获奖学生所在学院
第19届RoboCup机器人世界杯赛家庭服务机器人项目	亚军	赛事组委会	"可佳"机器人	计算机科学与技术学院
第19届中国大学生羽毛球锦标赛乙组女子单打	季军	中国大学生体育协会	索敌	人文与社会科学学院
第24届"应氏杯"中国大学生围棋赛	季军	赛事组委会	王行健 翟宇同 杨雨桦 许嘉诚	学校
第六届中国大学生物理学术竞赛	特等奖	赛事组委会	团队	学校
第十届全国周培源大学生力学竞赛	个人特等奖	赛事组委会	陆星阳	
第十届全国周培源大学生力学竞赛	个人一等奖	赛事组委会	曹世辉	
第十届全国周培源大学生力学竞赛	团体一等奖	赛事组委会	团队	学校
2015国际遗传工程机器大赛总决赛	金牌	美国麻省理工学院	USTC-Software队	学校
首届中国"互联网＋"大学生创新创业大赛总决赛	金奖	教育部	团队	学校
第三届国际大学生RDMA编程竞赛	一等奖	国际高性能计算咨询委员会	庄思源 罗潇 郭兴 徐启泽 姚文军	计算机科学与技术学院
全国并行应用挑战赛并行优化项目	冠军	中国计算机学会	阮震元 杨斯然 阴钰 余家辉	学校
宝钢教育奖	特等奖	宝钢集团有限公司	施永乾	火灾科学国家重点实验室
"外研社杯"全国大学生英语阅读大赛总决赛	特等奖	教育部	杨越	少年班学院
第二届中国青年志愿服务项目大赛	银奖	共青团中央、中央文明办等	芳草社	学校
GE基金会科技创新大赛	一等奖	GE中国研发中心	李军配	微尺度物质科学国家实验室

奖项/荣誉称号名称	获奖等级	颁发机构	获奖学生姓名	获奖学生所在学院
GE 基金会科技创新大赛	二等奖	GE 中国研发中心	李维汉	化学与材料科学学院

毕业生中的中国科学院院士

（共 48 人）

姓　名	工　作　单　位	毕业时间	当选时间	毕业系别
白以龙	中科院力学研究所	1963	1991	近代力学系
朱清时	中国科学技术大学、南方科技大学	1968	1991	近代物理系
赵忠贤	中科院物理研究所	1964	1991	物理系
陈　颙	国家地震局	1965	1993	物理系
马志明	中科院数学与系统科学研究院	1981(硕)	1995	研究生院
朱作言	中科院水生生物研究所	1980(硕)	1995	研究生院
徐建中	中科院工程热物理研究所	1963	1995	近代力学系
施蕴渝	中国科学技术大学	1965	1997	物理系
严加安	中科院数学与系统科学研究院	1964	1999	数学系
佟振合	中科院理化技术研究所	1963	1999	近代化学系
王志珍	中科院生物物理研究所	1964	2001	物理系
石耀霖	中科院研究生院	1966	2001	物理系
李邦河	中科院数学与系统科学研究院	1965	2001	数学系
李崇银	中科院大气物理研究所	1963	2001	物理系
刘嘉麒	中科院地质与地球物理研究所	1986(博)	2003	研究生院
李曙光	中国科学技术大学	1965	2003	近代化学系
吴　奇	中国科学技术大学、香港中文大学	1982	2003	近代化学系
陈　霖	中科院研究生院、生物物理研究所	1970	2003	物理系
林尊琪	中科院上海光机所	1964	2003	无线电电子学系
侯建国	中国科学技术大学	1983	2003	物理系

续表

姓 名	工 作 单 位	毕业时间	当选时间	毕业系别
饶子和	南开大学	1977	2003	物理系
郭光灿	中国科学技术大学	1965	2003	无线电电子学系
王大成	中科院生物物理研究所	1963	2005	生物物理系
李洪钟	中科院过程工程研究所	1981(硕)	2005	研究生院
黄民强	总参第五十八研究所	1989(博)	2005	无线电电子学系
魏奉思	中科院空间科学与应用研究中心	1963	2005	地球物理系
陈润生	中科院生物物理所	1964	2007	生物物理系
俞昌旋	中国科学技术大学	1965	2007	近代物理系
王自强	中科院力学研究所	1963	2009	近代力学系
庄文颖	中科院微生物研究所	1981(硕)	2009	研究生院
李亚栋	清华大学	1998(博)	2011	化学系
沈保根	中科院物理研究所	1976	2011	物理系
张肇西	中科院理论物理研究所	1963	2011	近代物理系
郑建华	中国人民解放军保密委员会技术安全研究所	1987(硕)	2011	研究生院
袁亚湘	中科院数学与系统科学研究院	1982(硕)	2011	研究生院
鄂维南	北京大学	1982	2011	数学系
康 乐	中科院动物研究所	1987(硕)	2011	研究生院
潘建伟	中国科学技术大学	1992	2011	近代物理系
杨秀荣	中国科学院长春应用化学研究所	1968	2013	近代化学系
张培震	中国地震局地质研究所	1982(硕)	2013	研究生院
赵政国	中国科学技术大学	1982	2013	近代物理系
谢 毅	中国科学技术大学	1996(博)	2013	应用化学系
庄小威	哈佛大学	1991	2015	少年班/物理系
杜江峰	中国科学技术大学	1990	2015	少年班/近代物理系
陈仙辉	中国科学技术大学	1995(博)	2015	物理系
陈晓非	中国科学技术大学	1982	2015	地球与空间科学系
景益鹏	上海交通大学	1989(硕)	2015	基础物理教学中心
谢心澄	北京大学	1982	2015	近代物理系

注：以当选院士年度为序，同年当选的以姓氏笔画为序。

毕业生中的中国工程院院士
(共 21 人)

姓 名	工 作 单 位	毕业时间	当选时间	毕业院系
吴有生	无锡中国船舶总公司 702 所	1964	1994	近代力学系
王震西	中科院三环公司	1964	1995	物理系
杨秀敏	工程兵国防工程研究设计所	1965	1995	近代力学系
李国杰	国家智能计算机研究开发中心	1981(硕)	1995	研究生院
何多慧	中国科学技术大学	1964	1995	近代物理系
龚惠兴	中科院上海技术物理研究所	1963	1995	无线电电子学系
魏复盛	中国环境监测总站	1964	1997	近代化学系
杜善义	哈尔滨工业大学	1964	1999	近代力学系
宋湛谦	中国林科院南京林化所	1964	1999	近代化学系
蒋洪德	清华大学	1981(硕)	1999	研究生院
许祖彦	中科院物理研究所	1963	2001	物理系
陈立泉	中科院物理研究所	1964	2001	物理系
范维澄	中国科学技术大学	1965	2001	近代力学系
周寿桓	中国电子科技集团公司	1962	2003	技术物理系
吴以成	中科院理化技术研究所	1969	2005	近代化学系
邓中翰	中星微电子有限公司	1992	2009	地球和空间科学系
董春鹏	中国船舶重工集团公司	1966	2009	无线电电子学系
刘连元	中国航天科技集团公司第一研究院	1965	2011	近代力学系
刘文清	中科院合肥物质科学研究院	1978	2013	物理系
任辉启	总参工程兵科研三所	1992(硕)	2015	近代力学系
吴伟仁	国防科工委	1978	2015	无线电系

注：以当选院士年度为序,同年当选的以姓氏笔画为序。

毕业生中的国际著名学术机构院士

（共 27 人）

姓 名	学术机构名称	工 作 单 位	毕业时间	当选时间	毕业院系
庄小威	美国科学院	美国哈佛大学	1992	2012	少年班、物理系
骆利群	美国科学院	美国斯坦福大学	1986	2012	少年班、生物系
周 郁	美国工程院	美国普林斯顿大学	1978	2007	物理系
李 凯	美国工程院	美国普林斯顿大学	1981(硕)	2012	研究生院
杨培东	美国人文与科学院	美国加州大学伯克利分校	1993	2012	应用化学系
骆利群	美国人文与科学院	美国斯坦福大学	1986	2012	少年班、生物系
庄小威	美国人文与科学院	美国哈佛大学	1992	2013	少年班、物理系
卓 敏	加拿大皇家科学院	加拿大多伦多大学	1985	2009	生物系
赵忠贤	发展中国家科学院	中科院物理研究所	1964	1987	物理系
白志东	发展中国家科学院	东北师范大学	1982(博)	1990	数学系
马志明	发展中国家科学院	中科院数学与系统科学研究院	1981(硕)	1998	研究生院
朱作言	发展中国家科学院	中科院水生生物研究所	1980(硕)	1998	研究生院
陈 颙	发展中国家科学院	国家地震局	1965	2000	物理系
朱清时	发展中国家科学院	中国科学技术大学	1968	2001	近代物理系
李国杰	发展中国家科学院	国家智能计算机研究开发中心	1981(硕)	2002	研究生院
侯建国	发展中国家科学院	中国科学技术大学	1983	2004	物理系
饶子和	发展中国家科学院	南开大学	1977	2004	物理系
王志珍	发展中国家科学院	中科院生物物理研究所	1964	2005	物理系
石耀霖	发展中国家科学院	中科院研究生院	1966	2005	物理系
施蕴渝	发展中国家科学院	中国科学技术大学	1965	2009	物理系
郭光灿	发展中国家科学院	中国科学技术大学	1965	2009	无线电电子学系
庄文颖	发展中国家科学院	中科院微生物研究所	1981(硕)	2010	研究生院
潘建伟	发展中国家科学院	中国科学技术大学	1992	2012	近代物理系
沈保根	发展中国家科学院	中科院物理研究所	1976	2013	物理系
李亚栋	发展中国家科学院	清华大学	1998(博)	2014	化学系
谢 毅	发展中国家科学院	中国科学技术大学	1996(博)	2015	应用化学系
袁亚湘	发展中国家科学院	中科院数学与系统科学研究院	1982(硕)	2015	研究生院

十、科学研究与科技产业

国家级科研机构

序号	类别	机构名称	校内负责人	成立时间	批准部门
1	国家实验室	国家同步辐射实验室	陆亚林	1991.12	国家发展和改革委员会
2		合肥微尺度物质科学国家实验室(筹)	罗毅	2003.12	科学技术部
3	国家重点实验室	火灾科学国家重点实验室	张和平	1989.06	国家发展和改革委员会
4		核探测与核电子学国家重点实验室(联合)	安琪	2011.10	科学技术部
5	国家工程实验室	语音及语言信息处理国家工程实验室(联合)	戴礼荣	2011.06	国家发展和改革委员会
6	国家地方联合工程研究中心	热安全技术国家地方联合工程研究中心	张和平	2015.12	国家发展和改革委员会
7	协同创新中心	量子信息与量子科技前沿协同创新中心	潘建伟	2013.04	教育部
8	其他	国家高性能计算中心(合肥)	陈国良	1995.09	科学技术部
9		安徽蒙城地球物理国家野外科学观测研究站	陈晓非	2007.04	科学技术部
10		大尺度火灾国际联合研究中心	刘乃安	2014.11	科学技术部

中国科学院级科研机构

序号	类别	名称	校内负责人	成立时间	批准部门
1	率先行动机构	中国科学院量子信息与量子科技前沿卓越创新中心	潘建伟	2014.01	中国科学院
2		中国科学院合肥大科学研究中心	陆亚林	2014.11	中国科学院

续表

序号	类　别	名　　称	校内负责人	成立时间	批准部门
3	中科院重点实验室	中国科学院材料力学行为和设计重点实验室	何陵辉	2001.12	中国科学院
4		中国科学院量子信息重点实验室	郭光灿	2001.12	中国科学院
5		中国科学院壳幔物质与环境重点实验室	郑永飞	2005.03	中国科学院
6		中国科学院近地空间环境重点实验室	窦贤康	2005.03	中国科学院
7		中国科学院能量转换材料重点实验室(联合)	陆亚林	2008.12	中国科学院
8		中国科学院星系宇宙学重点实验室(联合)	王挺贵	2008.12	中国科学院
9		中国科学院软物质化学重点实验室	刘世勇	2009.12	中国科学院
10		中国科学院脑功能与脑疾病重点实验室	周江宁	2009.12	中国科学院
11		中国科学院吴文俊数学重点实验室	胡　森	2010.12	中国科学院
12		中国科学院电磁空间信息重点实验室	王东进	2013.04	中国科学院
13		中国科学院空间信息处理与应用系统技术重点实验室(联合)	李厚强	2013.04	中国科学院
14		中国科学院无线光电通信重点实验室	徐正元	2014.08	中国科学院
15		中国科学院强耦合量子材料物理重点实验室	陈仙辉	2014.08	中国科学院
16		中国科学院天然免疫与慢性疾病重点实验室	田志刚	2014.08	中国科学院
17		中国科学院城市污染物转化重点实验室(联合)	俞汉青	2014.08	中国科学院

续表

序号	类别	名称	校内负责人	成立时间	批准部门
18	其他	中国科学院热安全工程技术研究中心	张和平	1998.07	中国科学院
19		中国科学院强磁场科学中心(联合)	陈仙辉	2008.04	中国科学院
20		中国科学院网络传播系统与控制重点实验室(培育建设)	朱明	2008.12	中国科学院
21		中国科学院太阳能光热综合利用研究示范中心	季杰	2009.07	中国科学院
22		中国科学院国家数学与交叉科学中心——合肥分中心	李嘉禹	2010.11	中国科学院
23		中国科学院量子技术与应用研究中心	潘建伟	2011.05	中国科学院

省部级科研机构

序号	名称	负责人	成立时间	批准部门
1	多媒体计算与通信教育部——微软重点实验室	李卫平	2004.11	教育部
2	高性能计算安徽省重点实验室	陈国良	1999.12	安徽省科技厅
3	分子医学安徽省重点实验室	田志刚	2002.12	安徽省科技厅
4	光电子科学与技术安徽省重点实验室	刘文	2002.12	安徽省科技厅
5	计算与通讯软件安徽省重点实验室	王煦法	2005.02	安徽省科技厅
6	生物质洁净能源安徽省重点实验室	朱锡锋	2006.12	安徽省科技厅
7	安徽省生物质能源工程技术研究中心	朱锡锋	2007.06	安徽省科技厅
8	安徽细胞动力学与化学生物学省级实验室	姚雪彪	2008.11	安徽省科技厅
9	金融信息研究安徽省重点实验室	方兆本	2009.09	安徽省科技厅
10	安徽省污水处理工程技术研究中心	俞汉青	2009.09	安徽省科技厅
11	安徽省量子信息工程技术研究中心	陈增兵	2011.03	安徽省科技厅

续表

序号	名 称	负责人	成立时间	批准部门
12	安徽省高校人文社科重点研究基地——科学传播研究与发展中心	汤书昆	2003.01	安徽省教育厅
13	先进功能材料安徽省重点实验室	陈初升	2004.08	安徽省教育厅
14	物理电子学安徽省重点实验室	安 琪	2004.11	安徽省教育厅
15	网络传播系统与控制安徽省重点实验室	朱 明	2007.08	安徽省教育厅
16	生物技术药物安徽省工程技术研究中心	田志刚	2007.08	安徽省教育厅
17	无线网络通信安徽省重点实验室	卫 国	2008.01	安徽省教育厅
18	安徽省高校人文社科重点研究基地——工商管理创新研究中心	刘志迎	2013.01	安徽省教育厅
19	安徽省高校人文社科重点研究基地——科技史与文物研究中心	石云里	2013.01	安徽省教育厅
20	城市公共安全协同创新中心	张和平	2013.11	安徽省教育厅
21	先进技术与产业协同创新中心	李卫平	2013.11	安徽省教育厅
22	微电子与光电子技术研究院	刘 文	2013.11	安徽省教育厅
23	安徽省医药生物研究院	肖卫华	2013.11	安徽省教育厅
24	先进核聚变能和等离子体科学协同创新中心	李建刚	2014.08	安徽省教育厅
25	安徽大数据应用协同创新中心	陈恩红	2014.08	安徽省教育厅
26	安徽省语音及语言技术工程实验室	刘庆峰	2009.08	安徽省发展和改革委员会

校级科研机构

所系联合实验室			
序号	实验室名称	成立时间	联合共建单位
1	星系和宇宙学联合实验室	2005.01	中国科学院上海天文台
2	核探测技术与核电子学联合实验室	2005.04	中国科学院高能物理研究所
3	化学物理联合实验室	2005.06	中国科学院大连化学物理研究所
4	智能科学与技术联合实验室	2005.07	中国科学院沈阳自动化研究所
5	蛋白质科学联合实验室	2005.07	中国科学院生物物理研究所

续表

所系联合实验室			
序号	实验室名称	成立时间	联合共建单位
6	网络与通信联合实验室	2005.09	中国科学院沈阳计算技术研究所
7	绿色合成化学联合实验室	2005.11	中国科学院上海有机化学研究所
8	数学物理联合实验室	2005.12	中国科学院武汉物理与数学研究所
9	科技传播研究所	2006.02	中国科学院科学时报社
10	强子物理研究中心	2006.03	兰州重离子国家实验室
11	网络传播系统与控制联合实验室	2006.11	中国科学院声学研究所
12	新能源材料联合实验室	2007.04	中国科学院上海硅酸盐研究所
13	无机固体联合实验室	2007.05	中国科学院福建物质结构研究所
14	高分子薄膜与溶液联合实验室	2007.09	中国科学院长春应用化学研究所
15	分析化学研究伙伴小组	2008.01	中国科学院长春应用化学研究所
16	超精密控制与系统联合实验室	2010.05	中国科学院长春光机所
17	微纳电子系统集成研究中心	2010.09	中国科学院微电子所
18	环境污染控制联合实验室	2012.01	中国科学院城市环境研究所
19	生物质催化转化联合实验室	2013.12	中国科学院广州能源研究所
20	量子生物物理联合实验室	2014.10	中国科学院生物物理研究所
21	天然活性多肽联合实验室	2015.03	中国科学院昆明动物研究所
22	超导量子器件与量子信息联合实验室	2015.10	中科院上海微系统与信息技术研究所

校企联合实验室			
序号	实验室名称	成立时间	联合共建单位
1	科大华为信息技术研究所	1997.05	深圳华为技术有限公司
2	中国科学技术大学-SHINCRON先进薄膜工艺与材料联合实验室	2003.12	日本SHINCRON公司
3	中国科大-黄山永佳膜技术与膜材料联合研发中心	2012.05	黄山永佳(集团)有限公司
4	中国科大国购机器人研究中心	2014.09	合肥高新区、国购集团
5	中国科学院-阿里巴巴量子计算实验室	2015.07	阿里巴巴集团
6	中航科量子技术研发中心	2015.11	中航工业集团

续表

	学校设立科研机构		
序号	名　　　称	成立时间	挂　靠　单　位
1	数学研究所	1978.01	数学科学学院
2	自然科学史研究室	1980.12	人文与社会科学学院
3	天体物理研究中心	1984.01	物理学院
4	信息处理中心	1988.09	信息科学技术学院
5	非线性科学中心	1992.04	物理学院
6	超精密技术研究所	1992.04	工程科学学院
7	工业自动化研究所	1992.04	信息科学技术学院
8	生物医学工程研究所	1992.11	信息科学技术学院
9	智能信息技术研究所	1992.11	信息科学技术学院
10	科技法学研究室	1992.11	管理学院
11	儿童弱视和斜视研究治疗中心	1993.06	校医院
12	信号统计处理中心	1993.09	信息科学技术学院
13	统计研究所	1993.09	管理学院
14	理论物理研究所	1994.04	物理学院
15	材料化学与膜技术研究所	1994.12	化学与材料科学学院
16	石油天然气研究中心	1994.12	地球和空间科学学院
17	微波毫米波工程研究中心	1996.10	信息科学技术学院
18	科技考古实验室	1996.10	人文与社会科学学院
19	国际经济研究所	1996.11	管理学院
20	极地环境研究室	1999.05	地球和空间科学学院
21	辐化技术研究所	1999.10	化学与材料科学学院
22	免疫学研究所	2001.10	生命科学学院
23	烟草与健康研究中心	2002.02	化学与材料科学学院
24	交叉学科理论研究中心	2002.05	物理学院
25	知识管理研究所	2002.09	人文与社会科学学院
26	科学传播研究与发展中心	2006.11	人文与社会科学学院
27	粒子科学与技术研究中心	2009.07	物理学院

续表

学校设立科研机构			
序号	名　　　称	成立时间	挂　靠　单　位
28	高速流动与推进研究中心	2009.07	工程科学学院
29	CFC金融信息研究中心	2009.07	管理学院
30	可持续发展与创新研究中心	2010.02	管理学院
31	燃烧研究中心	2010.02	国家同步辐射实验室
32	磁约束聚变堆总体设计研究中心	2011.03	核科学技术学院
33	地震与地球内部物理实验室	2012.09	地球和空间科学学院
34	中国科学技术大学医学中心	2012.12	独立机构
35	量子材料物理实验室	2013.05	物理学院
36	生物医学工程中心	2013.05	中国科学技术大学医学中心
37	未来网络实验室	2013.05	中国科学技术大学先进技术研究院
38	无线光通信与网络研究中心	2013.12	信息科学技术学院
39	服务科学与技术实验室	2013.12	管理学院

年度获批重大重点项目(课题)一览表

项目类别	项　目　名　称	负责人	获批经费（万元）
发改委技术验证及应用示范项目（2015年度）	量子保密通信"京沪干线"技术验证及应用示范项目	陈宇翱	21813
中国石油天然气集团公司-中国科学院战略合作科研项目	页岩气钻完井井壁稳定与开发工程技术研究	卢德唐	3220
	CMP域弹性波全波形反演技术研究与开发	张　捷	217
	弹性波微地震实时监测技术	张　捷	218

续表

项目类别	项目名称		负责人	获批经费（万元）
中科院战略性先导科技专项（2015年度）	量子科学实验卫星	量子科学实验卫星——天地一体化实验验证系统	潘建伟	2798.13
		量子科学实验卫星有效载荷——量子纠缠源	潘建伟	745.75
		量子科学实验卫星有效载荷——量子实验控制与处理机	潘建伟	550.55
		量子科学实验卫星-量子科学实验技术——总体集成与科学实验中心	彭承志	165.12
		量子科学实验卫星-量子科学实验技术——广域量子密钥应用平台	江晓	104.38
	基于光与冷原子系统的量子物理和量子信息		潘建伟	2143.34
	暗物质粒子探测卫星有效载荷——BGO量能器及物理设计		刘树彬	1342.52
	基于固态系统的量子物理和量子信息		郭光灿	1304.73
	分子尺度体系的量子态及量子性质		杨金龙	1071.73
	新型非常规超导体新材料的探索和物性研究		陈仙辉	452
	乳腺肿瘤干细胞分选和检测以及针对肿瘤干细胞的靶向治疗研究		柳素玲	285
	支持协议无感知协议的开源控制器研制		朱祖勋	277.82
	核小体识别、修饰和组装的分子机理		施蕴渝	254.3
	超微成像及其在学习记忆环路突触可塑性研究		毕国强	200
	表观遗传及环境因素影响情绪环路关键结点的功能图谱		周江宁	200
	非编码RNA及线粒体代谢调控体细胞重编程		吴缅	195
	星系和黑洞的共同演化研究		王挺贵	179.67
	液体核磁共振标记、采谱和解谱新技术		吴季辉	172.9
	面向可编程网络的开放语言环境研制		田野	165.60
	海量网络数据流海云协同实时处理系统		王雷	108.58

续表

项目类别	项 目 名 称	负责人	获批经费（万元）
中科院科研装备研制项目	高空间时间分辨单细胞膜电位——蛋白质荧光动态同步分析系统	田长麟	291
	低能量离子-分子反应动力学装置的研制	田善喜	285
	多功能生物质水相解聚原位检测系统	傅 尧	274
	优于1微米加工精度的多尺度三维激光打印系统研制	吴 东	200
中科院其他项目	子午工程激光雷达发射系统维修改造(合肥)专项	窦贤康	127.41
	子午工程2015年度运行合同	窦贤康	107
中科院信息化专项	中国科学院超级计算环境合肥分中心建设(重组)	李 京	100
科技部科技支撑计划	生物质热化学定向转化关键技术	李文志	632
科技部ITER专项课题	磁约束聚变装置中逃逸电子关键物理问题研究	刘 健	660
	基于相衬成像诊断的宽波数等离子体涨落测量	余 羿	350
	聚变堆第一壁抗疲劳与冲击关键技术研究	黄生洪	300
	环向旋转托卡马克中的低频静电模	任海骏	240
	高功率波加热下与稳态运行相兼容的边界等离子体物理研究	张梦萍	204
基金委重大项目	地球内部水的分布和效应	郑永飞	1676.5
	飞秒激光直写功能化量子芯片构架设计与应用	任希锋	425
	污染物的化学强化生物转化机制与调控	俞汉青	399
基金委国家重大科研仪器设备研制专项	无碰撞磁重联实验平台的研制和建设	陆全明	726.84
	研究单纳米粒子催化反应的化学发光与光热多功能成像系统	崔 华	671.7
基金委重大研究计划	利用金刚石氮-空位色心实现室温高精密磁场的测量	孙方稳	350
	空地网络协同信息分发的传输模型与关键技术	陈长汶	338
	三相结构离子膜介尺度形成机理、制备及应用研究	徐铜文	300
	肝脏特有NKT细胞亚群的发现与深入验证	白 丽	280
	肝脏巨噬细胞对免疫微环境的调控机制及自身免疫性肝病靶向治疗的探究	廉哲雄	110

续表

项目类别	项 目 名 称	负责人	获批经费（万元）
基金委重点项目	基于超快电荷复合交换光谱诊断的边界等离子体输运的实验研究	叶民友	350
	二维黑磷晶体的场效应和量子行为及其压力效应的研究	陈仙辉	310
	电子-分子碰撞电离与解离的多体动力学研究	陈向军	305
	同步辐射实时在线研究光电催化剂界面水分解反应的过程	韦世强	300
	基于复杂介质波前校正的活体动物内细胞的实时捕获与成像	李银妹	300
	阿尔茨海默病神经免疫系统异常的机制研究	申 勇	285
	中高能重离子碰撞的手征电磁效应和手征涡旋效应	王 群	280
	城市污水厂出水中有机污染物的富集-催化处理新方法的研究	俞汉青	280
	染色质修饰相关蛋白 Menin 和 MBD2 调控肿瘤细胞代谢重编程的机制研究	高 平	274
	化疗诱变巨噬细胞极化与乳腺肿瘤干细胞富集及其细胞互作机制探索	柳素玲	273
	微生物胞外电子传递为核心的废水生物强化处理新方法	穆 杨	260
基金委国际(地区)合作与交流	重组细菌自主生物制造高性能仿生结构材料	徐安武	253
	晚奥陶-早志留世海洋中氮、硫的生物地球化学循环：来自美国内华达中部的证据	沈延安	250
	基于数据生命周期的隐私和安全关键理论和技术	熊 焰	250
	物联网环境下的紧致化仓储系统及其供应链研究	余玉刚	184
基金委联合基金	超薄二维半导体光电解水微观机理的原位同步辐射研究	谢 毅	270
基金委面上项目	磁流变塑性体力学性能的实验研究与分析	龚兴龙	140
基金委专项基金	几何与随机分析及其应用交叉平台	李嘉禹	100
其他部委	焦面光纤定位系统运行维护(2015年度)	褚家如	100
安徽省科技攻关计划	面向高级人工智能领域的类人智能关键技术及系统研发	凌震华	320

年度职务专利授权一览表

序号	专利名称	类型	授权日	专利号	发明人
1	一种用于气体均匀燃烧的火灾实验装置	实用新型	20150107	ZL201420326200.1	汪箭 等
2	一种永久性液态微球样品室	实用新型	20150107	ZL201420591155.2	李迪 等
3	一种使用磁流变塑性体的万能抓手	实用新型	20150107	ZL201420330722.9	龚兴龙 等
4	一种锐角连接的竖井结构	实用新型	20150107	ZL201420495708.4	纪杰 等
5	一种用于锅炉全自动燃烧控制装置	实用新型	20150107	ZL201420488343.2	汪箭 等
6	一种显微镜用活细胞培养环境控制系统	实用新型	20150107	ZL201420512711.2	吴旭 等
7	一种活细胞环境控制用一体化执行器	实用新型	20150107	ZL201420512052.2	吴旭 等
8	一种用于测量高通量X射线能谱的吸收体阵列的装置	实用新型	20150107	ZL201420536279	阴泽杰 等
9	一种用于测量高通量X射线能谱的吸收体阵列	实用新型	20150107	ZL201420536276.7	阴泽杰 等
10	一种无光学迷宫的点型光散射式感烟探测器	实用新型	20150107	ZL201420399987.4	张永明 等
11	一种小角和广角X射线散射联用装置及其实验测试方法	发明专利	20150114	ZL201310119544.5	李良彬 等
12	一种瑞利多普勒激光雷达地面校准系统	发明专利	20150114	ZL201210294809	窦贤康 等
13	一种壁画图像采集装置及方法	实用新型	20150114	ZL201420650337.2	张永明 等
14	基于硅-分子复合体系单分子负微分电阻器件及制备方法	发明专利	20150121	ZL201310020439.6	张汇 等
15	简化十二极场磁铁装置及其制造方法	发明专利	20150121	ZL201210334199.2	王相綦 等

续表

序号	专利名称	类型	授权日	专利号	发明人
16	均相阴离子交换膜及其制备方法	发明专利	20150107	ZL201210205298	徐铜文 等
17	具有多铁性能的六层状结构钛铁钴酸钇铋陶瓷材料及其制备方法	发明专利	20150107	ZL201210209229.7	陆亚林 等
18	一种造影剂及其制备方法和应用	发明专利	20150114	ZL201310376707.8	陈乾旺 等
19	一种用醇制氢气的方法	发明专利	20150107	ZL201110111467.x	张 颖 等
20	一种肺炎链球菌PiuA蛋白片段及其制备方法	发明专利	20150107	ZL201110149599.1	陈宇星 等
21	一种试井分析方法及装置	发明专利	20150107	ZL201210260155.X	李道伦 等
22	一种聚合物微滤膜的制备方法	发明专利	20150128	ZL201310110835.8	徐铜文 等
23	一种侧链磺酸化的聚吡咙及其制备方法	发明专利	20150114	ZL201310025200.8	徐铜文 等
24	一种实现可伸缩视频码流高并行度重写的编码方法	发明专利	20150107	ZL201310185434.9	李厚强 等
25	一种纯电动客车远程监控终端	实用新型	20150107	ZL201320868903.2	石 春 等
26	一种高分辨率的集成成像立体显示装置	实用新型	20150107	ZL201420273653.2	王 梓 等
27	一种高性能视频编码标准的加密处理方法	发明专利	20150204	ZL201410040485.7	李厚强 等
28	一种实际功耗模型下能量效率最优的传输方法	发明专利	20150204	ZL201210545453.3	任海豹 等
29	一种拆分手性二酮化合物的方法	发明专利	20150204	ZL201310438421.8	顾振华 等
30	一种用于碱回收的扩散渗析膜及其制备方法和应用	发明专利	20150211	ZL201210428400.3	徐铜文 等
31	导电玻璃表面修饰方法和表面修饰过的导电玻璃及其应用	发明专利	20150128	ZL201210509466.5	郑建明 等
32	具有自清洁及红外宽波段隐形双功能的低成本涂层及其制备方法和应用	发明专利	20150204	ZL201210407344.5	许小亮 等

续表

序号	专利名称	类型	授权日	专利号	发明人
33	一种紫精化合物电致变色材料及其电致变色器件	发明专利	20150304	ZL201210475279.X	徐春叶 等
34	一种螺吡喃取代二乙炔及其制备方法和应用	发明专利	20150304	ZL201310205325.9	邹 纲 等
35	一种由糠醛或糠醇制备环戊酮和/或环戊醇的方法	发明专利	20150304	ZL201210293308	张 颖 等
36	一种磁性固体酸及其制备方法	发明专利	20150304	ZL201310226222	江 鸿 等
37	核磁共振兼容型冷热疗系统	发明专利	20150211	ZL201210590514.8	赵 刚 等
38	一种植物氮高效利用基因及其编码蛋白的应用	发明专利	20150204	ZL201310317688.1	余林辉 等
39	一种浮油收集设备及其制备方法和应用	发明专利	20150325	ZL201310176037.5	俞书宏 等
40	利用手势识别控制数字标牌的方法和系统	发明专利	20150325	ZL201210275644.2	朱 明 等
41	一种快速测定厌氧污泥产氢活性的方法及其所用的装置	发明专利	20150325	ZL201310134932	穆 杨 等
42	一种内容分发网络中节点列表的优化功能模块	发明专利	20150204	ZL201110380066.4	王 嵩 等
43	一种平凸形微透镜及其陈列的制造方法	发明专利	20150218	ZL201210361177.5	王 翔 等
44	一种用于离心铸造硅胶管的改进方法	发明专利	20150304	ZL201310021533.3	吴海军 等
45	一种气体灭火剂浓度测量装置	发明专利	20150304	ZL201310071556.5	秦 俊 等
46	高倍聚光光伏发电供热系统	发明专利	20150304	ZL201210450771.1	季 杰 等
47	环酮类衍生物及其作为沉淀样蛋白沉积物和神经纤维缠结的显像剂和聚集抑制剂的用途	发明专利	20150318	ZL201110338322.3	周江宁 等
48	一种与X射线散射联用的恒幅宽薄膜拉伸装置及其实验方法	发明专利	20150121	ZL201210579459.2	李良彬 等

续表

序号	专利名称	类型	授权日	专利号	发明人
49	一种立式超小角X射线散射装置	实用新型	20150121	ZL201420488344.7	李良彬 等
50	一种用于核聚变装置中的水压同步驱动装置	实用新型	20150121	ZL201420488072	韩曼芬 等
51	一种具有原位测量效果的可拆除式独立真空腔体	实用新型	20150204	ZL201420623063.8	孔 帅 等
52	实时温控微型样品室	实用新型	20150204	ZL201420591122.8	李 迪 等
53	一种太阳能多功能墙	实用新型	20150304	ZL201420606997	何 伟 等
54	竖直固定的热塑性材料熔融滴落引燃实验平台	实用新型	20150311	ZL201420433532.X	程旭东 等
55	坚固型双压电体并排推动的三摩擦力步进器	发明专利	20150318	ZL201210260297.6	陆轻铀 等
56	一种基于氧化铝模板的单晶金属纳米线陈列的制备方法	发明专利	20150304	ZL201110097428.9	陈乾旺 等
57	一种蓝色二氧化钛的制备方法	发明专利	20150311	ZL201310553499.4	徐安武 等
58	利用有机阴阳离子对进行金属催化偶联反应的方法	发明专利	20150304	ZL201210009267.8	傅 尧 等
59	一种高性能视频编码无损模式的残差变换方法	发明专利	20150325	ZL201310648456.4	李厚强 等
60	一种室内定位的方法及系统	发明专利	20150325	ZL201310143233.2	黄文超 等
61	一种车辆监控的方法及系统	发明专利	20150325	ZL201210584612	陈宗海 等
62	一种查找最大瓶颈速率的方法及系统	发明专利	20150325	ZL201210479245.8	卢汉成 等
63	基于硬件处理板的自主可控网站安全防御系统	发明专利	20150325	ZL201210237577.5	李 强 等
64	一种基于核方法的协同过滤推荐系统及方法	发明专利	20150318	ZL201210033951.X	俞能海 等
65	一种视频编码中比特分配的方法及系统	发明专利	20150318	ZL201310115469.5	李厚强 等

续表

序号	专利名称	类型	授权日	专利号	发明人
66	一种低温宽频带低噪声放大器	实用新型	20150325	ZL201420759238.8	郭国平 等
67	一种具有光热及荧光增强双功能的金纳米星@量子点复合型细胞探针及其制备方法和应用	发明专利	20150401	ZL201310117034.4	尹乃强 等
68	一种改善生物油稳定性的方法及生物油	发明专利	20150408	ZL201310149131.1	朱锡锋 等
69	一种介孔碳负载纳米氧化镁及其制备方法	发明专利	20150408	ZL201310226052.6	江 鸿 等
70	含磷-氮-硅的有机无机杂化阻燃剂及其制备方法和形成的聚合物	发明专利	20150408	ZL201310155777	胡 源 等
71	核辐射脉冲幅度的数字化方法及系统	国外专利	20150220	ZL100108453（日本）	王永纲 等
72	一种侧链磺酸化的聚酰亚胺及其制备方法	发明专利	20150304	ZL201310025185.7	徐铜文 等
73	反硝化厌氧甲烷氧化微生物富集的系统及其方法	发明专利	20150304	ZL201310119900.3	曾建雄 等
74	一种微观交通仿真中车辆跟驰换道方法及系统	发明专利	20150304	ZL201110270830.2	宋卫国 等
75	一种复合纳米材料及其制备方法	发明专利	20150325	ZL201310054692.3	俞书宏 等
76	一种搜索方法及装置	发明专利	20150325	ZL201210179560.9	朱 明 等
77	官能团化的芳基乙酸酯类化合物的制备方法	发明专利	20150318	ZL201110024399.3	尚 睿 等
78	一种耐热反应型马来酰亚胺结构的含磷阻燃剂及其制备方法	发明专利	20150408	ZL201310562528.3	胡 源 等
79	一种基于概率计算的LDPC译码公式的实现方法	发明专利	20150408	ZL201210344153.9	秦晓卫 等
80	一种复数矩阵的优化方法	发明专利	20150408	ZL201210167484.X	顾乃杰 等
81	粒径可控的单分散聚丙烯酰胺凝胶微球及其制备方法和所用装置	发明专利	20150422	ZL201210406091.X	常振旗 等

续表

序号	专利名称	类型	授权日	专利号	发明人
82	一种复合吸附剂及其制备方法	发明专利	20150422	ZL201310134776.8	叶 宏 等
83	一种基于CO_2气体浓度监测飞机火警探测装置	实用新型	20150422	ZL201420790232.7	赵建华 等
84	一种具有温度气压自动补偿的CO_2气体浓度监测装置	实用新型	20150408	ZL201420790255.8	赵建华 等
85	一种多气氛反应热解炉	实用新型	20150408	ZL201420707307	尹 浩 等
86	基于改进型迈克尔逊干涉仪的多通道空间结构光场生产装置	实用新型	20150318	ZL201420688403.5	毛 磊 等
87	一种测试移动可信平台软件安全性的方法	发明专利	20150429	ZL201010591253.2	苗付友 等
88	一种侧链磺酸化的聚苯并咪唑及其制备方法	发明专利	20150429	ZL201310025219.2	徐铜文 等
89	一种用酚类化合物制备醇类化合物的方法	发明专利	20150429	ZL201110195743.5	张 颖 等
90	一种纳米纤维制备方法和制备纳米纤维的装置	发明专利	20150408	ZL201110023244.8	郑建明 等
91	一种智能线性升温温控装置	发明专利	20150422	ZL201210424315.X	唐学峰 等
92	一种带有失配补偿技术的有源Balun	发明专利	20150422	ZL201210531622.8	卫 鹏 等
93	一种模拟人体呼吸的仿真器	发明专利	20150422	ZL201210574780.1	胡海兵 等
94	一种双流体微气泡喷射发生装置	发明专利	20150422	ZL201410172405.3	秦 俊 等
95	一种外加可调节恒定辐射条件下的保温材料火蔓延特性实验装置	发明专利	20150422	ZL201310323651.X	马 鑫 等
96	一种行人动力学参数测取综合实验台系统	发明专利	20150408	ZL201310095344	宋卫国 等
97	一种采用竖井自然排烟的地下公路隧道火灾实验模拟装置	发明专利	20150408	ZL201210189640.2	纪 杰 等

续表

序号	专利名称	类型	授权日	专利号	发明人
98	一种基于局域广播的无线多媒体漂流瓶系统及方法	发明专利	20150408	ZL201310040917.X	丁菁 等
99	一种软X射线平焦场光谱仪的光谱分辨率提高方法	发明专利	20150408	ZL201310306376	刘正坤 等
100	一种高压可燃性气体泄漏自燃及激波诱导点火的试验装置	发明专利	20150408	ZL201310404843.3	孙金华 等
101	一种压电超声驱动液体喷射装置	发明专利	20150325	ZL201210517130.3	刘永斌 等
102	一种基于双波长区分三种气溶胶颗粒的方法	发明专利	20150325	ZL201210291014.4	张永明 等
103	一种制备5-羟甲基糠醛的方法	发明专利	20150325	ZL201210286597.1	傅尧 等
104	一种紧致化仓储系统及相应的取货的方法	发明专利	20150408	ZL201310108826.5	余玉刚 等
105	一种亲和核酸分子的快速鉴定和分离方法	发明专利	20150408	ZL201310521776.3	罗昭锋 等
106	一种阴离子交换膜及其制备方法和燃料电池	发明专利	20150408	ZL201210116770.3	徐铜文 等
107	一种紧致化仓储系统的尺寸设置方法	发明专利	20150408	ZL201310108795.3	余玉刚 等
108	一种新型手性催化体系的设计及其在抗肿瘤药物 spisulosine(ES-285)合成中的应用	发明专利	20150408	ZL201210040255.1	汪志勇 等
109	大幅度超高速同步脉冲产生装置及方法	发明专利	20150422	ZL201310017729.5	李锋 等
110	木糖醇高温高产工程菌株的构建及应用	发明专利	20150422	ZL201310399915.X	洪洵 等
111	一种三维视频中Skip和Direct模式运动矢量的预测方法	发明专利	20150429	ZL201310041654.4	苏文艺 等
112	基于前向纠错保护编码的数据封装方法和装置	发明专利	20150422	ZL201210243507	李厚强 等

续表

序号	专利名称	类型	授权日	专利号	发明人
113	一种调控上转换发光纳米材料体内外自噬和毒性的方法	发明专利	20150422	ZL201210260134.8	温龙平 等
114	一种热致凝胶堵水调剖剂及其制备方法和应用	发明专利	20150527	ZL201310132191.2	郝 翔 等
115	一种非对称型电化学电容器及其制备方法	发明专利	20150527	ZL201210584441.1	俞书宏 等
116	一种家用基站协作传输数据的方法及家用基站	发明专利	20150527	ZL201210181025.7	洪佩琳 等
117	一种渗透增压热功转换循环装置	发明专利	20150318	ZL201310359490.X	李 晶 等
118	多孔陶瓷导热系数的简易测量装置	发明专利	20150408	ZL201310108447.6	张和平 等
119	一种热重分子束质谱联用装置	实用新型	20150107	ZL201420547763.3	周岳忠 等
120	环形热管型蓄冷冰箱	实用新型	20150107	ZL201420629473.3	裴 刚 等
121	双蓄冷室冰箱	实用新型	20150107	ZL201420629497.9	裴 刚 等
122	一种直冷保鲜冰箱	实用新型	20150121	ZL201420682251.8	裴 刚 等
123	一种用于原位探测激光加热反应器产物的光电离质谱装置	实用新型	20150211	ZL201420547897.5	杨玖重 等
124	一种菲涅尔式聚光光伏光热组件	实用新型	20150318	ZL201420629868.3	季 杰 等
125	层流式活细胞培养设备	外观设计	20150506	ZL201430328454.2	吴 旭 等
126	一种环形弹簧式弹塑性缓冲吸能装置	实用新型	20150429	ZL201420715896.7	张 科 等
127	用于高分子薄膜材料原位结构检测的微型伸展流变装置及其实验方法	发明专利	20150506	ZL201310014790.4	李良彬 等
128	一种吸入式SF_6气体泄漏监测装置	发明专利	20150506	ZL201210486603.8	赵建华 等
129	一种灭火用旋射流细水雾喷头	实用新型	20150506	ZL201420759430.7	王喜世 等

续表

序号	专 利 名 称	类型	授权日	专 利 号	发明人
130	一种基于金属薄膜SPR色散的图像化测量装置	实用新型	20150506	ZL201420869934.4	雷欣瑞 等
131	一种用于研究卵细胞的微装置及显微镜系统	实用新型	20150527	ZL201520022927.5	赵 刚 等
132	一种冷热刀	发明专利	20150527	ZL201310007889.1	赵 刚 等
133	模拟CO_2管道输运及泄漏的装置	发明专利	20150506	ZL201210555343.5	谢启源 等
134	基于量子统计的高精度光学成像装置与方法	发明专利	20150527	ZL201210364582.2	孙方稳 等
135	高性能视频编码的帧间预测快速模式选择方法	发明专利	20150506	ZL201310557582.9	李厚强 等
136	基于反熔丝FPGA的时间数字转换器及其温度漂移修正方法	发明专利	20150527	ZL201210566382.5	刘树彬 等
137	一种温和条件下高选择性制备γ-戊内酯的方法	发明专利	20150527	ZL201310011149.5	傅 尧 等
138	CD226胞外段蛋白抑制肿瘤细胞增殖的用途	发明专利	20150527	ZL201310431933.1	田志刚 等
139	一种调控湿度的材料及其制备方法和应用	发明专利	20150617	ZL201310135079.4	叶 宏 等
140	一种TiO_2负载的高分散金属催化剂及其制备方法	发明专利	20150617	ZL201310180706.6	黄伟新 等
141	一种通过热处理在强化生物除磷过程中实现磷回收的方法及其装置	发明专利	20150617	ZL201310169629.4	曾建雄 等
142	自粘型激光微推进透射靶烧蚀材料、其制备方法和用其制备的靶带	发明专利	20150617	ZL201210584537.8	焦 龙 等
143	醛与硝基烯烃的加成产物的制备方法	发明专利	20150617	ZL201210509523.X	汪志勇 等
144	一种基于双工作波长的直接探测测风激光雷达系统及测风方法	发明专利	20150527	ZL201310479786.5	夏海云 等

续表

序号	专利名称	类型	授权日	专利号	发明人
145	一种极低温下半导体量子点低噪测量系统	发明专利	20150527	ZL201310125176.5	尚汝南 等
146	一种高密度有源柔性电极陈列及其信号调理电路	发明专利	20150617	ZL201310324009.3	张恒毅 等
147	一种无线存取点状态综合监管系统及方法	发明专利	20150617	ZL201310041433.7	丁 箐 等
148	一种液体灭火剂雾化喷洒头	发明专利	20150617	ZL201310204913	秦 俊 等
149	与X射线散射联用进行原位结构检测的挤出拉伸装置及其实验方法	发明专利	20150617	ZL201310119546.4	李良彬 等
150	一种周期信号增强检测装置及方法	发明专利	20150617	ZL201310739306.4	何清波 等
151	一种基于网络传输的碳氢可燃气体泄漏监测装置及方法	发明专利	20150617	ZL201210486747.3	赵建华 等
152	一种双环热保护瞬态辐射热流计及测量方法	发明专利	20150617	ZL201310153975.3	胡 芃 等
153	一种液氨洗消剂及其制备方法	发明专利	20150617	ZL201310245095.9	倪小敏 等
154	一种处理染料废水的方法	发明专利	20150624	ZL201310627011.8	穆 杨 等
155	泡沫灭火剂实验用杯式燃烧器	发明专利	20150624	ZL201310438549.4	倪小敏 等
156	一种以立方体氧化亚铜为模板制备碳笼和氮掺杂碳笼的方法	发明专利	20150624	ZL201310750844.3	俞书宏 等
157	一种由盐湖卤水提取氢氧化锂的方法	发明专利	20150624	ZL201410124047.9	徐铜文 等
158	一种多信道盲已知干扰消除方法	发明专利	20150624	ZL201310010968.8	杨 非 等
159	一种氢化钛型高能混合炸药及其制备方法	发明专利	20150624	ZL201310084913.1	马宏昊 等

续表

序号	专利名称	类型	授权日	专利号	发明人
160	一种光催化薄膜的制备方法	发明专利	20150624	ZL201310652418.6	俞书宏 等
161	一种基于受限波尔兹曼机的语音合成方法	发明专利	20150617	ZL201310099895.4	凌震华 等
162	基于传送带的三维智能紧致化仓储系统	发明专利	20150624	ZL201110342100.9	余玉刚 等
163	一种双向互易单纵模光纤环形腔激光器	发明专利	20150624	ZL201210009424.5	苏 觉 等
164	一种用于磁共振系统的高速数据采集卡	发明专利	20150624	ZL201210057026	杜江峰 等
165	一种分析建筑物太阳能传热性能的方法及装置	发明专利	20150624	ZL201210210439.8	何立群 等
166	一种赛车游戏系统	发明专利	20150624	ZL201210338657.X	朱 明 等
167	一种均相催化制备γ-戊内酯的方法	发明专利	20150617	ZL201310170117.X	傅 尧 等
168	一种石墨烯和聚苯胺复合纸的制备方法及其产品	发明专利	20150617	ZL201210274455.3	俞书宏 等
169	一种纤维素-接枝-聚异戊二烯共聚物及其制备方法	发明专利	20150708	ZL201310342520.6	王志刚 等
170	尖晶石型磁性铁氧体/二硫化钼纳米复合材料及其制备方法和应用	发明专利	20150708	ZL201310376218.2	胡 源 等
171	一种含添加剂细水雾灭火有效性评估的实验装置	实用新型	20150617	ZL201520087185.4	冯明辉 等
172	一种微调刻蚀深度空间分布的系统	实用新型	20150617	ZL201420724635.1	吴丽翔 等
173	一种多模态阴道镜系统	实用新型	20150624	ZL201420836581.8	任文奇 等
174	一种太阳能集热-辐射制冷的综合装置	发明专利	20150617	ZL201310494356	裴 刚 等

续表

序号	专利名称	类型	授权日	专利号	发明人
175	改善冷冻室冷量损失的冰箱	实用新型	20150617	ZL201520014143.8	裴 刚 等
176	节能均温冰箱	实用新型	20150617	ZL201520014183.2	裴 刚 等
177	一种基于二元醇中发色团的荧光型水性聚氨酯及其制备方法	发明专利	20150708	ZL201310222308.6	张兴元 等
178	二氧化钒基复合薄膜、包括其的透光结构及其应用	发明专利	20150708	ZL201210262886.8	陆亚林 等
179	喜树碱前药单体及其聚合前药两性分子以及它们的制备和用途	发明专利	20150624	ZL201310438480.5	刘世勇 等
180	利用静电纺丝技术组装金银一维纳米材料的方法及其应用	发明专利	20150722	ZL201210335544.4	俞书宏 等
181	一种去除细胞悬浮液中低温保护剂的装置	实用新型	20150722	ZL201520065086.6	丁卫平 等
182	一种在线检测材料微纳结构演化的SR-CT微力加载装置	实用新型	20150722	ZL201420678979.3	许 峰 等
183	基于双斜面偏转关节的新型机械臂	实用新型	20150722	ZL201520058357.5	董二宝 等
184	森林火灾现场扑救队员生存环境安全监测与报警装置	实用新型	20150812	ZL201520079970.5	王海晖 等
185	一种实时无损检测与定量调控材料微波制备过程的装置	实用新型	20150812	ZL201420677791.7	许 峰 等
186	一种压电变压器散热装置及压电变压器	发明专利	20150722	ZL201010575707.7	冯志华 等
187	一种保护装置、冷热刀	发明专利	20150715	ZL201310008324.5	赵 刚 等
188	一种高气压放电产生冷等离子体的方法及介质阻挡放电装置	发明专利	20150812	ZL201010594652.4	夏维东 等
189	一种虚拟多输入多输出系统中用户配对的方法	发明专利	20150812	ZL201210562503.9	吴春靓 等
190	一种超宽带单端输入差分输出低噪声放大器	发明专利	20150812	ZL201210428248.9	李 治 等

续表

序号	专利名称	类型	授权日	专利号	发明人
191	并联机器人运动学参数的智能自标定系统	发明专利	20150812	ZL201210414540.5	尚伟伟 等
192	一种搜索引擎的评测方法	发明专利	20150812	ZL201210384318.5	朱 明 等
193	一种3D流体的仿真方法及系统	发明专利	20150812	ZL201210319521.4	董兰芳 等
194	一种高效的主动安全射频识别认证的方法	发明专利	20150812	ZL201210186740.X	薛开平 等
195	由Ru系催化剂催化植物油或长链脂肪酸制备高十六烷值烷烃燃料的方法及其应用	发明专利	20150909	ZL201210364434	张 颖 等
196	叠氮类高分子敏化型高能烧蚀材料及其制备方法和用其制备的靶带	发明专利	20150909	ZL201210584010.5	焦 龙 等
197	一种氮掺杂石墨烯/氮掺杂碳纳米管/四氧化三钴复合纸及其制备方法	发明专利	20150909	ZL201310390188	俞书宏 等
198	一种在银纳米粒子表面生长纳米氧化物的方法	发明专利	20150909	ZL201310460084.2	黄伟新 等
199	一种基于银纳米线的弹性导体及其制备方法和应用	发明专利	20150812	ZL201310001217.X	俞书宏 等
200	一种能够改变环境压力和气氛条件的材料无焰热解及有焰燃烧实验箱	实用新型	20150902	ZL201520232688.6	李开源 等
201	一种低气压飞机货舱火灾实验模拟装置	发明专利	20150624	ZL201310645998.6	张和平 等
202	一种用于锥形量热仪的低氧浓度环境辐射加热实验装置	实用新型	20150722	ZL201520171673.3	张和平 等
203	一种针对建筑外墙防火结构及其性能的模拟实验装置	实用新型	20150722	ZL201520171581.5	张和平 等
204	一种制备氧化铁黄的装置及方法	发明专利	20150812	ZL201310632149.7	徐铜文 等
205	一种侧链含季铵基团的聚砜及其制备方法	发明专利	20150812	ZL201310025315.7	徐铜文 等
206	一种基于施蒂费尔流形的干扰对齐预编码方法	发明专利	20150812	ZL201210165035.1	张 晨 等

续表

序号	专利名称	类型	授权日	专利号	发明人
207	一种基于盲已知干扰消除的无线中继网络上行传输方法	发明专利	20150909	ZL201310039081.1	杨 非 等
208	一种瑞利慢衰落信道下能量效率最优的传输控制方法	发明专利	20150909	ZL201210382177.3	任海豹 等
209	一种通过超临界二氧化碳体系处理废弃鸡毛获得功能碳材料和碳酸氢铵的方法	发明专利	20150909	ZL201410186355.4	陈乾旺 等
210	一种利用溶胶凝胶法制备的石墨烯陶瓷复合材料及其制备方法	发明专利	20150909	ZL201410306872	朱彦武 等
211	一种酚醛树脂气凝胶的制备方法	发明专利	20150909	ZL201310617223.8	俞书宏 等
212	一种优化串行干扰消除顺序的迭代检测方法	发明专利	20150909	ZL201110043101.3	史寅科 等
213	一种有机-无机纳米复合薄膜的制备方法	发明专利	20150909	ZL201310274751.8	徐安武 等
214	一种复合型便携式灭火器	发明专利	20150909	ZL201310305837.2	倪小敏 等
215	制备喜树碱聚合前药两性分子的纳米粒子的方法及其产品和用途	发明专利	20150722	ZL201310436641.7	刘世勇 等
216	一种富氧燃烧器	发明专利	20150722	ZL201310290417.1	林其钊 等
217	一种基于电子鼻技术的密闭空间火灾探测报警系统及方法	发明专利	20150812	ZL201310026143.5	张永明 等
218	一种火灾探测性能综合检测模拟实验装置	发明专利	20150812	ZL201310173930.2	王 洁 等
219	一种引射预燃式无焰燃烧器	发明专利	20150909	ZL201210421560.5	林其钊 等
220	一种应用于线程级推测并行的限制性值传递方法和装置	发明专利	20150909	ZL201210133066.9	安 虹 等
221	一种弹性足与轮式运动机构结合的复合变形移动机器人	发明专利	20150909	ZL201310163677.2	董二宝 等
222	一种快速束团横向尺寸和位置的提取方法	发明专利	20150909	ZL201310156448.8	程超才 等

续表

序号	专 利 名 称	类型	授权日	专 利 号	发明人
223	一种全光纤直接探测测风激光雷达系统及其闭环控制方法	发明专利	20150909	ZL201310451469.2	夏海云 等
224	一种利用双光谱成像进行雾场粒径平面分布测量的装置	发明专利	20150909	ZL201310337431.2	刘维来 等
225	一种基于激光投影的触摸屏人机交互系统	发明专利	20150909	ZL201310032329.1	王书路 等
226	一种基于形状记忆合金-柔体复合结构的柔性操作手	实用新型	20150909	ZL201520317455.6	董二宝 等
227	一种管道内腔液压定位装置	实用新型	20150722	ZL201520087352.5	李 静 等
228	一种太阳能环形热管型蓄冷冰箱	实用新型	20150708	ZL201520029225.X	裴 刚 等
229	一种转基因鱼自动构建装置	实用新型	20150812	ZL201520116975	黄玉斌 等
230	一种使用磁流变胶泥的缓冲器	实用新型	20150812	ZL201520133292.6	龚兴龙 等
231	一种形状可控的水下仿生推进装置	实用新型	20150812	ZL201520073743.1	张世武 等
232	一种面积可控的水下仿生推进装置	实用新型	20150722	ZL201520062021.6	张世武 等
233	一种拉力传感器的固定导向装置	实用新型	20150722	ZL201520104146	张世武 等
234	一种X射线探测器	实用新型	20150722	ZL201520110956.7	阴泽杰 等
235	一种物体轮廓的测量系统	实用新型	20150722	ZL201520117309.9	张世武 等
236	一种含直流引线结构的3D微波谐振腔	实用新型	20150722	ZL201520201982	郭国平 等
237	自动化气体脉冲刻蚀方法、装置及系统	发明专利	20150909	ZL201110009273.9	崔金明 等

续表

序号	专利名称	类型	授权日	专利号	发明人
238	一种侧链磺酸化的聚砜及其制备方法	发明专利	20150909	ZL201310025153.7	徐铜文 等
239	一种含脂肪族酰亚胺结构的侧链磺酸化聚酰亚胺及其制备方法	发明专利	20150909	ZL201310025159.4	徐铜文 等
240	一种人工肝体外工作平台	实用新型	20150909	ZL201520064009.9	丁卫平 等
241	一种生物样品冻存装置	实用新型	20150909	ZL201520039099.6	赵 刚 等
242	培育作为肝纤维化与原发性胆汁性肝硬化动物模型的 IL-12p40（−/−）IL-2Rα（−/−）小鼠的方法	发明专利	20150909	ZL201410020633.9	廉哲雄 等
243	一种逐次逼近型模数转换器	发明专利	20150909	ZL201210590541.5	贺 林 等
244	一种基于立体视觉伺服的机械臂系统及其实时校准方法	发明专利	20150909	ZL201210279176.6	王 锋 等
245	激光频率绝对锁定装置	发明专利	20150909	ZL201210541178.8	方 欣 等
246	自由活动动物实验连接线解旋装置	实用新型	20150909	ZL201520142072.X	陈伟恒 等
247	Switched capacitor charge pump driver for Piezoelectric actuator（开关电荷泵式压电陶瓷制动器驱动方式）	国外专利	20150728	ZL13/145,397（美国）	冯志华 等
248	一种基于嵌入式系统的螺纹孔数控钻床及控制方法	发明专利	20150916	ZL201310401552.9	曹 飞 等
249	注射泵、注射系统及注射方法	发明专利	20151021	ZL201310443036.2	白雪飞 等
250	虹膜人脸融合采集装置.	发明专利	20151021	ZL201210235911.3	姚 鹏 等
251	一种含磷氮硅烷 A、含氮磷硅的亚磷酸酯类无卤阻燃剂及其制备方法	发明专利	20151021	ZL201310328581.7	胡 源 等
252	一种带药物输送功能的冷热刀及系统	发明专利	20151028	ZL201410058249.8	赵 刚 等

续表

序号	专 利 名 称	类型	授权日	专 利 号	发明人
253	一种带药物输送功能的冷热刀及系统	发明专利	20151028	ZL201410058257.2	赵　刚 等
254	一种爆炸复合专用结构炸药及爆炸复合方法和装置	发明专利	20151028	ZL201310282589.4	马宏昊 等
255	基于工业化应用的斜面诱导自组装胶态晶体及其制备方法	发明专利	20151028	ZL201210493248.7	吴以治 等
256	一种扫描腔长时进行光学频率补偿的Fabry-Perot标准具标定系统和方法	发明专利	20151021	ZL201310752533	赵若灿 等
257	一种圆孔径反对称简化六极场磁铁装置及其制造方法	发明专利	20151021	ZL201310259701.2	王相綦 等
258	一种扩散式SF6气体泄漏监测装置及方法	发明专利	20151021	ZL201210487547.X	赵建华 等
259	一种用于主动降低外界噪声的装置	实用新型	20151028	ZL201520486017.2	凌　强 等
260	一种车载自组网中的混合式信任系统及方法	发明专利	20151028	ZL201310041456.8	丁　箐 等
261	一种基于网格结合插值的单枪机-多球机联动方法	发明专利	20151028	ZL201310029776.1	陈宗海 等
262	基于视频的烟气流速场、湍流度场实验测量装置	实用新型	20151028	ZL201520282187.9	张永明 等
263	一种脉冲超宽带开关键控检波器	发明专利	20151028	ZL201310097389.1	沈传魁 等
264	低回差高重复扫描探针显微镜独立扫描器	发明专利	20151028	ZL201310552279.X	王　琦 等
265	一种周期形貌可调谐的微纳米结构表面大面积制备方法及加工系统	发明专利	20151028	ZL201310563497.3	胡衍雷 等
266	一种侧链偶氮型水性聚氨酯的制备方法	发明专利	20151028	ZL201310573640.7	李发萍 等
267	由多元醇类化合物制备吡啶类化合物的方法	发明专利	20151028	ZL201410213889.1	张　颖 等
268	多功能单相纳米材料	发明专利	20151028	ZL201410370584.1	陆亚林 等
269	一种单层过渡金属硫属化物薄膜及其制备方法	发明专利	20151021	ZL201410194094	向　斌 等

续表

序号	专利名称	类型	授权日	专利号	发明人
270	一种核燃料棒与中心冷却热管的嵌套一体化结构	实用新型	20150902	ZL201520241505.7	赵 辉 等
271	一种室温、极低温两用的宽频带低噪声放大器	实用新型	20151021	ZL201520435391.X	郭国平 等
272	一种恶意应用程序的快速过滤方法	发明专利	20151021	ZL201210301154.5	程绍银 等
273	一种多脉冲激光诱导击穿光谱测量系统	实用新型	20151021	ZL201520355638.7	高 辉 等
274	具有多次反射真空紫外光电离源的质谱分析仪	发明专利	20150909	ZL201310443607.2	潘 洋 等
275	一种光伏驱动的太阳能主动循环式热水系统	发明专利	20151021	ZL201410110268	季 杰 等
276	聚光法太阳能热水系统热性能检测平台	实用新型	20150909	ZL201520362030.7	杨义红 等
277	一种心脏起搏器振动供能系统	实用新型	20151028	ZL201520339589.8	唐晓鹏 等
278	一种视频场景中运动目标感知的方法及系统	发明专利	20151118	ZL201210574854.1	陈宗海 等
279	一种边带调制信号分类的方法及装置	发明专利	20151118	ZL201310076546	孙欢欢 等
280	一种三维打印方法	发明专利	20151118	ZL201310553950.2	杨周旺 等
281	一种 $CdSnO_3$ 纳米材料及其制备方法和应用	发明专利	20151125	ZL201310155725.3	王琳琳 等
282	一种制备石墨烯的方法及其制备的石墨烯	发明专利	20151125	ZL201310223783.5	曾长淦 等
283	一种快速测量表面红外半球发射率的装置	实用新型	20151118	ZL201520332657.8	徐 斌 等
284	一种离子束刻蚀束斑分布矫正装置	实用新型	20151118	ZL201520523614.8	曾思为 等
285	改进推测多线程的方法及装置	发明专利	20151125	ZL201110136316.X	安 虹 等
286	一种侧链含季铵基团聚苯并咪唑及其制备方法	发明专利	20151125	ZL201310025225.8	徐铜文 等

续表

序号	专利名称	类型	授权日	专利号	发明人
287	一种锂离子电池正极及其制备方法	发明专利	20151125	ZL201310038804.6	陈春华 等
288	一种冷热刀	发明专利	20151125	ZL201310008164.4	赵 刚 等
289	一种动态信号分析方法及装置	发明专利	20151125	ZL201210574917.3	何清波 等
290	一种森林火灾烟雾识别方法及装置	发明专利	20151125	ZL201310376899.2	宋卫国 等
291	层状结构的钛铁钴酸铋陶瓷材料及其制备方法	发明专利	20151125	ZL201210382234.8	陆亚林 等
292	一种纳米吸附材料及其制备方法	发明专利	20151125	ZL201110399336.6	徐安武 等
293	一种钻头受力计时装置	实用新型	20151125	ZL201520509035.8	李 静 等
294	抗体片段修饰的微梁制备方法和基于抗体片段修饰的微梁免疫传感检测系统	发明专利	20151118	ZL201110238911.4	张青川 等
295	一种高效、低成本的抗积碳阳极及其制备方法	发明专利	20151118	ZL201210189164.4	彭冉冉 等
296	一种高选择性制备吡咯类化合物的方法	发明专利	20151118	ZL201310535831.4	张 颖 等
297	基于像素的波片阵列及其制备方法	发明专利	20151118	ZL201310410622.7	张青川 等
298	离子束抛光设备	实用新型	20151118	ZL201520408818.7	吴丽翔 等
299	一种带有弹簧减振和液体散热功能的电池箱体结构	实用新型	20151111	ZL201520443498.9	陈宗海 等
300	隧道内移动式射流风机组合排烟装置	实用新型	20151111	ZL201520482114.4	吴振坤 等
301	一种热电偶支架装置	实用新型	20151118	ZL201520490444.8	吴振坤 等
302	一种与建筑相结合的可控蓄热式太阳能空气集热器	实用新型	20151118	ZL201520504763.X	何 伟 等
303	一种消除环境光干扰的壁面火焰蔓延特性诊断装置	实用新型	20151118	ZL201520325676.8	谢启源 等

续表

序号	专利名称	类型	授权日	专利号	发明人
304	一种基于双斜面偏转关节的机器鱼	实用新型	20151118	ZL201520317429.3	董二宝 等
305	一种研究液滴运动与碰撞过程变化规律的实验装置	实用新型	20151118	ZL201520336968.1	张永明 等
306	一种制备2,3,4,5-四甲氧基甲苯的方法	发明专利	20151118	ZL201410103367.6	朱锡锋 等
307	一种基于光发射二极管紫外灯光的微流体制备方法	发明专利	20151118	ZL201210563453.6	何立群 等
308	一种多孔聚合物微球的制备方法	发明专利	20151202	ZL201310386350.1	刘华蓉 等
309	一种用于研究环境风条件下保温材料火蔓延的实验装置	实用新型	20151021	ZL201520355395.7	张和平 等
310	一种紫精化合物电致变色材料及其电致变色器件	发明专利	20151217	ZL201410166091.6	徐春叶 等
311	实现显微镜系统超分辨成像的方法	发明专利	20151202	ZL201210111518.3	吴自玉 等
312	复合透明电极、聚合物太阳能电池及它们的制备方法	发明专利	20151125	ZL201210464191.8	杨上峰 等
313	一种粒径与形貌可控的具有电荷与光学异性特征的炭黑/聚四氟乙烯Janus微球及其制备方法	发明专利	20151118	ZL201410160582.X	常振旗 等
314	一种基于联合块三角化的物理层多播多流传输方法	发明专利	20151125	ZL201310080396	许小东 等
315	一种多功能掺杂碳纳米纤维气凝胶的制备方法	发明专利	20151125	ZL201410093405.4	俞书宏 等
316	一种异构无线网络的用户公平资源分配方法	发明专利	20151118	ZL201310125952.1	范鹍 等
317	一种测定气体灭火剂灭火性能的喷雾式燃烧器	发明专利	20151118	ZL201310504656.2	赵媚 等
318	一种非对称氮化硅陶瓷中空纤维管膜的制备方法	发明专利	20151118	ZL201310709977.6	徐鑫 等
319	带均热金属包层的流动氧化反应器	实用新型	20151202	ZL201520512157.2	郭会军 等

续表

序号	专利名称	类型	授权日	专利号	发明人
320	一种可自动点火及采烟的通电导线燃烧实验装置	实用新型	20151202	ZL201520564835.X	张永明 等
321	一种基于弧形足-蹼装换机构的两栖推进复合腿	实用新型	20151202	ZL201520565448.8	张世武 等
322	一种桶形环状辐射加热条件下的阻燃电缆竖直燃烧性能测试装	实用新型	20151202	ZL201520574982.5	谢启源 等
323	一种基于酶催化偶联反应与聚集诱导发射的生物传感器新方法	发明专利	20151209	ZL201410214548.6	刘世勇 等
324	一种直接探测多普勒激光雷达的快速校准系统和方法	发明专利	20151125	ZL201310544932.8	夏海云 等
325	一种线性调谐的环形振荡器	发明专利	20151125	ZL201310182170.1	王陈鎏 等
326	一种制备3,4,5-三甲氧基甲苯的方法	发明专利	20151125	ZL201410106351	朱锡锋 等
327	一种基于可调负阻结构的多模多通道混频器	发明专利	20151202	ZL201310150806.4	赵 珉 等
328	一种带有奇次谐波抑制机制的注入锁定二倍频器	发明专利	20151202	ZL201310125848.2	刘帮安 等
329	一种采用噪声抵消技术的低功耗低噪声放大器	发明专利	20151202	ZL201310095232.5	李 治 等
330	一种逐次逼近型模数转换器	发明专利	20151202	ZL201310048708.X	贺 林 等
331	一种电涡流传感器的温度漂移自动校正方法	发明专利	20151223	ZL201310396067.7	冯志华 等
332	一种预燃式脉动燃烧器	发明专利	20151209	ZL201310093335.8	林其钊 等
333	一种用于低压环境下的碳烟特性研究的燃烧装置	发明专利	20151209	ZL201410209817.X	汪 箭 等
334	富有情感表达能力的三维可视化中文普通话发音词典的发音方法	发明专利	20151209	ZL201310134116.X	於 俊 等
335	一种特定光纤模式耦合器的制作装置	实用新型	20151202	ZL201520573046.2	周 勇 等
336	一种用于调整输液进程的输液监控装置	实用新型	20151202	ZL201520527727.5	凌 强 等

续表

序号	专利名称	类型	授权日	专利号	发明人
337	一种基于微管道冷却的形状记忆合金驱动器	实用新型	20151209	ZL201520317478.7	董二宝 等
338	一种耐高温飞片雷管	实用新型	20151216	ZL201520439317.5	马宏昊 等
339	一种基于底托侧夹式贴壁固定的泡沫材料向下火蔓延机理诊断装置	实用新型	20151223	ZL201520536072.8	谢启源 等
340	核辐射脉冲幅度的数字化方法及系统	国外专利	20151110	ZL13/807,765（美国）	王永纲 等
341	一种测量85Kr同位素的原子个数的方法和系统	发明专利	20151202	ZL201310080491	胡水明 等
342	一种基于氯球改性的高分子固体酸催化剂的制备方法	发明专利	20151209	ZL201310033602.2	张 颖 等
343	具有保温干燥机构的电冰箱	发明专利	20151230	ZL201310641001.X	裴 刚 等
344	一种绝热段具有弯曲角度的热管	实用新型	20151118	ZL201520333368.X	裴 刚 等
345	一种高倍聚光光伏发电供热系统	实用新型	20151223	ZL201520688615.8	季 杰 等

年度科研成果获院、省、部级及以上奖励情况

奖励类别	项目名称	获奖等级	获奖人	备注
国家自然科学奖	多光子纠缠及干涉度量	一等奖	潘建伟 彭承志 陈宇翱 陆朝阳 陈增兵	
	图像非均匀计算理论与方法	二等奖	吴 枫 李厚强 汪 萌 刘 东 洪日昌	
	恶性肿瘤转移的调控机制及靶向治疗的应用基础研究	二等奖	王 均(2) 姚雪彪(4)	我校为第2完成单位
国家科技进步奖	国防工程精确爆破技术创新及应用	二等奖	马宏昊(10)	我校为第2完成单位
安徽省科学技术奖	响应性高分子的可控合成与超分子组装体功能调控	一等奖	刘世勇 胡进明 葛治伸 李昌华	
	聚合物/层状无机物纳米复合材料的火灾安全设计与阻燃机理	一等奖	胡 源 宋 磊 桂 宙 瞿保钧 陈祖耀	
	污水处理厂的模拟、监测和优化运行关键技术应用	一等奖	俞汉青 盛国平 倪丙杰(6)	
湖北省科学技术奖	基于个体智能的群集动力学演化分析与控制研究	一等奖	周 涛(2)	我校为第2完成单位
江苏省科学技术奖	岩石精确爆破关键技术及应用	二等奖	马宏昊(2)	我校为第2完成单位
教育部高等学校科学研究优秀成果奖	大陆俯冲带流体体制与化学地球动力学	一等奖	郑永飞 龚 冰 赵子福 陈仁旭	
	青年科学奖		汪毓明	

续表

奖励类别	项目名称	获奖等级	获奖人	备注
中国分析测试协会科学技术奖	基于单自旋量子探针的单分子磁共振探测技术	特等奖	杜江峰 石发展 王鹏飞 荣星 孔熙 居琛勇 苏吉虎 张琪	
	荧光分析法在若干新型光电功能材料设计中的应用	三等奖	赵智 韦先涛 张晓东 代如成 左健	
中国计量测试学会科学技术进步奖	基于谱色反演的辐射温度场测量方法与技术研究	一等奖	程晓舫(1)	我校为第2完成单位
中国电子学会科学技术奖	航空交通态势计算理论和方法	一等奖	唐珂(3)	我校为第2完成单位

2004～2015年入选国际重大科技进展(新闻)一览表

年份	项目名称	完成人	类别
2004	Five-Photon Entanglement(五光子纠缠和终端开放的量子态隐形传输)	潘建伟 等	国际物理学重大进展(美国物理学会)
2004	Entanglement breaks new record(量子态隐形传输突破新纪录)	潘建伟 等	国际物理学重大进展(欧洲物理学会)
2006	Attack of the Teleclones(电子克隆的威胁)	潘建伟 等	国际物理学重大进展(美国物理学会)
2008	Slow but sure progress towards quantum computing(向量子计算迈进重要一步)	潘建伟 等	国际物理学重大进展(欧洲物理学会)
2008	New High-Temperature Superconductors(新型高温超导材料)	陈仙辉 等	年度十大科学进展(《Science》) 世界十大科技进展新闻
2012	Data teleportation: The quantum space race(数据隐形传输:量子太空竞赛)	潘建伟 等	年度十大新闻亮点(《Nature》)
2012	Quantum hops(量子跳跃)	潘建伟 等	2012年度25项重大科技进展之一(《Science news》)
2013	Foiling Quantum Hackers	潘建伟 等	国际物理学重大进展(美国物理学会)
2015	Double quantum-teleportation milestone	潘建伟 等	国际物理学十大突破

2004～2015年入选国内重大科技进展(新闻)一览表

年份	项 目 名 称	完成人	类 别
2004	五光子纠缠和终端未定量子隐形传态的实验实现	潘建伟 等	中国高等学校十大科技进展
2004	我国量子信息实验领域取得重大突破	潘建伟 杨 涛 等	中国十大科技进展新闻
2005	我国科学家成功实现首次单分子自旋态控制	侯建国 杨金龙 等	中国十大科技进展新闻
2005	中国科大在单分子选键化学研究领域获重大进展	侯建国 等	国内十大科技新闻
2005	我国实现国际最长距离实用光纤量子密码系统	郭光灿 等	国内十大科技新闻
2006	实现两粒子复合系统量子态的隐形传输	潘建伟 等	中国十大科技进展新闻
2006	在光纤通信中成功实现一种抗干扰的量子密码分配方案	潘建伟 等	中国基础科学研究十大新闻
2006	发现一种可有效通过皮肤传送大分子药物的透皮短肽	温龙平 等	中国基础科学研究十大新闻
2007	实现六光子薛定谔猫态	潘建伟 杨 涛 等	中国十大科技进展新闻
2007	光量子计算机的物理实现和算法应用	潘建伟 等	中国高等学校十大科技进展
2007	在多光子纠缠和光学量子计算的实验方面取得新进展	潘建伟 等	中国基础科学研究十大新闻
2008	量子中继器实验被完美实现	潘建伟 等	中国十大科技进展新闻
2008	新型铁基高温超导材料的发现及相图研究	陈仙辉 等	中国高校十大科技进展
2008	我科学家发现铁基高温超导材料	陈仙辉 等	国内十大科技新闻
2008	我科学家实现世界首个量子中继器	潘建伟 等	国内十大科技新闻
2008	铁基高温超导研究取得系列重要进展	陈仙辉 等	中国基础科学研究十大新闻
2009	量子计算研究获重大突破	杜江峰 等	中国十大科技进展新闻
2009	成功实现太阳能冶炼高纯硅	陈应天 等	中国十大科技进展新闻
2009	基于自旋的量子调控实验研究	杜江峰 等	中国高校十大科技进展
2009	双功能单分子器件的设计与实现	侯建国 等	中国高校十大科技进展
2010	实现16公里自由空间量子态隐形传输	潘建伟 等	中国十大科技进展新闻

续表

年份	项目名称	完成人	类别
2010	我科学家首次实现远距离自由空间量子态隐形传输	潘建伟 等	国内十大科技新闻
2010	实验实现最远距离自由空间量子隐形传态	潘建伟 等	中国科学十大进展
2011	中科大制备出八光子纠缠态,刷新世界纪录	李传锋 等	国内十大科技新闻
2012	可扩展量子信息处理获重大突破	潘建伟 等	中国十大科技进展新闻
2012	可扩展量子信息处理取得系列重要进展	潘建伟 等	中国科学十大进展
2013	实现最高分辨率单分子拉曼成像	董振超 等	中国十大科技进展新闻
2013	基于等离激元增强拉曼散射实现单分子化学成像	董振超 等	中国科学十大进展
2014	量子通信安全传输创世界纪录	潘建伟 等	中国十大科技进展新闻
2015	首次实现多自由度量子隐形传态	潘建伟 等	中国十大科技进展新闻
2015	实现单光子多自由度量子隐形传态	潘建伟 等	中国科学十大进展
2015	实现对单个蛋白质分子的磁共振探测	杜江峰 等	中国科学十大进展
2015	纳米尺度量子精密测量	杜江峰 等	中国高校十大科技进展
2015	中科大首次成功实现"单光子多自由度量子隐形传态"	潘建伟 等	国际/国内十大科技新闻

年度发表在《Science》《Nature》《Cell》及其子刊上的论文一览表

序号	论文名称	期刊名	卷页年	作者	备注
1	An efficient molybdenum disulfide/cobalt diselenide hybrid catalyst for electrochemical hydrogen generation	Nature Communications	Vol6, 5982 (2015)	俞书宏 等	第一单位
2	Brillouin-scattering-induced transparency and non-reciprocal light storage	Nature Communications	Vol6, 6193 (2015)	邹长玲 等	第一单位
3	Exon-intron circular RNAs regulate transcription in the nucleus	Nature Structural & Molecular Biology	Vol22, 256 (2015)	单革 等	第一单位

续表

序号	论　文　名　称	期刊名	卷页年	作　者	备注
4	Quantum teleportation of multiple degrees of freedom of a single photon	Nature	Vol518, 516 (2015)	潘建伟 等	第一单位
5	High-resolution vector microwave magnetometry based on solid-state spins in diamond	Nature Communications	Vol6, 6631 (2015)	杜江峰 等	第一单位
6	Raman quantum memory of photonic polarized entanglement	Nature Photonics	Vol9, 332 (2015)	史保森 等	第一单位
7	Single quantum emitters in monolayer semiconductors	Nature Nanotechnology	Vol10, 497 (2015)	潘建伟 等	第一单位
8	C8 or f4 negatively regulates self-renewal of liver cancer stem cells via suppression of NOTCH2 signalling	Nature Communications	Vol6, 7122 (2015)	朱平平 等	第一单位
9	Mitochondrial E3 ligase March5 maintains stemness of mouse ES cells via suppression of ERK signalling	Nature Communications	Vol6, 7112 (2015)	吴　缅 等	第一单位
10	Rhodium-catalysed C(sp2)-C(sp2) bond formation via C-H/C-F activation	Nature Communications	Vol6, 7472 (2015)	罗德平 等	第一单位
11	Quantum simulation of 2D topological physics in a 1D array of opticalcavities	Nature Communications	Vol6, 7704 (2015)	周正威 等	第一单位
12	Conditional rotation of two strongly coupled semiconductor charge qubits	Nature Communications	Vol6, 7681 (2015)	郭国平 等	第一单位
13	Distinguishing adjacent molecules on a surface using plasmon-enhanced Raman scattering	Nature Nanotechnology	Vol6, 865 (2015)	董振超 等	第一单位
14	Storage of multiple single-photon pulses emitted from a quantum dot in a solid-state quantum memory	Nature Communications	Vol6, 8652 (2015)	李传锋 等	第一单位
15	Molecular co-catalyst accelerating hole transfer for enhanced photocatalytic H_2 evolution	Nature Communications	Vol6, 8647 (2015)	吴长征 等	第一单位
16	Defective titanium dioxide single crystals exposed by high-energy {001} facets for efficient oxygen reduction	Nature Communications	Vol6, 8696 (2015)	俞汉青 等	第一单位

续表

序号	论 文 名 称	期刊名	卷页年	作 者	备注
17	Experimental demonstration of a quantum key distribution without signal disturbance monitoring	Nature Photonics	Vol9, 832 (2015)	韩正甫 等	第一单位
18	Obliquity pacing of the western Pacific Intertropical Convergence Zone over the past 282,000 years	Nature Communications	Vol6, 10018 (2015)	刘 羿 等	第一单位
19	Experimental fault-tolerant universal quantum gates with solid-state spins under ambient conditions	Nature Communications	Vol6, 8748 (2015)	杜江峰 等	第一单位
20	Ultra-low-frequency wave-driven diffusion of radiation belt relativistic electrons	Nature Communications	Vol6, 10096 (2015)	苏振鹏 等	第一单位
21	Single-protein spin resonance spectroscopy under ambient conditions	Science	Vol347, 1135 (2015)	杜江峰 等	第一单位
22	Dopamine Controls Systemic Inflammation through Inhibition of NLRP3 Inflammasome	Cell	Vol160, 62 (2015)	周荣斌 等	第一单位
23	Extremely short-lived reaction resonances in Cl + HD (v = 1) → DCl + H due to chemical bond softening	Science	Vol347, 60 (2015)	杨学明 等	第三单位
24	Structural insight into autoinhibition and histone H3-induced activation of DNMT3A	Nature	Vol347, 60 (2015)	田长麟 等	第五单位
25	Gd-metallofullerenol nanomaterial as non-toxic breast cancer stem cell-specific inhibitor	Nature Communications	Vol6, 5988 (2015)	朱 涛 等	第二单位
26	Gate-tunable phase transitions in thin flakes of 1T-TaS2	Nature Nanotechnology	Vol10, 270 (2015)	陈仙辉 等	第三单位
27	High-performance hybrid oxide catalyst of manganese and cobalt for low-pressure methanol synthesis	Nature Communications	Vol6, 6538 (2015)	陈仙辉 等	第三单位
28	Square ice in graphene nanocapillaries	Nature	Vol519, 443 (2015)	吴恒安 等	第二单位
29	Assembling molecular Sierpiński triangle fractals	Nature Chemistry	Vol7, 389 (2015)	邵 翔 等	第四单位
30	Processing of visually evoked innate fear by a non-canonical thalamic pathway	Nature Communications	Vol6, 6756 (2015)	毕国强 等	第七单位

续表

序号	论文名称	期刊名	卷页年	作者	备注
31	Witnessing magnetic twist with high-resolution observation from the 1.6-m New Solar Telescope	Nature Communications	Vol6, 7008 (2015)	刘 睿 等	第三单位
32	Quantum oscillations in a two-dimensional electron gas in black phosphorus thin films	Nature Nanotechnology	Vol10, 608 (2015)	陈仙辉 等	第三单位
33	Liquid-crystalline ordering of antimicrobial peptide – DNA complexes controls TLR9 activation	Nature Materials	Vol14, 696 (2015)	金 帆 等	第二单位
34	Robust quantum metrological schemes based on protection of quantum Fisher information	Nature Communications	Vol6, 7282 (2015)	郁司夏 等	第三单位
35	Enabling unassisted solar water splitting by iron oxide and silicon	Nature Communications	Vol6, 7447 (2015)	朱俊发 等	第三单位
36	Quantitative operando visualization of the energy band depth profile in solar cells	Nature Communications	Vol6, 7745 (2015)	王 兵 等	第二单位
37	Inside-out Ca2+ signalling prompted by STIM1 conformational switch	Nature Communications	Vol6, 7826 (2015)	朱俊发 等	第三单位
38	Sequence-specific activation of the DNA sensor cGAS by Y-form DNA structures as found in primary HIV-1 cDNA	Nature Immunology	Vol16, 1025 (2015)	金腾川 等	第六单位
39	Phospho-selective mechanisms of arrestin conformations and functions revealed by unnatural amino acid incorporation and 19F-NMR	Nature Communications	Vol6, 8202 (2015)	田长麟 等	第六单位
40	The positive piezoconductive effect in graphene	Nature Communications	Vol6, 8119 (2015)	乔振华 等	第二单位
41	Kinases Mst1 and Mst2 positively regulate phagocytic induction of reactive oxygen species and bactericidal activity	Nature Immunology	Vol16, 1142 (2015)	周荣斌 等	第三单位
42	Wave-driven butterfly distribution of Van Allen belt relativistic electrons	Nature Communications	Vol6, 8590 (2015)	苏振鹏 等	第二单位
43	Edge-mediated skyrmion chain and its collective dynamics in a confined geometry	Nature Communications	Vol6, 8504 (2015)	陈仙辉 等	第七单位
44	Monolayer excitonic laser	Nature Photonics	Vol9, 733 (2015)	陈仙辉 等	第三单位

续表

序号	论文名称	期刊名	卷页年	作者	备注
45	Structural isomerism in gold nanoparticles revealed by X-ray crystallography	Nature Communications	Vol6, 8667 (2015)	杨金龙 等	第三单位
46	Measurement of interaction between antiprotons	Nature	Vol527, 345 (2015)	The STAR Collaboration	
47	Magnon dark modes and gradient memory	Nature Communications	Vol6, 8914 (2015)	邹长玲 等	第三单位
48	Evolution and control of the phase competition morphology in a manganite film	Nature Communications	Vol6, 8980 (2015)	吴文彬 等	第二单位
49	Coalescence of magnetic flux ropes in the ion diffusion region of magnetic reconnection	Nature Physics	Vol12, 263 (2015)	陆全明 等	第二单位

2001～2014年发表论文情况

年度	SCI论文	EI论文	ISTP论文	国内论文
2001	880	391	167	1499
2002	903	382	161	1395
2003	1087	629	186	1479
2004	1141	647	201	1430
2005	1499	1048	317	1544
2006	1558	1264	357	1750
2007	1509	1101	453	1668
2008	1544	1135	586	1480
2009	1568	1145	461	1329
2010	1510	1246	647	1237
2011	1663	1213	224	889
2012	1819	1199	196	929
2013	2107	1617	317	906
2014	2460	1702	313	905

2001～2014年发表论文在全国高校排名情况

年 度	SCI 排名	EI 排名	ISTP 排名
2001	4	6	9
2002	5	7	14
2003	5	7	18
2004	5	7	18
2005	5	8	26
2006	6	7	25
2007	5	14	22
2008	8	18	23
2009	11	20	27
2010	13	24	28
2011	14	25	53
2012	16	27	65
2013	15	21	31
2014	15	21	29

2005～2015年国际论文10年段被引篇次和排名一览表

统计年度	累计被引用篇数	在全国高校排名（累计被引用篇数）	累计被引用次数
2005	4576	5	25011
2006	5633	5	36077
2007	9306	6	45663
2008	7521	4	61919
2009	8534	5	75875
2010	7975	5	74314

续表

统计年度	累计被引用篇数	在全国高校排名（累计被引用篇数）	累计被引用次数
2011	10275	6	111421
2012	10562	7	137105
2013	13540	8	150241
2014	13141	8	190591
2015	17493	13	227909

注：统计数据来自中国科学技术信息研究所（以2015年为例，统计2005～2014年学校发表的国际论文截至2015年9月被引用情况）。

2009～2015年自然出版指数/自然指数（NPI/NI）一览表

年份	指数	论文数	国内机构排名	亚太机构排名	全球机构排名
2009	CC^2 2.67	8	4	20	/
2010	CC^2 3.83	8	3	16	/
2011	CC2 8.58	17	2	11	76
2012	CC2 9.46	17	2	8	73
2013	CC2 15.11	37	2	9	57
2014	WFC 190.96	536	5	9	41
2015	WFC 229.13	661	5	7	31

注：2009～2013年数据来源于自然出版集团发布的《自然出版指数》，2014～2015年数据来源于自然出版集团发布的《自然指数》（采用了全新的评分方式——WFC）。

2008～2014年表现不俗论文情况

年度	SCI论文总数	表现不俗论文数	表现不俗论文比例	表现不俗论文比例在C9高校排名
2008	1554	263	16.9%	1
2009	1568	345	22.0%	1
2010	1501	401	26.6%	1

续表

年　度	SCI 论文总数	表现不俗论文数	表现不俗论文比例	表现不俗论文比例在 C9 高校排名
2011	1663	697	42%	1
2012	1819	692	38%	1
2013	2107	890	42%	4
2014	2460	1148	46.7%	4

主办(承办)的学术刊物

中文名称	英文名称	刊号	主编	创刊年度	备注
中国科学技术大学学报	Journal of University of Science and Technology of China	CN 34-1054/N	何多慧	1965	月刊
低温物理学报	Chinese journal of low temperature physics	CN 34-1053/04	赵忠贤	1979	季刊
实验力学	Journal for experimental mechanics	CN 34-1057/03	亢一澜	1986	季刊
化学物理学报	Chinese Journal of Chemical Physics	CN 34-1295/06	杨学明	1988	双月刊
火灾科学	Fire safety science	CN 34-1115/X	范维澄	1992	季刊
中国免疫学杂志	Cellular & Molecular Immunology	CN 11-4987/R	曹雪涛	2004	双月刊

注:《化学物理学报》由中国物理学会主办,我校承办;其余均为我校主办。

科技企业概况

序号	被投资企业名称	注册资本(万元)	持股比例(%)	主营范围
1	中科大资产经营有限责任公司	8000	100	科技成果转化和推广、高科技企业孵化
2	时代出版传媒股份有限公司	50582.5296	6.22	出版传媒,资产管理、运营、投资

续表

序号	被投资企业名称	注册资本（万元）	持股比例（%）	主营范围
3	科大讯飞股份有限公司	128547.2389	4.33	语音支撑软件、行业应用产品、信息工程
4	科大智能科技股份有限公司	60269.2884	2.3	智能配电网监控通讯装置
5	合肥科大立安安全技术股份有限公司	5000	22.5	定制化消防系统整体解决方案
6	科大国创软件股份有限公司	6900	4.68	软件开发、系统集成
7	科大国盾量子技术股份有限公司	5685.6	18.99	量子通信技术及其设备的研制、开发
8	合肥科焱化学材料技术发展有限责任公司	3000	21	防火涂料、阻燃材料
9	安徽科焱安全材料股份有限公司	3000	3.29	新型安全材料的研制、生产
10	安徽中科大擎天数码科技有限公司	1000	57.42	计算机软硬件产品和系统集成
11	合肥中科大爱克科技有限公司	300	56.33	加速器及相关技术的设计、研制
12	深圳市创新天地通信技术有限公司	2681.3	7.46	通信技术
13	合肥华西科技开发有限公司	210	35	汽车检测设备、控制系统
14	安徽高科技市场拓展有限公司	223万美元	15	其他
15	福建省凯特科技有限公司	2000	25	税控机具等批发、代售；软件开发等
16	合肥科创教育服务有限公司	10	100	教育咨询、教育服务
17	安徽中科大建成科技有限公司	300	28	高新技术产品研发，软件开发
18	安徽广行通信科技股份有限公司	3000	5	三网融合
19	合肥公共安全技术研究院	1500	33.33	公共安全技术研究
20	吉世尔(合肥)能源科技有限公司	3260	35	燃料电池技术研发和相关产品销售
21	合肥中科大兰德自动化有限公司	300	28	自动化设备
22	安徽问天量子科技股份有限公司	3610	33.24	量子器件和设备
23	合肥科佳高分子材料科技有限公司	2020	15	膜及膜材料的研发、生产
24	安徽中科新研陶瓷科技有限公司	600	17	陶瓷、金属和复合材料粉体

科技产业孵化基地一览表

基地名称	所在地	成立日期	代表机构	注册资本（万元）
合肥国家大学科技园	合肥高新技术产业开发区	2000.12	合肥国家大学科技园发展有限责任公司	1800
中国科技大学深圳研究院	深圳虚拟大学园	2000.8	中国科技大学深圳研究院	50
中国科学技术大学先进技术研究院	合肥高新技术产业开发区	2012.7	中国科学技术大学先进技术研究院（2013.6注册）	1000

十一、教职工队伍

教职工人员结构情况

（2015年9月）

单位：人

		教 职 工								其 他 人 员		
		总计	校本部教职工				科研机构人员	校办企业职工	其他附设机构人员	聘请校外教师	离退休人员	附属中小学、幼儿园教职工
			合计	专任教师	行政人员	教辅人员	工勤人员						
总　计		3216	2565	1458	437	416	254	546	40	65	1122	2094	149
其中：女		854	696	241	222	204	29	112	6	40	170	944	96
正高级		620	598	586	11	1	0	14	6	2	775	383	0
副高级		847	752	643	48	61	0	72	10	13	286	593	39
中　级		1008	556	229	89	238	0	402	16	34	61		
初　级		89	62	0	11	51	0	14	0	13	0		
无职称		652	597	0	278	65	254	44	8	3	0		
其中：聘任制	小　计	431	343	0	119	135	89	54	4	30			
	其中：女	226	197	0	87	89	21	10	2	17			
	正高级	0	0	0	0	0	0	0	0	0			
	副高级	2	2	0	2	0	0	0	0	0			
	中　级	156	108	0	26	82	0	25	3	20			
	初　级	61	43	0	9	34	0	10	0	8			
	无职称	212	190	0	82	19	89	19	1	2			

专任教师年龄、学历情况

(2015 年 9 月)

单位：人

职称 \ 年龄		合计	29 岁及以下	30～34 岁	35～39 岁	40～44 岁	45～49 岁	50～54 岁	55～59 岁	60～64 岁	65 岁及以上
总 计		1458	28	205	350	237	212	265	112	33	16
其中：女		241	5	32	60	54	37	38	10	3	2
专业技术职务	正高级	586	2	44	109	82	98	143	59	33	16
	副高级	643	26	155	158	93	78	89	44	0	0
	中 级	229	0	6	83	62	36	33	9	0	0
	初 级	0	0	0	0	0	0	0	0	0	0
学历	博士学位	1161	28	203	321	197	164	181	49	16	2
	硕士学位	207	0	2	29	36	38	55	31	16	0
	本科	90	0	0	0	4	10	29	32	1	14

分学科专任教师情况

(2015 年 9 月)

单位：人

	合 计	正 高	副 高	中 级	初 级
总 计	1458	586	643	229	0
其中：女	241	42	141	58	0
哲 学	18	3	5	10	0
经济学	26	5	15	6	0
法 学	2	1	0	1	0
教育学	25	1	13	11	0
文 学	65	7	23	35	0
理 学	815	403	322	90	0
工 学	425	156	213	56	0
管理学	77	10	50	17	0
艺术学	5	0	2	3	0

中国科学院院士、中国工程院院士一览表

（共 50 人）

姓　名	性别	出生年月	学　术　领　域	当选时间	所　属　学　部
刘有成	男	1920.11	有机化学	1980	中国科学院化学部
朱清时	男	1946.2	分子高振动态实验和理论	1991	中国科学院化学部
王　水	男	1942.4	地球物理、空间科学	1993	中国科学院地学部
陈　颙	男	1942.12	地球物理	1993	中国科学院地学部
李国杰	男	1943.5	计算机	1995	中国工程院信息与电子工程学部
何多慧	男	1939.4	加速器物理和技术、自由电子激光	1995	中国工程院能源与矿业工程学部
马志明	男	1948.1	数学	1995	中国科学院数学物理学部
伍小平	女	1938.2	实验力学	1997	中国科学院技术科学部
施蕴渝	女	1942.4	结构生物学	1997	中国科学院生命科学和医学学部
钱逸泰	男	1941.1	无机固体化学	1997	中国科学院化学学部
童秉纲	男	1927.9	流体力学	1997	中国科学院数学物理学部
欧阳钟灿	男	1944.1	理论生物物理	1997	中国科学院数学物理学部
魏复盛	男	1938.11	环境化学、环境污染与健康、环境监测分析技术与方法	1997	中国工程院环境与轻纺工程学部
杨国桢	男	1938.3	光物理	1999	中国科学院数学物理学部
杜善义	男	1938.8	飞行器结构力学和复合材料	1999	中国工程院机械与运载工程学部
石耀霖	男	1944.8	地球动力学、地球内部物理和化学	2001	中国科学院地学部
范维澄	男	1943.1	交叉边缘学科火灾安全科学与工程	2001	中国工程院能源与矿业工程学部
周又元	男	1938.7	类星体和活动星系核研究	2001	中国科学院数学物理学部
许祖彦	男	1940.2	激光技术	2001	中国工程院信息与电子工程学部
李曙光	男	1941.2	地球化学	2003	中国科学院地学部
吴　奇	男	1955.3	高分子科学	2003	中国科学院化学部
陈国良	男	1938.6	计算机	2003	中国科学院技术科学部
侯建国	男	1959.10	物理化学	2003	中国科学院化学部

续表

姓 名	性别	出生年月	学术领域	当选时间	所属学部
洪茂椿	男	1953.9	无机化学	2003	中国科学院化学部
郭光灿	男	1942.12	光学	2003	中国科学院技术科学部
李 灿	男	1960.1	化学	2003	中国科学院化学部
张裕恒	男	1938.3	凝聚态物理	2005	中国科学院数学物理学部
张家铝	男	1938.12	天文物理	2005	中国科学院数学物理学部
吴以成	男	1946.11	非线性光学材料	2005	中国工程院化工、冶金与材料工程学部
俞昌旋	男	1941.7	等离子体物理	2007	中国科学院数学物理学部
吴一戎	男	1963.7	合成孔径雷达(SAR)系统以及遥感卫星地面处理和应用	2007	中国科学院信息技术科学部
郑永飞	男	1959.10	地球化学	2009	中国科学院地学部
万元熙	男	1939.12	等离子体物理	2009	中国工程院能源与矿业工程学部
包信和	男	1958.8	物理化学	2009	中国科学院化学部
万立骏	男	1957.7	物理化学,纳米科技	2009	中国科学院化学部
潘建伟	男	1970.1	量子物理和量子信息	2011	中国科学院数学物理学部
杨学明	男	1962.10	物理化学	2011	中国科学院化学部
李亚栋	男	1964.11	无机化学	2011	中国科学院化学部
万卫星	男	1958.7	空间物理	2011	中国科学院地学部
沈保根	男	1952.9	磁性物理学	2011	中国科学院技术科学部
张明杰	男	1966.9	结构生物学	2011	中国科学院生命科学和医学学部
赵政国	男	1956.12	粒子物理	2013	中国科学院数学物理学部
谢 毅	女	1967.7	无机固体化学	2013	中国科学院化学部
谭铁牛	男	1964.1	模式识别与计算机视觉	2013	中国科学院信息技术科学部
刘文清	男	1954.1	环境监测技术研究和应用	2013	中国工程院环境与轻纺工程学部
尹 浩	男	1959.8	通信网络与信息系统	2013	中国科学院信息技术科学部
陈仙辉	男	1963.3	凝聚态物理	2015	中国科学院数学物理学部
陈晓非	男	1958.2	固体地球物理学	2015	中国科学院地学部
杜江峰	男	1969.6	粒子物理与原子核物理	2015	中国科学院数学物理学部
李建刚	男	1961.11	核科学技术应用	2015	中国工程院能源与矿业工程学部

发展中国家科学院院士一览表

(共 17 人)

姓 名	性别	出生年月	学 术 领 域	当选时间
马志明	男	1948.1	数学	1998
陈 颙	男	1942.12	地球物理	2000
朱清时	男	1946.2	分子高振动态实验和理论	2001
李国杰	男	1943	计算机	2001
欧阳钟灿	男	1944.1	理论生物物理	2003
侯建国	男	1959.10	物理化学	2004
石耀霖	男	1944.8	地球动力学、地球内部物理和化学	2005
洪茂椿	男	1953.9	无机化学	2005
李 灿	男	1960.1	化学	2005
施蕴渝	女	1942.4	结构生物学	2009
郭光灿	男	1942.12	光学	2009
郑永飞	男	1959.10	地球化学	2011
包信和	男	1958.8	物理化学	2011
潘建伟	男	1970.1	量子物理和量子信息	2012
李亚栋	男	1964.11	无机化学	2014
谭铁牛	男	1964.1	模式识别与计算机视觉	2014
万立骏	男	1957.7	物理化学,纳米科技	2010

国家级教学名师

(共 7 人)

年 度	国家级教学名师
2003	陈国良　李尚志
2006	程福臻
2007	霍剑青　施蕴渝
2009	史济怀
2011	向守平

国家万人计划教学名师

年　度	万人计划教学名师	所属单位
2014	程福臻	物理学院

近年来我校教师获得国内外重要奖励、荣誉称号一览表

授予年度	姓　名	性别	获奖名称	授　予　单　位
2013	陈宇翱	男	菲涅尔奖	欧洲物理学会
2013	谢　毅	女	IUPAC 化学化工杰出女性奖	国际纯粹与应用化学联合会（IUPAC）
2013	俞书宏	男	英国皇家化学学会会士（RSC Fellow）	英国皇家化学学会
2013	范维澄	男	名誉博士学位	英国拉夫堡大学
2013	潘建伟	男	何梁何利科学与技术成就奖	何梁何利基金会
2013	李传锋	男	中国青年科技奖	中组部、人力资源和社会保障部、中国科学技术协会
2013	宋卫国	男	中国青年科技奖	中组部、人力资源和社会保障部、中国科学技术协会
2013	黄　方	男	中国青年科技奖	中组部、人力资源和社会保障部、中国科学技术协会
2013	彭承志	男	中国青年科技奖	中组部、人力资源和社会保障部、中国科学技术协会
2013	吴自玉	男	意大利共和国爵士荣誉勋章	意大利共和国
2013	郭光灿	男	年度CCTV科技创新人物	中央电视台、中国科学院
2014	侯建国	男	英国皇家化学学会会士（RSC Fellow）	英国皇家化学学会
2014	秦礼萍	女	豪特曼斯奖（Houtermans Award）	欧洲地球化学学会

续表

授予年度	姓　名	性别	获奖名称	授　予　单　位
2014	陈宇翱	男	2013中国科学年度新闻人物	中国科学报社、中国科协等
2014	徐春叶	女	国际材料科学奖	先进材料世界论坛
2014	谢　毅	女	发展中国家科学院化学奖	发展中国家科学院(TWAS)
2014	赵政国	男	何梁何利科学与技术进步奖	何梁何利基金会
2014	陈秀雄	男	美国数学学会会士 (AMS Fellow)	美国数学学会
2014	秦　宏	男	美国物理学会会士 (APS Fellow)	美国物理学会
2014	谢　毅	女	十佳全国优秀科技工作者	中国科协
2015	陈晓非	男	国际大地测量与地球物理学联合会(IUGG)会士	国际大地测量与地球物理学联合会
2015	谢　毅	女	世界杰出女科学家成就奖	联合国教科文组织、欧莱雅基金
2015	杨金龙	男	全国先进工作者	中共中央、国务院
2015	彭承志	男	全国先进工作者	中共中央、国务院
2015	陈仙辉	男	马蒂亚斯奖 (Bernd Matthias Prize)	超导材料与机理国际大会
2015	陈欢欢	男	国际神经网络协会 青年科学家奖	国际神经网络协会
2015	张　捷	男	国际勘探地球物理学会 杰出教育奖	国际勘探地球物理学会
2015	钱逸泰	男	何梁何利科学与技术进步奖	何梁何利基金会
2015	田志刚	男	何梁何利科学与技术进步奖	何梁何利基金会
2015	谢　毅	女	发展中国家科学院院士	发展中国家科学院
2015	彭新华	女	中国青年女科学家奖	中华全国妇女联合会
2015	徐善驾	男	国际电气与电子工程学会 终身会士	国际电气与电子工程学会

注：中国两院院士、国家科技奖励已列入相关统计单元,本表未收录。

杰出人才名单

(不重复计算,共 340 人)

国家"千人计划"入选者

(共 41 人)

年 度	A 类	B 类
2008	潘建伟　赵政国　罗　毅　张振宇　陆亚林	
2009	沈延安　秦　宏　严以京　李卫平	
2010	林福江　陈秀雄　张瑞斌　张劲松 顾　华　张铁龙　王海林　郜　云 陈长汶　温联星　张　捷　罗德平 姜　羲　徐正元	
2011	刘国胜　姚　新	曾晓成　舒其望　何啓明
2012	邓　力　张土生　徐　樹　徐春叶　曾冬林	徐　佩　王大能 Matthias Weidemüller Barry　Sanders
2013	杨丹洲　申　勇	
2014	卢征天　吴　枫	

注:Anthony Dean 入选"外专千人计划",未计入。

国家"青年千人计划"入选者

(共 149 人)

年 度	青 年 千 人 计 划
2011	陈宇翱　陆朝阳　杨宵锋　孙　玄　熊宇杰　杜平武　江　俊　张海江　雷久侯 姚华建　黄　方　张宏海　周　平　朱　凯　光寿红　张华凤　余　彦
2012	薛永泉　许晓山　袁军华　朱文光　张培鸿　段宏伟　顾振华　毛　竹　刘　睿 倪怀伟　秦礼萍　穆　杨　陈欢欢　徐　东　杨振业　薛　天　韩仁志　朱彦武 宋　礼　向　斌　夏开文　初宝进　赵　博　黄民信　高　浩　李　宾　盛　茂 余玉刚　曾　杰　陈昶乐　路军岭　冷　伟　柳素玲　丁　勇　谢　志　宋晓元 刘　强　张　智　赵　旸

续表

年　度	青　年　千　人　计　划								
2013	姜洪源	张迎春	熊　伟	刘　丹	张　伟	陶　鑫	王　亮	秦胜勇	周　非
	徐航勋	黄光明	王作勤	包小辉	徐锦峰	陈洪佳	马　杰	刘建北	吴德胜
	后藤友嗣		吴　涛	马明明	王兴安	江海龙	邵　翔	孙道远	吴　东
	陈志波	李　涛	秦　凯	徐增林	张榕京	万小红	徐　晗		
2014	乔振华	李伏欣	王育才	万里昕	徐素宏	仓春蕾	李　涛	刘　伟	龚　明
	符传孩	秦家虎	姚宏斌	龚　晨	朱苗苗	蔡一夫	闫　锐	蒋　蔚	曾华凌
	蒋　彬	汪义丰	张元宾	赵玉军	龙　冬	施哲强	刘　诚	尹春明	朱　磊
	李金金	骆天治	陈　弦	Zachary Smit		王征飞	许　超		
2015	刘世平	徐茂超	程光磊	刘桂琳	王　川	苏永超	王功名	梁海伟	吕　辉
	张　萍	马世嵩	瞿　昆	刘　尚	刘贤伟	赵　纯	方鑫定	耿　雷	曹瑞国
	马　骋	章根强	李二强	盛　东	王海龙	杨晶磊	张　俊	孙　洁	齐国君

教育部"长江学者奖励计划"教授

（共40人）

年　度	特　聘　教　授	讲　座　教　授
1998	姚雪彪	
1999	高大勇　李嘉禹	舒其望
2000	叶向东　谢　毅　陈晓非	应志良
2001	杨金龙	
2002	潘建伟　向成斌　陈仙辉　陆夕云　陈乾旺	
2004	卢建新	姚　新
2005	倪四道	
2006	俞书宏　刘　文	
2007	杜江峰　龚流柱　俞汉青　毕国强	陈秀雄　姜弘文
2008		叶如钢　周正洪
2009	刘世勇　梁　樑　廉哲雄　陆全明	罗杰波
2011	陈增兵　华中生	林　郁
2012	麻希南　汪毓明	
2014	李传锋　吕自成　徐铜文	

国家自然科学基金委员会
"国家杰出青年科学基金"获得者

（共 106 人）

年　度	"国家杰出青年科学基金"获得者
1994	郑永飞　李晓光
1995	郭其鹏　李　定　侯建国
1996	叶向东　毛志强　吴　奇　陈晓非
1997	程　艺
1998	谢　毅　陈仙辉　赵政国
1999	王挺贵　姚雪彪　李嘉禹
2000	杨金龙　丁泽军　刘海燕　牛立文　张其锦　李　淼
2001	陆夕云　陈乾旺　王官武　高　琛　田志刚　徐天乐　张俊颖　吴自玉
2002	陈初升　陈发来　龚为民
2003	邵学广　吴文彬　俞书宏　龚流柱
2004	倪四道　杜江峰　刘世勇　王少杰
2005	梁　樑　汪毓明　梁好均　卢建新　陈福坤
2006	何陵辉　崔　华　俞汉青　郑　坚　杨　涛
2007	吴明卫　韦世强　张广照　史庆华　毕国强　陆全明　华中生
2008	王　兵　王俊贤　苏育才
2009	潘建伟　罗　毅　齐　飞
2010	何力新　韩　良　徐铜文　窦贤康　谢周清　沈延安
2011	孙　斐　陈增兵　麻希南　王　群　侯中怀　龚兴龙　赵子福　王　均
2012	黄　文　余玉刚　黄运锋　孔　旭　罗开富　胡水明　夏群科　李　陶
2013	李传锋　徐　宁　傅　尧　黄　方　雷久侯　李良彬　李厚强　陈恩红
2014	丁　航　陈宇翱　彭新华　邓兆祥　吴　枫
2015	洪春雁　黄伟新　陆朝阳　史保森　吴恒安　张华凤　周荣斌

中国科学院"百人计划"入选者

(共 145 人)

年 度	"百人计划"入选者
1994	郑永飞　周　专
1995	赵政国
1998	何陵辉　高　琛　韦世强　龚为民　吴　缅　徐天乐　姚雪彪
1999	褚家如　王官武　冯珑珑　张青川　李　京　王晓方　吴自玉
2000	陆夕云　文鹤鸣　陈春华　崔　华　汪志勇　俞汉青　曹更玉　陈　旸 段路明　胡　森　刘秋宇　刘世林　陆云光　潘建伟　吴明卫　邢朝平 肖体俊　刘海燕　陈乾旺　林子敬　叶民友
2001	孙金华　张广照　田志刚　周江宁　吴文彬　卢建新
2002	李全新　俞书宏　齐　飞　郜　云　朱大鸣　温龙平　向成斌
2003	龚兴龙　刘世勇　潘必才　孙东松
2004	倪四道　杨亚宁　王　均　梁万珍　王俊贤　韩　良　孙宝林　王光辉 周丛照　史庆华　郑津津　王志刚
2005	邓兆祥　黄伟新　孔　旭　沈维孝　王　群　苏育才　沈　鸿　朱　冰
2006	肖益林　田仕凯　徐　鑫　麻希南　邹旭波　何力新　陈增兵　孙　斐 李良彬　孙学峰
2007	田长麟　朱俊发
2008	臧建业　杨昱鹏　陈艳霞　毕国强　刘扬中　徐安武　胡　兵　朱　涛 彭新华　杨上峰　罗喜胜　曾长淦　陈　凯(项目百人)
2009	王海晖　李　陶　邓友金　刘北明　徐春叶　伍　林　廉哲雄　曾建雄 陈　帅(项目百人)
2010	徐　宁　倪　勇(项目百人)　张文禄(项目百人)　苑震生(项目百人)
2011	白　丽　光寿红　张华凤　赵　瑾　梁海弋　武晓君　罗开富　肖　明 张文逸
2012	张　希　丁　航　彭海平　孙连宏　孙　喆　张　强　张效初　赵　忠 周荣斌　刘利刚
2013	徐晓嵘　胡红钢　赵　文　黄光顺　王细胜
2014	李　锐　乔振华　汪香婷　温　泉　朱　平
2015	金腾川　刘　波　沈　聪

创新研究群体(团队)一览表

国家自然科学基金委员会创新研究群体

序号	年度	团 队 名 称	负责人
1	2001	纳米结构的制备、组装与表征	侯建国
2	2001	量子信息	郭光灿
3	2001	重要细胞活动和生物分子识别的结构生物学基础	施蕴渝
4	2003	纳米材料和纳米结构的化学制备与性质	谢 毅
5	2004	新型类钙钛矿氧化物功能材料的合成、微结构与性能研究	李晓光
6	2007	天然免疫系统与重大疾病的发生发展	田志刚
7	2008	分布系统的协调优化与风险管理	梁 樑
8	2009	大陆俯冲化学地球动力学	郑永飞
9	2011	地球空间环境及其对太阳活动的响应	窦贤康
10	2011	表面单分子量子行为的表征与调控	杨金龙
11	2012	基于光子与冷原子的量子信息物理和技术	潘建伟
12	2013	基于同步辐射装置的新方法与能源材料研究	吴自玉
13	2014	星系和类星体	王俊贤
14	2015	纳米材料制备与能源转换性能研究	俞书宏

教育部创新团队

序号	年度	团 队 名 称	负责人
1	2004	量子物理与量子信息	潘建伟
2	2005	大分子胶体与溶液	刘世勇
3	2005	化学地球动力学	郑永飞
4	2005	大规模科学工程计算	陆夕云
5	2006	天然免疫生物学	田志刚
6	2007	先进催化材料的结构-性能关系:实验与理论	黄伟新

续表

序号	年度	团 队 名 称	负责人
7	2010	几何及物理中的分析问题	李嘉禹
8	2011	聚变等离子体的若干基本过程	郑 坚
9	2011	有机合成化学	龚流柱
10	2012	污染控制与资源化	俞汉青
11	2012	粒子物理实验、探测技术与方法	韩 良
12	2013	细胞动力学和化学生物学	姚雪彪

中国科学院创新团队(国际合作伙伴计划)

序号	年度	团 队 名 称	负责人	备 注
1	2005	量子信息学研究创新团队	郭光灿	
2	2005	微尺度物理化学研究团队	侯建国	
3	2005	超快量子光学研究团队	潘建伟	物理所牵头
4	2007	关联电子材料量子规律探索与调控	李晓光	
5	2012	地震与地球内部物理	温联星	
6	2014	基于先进光源的同步辐射技术	陆亚林	

中国科学院创新交叉团队
(2015年以前是中国科学院科技创新交叉与合作团队)

序号	年度	团 队 名 称	负责人	备 注
1	2011	神经突触光子学交叉合作团队	毕国强	
2	2012	磁约束聚变数值模拟和理论	秦 宏	
3	2012	空间等离子体中无碰撞磁重联的观测和理论研究	陆全明	
4	2012	基于RNA干扰的药物研究	王 均	
5	2013	物质科学与生命科学	杜江峰	
6	2014	仿生材料	傅 尧	

正高级专业技术职务人员

(2015 年 12 月,共 624 人)

单 位	正高级专业技术职务人员								
校领导	许 武	万立骏	窦贤康	叶向东	陈初升	张淑林	陈晓剑	周先意	潘建伟
	朱长飞	蒋 一	王晓平						
少年班学院	陈 旸								
数学科学学院	郭文彬	张瑞斌	李 平	胡 森	张梦萍	张土生	邰 云	陈 卿	陈秀雄
	任广斌	库 伦	陈发来	李思敏	麻希南	殷 峥	邓建松	欧阳毅	张 希
	刘利刚	黄 文	王 毅	梁 兴	邵 松	徐 岩	王作勤	盛 茂	陈洪佳
	李嘉禹	陈小伍	左达峰	马 杰	薄立军	郭经纬			
物理学院	许小亮	尹 民	李晓光	潘必才	陈仙辉	王冠中	林子敬	朱 弘	吴明卫
	徐 宁	段昌奎	张榕京	曾长淦	袁军华	赵 瑾	朱文光	秦胜勇	乔振华
	丁泽军	易 波	俞昌旋	曹金祥	李 澄	安 琪	杨维纮	阴泽杰	赵政国
	朱大鸣	王安民	完绍龙	刘万东	卢建新	叶邦角	马锦秀	王永纲	朱晓东
	王 群	陈向军	王文阁	王晓方	王少杰	黄光顺	杨 涛	杜江峰	郑 坚
	高道能	韩 良	朱 平	朱林繁	陈增兵	郁司夏	邓友金	刘树彬	孙 玄
	彭海平	陈 帅	陈 凯	苑震生	黄民信	刘建北	彭新华	曹利明	刘衍文
	金 革	苏吉虎	宋克柱	邵 明	李明哲	周又元	张家铝	张 杨	王挺贵
	孔 旭	袁业飞	王俊贤	薛永泉	赵 文	蔡一夫	郭光灿	刘 文	韩正甫
	史保森	王 沛	邹旭波	何力新	周正威	李传锋	周幸祥	肖 明	郭国平
	王 亮	黄运锋	李银妹	韩永建	易 为	项国勇	许金时	孙方稳	龚 明
	孙腊珍	张增明	石发展	荣 星	任新国	董春华	Maria Messineo		
化学与材料科学学院	吴 奇	严以京	陈东明	李全新	刘世林	廖结楼	闫立峰	李群祥	陈艳霞
	田善喜	胡水明	黄伟新	徐瑞雪	江 俊	路军岭	王兴安	杨金龙	邵 翔
	张 群	朱清时	李微雪	陈春华	夏长荣	徐 鑫	初宝进	杨上峰	向 斌
	朱彦武	杜平武	武晓君	余 彦	郝绿原	刘 卫	陈 涛	刘有成	钱逸泰
	罗德平	汪志勇	崔 华	王中夏	刘扬中	宋钦华	王官武	俞汉青	杨 晴
	谢 毅	徐铜文	俞书宏	唐凯斌	曾建雄	田仕凯	梁高林	邓兆祥	王细胜
	黄光明	顾振华	穆 杨	熊宇杰	盛国平	马明明	江海龙	吴长征	李 涛
	姚宏斌	汪义丰	白如科	张兴元	张其锦	葛学武	梁好均	朱平平	王延梅
	刘和文	王志刚	罗开富	尤业字	刘世勇	洪春雁	陈昶乐	徐航勋	邹 纲
	蒋 彬	王 路	康彦彪	刘 波					

续表

单 位	正高级专业技术职务人员								
生命科学学院	施蕴渝 向成斌 陈宇星 张华凤 臧建业 熊 伟 龙 冬	吴 缅 牛立文 毕国强 丁 勇 杨振业 周荣斌 仓春蕾	滕脉坤 姚雪彪 刘海燕 杨昱鹏 薛 天 田志刚 符传孩	沈显生 魏海明 赵 忠 宋晓元 张效初 孙 汭 闫宜青	周江宁 高 平 刘北明 光寿红 刘 强 周逸峰 金腾川	吴季辉 孙宝林 王 均 单 革 蔡 刚 梅一德 汪香婷	陈 林 史庆华 孙连宏 柳素玲 白 丽 江维 温 泉	温龙平 廉哲雄 朱 涛 田长麟 张 智 申 勇	肖卫华 胡 兵 吴清发 张志勇 刘 丹 王育才
工程科学学院	伍小平 龚兴龙 倪 勇 郑津津 王晓宏 储开芹	杨基明 孙德军 姜洪源 冯志华 裴 刚	张青川 陈海波 沈兆武 徐晓嵘 程晓舫	胡小方 缪 泓 刘难生 赵 旸 林其钊	陆夕云 汪 洋 黄海波 吴 东 夏维东	何陵辉 彭良明 高 鹏 扎 克 季 杰	徐胜利 丁 航 骆天治 王建华 程文龙	文鹤鸣 梁海弋 竺长安 朱锡锋 龚 明	卢德唐 吴恒安 王克逸 刘明侯 翟 超
信息科学技术学院	胡访宇 戴旭初 吴 枫 丛 爽 秦家虎	卫 国 朱 冰 周武旸 殷保群 林福江	王培康 俞能海 陈志波 王 永 邱本胜	叶中付 徐正元 张文逸 朱 明 胡红钢	孙利国 王 刚 王东进 陈宗海 李 斌	洪佩琳 王卫东 刘发林 季海波 杜 俊	徐云生 朱 旗 李卫平 吴 刚 张云飞	戴礼荣 陈卫东 朱祖勋 康 宇 沈 聪	邱 玲 李厚强 龚 晨 熊军林
地球与空间科学学院	李曙光 刘贻灿 刘 斌 陆全明 吴忠庆 倪怀玮 苏振鹏	王 水 孙东松 魏春生 王传兵 李 陶 毛 竹 刘 诚	孙立广 肖益林 黄金水 倪四道 张 伟 陶 鑫	陈晓非 任保华 唐 俊 朱仁斌 汪毓明 栾晓莉	郑永飞 张 捷 郑惠南 杨永太 刘 睿 薛向辉	刘国胜 李 毅 沈延安 谢周清 雷久侯 张少兵	傅云飞 陈福坤 刘桂建 赵子福 秦礼萍 刘晓东	陈出新 杨晓勇 吴小平 张海江 姚华建 陈仁旭	张铁龙 周根陶 温联星 李 锐 冷 伟 孙道远
计算机科学与技术学院	陈国良 安 虹 韩 恺	岳丽华 陈华平	陈小平 华 蓓	蒋 凡 陈恩红	黄刘生 冯新宇	徐 云 陈欢欢	熊 焰 唐 珂	顾乃杰 张信明	许胤龙 周学海
管理学院	赵定涛 吴 杰	王荣森 毕功兵	丁栋虹 吴耀华	刘志迎 胡太忠	吴 强 杨亚宁	翁清雄 张曙光	梁 樑 曹威麟	余玉刚	杨 锋
人文与社会科学学院	李萌涛 张志辉	崔海建 汤书昆	孙 蓝 周荣庭	陈纪梁 周先稠	胡化凯 孔 燕	金正耀 史玉民	石云里 徐 飞	张居中 王光照	龚德才 夏文彧
核科学技术学院	叶民友	徐 榭	林铭章	陈红丽	秦 宏	蒋 蔚			
公共事务学院	宋 伟	张 姝							
软件学院	吴 敏								
苏州研究院	李 彬								

续表

单 位	正高级专业技术职务人员								
国家同步辐射实验室	盛六四 田扬超 宋 礼 闫文盛	李为民 徐法强 付绍军 王 琳	韦世强 徐宏亮 董 赛 陆亚林	孙 喆 韩聚广 王 勇 姚 涛	何多慧 张国斌 高 辉 李京祎	潘国强 尚 雷 洪义麟	贾启卡 朱俊发 王秋平	孙葆根 李良彬 何晓业	高 琛 刘 刚 刘功发
微尺度物质科学国家实验室	张国庆 陈乾旺 吴 涛 彭承志 曾华凌	刘乃乐 龚为民 左 健 吴建新	李震宇 孙学峰 石 磊 鲁 非	张裕恒 赵 博 王海千 陈家富	张振宇 张 强 石勤伟 金 帆	董振超 曾 杰 徐安武 郑 晓	徐春叶 陈宇翱 王德亮 孙永福	吴文彬 包小辉 王 兵 卢征天	罗 毅 陆朝阳 陆轻铀 王征飞
火灾科学国家重点实验室	范维澄 刘乃安	孙金华 周建军	姜 羲 秦 俊	王海晖 张永明	张和平 汪 箭	胡 源 纪 杰	蒋 勇 胡隆华	杨立中 陆守香	宋卫国
组织部、统战部、机关党委	赵永飞	张 玲							
党政办公室	尹登泽								
企业工作委员会	苏 俊								
研究生院	屠 兢	古继宝							
招生就业处	傅 尧								
教务处	周丛照	汤家骏							
科研部	罗喜胜	朱霁平							
人力资源部	褚家如	黄 方							
国际合作与交流部	侯中怀								
附中	李 蓓								
工会	史明瑛	龚流柱							
网络信息中心	李 京								
烟草中心	张悠金	刘少民							
档案馆	丁毅信								
出版社	张春瑾	伍传平	高哲峰						
北京教学部	胡岳东	冯 锋							
医院	石玉仙	邱 肃							
资产经营有限责任公司	赵 卫	成促进							
合肥物质科学技术中心	季恒星								

近年来博士后人数变动情况

年　度	当年在站人数	当年进站人数	当年出站人数
2007	201	85	62
2008	232	108	77
2009	289	133	76
2010	337	152	104
2011	415	160	82
2012	469	193	139
2013	478	128	119
2014	473	151	156
2015	390	155	238

"大师讲席"设置及聘任情况

讲席名称	所属学科	设立时间	已聘人数	聘任人员简况				
				姓　名	工作单位	研究领域	职称	聘任时间
华罗庚讲席	数学	2000.5	6	石钟慈	中科院计算数学与科学工程计算研究所	计算数学	教授（院士）	2000.7
				李　骏	美国斯坦福大学	代数几何与微分几何	教授	2000.11
				范剑青	香港中文大学	统计学	教授	2002.11
				龚　昇	已退休	数学	教授	2004.4
				鄂维南	美国普林斯顿大学	数学	教授	2005
				张景中	中科院成都分院		院士	2007

续表

讲席名称	所属学科	设立时间	已聘人数	聘任人员简况				
				姓名	工作单位	研究领域	职称	聘任时间
吴文俊讲席	数学	2001.3	2	王东明	法国科学院理论符号研究所	计算数学	教授	2001.7
				陈秀雄	美国威斯康星—麦迪逊大学	几何	教授	2001.12
赵九章讲席	地学	2000.5	3	吴京生	美国马里兰大学	空间等离子体物理	教授	2000.11
				陈颙	国家地震局	地震学和实验岩石物理学	教授（院士）	2000.7
				魏奉思				2006.9
严济慈讲席	物理	2000.5	3	解思深	中国科学院物理研究所	纳米科学	教授（院士）	2004.2
				文小刚	美国麻省理工学院	凝聚态物理	教授	2004.8
				Peter Zoller	奥地利Innsbruck大学	量子信息和量子光学	奥地利科学院院士	2004.9
钱学森讲席	力学	2000.5						
赵忠尧讲席	近代物理	2002.11	2	吴咏时	美国犹他大学	理论物理	教授	2002.11
				赵政国	美国密西根大学	物理	高级研究员	2006.10
	计算机科学		1	陈长汶	美国佛罗里达工学院	计算机		2006.12
贝时璋讲席	生物	2002.11	1	朱建康	美国Arizona大学	植物学	教授	2002.9
大师讲席 I	数学	2001.10	16	蔡伟	美国北卡罗来纳大学	数学	教授	2010.6
	计算机科学	2001.10		姚新	英国伯明翰大学	计算机科学	美国工程院院士	2003.9
				陈长汶	美国佛罗里达工学院	计算机科学	讲座教授/主任	2006.12
				乔春明	美国纽约州立大学布法罗分校	计算机科学	讲座讲授	2012.3

续表

讲席名称	所属学科	设立时间	已聘人数	聘任人员简况				
				姓名	工作单位	研究领域	职称	聘任时间
大师讲席（Ⅰ）	物理	2001.10	16	Robert B. Griffiths	卡耐基-梅隆大学	物理	资深教授	2006.9
	物理	2001.10		丁洪	中科院物理所	物理	研究员	2009.1
	物理	2001.10		陈骝	美国加州大学尔湾分校	物理	教授	2010.5
	物理	2001.10		周冰	美国密歇根大学	物理	教授	2012.3
	地学	2001.10		朱日祥	中国科学院地质与地球物理研究所	地球物理	教授/所长（院士）	2012.12
	地学	2001.10		吴国雄	中国科学院大气物理研究所	大气科学	教授（院士）	2012.3
	信息	2001.10		高家红	美国芝加哥大学	信息	教授	2010.8
	化学	2001.10		M.S. Child	英国牛津大学	分子动力学	教授（院士）	2001.10
	化学	2001.10		庄小威	美国哈佛大学	化学	教授	2011.5
	人文	2001.10		焦天龙	美国毕士普博物馆	人文	研究员	2013.2
	人文	2001.10		Bill Dally	美国英伟达公司	信息	首席科学家/资深副总裁	2013.4
	物理	2009.6		卢征天	美国芝加哥大学、阿贡国家实验室	原子物理	教授	2014.3
	地学			Mark H. Thiemens	University of California, San Diego	地学	美国科学院院士	2015.4
大师讲席（Ⅱ）	信息	2009.6	13	陈长汶	美国纽约州立大学布法罗分校	信息	教授	2009.10
	数学	2009.6		陈秀雄	美国威斯康星大学麦迪孙分校	数学	教授	2009.5
	计算机	2009.6		姚新	英国伯明翰大学	计算机	教授	2010.3
	机械工程	2009.6		徐先凡	美国普度大学	机械工程	教授	2010.3

续表

讲席名称	所属学科	设立时间	已聘人数	聘任人员简况				
				姓 名	工作单位	研究领域	职称	聘任时间
大师讲席（Ⅱ）	物理	2009.6	13	段路明	美国密歇根大学	物理	教授	2010.3
	生物医学工程	2009.6		高大勇	美国华盛顿大学	生物医学工程	教授	2010.7
	地球物理	2009.6		温联星	美国纽约州立大学石溪分校	地球物理	教授	2010.7
	天文物理	2009.6		莫厚俊	美国马萨诸塞大学	天文物理	教授	2011.4
	物理	2009.6		丁卫星	美国加州大学洛杉矶分校	物理	研究员	2011.10
	数学	2009.6		左 康	德国美因兹大学	代数几何	教授	2012.3
	生命	2009.6		管俊林	密西根大学医学院	分子医学及癌症研究	教授	2012.12
	生命	2009.6		周正洪	美国加州大学洛杉矶分校	结构生物学生物物理	教授	2012.9
	化学	2009.6		张劲松	美国加州大学河边分校	物理化学环境化学	教授	2012.9

2013～2017年教育部高等学校教学指导委员会委员

（21人）

序号	姓 名	所在学院	教育部高等学校教指委名称	在教指委中的职务
1	汤书昆	人文与社会科学学院	新闻传播学类专业教学指导委员会	委员
2	石云里	人文与社会科学学院	历史学类专业教学指导委员会	委员
3	陈发来	数学科学学院	数学类专业教学指导委员会	委员
4	尹 民	物理学院	物理学类专业教学指导委员会	委员
5	陈初升	化学与材料科学学院	化学类专业教学指导委员会	委员
6	王挺贵	物理学院	天文学类专业教学指导委员会	副主任委员
7	袁业飞	物理学院	天文学类专业教学指导委员会	委员
8	傅云飞	地球和空间科学	大气科学类教学指导委员会	委员
9	陈晓非	地球和空间科学	地球物理学类教学指导委员会	主任委员

续表

序号	姓名	所在学院	教育部高等学校教指委名称	在教指委中的职务
10	姚华建	地球和空间科学	地球物理学类教学指导委员会	秘书长
11	周根陶	地球和空间科学	地质学类专业教学指导委员会	委员
12	吴耀华	管理学院	统计学类专业教学指导委员会	委员
13	韩正甫	物理学院	光电信息科学与工程专业教学指导委员会	委员
14	吴刚	信息科学技术学院	自动化类专业教学指导委员会	委员
15	陈恩红	计算机科学与技术学院	计算机类专业教学指导委员会	委员
16	李为民	核科学技术学院	核工程类教学指导委员会	委员
17	吴敏	软件学院	教育技术专业教学指导分委员会	委员
18	许胤龙	计算机科学与技术学院	软件工程专业教学指导委员会	委员
19	俞能海	信息科学技术学院	信息安全专业教学指导委员会	委员
20	周学海	软件学院	大学计算机课程教学指导委员会	委员
21	汤家骏	教务处	实验室建设指导委员会	委员

担任国务院学位委员会委员和学科评议组成员的教师

姓名	学科	备注
万立骏	化学	学科召集人
陈晓非	地球物理学	学科召集人
侯建国	化学	学科召集人
潘建伟	物理学	
陈发来	数学	
杨金龙	化学	
田志刚	生物学	
郑永飞	地质学	
刘文清	环境科学与工程	
齐飞	核科学与技术	
谢毅	材料科学与工程	
张和平	安全科学与工程	

担任第四届安徽省学位委员会委员的教师

万立骏（副主任委员） 潘建伟 谢 毅 田志刚 陈发来 徐 飞

博士生导师一览表

一级学科	学科代码	二级学科	指导教师（校内）			指导教师（校外）	
0101 哲学	010100	哲学	汤书昆	周荣庭			
	010108	科学技术哲学	程晓舫 徐 飞	孔 燕 张效初	史玉民	房汉廷 杨起全	王 元
0701 数学	070101	基础数学	陈洪佳 陈秀雄 胡 森 李 平 麻希南 邵 松 苏育才 叶如钢 张 希	陈 卿 邰 云 黄 文 李思敏 欧阳毅 沈维孝 王 毅 叶向东 左 康	陈小伍 郭文彬 李嘉禹 梁 兴 任广斌 盛 茂 王作勤 张瑞斌	崔贵珍 庆 杰 徐 飞	苗长兴 席南华
	070102	计算数学	陈发来 李 新 徐 岩	陈国良 刘利刚 张梦萍	邓建松 舒其望	崔俊芝 袁亚湘	严宁宁 周爱辉
	070103	概率论与数理统计	胡太忠 杨亚宁	吴耀华 张曙光	徐 佩 张土生	巴曙松 王启华 周 勇	陈 敏 于 丹
	070104	应用数学	库 伦	王 毅		程 艺 葛根年 李 宝	冯登国 胡 磊 尚在久
	070105	运筹学与控制论				郭宝珠 张汉勤	洪奕光
	070120	生物数学	梁 兴	王 毅			
	070121	数学物理	陈 卿 殷 峥	邰 云 张 杨	胡 森	程 艺	

续表

一级学科	学科代码	二级学科	指导教师(校内)			指导教师(校外)	
0702 物理学	070201	理论物理	曹利明 黄民信 完绍龙	邓友金 李明哲 王安民	高道能 卢建新 王文阁		
	070202	粒子物理与原子核物理	杜江峰 蒋 一 刘衍文 彭新华 叶邦角	韩 良 李 澄 卢征天 苏吉虎 赵政国	黄光顺 刘建北 彭海平 王 群 周先意	娄辛丑 王贻芳 许长补 周 冰	沈肖雁 徐瑚珊 许 怒
	070203	原子与分子物理	陈 凯 陈增兵 卢征天 潘建伟 张 强 Matthias Weidmüller	陈 帅 杜江峰 陆朝阳 杨 涛 赵 博	陈向军 胡水明 罗 毅 苑震生 朱林繁		
	070204	等离子体物理	曹金祥 刘万东 秦 宏 王晓方 俞昌旋 朱晓东	丁卫星 陆全明 孙 玄 杨维纮 郑 坚 丁永坤	李 定 马锦秀 王少杰 叶民友 朱 平		
	070205	凝聚态物理	陈仙辉 段昌奎 李晓光 陆轻铀 乔振华 石勤伟 王 兵 王海千 吴 涛 徐 宁 严以京 袁军华 张裕恒 赵爱迪 朱 弘	丁泽军 高 琛 李震宇 陆亚林 秦胜勇 宋 礼 王德亮 王晓平 吴文彬 许 武 杨金龙 曾长淦 张增明 赵 瑾 朱文光	董振超 侯建国 林子敬 潘必才 石 磊 孙学峰 王冠中 吴明卫 吴自玉 许小亮 尹 民 曾 杰 张振宇 郑 晓	林海青	沈保根

续表

一级学科	学科代码	二级学科	指导教师（校内）			指导教师（校外）	
0702 物理学	070207	光学	董春华 韩永建 黄运锋 任新国 王　亮 肖　明 易　为 邹旭波	郭光灿 韩正甫 李传锋 史保森 王　沛 许金时 周幸祥 欧阳钟灿	郭国平 何力新 陆亚林 孙方稳 项国勇 许　武 周正威	许祖彦	杨国桢
	070220	量子信息物理学	包小辉 陈宇翱 杜江峰 潘建伟 张　强 邹旭波	陈　凯 陈增兵 郭国平 史保森 周幸祥 Barry Sanders	陈　帅 邓友金 何力新 杨　涛 周正威		
0703 化学	070301	无机化学	陈乾旺 江海龙 唐凯斌 熊宇杰 俞书宏	杜平武 刘扬中 吴长征 徐安武	龚兴龙 钱逸泰 谢　毅 杨　晴	曹　荣	洪茂椿
	070302	分析化学	崔　华 梁高林	邓兆祥	黄光明	关亚风 王强斌	王　进
	070303	有机化学	傅　尧 康彦彪 马明明 汪志勇 王中夏	龚流柱 刘有成 宋钦华 王官武	顾振华 罗德平 田仕凯 王细胜	丁奎岭 马大为 俞　飚	李超忠 唐　勇 赵　刚
	070304	物理化学（含：化学物理）	包信和 陈　旸 胡水明 李　灿 李震宇 路军岭 邵　翔 吴　奇 严以京 曾　杰 朱俊发	陈东明 侯建国 黄伟新 李全新 廖结楼 罗　毅 田善喜 徐瑞雪 杨金龙 赵爱迪 朱清时	陈艳霞 侯中怀 江　俊 李群祥 刘世林 齐　飞 王兴安 闫立峰 杨学明 郑　晓	黄学杰 张东辉	梁万珍 张广照

续表

一级学科	学科代码	二级学科	指导教师（校内）			指导教师（校外）	
0703 化学	070305	高分子化学与物理	白如科 初宝进 洪春雁 刘和文 王延梅 徐铜文 张国庆	陈昶乐 葛学武 金　帆 刘世勇 徐春叶 闫立峰 张其锦	陈家富 葛治伸 梁好均 罗开富 徐航勋 尤业字 张兴元	王利祥	张广照
	070320	可再生洁净能源	傅　尧 朱锡锋	李全新	闫立峰		
	070321	应用化学	陈家富 徐铜文	穆　杨 俞汉青	盛国平 曾建雄		
	070322	纳米化学	江海龙 谢　毅 杨　晴 曾　杰	钱逸泰 熊宇杰 杨上峰	唐凯斌 徐安武 俞书宏		
	070323	单分子科学	陈向军 李群祥	陈艳霞 刘世林	董振超 王　兵		
0704 天文学	070401	天体物理	孔　旭 王挺贵 张家铝 周宏岩	王慧元 薛永泉 张　杨 周又元	王俊贤 袁业飞 赵　文	樊军辉 王建民 杨小虎	廖新浩 严　俊 袁　峰
0706 大气科学	070602	大气物理学与大气环境	傅云飞 任保华	李　锐	刘国胜		
0708 地球物理学	070801	固体地球物理学	陈晓非 冷　伟 倪四道 吴忠庆 张　捷	陈　颙 刘　斌 温联星 姚华建 张　伟	黄金水 毛　竹 吴小平 张海江	陈国星 杜建国 雷建设 任金卫	陈棋福 高　原 刘耀炜 谢富仁
	070802	空间物理学	陈出新 雷久侯 李　毅 陆全明 孙东松 王传兵 张铁龙	窦贤康 李　锐 刘国胜 栾晓莉 陶　鑫 王　水 郑惠南	傅云飞 李　陶 刘　睿 任保华 汪毓明 薛向辉	龚建村 李崇银 穆　穆 吴国雄 曾庆存	黄荣辉 吕达仁 万卫星 杨惠根 周秀骥

续表

一级学科	学科代码	二级学科	指导教师（校内）			指导教师（校外）		
0709 地质学	070902	地球化学	陈福坤 李曙光 秦礼萍 魏春生 杨晓勇 赵子福	陈仁旭 刘贻灿 沈延安 夏群科 杨永太 郑永飞	黄　方 倪怀玮 唐　俊 肖益林 张少兵 周根陶			
0710 生物学	071005	微生物学	孙宝林			陈小平 刘　钢 苏　钟 张立新	李　寅 彭　涛 杨克迁	
	071006	神经生物学	毕国强 刘　强 熊　伟 张　智	胡　兵 宋晓元 薛　天 周江宁	刘北明 温　泉 杨昱鹏 周逸峰	赫荣乔 胡新天 王晋辉 徐　林	胡宝洋 马原野 伍一军 朱　岩	
	071007	遗传学	光寿红	史庆华	孙　斐	曹坤芳 李　磊 刘杏忠 徐增富 余迪求 赵建国	金万洙 林鑫华 温廷益 姚永刚 张亚平	
	071009	细胞生物学	白　丽 刘　丹 孙　斐 汪香婷 吴　缅 姚雪彪 朱　涛	高　平 柳素玲 孙　汭 魏海明 肖卫华 张华凤	廉哲雄 史庆华 田志刚 温龙平 杨振业 周荣斌	曹　毅 赖良学 欧光朔 裴端卿 孙　兵 叶　昕	高　斌 孟颂东 潘光锦 威华宇 徐　涛 郑　辉	
	071010	生物化学与分子生物学	蔡　刚 丁　勇 牛立文 孙连宏 涂晓明 向成斌 周丛照	陈宇星 龚为民 施蕴渝 滕脉坤 王　均 臧建业	单　革 刘海燕 孙宝林 田长麟 吴季辉 赵　忠	陈　凌 方　真 黄京飞 李志远 刘双江 王江云 曾令文 张　云 周树堂	董宇辉 高　福 李向东 刘爱忠 刘兴国 吴东海 张必良 周光飚	
	071011	生物物理学	毕国强 张效初	陈　林 周逸峰	胡　兵	娄继忠 周正洪	张荣光	

续表

一级学科	学科代码	二级学科	指导教师(校内)	指导教师(校外)
0710 生物学	071020	结构生物学	陈宇星　牛立文　施蕴渝 滕脉坤　田长麟　吴季辉 臧建业　周丛照	刘劲松
	071021	生物信息学	刘海燕　吴清发	高晓莲　吴家睿
	071022	生物材料	牛立文　王　均　温龙平 俞书宏	
0712 科学技术史	071200	科学技术史	龚德才　胡化凯　金正耀 石云里　朱清时	周　元
0713 生态学	071300	生态学	刘桂建　孙宝林　夏维东 向成斌　谢周清　俞汉青 曾建雄　周丛照　朱仁斌	曹　垒　杜卫国
0801 力学	080102	固体力学	陈海波　龚兴龙　何陵辉 胡小方　姜洪源　梁海弋 缪　泓　倪　勇　汪　洋 吴恒安　伍小平　张青川	陈学东　刘　合
	080103	流体力学	丁　航　高　鹏　姜　锐 卢德唐　陆夕云　罗喜胜 孙德军　童秉纲　杨基明	
	080104	工程力学	沈兆武　汪　洋　文鹤鸣	顾金才　刘仓理 沈　俊　汪　玉 周丰骏
	080120	生物工程力学	陆夕云　杨基明	
	080121	材料力学与设计	龚兴龙　何陵辉　倪　勇 彭良明　汪　洋	刘　涛
	080122	微系统力学	褚家如　伍小平　张青川	
	080124	工程安全与防护技术	沈兆武　汪　洋　文鹤鸣	顾金才　刘仓理 沈　俊　孙承纬 汪　玉　周丰骏
0804 仪器科学与技术	080401	精密仪器及机械	褚家如　冯志华　龚兴龙 骆敏舟　王克逸　王秋平 夏维东　徐晓嵘　翟　超 郑津津　竺长安	孙　东　唐玉国 相里斌　宣　明 赵　旸
	080402	测试计量技术及仪器	褚家如　冯志华　王克逸 翟　超	徐先凡

续表

一级学科	学科代码	二级学科	指导教师（校内）			指导教师（校外）	
0805 材料科学 与工程	080501	材料物理与化学	陈乾旺 季恒星 钱逸泰 王德亮 向　斌 朱长飞	高　琛 李晓光 石　磊 吴文彬 阳丽华 朱文光	黄伟新 陆亚林 孙学峰 武晓君 张振宇 朱彦武	董建荣 徐　科	靳　健 张书明
	080502	材料学	陈初升 杜平武 徐春叶 余　彦	陈春华 刘　卫 徐　鑫	初宝进 夏长荣 杨上峰		
	080503	材料加工工程	葛学武 刘和文	胡　源 王志刚	李良彬 徐铜文		
0807 动力工程及 工程热物理	080701	工程热物理	程晓舫 刘明侯	姜　锐 王建华	林其钊 王晓宏	马隆龙	吴创之
	080702	热能工程	季　杰 朱锡锋	裴　刚	夏维东		
	080705	制冷及低温工程	季　杰	裴　刚			
0809 电子科学 与技术	080901	物理电子学	安　琪 彭承志 阴泽杰	金　革 荣　星	刘树彬 王永纲		
	080902	电路与系统	林福江	孙利国		韩郑生 孙　剑 姚立斌 俞　捷 张亚勤	霍　强 王建宇 叶甜春 张海英
	080904	电磁场与微波技术	陈卫东 王东进 徐云生	刘发林 王　刚 朱　冰	孙利国 王卫东 朱　旗	方广有	阴和俊
0810 信息与 通信工程	081001	通信与信息系统	陈卫东 李厚强 王东进 徐正元 朱　冰	戴旭初 李卫平 王卫东 张文逸 朱祖勋	洪佩琳 邱　玲 卫　国 周武旸	邓云凯	许利群

续表

一级学科	学科代码	二级学科	指导教师（校内）	指导教师（校外）
0810 信息与 通信工程	081002	信号与信息处理	陈志波　戴礼荣　李　斌 李厚强　李卫平　凌震华 马国岭　徐正元　叶中付 俞能海　吴　枫	陈长汶　丁赤飚 洪　文　胡　郁 李世鹏　李晓东 李学龙　刘庆峰 罗杰波　芮　勇 田　静　吴一戎 徐常胜
	081020	信息安全(6系)	郭光灿　韩正甫　洪佩琳 胡红钢　俞能海　朱　明	冯登国　荆继武 李凤华　林东岱 刘铁岩　孟　丹
0811 控制科学 与工程	081101	控制理论与控制工程	丛　爽　胡国强　季海波 康　宇　凌　强　王　永 吴　刚　熊军林　杨　坚 殷保群	卜智勇　龚惠兴 黄　捷　乔　红 申铁龙　王东琳 王飞跃　吴宏鑫 于海斌
	081102	检测技术与自动化装置	梁华为　骆敏舟	毛雪松　余　永 朱锟鹏
	081103	系统工程	陈宗海　丛　爽	
	081104	模式识别与智能系统	陈宗海	查正军　高理富 郭百宁　洪小文 梅　涛　谭铁牛
	081105	导航、制导与控制	季海波　王　永	冯　刚　贾　平 周建亮
	081120	网络传播系统与控制	吴　刚　殷保群　朱　明	倪　宏　王劲林
	081121	信息获取与控制	陈宗海	余　永
0812 计算机科学 与技术	081201	计算机系统结构	安　虹　陈国良　顾乃杰 华　蓓　李　京　周学海	杜晓黎　冯晓兵 贺志强　洪　一 侯紫峰　胡伟武 李国杰　李锦涛 李忠诚　孙凝晖 徐志伟　许峰雄
	081202	计算机软件与理论	陈国良　陈华平　陈欢欢 冯新宇　顾乃杰　黄刘生 李　京　徐　云　许胤龙	黄　涛　李明树 乔春明　邵　中 姚　新　张　健 赵　峰

续表

一级学科	学科代码	二级学科	指导教师（校内）	指导教师（校外）
0812 计算机科学与技术	081203	计算机应用技术	陈恩红　陈发来　陈小平 卢德唐　唐　珂　熊　焰	陈熙霖　陈肇雄 程学旗　郭锐锋 李　航　林　浒 鲁加国　沈向洋 童　欣　王海勋 谢　幸　姚　新 于　东　张永光
	081220	信息安全(11系)	陈恩红　黄刘生　熊　焰	冯登国
0819 矿业工程	081903	安全技术及工程	范维澄　胡　源　姜　羲 蒋　勇　刘乃安　陆守香 宋卫国　孙金华　汪　箭 王海晖　杨立中　张和平 张永明	
0827 核科学与技术	082701	核能科学与工程	陈红丽　李　定　徐　榭 叶民友　俞昌旋	段旭如　李　强 刘　永　石跃江 汪卫华　汪小琳 徐瑚珊　杨青巍 虞清泉　欧阳晓平
	082702	核燃料循环与材料	林铭章　盛六四	
	082703	核技术及应用	安　琪　何多慧　何晓业 贾启卡　金　革　李京祎 李为民　刘功发　刘树彬 尚　雷　孙葆根　王　勇 徐宏亮	邓建军　方守贤 高大庆　秦　庆 唐靖宇　夏佳文 肖国青　原有进 袁　平　詹文龙 张天爵　章林文 赵红卫　赵振堂
	082704	辐射防护及环境保护	何多慧　李为民　王　群 徐　榭	
	082720	同步辐射及应用	高　琛　韩聚广　李良彬 刘　刚　潘国强　齐　飞 盛六四　宋　礼　孙　喆 田扬超　王秋平　韦世强 吴自玉　徐法强　张国斌 朱俊发	陈效双　朱佩平

续表

一级学科	学科代码	二级学科	指导教师（校内）	指导教师（校外）
0830 环境科学与工程	083001	环境科学	刘桂建　沈延安　谢周清 俞汉青　周根陶　朱仁斌	江桂斌　孙　松 唐启升　王新明 张占海
	083002	环境工程	穆　杨　盛国平　俞汉青 曾建雄	刘俊新　吴丰昌 杨　敏
0831 生物医学工程	083100	生物医学工程	毕国强　陈　林　丁　航 高大勇　李　鹫　林福江 邱本胜　徐晓嵘　叶中付 张青川　张效初　赵　刚 周　平　周逸峰	高家红　田　捷
0835 软件工程	083500	软件工程	胡访宇　吴　敏	
0837 安全科学与工程	083700	安全科学与工程	范维澄　胡　源　姜　羲 蒋　勇　刘乃安　陆守香 宋卫国　孙金华　汪　箭 王海晖　杨立中　张和平 张永明	
1201 管理科学与工程	120100	管理科学与工程	陈华平　古继宝　华中生 梁　樑　吴　杰　吴　强 徐晓燕　杨　锋　余玉刚 赵定涛	范　英
	120120	金融工程	张曙光	巴曙松　陈　敏 周　勇
	120123	传媒管理	汤书昆　周荣庭	
1202 工商管理	120200	工商管理	丁栋虹　古继宝　华中生 梁　樑　刘志迎　吴　杰 徐晓燕　余玉刚　赵定涛	
1204 公共管理	120401	行政管理	陈晓剑　冯　锋　古继宝 刘桂建　石云里　史玉民 宋　伟　汤书昆　屠　兢 王　永　曾建雄　张淑林 周荣庭	

合肥物质科学研究院

一级学科	学科代码	二级学科	指导教师（校内）			指导教师（校外）
0702 物理学	070201	理论物理	陈一平	项 农	周 登	
	070204	等离子体物理	陈俊凌 高 翔 胡建生 揭银先 李亚东 孟月东 万宝年 吴 斌 徐国盛 赵燕平	单家方 郭后扬 胡立群 匡光力 刘甫坤 沈 飙 万元熙 吴振伟 张晓东	丁伯江 胡纯栋 季振山 李建刚 毛玉周 孙有文 王守国 肖炳甲 赵君煜	
	070205	凝聚态物理	蔡伟平 韩福生 孟国文 宋文海 童 鹏 徐 文 杨昭荣 张发培 邹良剑	方前锋 李广海 秦晓英 孙玉平 王玉琦 薛 飞 曾 雉 郑小宏	费广涛 刘长松 盛志高 田明亮 熊奕敏 杨 杰 张昌锦 朱雪斌	
	070207	光学	储焰南 方 黎 高闽光 何亚柏 黄 伟 刘建国 陆亦怀 饶瑞中 孙晓兵 王先华 魏合理 吴 毅 杨世植 张天舒 张玉钧	董凤忠 方晓东 高晓明 洪 津 江海河 刘文清 毛庆和 司福祺 汪建业 王英俭 魏庆农 谢品华 易维宁 张为俊 赵南京	范承玉 方勇华 龚知本 胡顺星 李晓风 刘 勇 乔延利 孙敦陆 王 安 王 煜 吴海信 熊 伟 张黎明 张 毅 郑小兵	

续表

一级学科	学科代码	二级学科	指导教师（校内）	指导教师（校外）
0703 化学	070301	无机化学	黄行九　刘锦淮　王素华 张忠平　赵爱武	
	070302	分析化学	王素华	
	070303	有机化学	刘　静	
0703 化学	070304	物理化学（含：化学物理）	黄行九　双　丰	
0706 大气科学	070602	大气物理学与大气环境	侯再红　翁宁泉　吴晓庆 徐青山	
0710 生物学	071011	生物物理学	卞　坡　韩　伟　黄　青 林文楚　刘方邻　刘青松 马祖长　王俊峰　吴李君 吴丽芳　吴跃进　吴正岩 许　安　张　欣　郑之明 钟　凯	
0804 仪器科学与技术	080401	精密仪器及机械	梅　涛　刘文清　吴杰峰 尤　晖	
0805 材料科学与工程	080501	材料物理与化学	陈　健　戴建明　戴松元 黄行九　李　越　梁长浩 刘锦淮　罗广南　潘　旭 田兴友　汪国忠　王命泰 王素华　王先平　伍志鲲 杨良保　叶长辉　张庆礼 张云霞　张忠平　赵惠军	
0807 动力工程及工程热物理	080705	制冷及低温工程	欧阳峥嵘	
0808 电气工程	080804	电力电子与电力传动	刘智民	

续表

一级学科	学科代码	二级学科	指导教师(校内)	指导教师(校外)
0811 控制科学与工程	081101	控制理论与控制工程	梅涛　孔斌　孔德义 宋良图　孙丙宇　汪增福 庄明	
	081102	检测技术与自动化装置	梅涛　孔德义　李晓风 刘锦淮　双丰　孙怡宁 汪增福	
	081104	模式识别与智能系统	孔斌　李淼　宋良图 孙丙宇　汪增福　王儒敬 吴仲城　张建	
	081121	信息获取与控制	梅涛　孔德义　双丰 孙怡宁　汪增福	
0812 计算机科学与技术	081203	计算机应用技术	鲍健　李淼　孙怡宁 吴仲城　张建	
0827 核科学与技术	082701	核能科学与工程	陈俊凌　陈文革　傅鹏 郭后扬　胡纯栋　胡立群 黄群英　李格　李建刚 李桃生　刘松林　刘小宁 潘皖江　沈水法　宋云涛 万宝年　万元熙　王石生 王祥科　王晓杰　吴宜灿 武松涛　武玉　肖炳甲 姚达毛　姚建铭　郁杰 赵柱民　汪良斌	
	082702	核燃料循环与材料	黄群英　罗广南	
	082704	辐射防护及环境保护	汪建业　王祥科　吴李君 吴宜灿	
0830 环境科学与工程	083001	环境科学	刘文清　谢品华	

中国工程物理研究院

一级学科	学科代码	二级学科	指导教师（校内）	指导教师（校外）
0701 数学	070101	基础数学		谌稳固　郭柏灵
	070102	计算数学		成　娟　蔚喜军
0702 物理学	070201	理论物理		段素青　傅立斌 刘　杰　颜　君 张　平
	070204	等离子体物理		周沧涛
	070205	凝聚态物理		董发勤　黄　辉 李　波　卢忠远 罗学刚　彭同江 舒远杰　谭克锋 王恩泽　吴卫东 张　林
0702 物理学	070207	光学		景　峰　刘知贵 束小建　王俊波 魏晓峰　许　乔 杨李茗　张小民 郑万国
0801 力学	080102	固体力学		陈小伟　李明海 龙新平　罗景润 肖正学　尹益辉
	080103	流体力学		张树道
0812 计算机科学 与技术	081202	计算机软件与 理论		陈　虹
0827 核科学 与技术	082701	核能科学与工 程		江少恩　李正宏 刘汉刚　唐永建
	082702	核燃料循环与 材料		赖新春　罗德礼 罗顺忠　蒙大桥 彭述明　桑　革 张鹏程
	082703	核技术及应用		陈　波　田东风 张传飞

中国科学院金属研究所

一级学科	学科代码	二级学科	指导教师(校内)	指导教师(校外)
0805 材料科学与工程	080501	材料物理与化学		马秀良　苏党生
	080502	材料学		成会明　卢　柯 马哲峰　尚建库
	080503	材料加工工程		马宗义　孙　超

中国科学院宁波材料所

一级学科	学科代码	二级学科	指导教师(校内)	指导教师(校外)
0702 物理学	070205	凝聚态物理		李润伟
0805 材料科学与工程	080502	材料学		崔　平　韩伟强 刘兆平　许高杰 杨桂林

2015～2016学年度在聘外籍语言教师情况

Murray Wayne Sherk	加拿大	2015.9～2016.6
Fredrick Arthur Firstbrook	美国	2015.9～2016.6
Sherri Nelson	菲律宾	2015.9～2016.6
Hepuni Lohoko Kayina	美国	2015.9～2016.6
Garcia	印度	2015.9～2016.6
Erica Fox	美国	2015.9～2016.6
Geroge Scarola	俄罗斯	2015.9～2016.6
Hanna Swiatczak	丹麦	2015.9～2016.6
Hanna Bao	菲律宾	2015.9～2016.6

续表

姓名	国籍	时间
Rowena Tibalao	美国	2015.9~2016.6
Selene Arcilla	美国	2015.9~2016.6
Betty Tan	美国	2015.9~2016.6
Jeffrey Lee Cruz	美国	2015.9~2016.6
Melissa Cruz	美国	2015.9~2016.6
Ace Bombaes	波兰	2015.9~2016.6
Elena Dobrovolskaya	美国	2015.9~2016.6
Lars Dirckinck-Holmfeld	美国	2015.9~2016.6
Robert Foster	美国	2015.9~2016.6
Melanie Pierluigi	加拿大	2015.9~2016.6
Hector Steele	英国	2015.9~2016.6
BEALES Thomas	英国	2015.9~2016.6
SIMKINS Charlotte	新加坡	2015.9~2016.6

十二、国内外学术交流与合作

公派出访人员出国(境)情况

单位:人

总计	学科类别		人员类别								出国(境)类别			
			教职工					学生						
	自然科学	社会科学	教授	副教授	讲师	助教	其他	博士研究生	硕士研究生	本科生	考察访问	合作科研	学术会议	其他
2337	2144	193	973	33	45		89	917		280	94	209	1486	548

近年来接待外宾情况

按国别统计

单位:人

年度	合计	美国	日本	德国	英国	加拿大	澳大利亚	法国	俄罗斯	其他
2006	441	177	41	22	12	25	16	17	15	116
2007	331	148	22	8	9	15	11	4	7	107
2008	327	156	26	19	14	15	12	8	5	72
2009	444	231	30	30	8	12	13	38	5	77
2010	615	203	30	13	19	17	20	39	16	258
2011	521	251	31	26	27	13	14	27	18	114
2012	752	287	30	38	36	25	22	36	24	254
2013	775	280	28	47	32	29	25	2	14	318
2014	1083	453	58	58	50	32	49	38	30	315
2015	1350	523	56	69	72	35	41	47	32	475

按来访性质统计

单位：人

年度\人数\性质	合计	主请	接待来访
2009	444	367	77
2010	615	432	183
2011	521	463	58
2012	752	592	160
2013	775	590	185
2014	1083	1007	76
2015	1350	1163	187

与国(境)外机构签订交流协议情况

序号	协议名称	签订日期	有效期限(年)	合作单位
1	中科大-日本学术振兴机构中国综合研究交流中心合作备忘录	2015.3.22	2	日本JST中国综合研究交流中心
2	中科大-爱琴大学合作备忘录	2015.3.30	5	希腊爱琴大学
3	中科大-白俄罗斯国立戈梅利大学合作备忘录	2015.5	5	白俄罗斯国立戈梅利大学
4	中科大-台湾海洋大学学术交流合作协议书	2015.5.13	3	中国台湾海洋大学
5	中科大-日本国立情报学研究所合作备忘录	2015.5.13	3	日本国立情报学研究所
6	中科大-芬兰图尔库大学谅解备忘录	2015.6.15	5	芬兰图尔库大学
7	中科大-芬兰图尔库大学学生交换协议	2015.6.15	5	芬兰图尔库大学
8	中科大-法国高等计算机信息工程师学院本硕连读项目协议	2015.6.22	5	法国高等计算机信息工程师学院
9	中科大-莫纳什大学海外学习项目协议	2015.6.25	5	澳大利亚莫纳什大学
10	中科大-莫纳什大学学生交换协议	2015.6.25	5	澳大利亚莫纳什大学
11	中科大-莫纳什大学学位认证项目协议	2015.6.25	5	澳大利亚莫纳什大学
12	中科大-莫纳什大学合作备忘录	2015.6.26	5	澳大利亚莫纳什大学

续表

序号	协议名称	签订日期	有效期限（年）	合作单位
13	中科大-捷克西波西米亚大学合作备忘录	2015.6.26	5	捷克西波西米亚大学
14	中科大-荷兰特温特大学3+2本硕连读项目协议	2015.6.29	5	荷兰特温特大学
15	中科大-捷克利贝雷茨技术大学合作备忘录	2015.6.30	5	捷克利贝雷茨技术大学
16	中科大-波兰科学院计算机科学研究所合作备忘录	2015.10.19	5	波兰科学院计算机科学研究所
17	中科大-斯坦福暑期大学生研究实习计划项目协议书	2015.11.18	1	美国斯坦福大学
18	中科大-俄亥俄州立大学合作备忘录	2015.12.9	5	美国俄亥俄州立大学
19	中科大-澳大利亚皇家墨尔本理工大学学生交换协议	2015.12.10	5	澳大利亚皇家墨尔本理工大学

与国（境）外机构合作科研项目情况

序号	项目名称	我校参与合作人员	合作方
1	（中科院与欧盟科技合作项目伙伴计划）基于安全视角的锂离子电池模组热电耦合模型开发	王青松	华威大学

主办、承办国际大型学术会议情况

会议名称	起止时间	代表数 国内	代表数 国外
2015亚澳火安全材料国际会议	2015.10.10~2015.10.12	100	50
第九届国际概率极限理论和统计大样本理论学术研讨会	2015.6.27~2015.6.30	150	50
多光子干涉研讨会	2015.5.7~2015.5.10	25	25

续表

会议名称	起止时间	代表数 国内	代表数 国外
第17届国际能源协会反场箍缩装置国际会议	2015.10.26～2015.10.30	100	30
国际放射医学物理研讨会	2015.6.13～2015.6.14	90	10
第五届量子能源国际研讨会	2015.10.13～2015.10.16	62	18
国际分析与几何会议	2015.8.4～2015.8.9	10	40
职业发展与就业管理国际会议	2015.10.9～2015.10.10	35	15
第一届成核与生长机理国际研讨会	2015.12.9～2015.12.12	50	20
第六届细胞与分子免疫学期刊编委会扩大会议	2015.11.12～2015.11.14	150	50
2015国际热核聚变实验堆国际学校	2015.12.14～2015.12.18	85	35
第10届生物计算理论及应用国际会议	2015.9.25～2015.9.26	70	30
国际机械化学研讨会	2015.6.6～2015.6.7	80	30
第一届细胞与分子免疫学杂志-自然免疫学杂志联合国际研讨会	2015.6.17～2015.6.19	200	100
中法粒子物理联合实验室国际会议	2015.4.8～2015.4.10	30	70
第十届国际正负电子对撞物理研讨会	2015.9.22～2015.9.26	40	60
未来中国高亮度正负电子对撞物理国际研讨会	2015.1.13～2015.1.17	30	50
第13届辐射物理国际会议	2015.9.7～2015.9.13	150	250

"中国科大论坛"举办情况

序号	时间	报告人	职务	报告题目
1	6月16日	李述汤	材料学家、中国科学院院士	纳米碳/硅材料在能源及生物领域的应用
2	12月1日	张希	高分子化学家、中国科学院院士	超分子体系的构筑、调控与功能

十三、全院办校、所系结合

与中科院研究院所签署的合作共建协议一览表

序 号	与科大签署协议的研究院所	协议签署时间
1	数学与系统科学研究院	2003.11
2	上海生命科学研究院	2003.11
3	合肥物质科学研究院	2004.4
4	长春光学精密机械与物理研究所	2004.4
5	长春应用化学研究所	2004.4
6	南京分院	2004.5
7	上海分院	2004.5
8	武汉分院	2004.6
9	长春分院	2004.8
10	成都分院	2004.9
11	兰州分院	2004.9
12	广州分院	2004.9
13	沈阳分院	2004.10
14	西安分院	2004.12
15	昆明分院	2004.12
16	高能物理研究所	2005.5
17	生物物理研究所	2005.7
18	西双版纳植物园	2005.7
19	新疆分院	2005.8
20	广州能源研究所	2005.5
21	上海应用物理研究所	2005.9
22	沈阳计算技术研究所	2005.9
23	北京分院	2007.3
24	苏州纳米技术与纳米仿生研究所	2007.5
25	工程热物理研究所	2007.5
26	动物研究所	2008.9

续表

序 号	与科大签署协议的研究院所	协议签署时间
27	沈阳金属研究所	2009.6
28	力学研究所	2009.7
29	物理研究所	2009.7
30	生物物理研究所	2009.7
31	深圳先进技术研究院	2010.3
32	国家天文台、紫金山天文台、上海天文台	2010.6
33	光电技术研究院	2010.11
34	上海微系统研究所	2012.3
35	近代物理研究所	2012.4

聘请中科院研究院所领导和专家兼任学校院系领导一览表

序号	姓 名	所属单位和职务	我校聘任职务	聘任时间
1	洪茂椿	院士	化学系主任	2003.11.27
2	王利祥	长春分院院长	高分子科学与工程系主任	2004.9.30
3	刘 钝	自然科学史研究所原所长	人文与社会科学学院院长、科技史与科技考古系主任	2005.10.13
4	吴一戎	电子学研究所所长、院士	信息科学技术学院名誉院长、电子工程与信息科学系主任	2008.6.10
5	万元熙	等离子体物理研究所原所长、院士	核科学技术学院院长	2008.12.22
6	欧阳钟灿	理论物理研究所原所长、院士	物理学院院长	2009.4.26
7	李 灿	大连化物所学位委员会主任、院士	化学与材料科学学院院长	2009.4.26
8	陈 颙	国家地震局原副局长、院士	地球和空间科学学院院长	2009.4.26
9	裴端卿	广州生物医药与健康研究院院长	医药生物技术系主任	2009.12.8
10	马志明	数学与系统科学研究院、院士	数学科学学院院长	2009.12.8
11	许祖彦	理化技术研究所、院士	光学与光学工程系主任	2009.12.8
12	严 俊	国家天文台台长	天文学系主任	2010.1.14

续表

序号	姓名	所属单位和职务	我校聘任职务	聘任时间
13	杜善义	院士、哈尔滨工业大学复合材料研究所所长	工程科学学院院长	2010.6.11
14	叶甜春	微电子研究所所长	电子科学与技术系主任	2010.9.18
15	沈保根	中科院物理研究所研究员、院士	物理系主任	2012.4.28
16	吴以成	中科院理化技术研究所，院士	材料科学与工程系主任	2012.12.21
17	魏复盛	中科院生态环境研究中心博士生导师、中国环境监测总站研究员、中国工程院院士	环境科学与光电技术学院院长	2013.4.19
18	刘文清	安徽光学精密机械研究所所长、工程院院士	环境科学与光电技术学院执行院长	2014.1.24

与中科院研究院所联合创办"科技英才班"一览表

校级"科技英才班"一览表

序号	科技英才班名称	合作单位	签署协议时间
1	华罗庚数学科技英才班	数学与系统科学研究院	2009.3.18
2	师昌绪材料科学科技英才班	金属研究所	2009.6.11
3	贝时璋生命科技英才班	生物物理研究所 上海生命科学研究院	2009.7.9
4	严济慈物理科技英才班	物理研究所	2009.7.9
5	王大珩光机电科技英才班	长春光学精密机械与物理研究所	2009.7.9
6	赵忠尧应用物理科技英才班	上海应用物理所	2009.7.9
7	钱学森力学科技英才班	力学研究所	2009.7.9
8	卢嘉锡化学科技英才班	化学研究所、上海有机化学研究所	2010.6.9
9	王绶琯天文科技英才班	国家天文台、紫金山天文台、上海天文台	2010.6.9
10	赵九章现代地球和空间科技英才班	地质与地球物理研究所	2010.6.9
11	计算机与信息科技英才班	计算技术研究所、电子学研究所	2010.6.9

院级"科技英才班"一览表

序号	科技英才班名称	合作单位	签署协议时间
1	钱三强英才班	高能物理研究所	2013.6.3
2	黄昆英才班	半导体研究所	2013.6.4
3	技术物理英才班	上海技术物理所	2013.7.3
4	尚光英才班	上海光机所	2013.9.1
5	王淦昌英才班	等离子体物理所	2013.9.29
6	杨澄中英才班	近代物理所	2013.10.16
7	天眷英才班	武汉物数所	2013.11.12

近年来接收中科院研究院所代培研究生情况一览表

年 度	人 数
1999	302
2000	379
2001	522
2002	750
2003	835
2004	859
2005	896
2006	995
2007	961
2008	996
2009	1074
2010	1065
2011	1075

续表

年　度	人　数
2012	1106
2013	1050
2014	822
2015	841
合　计	14528

近年来向中科院研究院所推荐免试研究生情况一览表

年　度	人　数
1999	52
2000	52
2001	85
2002	167
2003	201
2004	150
2005	180
2006	221
2007	198
2008	191
2009	188
2010	194
2011	177
2012	153
2013	145
2014	124
2015	112
合　计	2590

近年来本科生在中科院研究院所开展实践教学情况一览表

年 度	大学生研究计划	专业实习	毕业论文	合 计
2004	223	397	157	777
2005	238	350	101	689
2006	301	368	94	763
2007	487	554	107	1148
2008	284	303	112	699
2009	329	309	108	746
2010	292	335	185	812
2011	228	358	174	760
2012	162	423	172	757
2013	131	690	198	1019
2014	73	469	164	706
2015	104	561	146	811

中科院研究院所在学校设立奖学金一览表

序号	奖学金名称	设 立 单 位	设立年度
1	力学攀登奖	力学研究所	1994
2	祖同奖学金	西安光学精密机械研究所	2003
3	李薰奖学金	沈阳金属研究所	2005
4	长光奖学金	长春光机与物理研究所	2006
5	黄鸣龙奖学金	上海有机化学研究所	2006
6	成都光电奖学金	光电技术研究所	2006
7	赵九章奖学金	空间科学与应用研究中心	2007
8	地学攀登奖学金	地质与地球物理研究所	2007
9	吴学周奖学金	长春应用化学研究所	2007

续表

序号	奖学金名称	设立单位	设立年度
10	微系统所奖学金	上海微系统与信息技术研究所	2007
11	国家天文台奖学金	国家天文台	2009
12	大连化学物理研究所优秀学生奖学金	大连化学物理研究所	2010
13	化学所英才奖学金	化学研究所	2011
14	广州能源所奖学金	广州能源研究所	2011
15	电子所奖学金	电子学研究所	2011
16	近代物理所奖学金	近代物理研究所	2012
17	林兰英奖学金	半导体研究所	2012
18	卢嘉锡奖学金	福建物质结构研究所	2013

近年来与中科院研究院所共建科教结合平台一览表

序号	机构名称	共建单位	成立时间
1	核科学技术学院	合肥物质科学研究院	2009.1
2	计算机科学与技术学院	计算所、软件所、沈阳计算所	2009.5
3	光学与光学工程系	上海光机所、成都光电所、西安光机所、长春光机所、安徽光机所	2009.12
4	数学科学学院	数学与系统科学研究院	2011.5
5	中科院国家数学与交叉科学中心——合肥分中心	数学与系统科学研究院	2011.5
6	合肥物质科学技术中心	合肥物质科学研究院	2011.9
7	环境科学与光电技术学院	合肥物质科学研究院	2011.9
8	中科院核能安全技术研究所	合肥物质科学研究院	2011.9
9	核探测技术与核电子学国家重点实验室	高能物理研究所	2012.3
10	量子信息与量子科技前沿协同创新中心	上海技术物理研究所、半导体研究所、南京大学、国防科大	2012.7(组建) 2014.1(揭牌)

续表

序号	机构名称	共建单位	成立时间
11	先进核聚变能和等离子体科学协同创新中心	等离子体物理研究所、普林斯顿大学、华中科技大学、核工业西南物理研究院、中国工程物理研究院	建设中
12	粒子物理与前沿技术协同创新中心	高能物理研究所、清华大学、山东大学、上海交通大学等	培育建设中

近年来与中科院研究院所共建实验室一览表

序号	实验室名称	共建单位
1	核探测与核电子学国家重点实验室	高能物理研究所
2	中国科学院星系宇宙学重点实验室	上海天文台
3	中国科学院能量转换材料重点实验室	上海硅酸盐研究所
4	中国科学院空间信息处理与应用系统技术重点实验室	电子学研究所
5	中国科学院吴文俊数学重点实验室	武汉物理与数学研究所、应用数学研究所
6	中国科学院软物质化学重点实验室	长春应用化学研究所
7	中国科学院网络传播系统与控制重点实验室(培育建设)	声学研究所
8	化学物理联合实验室	大连化学物理研究所
9	智能科学与技术联合实验室	自动化研究所
10	蛋白质科学联合实验室	生物物理研究所
11	网络与通信联合实验室	沈阳计算技术研究所
12	绿色合成化学联合实验室	上海有机化学研究所
13	科技传播研究所	科学时报社
14	强子物理研究中心	兰州重离子国家实验室
15	无机固体联合实验室	福建物质结构研究所
16	分析化学研究伙伴小组	长春应用化学研究所
17	超精密控制与系统联合实验室	长春光学精密机械与物理研究所
18	微纳电子系统集成研究中心	微电子研究所
19	环境污染控制联合实验室	城市环境研究所

续表

序号	实验室名称	共建单位
20	生物质催化转化联合实验室	广州能源研究所
21	量子生物物理联合实验室	生物物理研究所

近年来与中科院研究院所共建科教融合学院一览表

学科领域	研究所	共建学院	进展情况
化学化工与材料学科领域	金属所	材料科学与工程学院	已完成
	苏州纳米所	纳米技术与纳米仿生学院	已挂牌
物理天文学科领域	合肥物质科学研究院	核科学技术学院	已完成
	紫金山天文台	天文与空间科学学院	已启动
工程科学和机械控制	苏州医工所	生物医学工程学院	研究生教育已归口

十四、办学支撑条件

教育基金会 2015 年捐赠收入统计

序号	到款日期	捐赠人	金额	对应科目
1	1月8日	微软(中国)有限公司	450000.00	信息学院基金
2	1月9日	村田(中国)投资有限公司	64000.00	村田奖助学金
3	1月12日	中国科技产业投资管理有限公司	458461.54	科大基金
4	1月14日	陈友谊	5000.00	781基金
5	1月23日	北京大学出版社有限公司	16072.80	钱临照奖学金
6	1月28日	中国银行合肥南城支行营业部	20000.00	张宗植奖学金
7	1月30日	安徽讯飞产业投资有限责任公司	3369863.00	教育基金捐赠
8	1月30日	支付宝零星捐赠	11855.10	校友工作发展基金
9	2月2日	德意志银行	90630.00	新创基金
10	2月4日	TENG CHE WEI	80000.00	公共事务学院基金
11	2月11日	马鞍山顾地塑胶有限公司	40000.00	教育基金捐赠
12	2月14日	王春生	30000.00	教育基金捐赠
13	2月26日	戚曙光	2000.00	校友总会活动基金
14	2月28日	教育部	175000.00	学生处基金
15	3月5日	微软(中国)有限公司	500000.00	信息学院基金
16	3月9日	求是基金会	125820.42	学生处基金
17	3月12日	安徽博约信息科技有限责任公司	1002000.00	教育基金捐赠
18	3月16日	姚文军	270000.00	杨亚基金
19	3月26日	深圳市环球数码科技有限公司	200000.00	新创基金
20	4月1日	阿尔托大学	166265.00	教育基金捐赠
21	4月3日	支付宝零星捐赠	42171.53	校友工作发展基金
22	4月8日	一卡通管理结算中心	14810.80	校友工作发展基金
23	4月8日	中国科技大学北京校友会	71000.00	新创基金
24	4月13日	中国科学院上海有机化学研究所	100000.00	化学学院基金
25	4月17日	铜陵润丰置业有限公司	500000.00	润丰教育基金
26	4月22日	中科大资产经营有限责任公司	20000000.00	教育基金捐赠

续表

序号	到款日期	捐赠人	金额	对应科目
27	4月22日	安徽泉山湖置业有限公司	1000000.00	教育基金捐赠
28	4月27日	中国科技大学北京校友会	75000.00	新创基金
29	4月28日	汪成亮	157944.60	新创基金
30	4月28日	方玉兵	28365.00	新创基金
31	4月28日	王川	21000.00	少年班基金
32	4月30日	中国科技大学北京校友会	3526.63	新创基金
33	5月6日	中国宋庆龄基金会	97620.00	学生处基金
34	5月7日	涂娟	280000.00	杨亚基金
35	5月8日	胡伟武	3000.00	海外校友基金
36	5月11日	上海问石教育科技有限公司	20000.00	海外校友基金
37	5月12日	SK海力士半导体(中国)有限公司	50000.00	海力士基金
38	5月12日	上海网晟网络科技有限公司	100000.08	校友工作发展基金
39	5月13日	中国科学院半导体研究所	170000.00	教育基金捐赠
40	5月14日	中国科技大学北京校友会	540.00	校友工作发展基金
41	5月14日	凯巨百脑汇(合肥)电子信息有限公司	40000.00	工程学院基金
42	5月19日	安徽真心食品有限公司	200000.00	教育基金捐赠
43	5月22日	亳州古井销售有限公司	50000.00	教育基金捐赠
44	5月29日	北京囵宝科技有限公司	10000.00	教育基金捐赠
45	6月7日	蒋震基金会	100266.48	教育基金捐赠
46	6月9日	鲍若愚	3000.00	海外校友基金
47	6月17日	上海银河惠理金融信息服务有限公司	500000.00	管理学院基金
48	6月17日	马运生	20000.00	校友工作发展基金
49	6月18日	汪显滨	8000.00	校友工作发展基金
50	6月29日	亳州古井销售有限公司	20000.00	教育基金捐赠
51	7月10日	苏州工业园区国库支付中心	3055000.00	教育基金捐赠
52	7月10日	李培龙	20100.00	校友工作发展基金
53	7月14日	微软(中国)有限公司	300000.00	先研院基金

续表

序号	到款日期	捐赠人	金额	对应科目
54	7月23日	神州买卖提（北京）电子商务有限公司	200000.00	软件学院基金
55	7月29日	中国科学院国有资产经营有限责任公司	1000000.00	公共事务学院基金
56	7月30日	中国宋庆龄基金会	6000.00	学生处基金
57	7月1日	PB0123集体捐赠	20000.00	校友工作发展基金
58	7月3日	中国宋庆龄基金会	4500.00	学生处基金
59	7月3日	腾讯公益慈善基金会	165000.00	软件学院基金
60	7月3日	0106班级捐款	20600.00	校友工作发展基金
61	7月8日	中国科学院空间科学与应用研究中心	24000.00	地空学院基金
62	7月31日	蒋震基金会	150249.60	教育基金捐赠
63	8月3日	孙敏慧	10000.00	校友工作发展基金
64	8月4日	9514班级	9400.00	校友工作发展基金
65	8月5日	803班级	24000.00	校友工作发展基金
66	8月6日	上海问石教育科技有限公司	3000.00	海外校友基金
67	8月6日	胡伟武	3000.00	海外校友基金
68	8月6日	安徽瑞泰置业有限公司	100000.00	教育基金捐赠
69	8月7日	钟石强	1000.00	校友工作发展基金
70	8月10日	远东控股集团有限公司	50000.00	化学院基金
71	8月24日	上海问石教育科技有限公司	8000.00	海外校友基金
72	8月25日	上海紫瑞投资有限公司	800000.00	学生处基金
73	8月25日	嘉善申嘉科技有限公司	50000.00	化学院基金
74	9月4日	朱红松	38000.00	校友工作发展基金
75	9月6日	美国IEEE公司	18000.00	少年班基金
76	9月7日	兴业全球基金管理有限公司	120000.00	杨亚基金
77	9月17日	陈小宁	3000.00	海外校友基金
78	9月17日	合肥市包河区香季调味批发部	2000.00	教育基金捐赠
79	9月21日	中国扶贫基金会	3000.00	学生处基金
80	9月28日	姚文军	130000.00	杨亚基金

续表

序号	到款日期	捐赠人	金额	对应科目
81	10月5日	孙钢	100000.00	化学院冬令营基金
82	10月9日	铜陵瑞莱科技有限公司	50000.00	化学院冬令营基金
83	10月9日	尹衍樑	300000.00	光华奖学金
84	10月10日	张健	3000.00	海外校友基金
85	10月12日	丁小丽	100000.00	化学院冬令营基金
86	10月13日	匿名捐款	1215.90	教育基金捐赠
87	10月15日	芜湖市皖江教育培训中心	200000.00	化学院冬令营基金
88	10月16日	中国电子科技集团公司第十四研究所	88000.00	学生处基金
89	10月19日	安徽师范大学第二附属中学	200000.00	化学院冬令营基金
90	10月22日	学校转来捐款	20000.00	梅花基金
91	10月26日	中国科学院过程工程研究所	100000.00	教育基金捐赠
92	10月27日	蔡晔	12000.00	海外校友基金
93	10月29日	杭州通达纸业有限公司	21000.00	教育基金捐赠
94	10月30日	合肥市国库财政支付中学	100000.00	化学院冬令营基金
95	11月3日	劳雷工业公司	40000.00	地空学院基金
96	11月10日	中国科学院大连化学物理研究所	100000.00	化学院基金
97	11月10日	合肥寰景信息技术有限公司	100000.00	校友工作发展基金
98	11月10日	安徽庆余投资管理有限公司	50000.00	管理学院基金
99	11月11日	合肥市财政国库支付中心	200000.00	化学院冬令营基金
100	11月11日	晨光基金会	149704.70	学生处基金
101	11月11日	Google美国公司	50000.74	计算机学院基金
102	11月12日	微软(中国)有限公司	310000.00	信息学院基金
103	11月12日	王宽诚基金会	1000000.00	王宽诚奖学金
104	11月13日	安徽瑞泰置业有限公司	500000.00	管理学院基金
105	11月13日	安徽瑞泰置业有限公司	500000.00	舒扬基金
106	11月17日	北京矩道优达网络科技有限公司	30000.00	教育基金捐赠
107	11月17日	HFSP QUAI SAINT JEAN	529779.24	人类研究计划基金
108	11月17日	精进基金有限公司	505000.00	精进助学金
109	11月20日	金钟元	150000.00	校友总会活动基金

续表

序号	到款日期	捐赠人	金额	对应科目
110	11月24日	安徽中财智能公路港投资管理有限公司	50000.00	教育基金捐赠
111	11月25日	北京希波尔科技发展有限公司	110000.00	8704校友基金
112	11月26日	中国科学院地质与地球物理研究所	40000.00	地空学院基金
113	11月26日	中国航天科技集团公司	100000.00	学生处基金
114	11月27日	中国科学院化学研究所	100000.00	化学院基金
115	12月1日	宝钢教育基金会	142600.00	宝钢奖学金
116	12月2日	依科纳诺(北京)科技发展有限公司	500000.00	火灾实验室基金
117	12月7日	中国宋庆龄基金会	140000.00	丰田助学金
118	12月7日	新疆维吾尔自治区财政厅国库处	34920.00	学生处基金
119	12月8日	香港思源基金会	242005.63	学生处基金
120	12月9日	国家留学基金管理委员会	20000.00	学生处基金
121	12月9日	杨浩涌	5248782.00	教育基金捐赠
122	12月10日	中国建设银行股份有限公司安徽省分行	100000.00	教育基金捐赠
123	12月11日	中国科学院电子学研究所	215400.00	教育基金捐赠
124	12月14日	上海大学	100000.00	教育基金捐赠
125	12月15日	王海林	500000.00	教育基金捐赠
126	12月17日	苏州工业园区国库支付中心	410000.00	苏州工业园奖学金
127	12月17日	中科院福建物质结构研究所	50000.00	化学院基金
128	12月18日	唐仲英基金会(美国)江苏办事处	7000000.00	唐仲英德育奖学金
129	12月18日	中国科学院电子学研究所	74000.00	教育基金捐赠
130	12月23日	中国化学会	150592.00	化学院冬令营基金
131	12月23日	德意志银行	93719.12	新创基金
132	12月23日	唐仲英基金会(美国)江苏办事处	640000.00	唐仲英德育奖学金
133	12月23日	唐仲英基金会(美国)江苏办事处	11780.50	唐仲英德育奖学金
134	12月29日	中国科学技术大学苏州研究院	55000.00	教育基金捐赠
135	12月29日	兴业全球基金管理有限公司	250000.00	教育基金捐赠
136	12月31日	北京中国科学技术大学新创公益基金会	790500.00	新创基金

图书馆馆藏情况

项目		纸质文献总计	电子文献总计	图书							期刊			报纸	视听资料
				合计	中文			外文			合计	中文	外文		
					小计	社科	科技	小计	社科	科技					
总藏书量		230.62万册		173.24万册	149.99万册	65.68万册	84.31万册	23.25万册	2.26万册	20.99万册	55.99万册	26.31万册	29.68万册	6134册	7765盘
2009年购置	种	17107	4139000	14854	14317	7000	5200	537		537	2188	2000	188	65	0
	册	45070	4139000	42503	41966	21000	20966	537		537	2388	2200	188	179	0
2010年购置	种	19851	4559000	17388	17300	9500	7200	88		88	2398	2216	182	65	0
	册	61729	4559000	59096	59008	30000	29008	88		88	2454	2272	182	179	0
2011年购置	种	16559	5027000	14942	14738	8300	6500	204		204	1550	1381	169	67	0
	册	53798	5027000	51371	51157	26000	25157	214		214	2248	2079	169	179	0
2012年购置	种	19735	5310000	18164	16802	11241	5561	1362		1362	1509	1346	163	62	0
	册	61932	5310000	59579	58147	33725	24422	1432		1432	2189	2026	163	164	0
2013年购置	种	15793	5610000	14274	13630	7600	6030	644		644	1454	1282	172	65	0
	册	42671	5610000	40857	40180	22800	17380	677		677	1677	1505	172	137	0
2014年购置	种	22690	5840000	21717	20952	11524	9428	765		765	943	798	145	30	0
	册	55806	6110000	54495	53712	29542	24170	783		783	1271	1125	146	40	0
2015年购置	种	20385	6090000	19544	18878	12428	6450	656	172	484	795	684	111	46	0
	册	43351	6630000	42164	41493	24548	16945	671	173	498	1097	985	112	90	0

档案馆馆藏情况

类别	2008年	2009年	2010年	2011年	2012年	2013年	2014年	2015年
教学类档案	9923件	28000件	383卷 20654件	27卷 18934件	14751件	13263件	15770件	9772件

续表

类　　别	2008年	2009年	2010年	2011年	2012年	2013年	2014年	2015年
科研类档案	1500件	1500件	3000件	708卷	521卷	487卷	1710卷 1060件	671卷
党群类档案	307件	369件	303件	333件	268件	280件	339件	324件
行政类档案	1030件	1132件	1259件	1427件	1228件	1520件	1152件	1020件
外事类档案	663件	460件	2247件	972件	1208件	1800件	757件	1220件
财会类档案	364卷 60件	2386卷 50件	2837卷 38件	2845卷 65件	4683卷 59件	6993卷 28件	7124卷 52件	11124卷 50件
基建类档案	185卷	200卷	161卷	82卷	100卷	1099卷	398卷	382卷
设备类档案	500卷	400卷	419卷	1089卷	64卷	28卷	172卷	103卷
人物类档案								
出版物类档案	128件	450件	226件	210件	1300件	230件	108件	102件
声像类档案	243件	300件	831件	390件	265件	286件	199件	507件
寄存类档案	317件	100件	70件	71件		42件		
其他档案	1215件	460件	48件	372件	138件	16件		6件
年度进馆总数	1049卷 15386件	2986卷 32821件	3800卷 28676件	4751卷 22774件	5368卷 19217件	8607卷 17465件	9404卷 19437件	12280卷 13001件
馆藏总数	65426卷 96671件	68412卷 129492件	72212卷 158168件	76255卷 182542件	81102卷 204760件	89222卷 225188件	98626卷 244548件	110914卷 257549件

注：1. 文书类档案根据国家有关规定自2001年起由案卷级改为文件级；
　　2. 寄存类档案2015年移出84件。

近年来图书出版情况

年　度	品　种		总印数 （万册）	总印张 （千印张）	新出图书版面 字数（万字）	定价总金额 （万元）
	总　量	新　版				
1998	121	79	86	11170	3117	1216
1999	116	100	64	10211	4622	1153
2000	103	58	55	8316	4220	1040

续表

年度	品种		总印数（万册）	总印张（千印张）	新出图书版面字数（万字）	定价总金额（万元）
	总量	新版				
2001	198	120	82	11881	4804	1450
2002	214	142	167	20248	5433	2447
2003	226	167	127	19879	6868	2342
2004	160	108	77	14359	4748	1564
2005	170	102	118	16533	4461	2304
2006	228	158	93	14084	5954	2181
2007	231	160	95	14395	6112	2355
2008	290	170	116	19008	6574	3268
2009	306	214	306	24780	11143	4214
2010	294	170	121	20166	8246	3575
2011	328	165	168	20230	11971	3472
2012	370	207	165	23368	13312	4186
2013	386	207	133	26439	14315	3890
2014	445	255	138	24626	16304	4578
2015	405	224	154	26949	8817	5075

近年来校园网络建设情况

年度	联网计算机数（台）	用户数（人）	带宽（MBPS）	光缆长度*（km）	网络设备数*（台）	经费投入*（万元）
1996	280	350	0.064	7.3	38	201
1997	1400	1800	0.128	11.5	45	226
1998	2900	5400	0.256	19.8	94	276
1999	4500	8800	0.512	28.1	115	531
2000	6800	13000	155	39.6	347	807
2001	7820	14589	410	48.2	766	1407
2002	8500	16800	665	52.8	886	1857

续表

年份	联网计算机数（台）	用户数（人）	带宽（MBPS）	光缆长度*（km）	网络设备数*（台）	经费投入*（万元）
2003	9820	19990	665	55.1	993	1984
2004	13500	22393	2800	56.1	1123	2284
2005	16000	23500	6000	57.1	1173	2584
2006	18000	24330	8750	62.1	1379	2915
2007	20000	29246	8850	66.1	1627	3250
2008	21000	33620	8850	69.7	1782	3765
2009	22000	39370	11200	71.2	1897	4990
2010	23000	45120	11355	72.2	2022	6343
2011	24000	50870	11855	75.2	2047	7668
2012	35000	50259	11855	78.5	2358	9141
2013	44000	61528	13500	79.4	2473	10214
2014	46000	62925	13600	81.9	2990	11482
2015	46000	65657	14500	85.3	3552	12239

注：带 * 为逐年累计数。

年度举办展览情况

序号	展览名称	举办单位	举办时间
1	科艺结合　融汇中西——张金友联合国画展归来高校首展	博物馆	5.10～6.15
2	天下大明——中国历代铜镜展	博物馆	5.16～7.16
3	小Q带你"邮"极地——极地邮品专题展	博物馆	5.13至今
4	安徽省"爱鸟周"鸟类生态摄影作品展	博物馆	6.23～7.23
5	江淮烽火——安徽抗日战争文物展	博物馆	9.2～10.20
6	"血肉长城卫中华"——"抗战万里行"摄影展	博物馆	9.2～10.20
7	古运河遗珍——淮北柳孜大运河遗址出土文物展	博物馆	9.20～10.20

续表

序号	展 览 名 称	举 办 单 位	举 办 时 间
8	跨越两极科考展——讲述南极、北极、西沙的故事	博物馆、极地环境研究室	全年
9	科教结合　开拓创新——钱学森与中国科大特展	博物馆、近代力学系、档案馆	全年
10	校史展览	档案馆、校史馆	全年
11	使命与责任——中国科大科学家手迹展开展	档案馆、校史馆	全年

年度教学、科研仪器设备统计

单位：万元

单位名称	仪器设备拥有量				其中：10万元以上			
	年初数		年末数		年初数		年末数	
	台件	金额	台件	金额	台件	金额	台件	金额
合　计	74607	214782.34	77923	247213.34	3633	141693.91	4245	166844.83
少年班学院	228	139.02	255	152.83	0	0.00	0	0.00
数学科学学院	559	462.20	565	489.20	2	65.39	3	84.96
物理学院	929	1963.80	1277	3027.03	44	1464.90	70	2147.58
物理系	1777	5267.90	1902	5971.38	86	3206.34	100	3612.22
近代物理系	4528	13214.70	4803	15259.80	244	7444.14	293	8772.19
天文与应用物理系	3414	3606.40	3316	3755.01	59	1504.13	63	1610.39
光学系	185	684.00	233	780.74	16	454.58	18	498.38
管理学院	1434	1408.52	1445	1413.88	23	457.32	23	457.32
工商管理系	58	37.24	61	38.02	0	0.00	0	0.00
管理科学系	83	60.44	86	64.19	0	0.00	0	0.00
统计与金融系	191	143.20	196	153.79	1	10.97	1	10.97
化学与材料科学学院	1834	3405.55	1902	3504.09	61	1999.93	62	2039.84
化学物理系	1596	6791.17	1682	7632.54	123	4684.87	143	5361.87
材料科学与工程系	1628	3906.61	1550	4230.37	85	2451.50	94	2643.63
化学系	3904	8009.07	3854	8836.98	164	4894.24	190	5527.43

续表

单位名称	仪器设备拥有量				其中：10万元以上			
	年初数		年末数		年初数		年末数	
	台件	金额	台件	金额	台件	金额	台件	金额
高分子科学与工程系	1230	2519.50	1211	2619.49	53	1578.80	58	1681.71
生命科学学院	6700	22246.43	7109	27229.63	409	14119.49	500	18387.19
地球与空间科学学院	3442	15500.93	3745	17887.48	253	11049.15	301	12749.56
工程科学学院	356	869.92	485	1118.33	18	591.70	24	725.13
力学与机械工程系	1865	4402.70	1844	4680.03	80	2327.92	89	2532.81
精密机械和精密仪器系	2133	2594.50	1830	2560.14	36	844.41	38	919.05
热科学与能源科学系	1632	2444.72	1694	2653.01	37	936.65	44	1063.72
信息技术学院	1750	2047.01	2325	2481.55	28	780.40	29	796.79
电子工程与信息科学系	2678	4595.13	2771	5052.11	85	2309.87	98	2562.42
自动化系	1825	1678.55	1607	1700.09	8	211.30	12	290.01
电子科学与技术系	2735	1818.98	2454	1823.84	15	522.54	16	568.54
人文科学学院	406	313.77	314	256.79	16	55.73	1	16.66
外语系	382	217.27	399	226.47	0	0.00	0	0.00
科学史与科技考古系	267	619.27	281	777.01	13	443.30	18	586.60
科技传播与科技政策系	119	77.59	52	28.40	0	0.00	0	0.00
体育教学部	215	176.97	194	151.93	2	95.77	1	63.77
软件学院	1134	573.92	744	407.38	3	86.32	3	86.32
计算机科学技术系	2072	2864.49	2113	2974.89	20	1202.05	21	1244.84
核学院	687	2448.49	820	3157.67	67	1642.63	83	2054.04
公共事务学院	694	460.43	646	445.72	1	31.26	1	31.26
国家同步辐射实验室	1948	12878.55	2475	18355.52	197	10025.96	275	14102.12
火灾科学国家重点实验室	2116	6983.47	2193	7239.34	132	4224.86	132	4333.59
微尺度国家实验室	5160	44845.75	5898	53005.25	726	38135.71	844	45357.37
量子科学实验室	1582	11198.05	1863	13713.08	205	8305.25	291	11103.10
工程科学实验中心	365	4435.51	389	4458.36	62	4121.49	62	4121.49
信息科学实验中心	348	2305.42	367	2423.49	43	1870.46	45	1903.11
烟草科学研究中心	366	558.66	366	558.66	11	343.94	11	343.94

续表

单位名称	仪器设备拥有量				其中：10万元以上			
	年初数		年末数		年初数		年末数	
	台件	金额	台件	金额	台件	金额	台件	金额
网络信息中心	3717	8499.76	4051	8135.77	111	4903.77	92	4080.34
图书馆	1334	2593.96	1291	2660.45	52	1227.07	53	1302.26
现代教育中心	2882	2843.64	3265	3121.63	42	1067.80	43	1070.30
其他	119	69.18	0	0.00	0	0.00	0	0.00

注：1. 本表中"××学院"设备仅指该院所属院级实验室等设备，不包括该院下属各系的设备；
2. "国家同步辐射实验室"仅包括课题费购置设备，未包括一期和二期工程以及运行费形成的设备。

年度办学经费收入情况统计表

单位：万元

项目	本年收入
教育经费拨款	131760.47
科研经费拨款	97626.83
基本建设拨款	5900.00
其他经费拨款	6078.16
上级补助收入	5512.00
教育事业收入	28891.91
科研事业收入	91823.17
经营收入（所属单位对外收入）	13083.86
附属单位缴款	0.00
其他收入	6179.12
拨入专款	202.92
合计	387058.44

年度办学经费支出情况统计表

单位：万元

项　　目	本　年　支　出
教育事业支出	141830.71
科研事业支出	79327.11
院拨科研经费支出	101661.70
经营支出（所属单位对外支出）	11711.11
专款支出	202.92
基本建设支出	8374.93
合　　计	343108.48

年度固定资产情况统计表

单位：万元

项　　目	金　　额
固定资产原值	534483.46
其中：房屋建筑物原值	209323.23
专用设备原值	280790.42
一般设备原值	14144.80
图书原值	24330.50
其他固定资产	5894.51

年度科研经费到款情况

单位：万元

类　　别	金　　额
科研事业费	11079.12
主管部门专项费	70609.75

续表

类　别	金　额
国家发改委、科技部专项费	45869.75
国家自然科学基金项目费	35747.11
国务院其他部门专项费	12040.21
省、市、自治区专项费	6466.23
企、事业单位委托经费	10512.87
其他	8233.52
合　计	200558.56

年度竣工和在建校舍

单位：万元、m²

项目类别	投资资金来源			房屋建筑面积		
	完成投资合计	其中		施工面积	其中	
		国家预算内投资	自筹资金		竣工面积	在建面积
生活用房	28500		58161	165516		165516
科大花园二期人才楼	16000		16906	56355		56355
学生生活服务中心	1500		3787	10267		10267
学生宿舍楼	11000		37468	98894		98894
校园总面积	1626132 m²			校园总建筑面积	845558 m²	

十五、学院、国家实验室介绍

少年班学院

1978年3月,在著名物理学家、诺贝尔物理学奖获得者李政道教授的大力倡导和热心支持下,在邓小平、方毅等党和国家领导人的鼓励和推动下,中国科学技术大学创建了少年班,主要招收尚未完成常规中学教育但成绩优异的青少年接受大学教育。其目的是探索中国优秀人才的培养规律,培育在科学技术等领域出类拔萃的卓越人才,推动中国科技、教育和经济事业的发展。少年班的出现是我国教育史上的一大创新,是一项具有重要意义的教育实践。

1985年,中国科大在总结和吸收少年班办学成功经验的基础上,又针对高考成绩优异的学生,仿照少年班模式,创办了不分系科的理科试验班——"教学改革试点班"(简称试点班,又称零零班)。两类学生由少年班管理委员会统一管理,相互补充,成为一个和谐的整体。少年班的办学受到各级领导和国内外教育家、科学家的充分支持与肯定。

2007年,少年班与微尺度物质科学国家实验室联合,实施教育部的交叉学科人才培养模式创新实验区项目。2008年,在少年班创办30周年之际,中国科大将原少年班管委会(系级建制)升格为少年班学院。

2010年,为顺应国家对创新人才的培养需求,中国科大获教育部许可,在少年班学院创建"创新试点班",开始尝试与中学直接对接,选拔17周岁以下的优秀高二及以下年级学生,计划将少年班英才教育的经验成果在更大范围内加以推广。创新试点班的人才培养已初见成果,招生规模不断扩大。

2015年5月30日,少年班学院与浙江大学竺可桢学院共同发起了首届中国C9高校荣誉学院峰会,开启了探索精英教育培养方式的新契机。会议决定建立一个C9高校荣誉教育联合会,共同解决当前高等教育改革面临的重点难点问题,以期开创"拔尖创新人才培养的新范式"。

少年班自创立以来,坚持"破格选拔,因材施教"的教育理念,不断探索和改善教学管理模式,倾力保证人才培养和管理工作的开展。30多年的经验积累,凝练成一整套特色鲜明、成熟完备的教学管理模式。

在招生选拔上,少年班学院一直坚持笔试(高考、自主招生考试)与面试相结合的办法,着重考察学生的综合素质和创新潜力。

在办学理念上,少年班学院秉承学校"精英化教育"的方针,坚持"以生为本""教学相长""因材施教""基础与创新并重",将目标定位为培养未来10~20年后中国乃至世界学术界、产业界科技创新的领军人物。

在培养模式上,少年班学院始终以学生为主体,进行贯穿大学全程的、将课程学习与科技创新活动有机融合的自主化学习与研究的培养过程,形成了基础"宽、厚、实"和专业"精、新、活"的宽口径、个性化培养范式。少部分专业意愿十分明确的学生,可以从入学起即直接进入主修专业,按照相关培养计划进行学习;大部分学生实行2+2两段式学科平台培养模式,前两年完成基础课程学习,后两年在导师指导下进行个性化专业学习。

学院重视激发学生对科学的兴趣,引导他们尽早进入科研一线,经受实践锻炼,有针对性地修读相关课程;鼓励专业交叉和学业自主,使学生形成较为广泛的适应面,同时在符合自己兴趣、特长(能力)的方向上得到充分的发展,真正实现"广度"和"深度"的和谐统一。

2015年,学院共招收360人(其中少年班53人,创新试点班188人,理科试验班119人),当年毕业244人。2015届毕业生的深造率达到81.97%,其中出境留学110人,占毕业总人数的45.08%,较去年上升了6.58%,同时也继续保持了地区选择多样化、名校深造率高的特点。一大批优秀学子奔赴北美、欧洲等地的10多个国家和地区继续自己的科研求索之路。

数学科学学院

学院概况

数学科学学院成立于2011年5月,其前身是数学系。数学系于1958年由著名数学家华罗庚教授亲自主持创办并任首任系主任,关肇直、吴文俊、冯康、龚昇、王元、万哲先、陆启铿、石钟慈、林群、张景中、陈希孺等一大批知名专家曾在此任教。2011年5月,数学科学学院正式挂牌成立,首任院长为马志明院士。学院目前设有基础数学系、计算与应用数学系、概率统计系。

学院为首批全国理科人才培养基地、中国科学院博士生重点培养基地、长江学者特聘岗位设置学科,并获得首批数学一级学科博士学位授予权(涵盖数学所有博士点),2007年获首批一级重点学科,是教育部985工程、211工程、中国科学院知识创新工程建设学科。2012年教育部组织开展重点学科评估,对具有研究生培养和学位授予资格的一级学科进行整体水平评价,在此次评估中学院获全国数学专业排名第四。

党务工作

注重领导班子的分工合作,促进学院教工的团结。

学院分党委于2014年底换届,换届后教工党支部重新划分,打破专业框框,进一步加强不同专业教师间的交流与合作。在日常工作中,关注教职工的思想波动,向新入职青年教师介绍政策,了解思想状况,鼓励上进,解决"青年千人"教师回国后组织关系恢复事宜。新发展预备党员13名、转正8名;20余人递交入党申请书并参加党校学习。定期召开民主生活会,开展系列党日活动,加强党员间的交流,提高党组织的凝聚力。

人才队伍建设

吸引国内外优秀数学人才,稳定、培养在职优秀教师。

2015年有7位海外高层次人才依托学院申报"千人计划"(C类);正教授、特任研究员各1名正式到岗。1名副教授晋升教授。

2015年学院1位教授获得国家名师奖,1位获得青年长江学者奖励计划,1位获得国家自然科学基金委优秀青年科学基金。

学院现共有在岗教授32人,副教授30人,特任副研究员11人。学院有4位"千人计划A类"教授、4位"青年千人计划"教授、6位长江学者、7位杰出青年基金获得者,还有2位"千人计划B类"教授、11位中国科学院"百人计划"教授,以及10位大师讲席教授和2位大师讲席Ⅱ教授。

为了培养更多具有国际视野的后备科研人才,学院大力鼓励青年教师出国进修深造。2015年先后派出4名青年教师前往海外著名大学或科研机构进行中长期学术研究,并且取得很好的研究成果。

教 学 工 作

推动教学体系改革,提高教学质量。

提高教学质量是教学工作的首要任务,为此学院在全校公共数学课和数学科学学院基础课的教学方面做了新的尝试与改革。为了维持科大数学基础宽、厚、实的传统,也为了适应当前的学生状况,学院在微积分课程上实施了分层教学,使部分数学基础较差的学生能够更好地适应大学的学习,目前看来效果良好。

学院在基础课程和学科群基础课方面也加大了力度,进一步完善了华罗庚班的荣誉课程体系,以分析、代数、几何为主线贯通数学基础课。为了解决一年级基础课课堂人数过多的问题,学院增加了一年级基础课程的课堂数,组织了一批中青年教授参与到这些课程的教学,很好地完成了新老交接的任务。

上述措施整体提升了数学科学学院的教学水平,也使部分学生脱颖而出。包括华罗庚班的学生们在内,2015年学院学生在第六届"丘成桐大学生数学竞赛"中共获得团体银奖、团体铜奖,几何单项金奖,代数、应用、概率的单项铜奖。今年的法国巴黎高等师范学院(巴黎高师)国际招生中,学院4名学生被巴黎高师数学系录取。连续两年我校参加巴黎高师数学系招生考试的学生被全部录取。

科 研 工 作

加强平台建设,提高科研产出质量。

学院现有科研平台3个:国家数学与交叉科学中心(合肥)、中科院吴文俊重点实验室以及2015年新增的天元基金交叉平台。

2015年合肥交叉中心新建大数据科学实验室。在全体教师的共同努力下,全面完成任务目标及各项考核指标,在人才培养、开创新的学科增长点以及建设研究交流平台等方面取得了良好的业绩,基本实现近期发展目标。分中心所属的图形与几何计算实验室在2015年度获得国家发明专利1项,计算机软件著作权4项。

吴文俊实验室在中国科学院的实验室评估中取得"良"的成绩。2015年顺利完成实验室换届工作。

2015年学院注重科研产出质量,学院教师共发表SCI收录论文147篇,SCI论文总被引数为118。本年度获得国家自然科学基金18项,其中优青1项,海外合作1项,总经费为723万元。

学 术 交 流

走出去,请进来,创建多元化国际理念。

2015年共计组织学术会议12项、学术报告195场,分别邀请到中国科学院院士,以及美国、德国等国际知名大学的著名教授来访讲学。

2015年学院教师48人次出访交流合作或参加国际会议,遍布10余个国家。2015年共有155人次来访,专业遍布所有研究方向。

2015年积极组织申报各类国际合作与交流项目,共计6人次获得"国际访问教授",是校国合部该项目的重点支持单位。近年来,学院国际交流工作进展迅速,留学生人数逐年递增。目前在校留学生共13人,学生生源主要来自"一带一路"的发展中国家。这些来自不同国家的声音丰富了学院的多元文化建设。在聘请外籍教师进行英文授课的同时,学院青年教师王作勤、盛茂、库伦等教授也积极申报开设了多门英文授课课程,极大丰富了学院英文授课课程体系。

2015年1月至2015年12月底,学院期刊《Communications in Mathematics and Statistics》共收到投稿107篇,其中25篇为约稿。全年正式出版4期,每期6篇稿件。截止到2015年11月,期刊论文下载量为4957次。2015年,期刊共召开3次编委会议,在《数学学报》和《中国科学·数学》上进行了期刊宣传推广,同时在第8届国际工业与应用数学大会(ICIAM 2015)等多个国内外学术会议中宣传推广。

研究生部工作

从提高招生质量入手,加强课程体系改革,全面提高培养质量。

为提高研究生培养质量,学院进行了研究生课程体系改革与建设。在研究生院的统一指导下,成功举办第五届大学生数学夏令营,院系领导和学科带头人领队到国内一流大学进行招生宣传、动员工作,圆满完成免试研究生的招生工作。招收校外免试生47名,其中985高校22名,211高校14名,生源质量有很大提高。

组织完成研究生创新项目申请和实施工作。在研究生院的大力支持下,学院举办了包括几何、复动力系统、偏微分方程和计算机图形学四个方向的暑期学校,研究生创新前沿报告20余场,GAP系列研讨讲座等,加强了与国际同行的交流沟通,激发了学生的学习热情。

学 生 工 作

积极开展引导、教育、管理与服务,学生工作整体平稳顺利。

1. 重视学生思政教育和公民教育。增强科大文化与精神的理解,激发学生使命感、责任感和学习积极性。

2. 抓好学生基层党团建设,开展丰富多彩活动。认真做好学生党支部组织建设和学生党员的发展工作,开展时政学习和主题党日实践交流活动。

3. 加强学工队伍建设,做好学生日常服务引导工作。为华罗庚科技英才班配备青年千人教授担任学业班主任,制定班主任队伍针对学生开展四年系统指导的工作方案。

4. 注重学生创新能力培养。除了对学生日常学业加强督促和指导外,积极组织学生参与各类学科竞赛。2015年全国大学生数学竞赛,学院共3人参赛,其中1人获得一等奖,1人获得二等奖,1人获得三等奖。

面对未来,困难与机遇并存

回顾一年来的工作,每一点成绩都是全体教职员工共同支持努力的结果。面对未来,充满机遇和挑战,学院将在学校领导的带领下紧抓机遇、迎难而上、锐意进取、开拓创新,力争在新的一年有更大的突破。

物 理 学 院

学 院 概 况

物理学院由物理系、近代物理系、光学与光学工程系、天文学系和物理实验教学中心等单位组成。现任院长为欧阳钟灿院士,执行院长为杜江峰院士。

学院现有教职员工230人,其中教授99人,副教授65人。教授中有中国科学院与中国工程院院士13人,国家级教学名师3人,"千人计划"学者16人,教育部"长江计划特聘教授"7人,国家杰出青年基金获得者25人,中国科学院"百人计划"学者35人。物理学院设有"严济慈大师讲席"和"赵忠尧大师讲席",并聘请国内外近百名学者为兼职和客座教授。

学院内建有核探测与核电子学国家重点实验室,量子信息、星系与宇宙学、强耦合量子材料物理、光电子技术、物理电子学等5个中国科学院及安徽省重点实验室。同时,学院还紧密依托合肥微尺度物质科学国家实验室、同步辐射国家实验室以及中国科学院强磁场科学中心开展研究工作。学院积极参与创建了教育部"高等学校创新能力提升计划"(2011计划)的量子信息与量子科技前沿协同创新中心、基本粒子和相互作用协同创新中心。学院的学科领域涵盖物理学、天文学、电子科学与技术、光学工程4个一级学科,包含光学、凝聚态物理、理论物理、粒子物理与原子核物理、等离子体物理、原子分子物理、天体物理、物理电子学、微电子与固体电子学、光学工程、生物物理等11个二级学科。物理学为国家一级重点学科,天体物理为国家二级重点学科,物理电子学、微电子与固体电子学、光学工程为安徽省重点学科。

学院以培养从事前沿和交叉科学的基础研究、应用研究和研制开发的领军人才为目标,注重对学生的物理素质和创新精神的培养。学院的物理学和天文学均为国家理科基础科学研究和教学人才培养基地,物理实验教学中心为首批国家级示范教学中心。

学院每年招收本科生和研究生各约 300 名。2015 年在校学生 2412 人,其中本科生 1219 人,硕士研究生 392 人,博士研究生 566 人,基础课代培研究生 235 人。学院本科毕业生约 80% 进入国内外大学或研究院所继续深造,博士毕业生约 3/4 继续从事学术研究工作,为国际知名的物理学人才培养重镇。

教 学 工 作

学院承担着全校物理类基础课教学任务。2015 年,春、夏、秋季三个学期,学院共有 190 名教员承担了本科理论课堂教学 251 门,总授课 16270 学时(不含 1~5 级大学物理实验);100 名教员承担了研究生课程 84 门,总授课 6200 学时。2015 年,学院顺利完成了所系结合英才班 2013 级学生选拔工作,成功举办了 2016 年物理类推荐免试研究生推介会。学院的"高成本物理实验:电子与物质相互作用系列虚拟仿真实验建设"研究成果(负责人:张增明)入选安徽省重大教学改革项目,"理实交融、拓展创新,构建大学物理互动教学体系"研究成果(负责人:卢荣德等)荣获安徽省教学成果特等奖,"可重构核与粒子物理实验平台"研究成果(负责人:金革等)以及"系统训练、科学指导,在大学物理实验竞赛中培养学生的创新能力"研究成果(负责人:王中平等)荣获安徽省教学成果一等奖。《交叉学科基础物理教程·力学》获第四届中国大学出版社图书奖优秀教材一等奖。2015 年,学院 35 位教师共 38 人次获得教学方面奖项及荣誉,其中 24 位获第十届"困学守望教学奖",卢建新、苑震生、曹烈兆、潘海俊 4 位老师入选第二届"瀚海航塔——我最喜爱的老师"。本科生培养方面,在第六届中国大学生物理学术竞赛中,我校代表队表现出色,5 名选手团结协作,在赛场上充分展现了我校基础教学"宽、厚、实"的特点,经过五轮激烈角逐,以五战全胜的战绩荣获大赛特等奖。研究生培养方面,粒子物理与核物理学科博士研究生刘坤获得 ATLAS 优秀论文奖;美国电子与电气工程师学会(IEEE)《NPSS News》2015 年春季版以 Article 的形式专文介绍了学院博士研究生祁宾祥(导师:近代物理系刘树彬教授)等人的获奖论文工作。

科 研 工 作

2015 年,学院组织申请国家自然科学基金获批 50 项,批准金额 3945 万元。2015 年,学院共申请专利 43 项,其中实用新型专利 6 个,发明专利 37 个。专利授权 24 项,其中实用新型专利授权 10 个,发明专利授权 13 个,国外专利授权 1 个。2015 年,学院以第一作者第一单位发表高端论文《Science》1 篇,《Nature》1 篇,《Nature》子刊 11 篇,《Physical Review Letters》25 篇。

2015 年,潘建伟等完成的"多自由度量子隐形传态"研究成果荣登 2015 年度国际物理学十大突破之榜首。核探测与核电子学国家重点实验室顺利通过科技部评估。潘建伟团队"多光子纠缠干涉度量学"研究成果获国家自然科学一等奖。核探测与核电子学国家重点实验室参与研制的暗物质粒子探测卫星在酒泉卫星发射基地由长征二号丁运载火箭发射升空。"纳米尺度量子精密测量"项目入选 2015 年度高校十大科技进展。KTX（科大一环）反场箍缩磁约束聚变实验装置建设工程正式竣工。

人才队伍建设

2015 年，学院陈仙辉、杜江峰入选中国科学院院士；史保森获"杰出青年"基金资助，丁桂军、王慧元、易为、孙方稳获"优秀青年"基金资助，李传锋、韩良入选科技部"中青年科技创新领军人才"，郭国平入选 2014 年"万人计划"青年拔尖人才，彭新华、郭国平入选 2015 年"长江学者奖励计划"（青年学者项目），黄运锋、郭国平入选中国科学院 2015 年度青年创新促进会优秀会员，彭新华获"第十二届中国青年女科学家奖"，陈仙辉获 2015 年马蒂亚斯奖，我院兼职教授王贻芳首获"基础物理学突破奖"，徐宁荣获 2015 年度海外校友基金会"青年教师成就奖"，王双获中国密码学会优秀青年奖。

交流合作

2015 年，学院成功举办了第三届"未来物理学家国际夏令营"、第八届中法粒子物理联合实验室学术研讨年会和第十届国际正负电子对撞物理系列研讨会。学院教师通过中国科学院电子政务系统上报出国访问申请 160 人次，出访包括美洲、欧洲、日本、韩国、中国香港、中国台湾等 10 余个国家和地区。

为贯彻落实中国科学院"率先行动"计划，进一步推进"全院办校、所系结合"工作深入开展，学院于 2015 年 1 月 7 日和中国科学院上海微系统与信息技术研究所签署合作协议，联合创办"吴自良超导英才班"，共同培养有志于从事材料物理和超导量子信息技术研究的本科生，为相关领域输送优秀的后备人才。2015 年 5 月 15 日，学院召开了 2015 年所系结合战略研讨会。来自中国科学院物理所、高能物理所、半导体所、近代物理所、上海应用物理所、上海技术物理所、上海微系统所、上海光机所、国家天文台、上海天文台、紫金山天文台、等离子体物理研究所等 10 余个相关研究所代表参加了研讨会，共同探讨长周期人才培养模式和如何在中国科学院"率先行动"计划引领下，进一步深化"所系结合"工作，寻找新的合作模式等问题。

化学与材料科学学院

学院概况

化学与材料科学学院成立于 1996 年 7 月。现任院长为李灿院士，执行院长为杨金龙教授，学院分党委书记为葛学武教授，副院长为侯中怀教授、刘世勇教授和徐铜文教授，院长助理为胡水明教授。

学院由化学物理系、化学系、材料科学与工程系、高分子科学与工程系和化学实验教学中心五部分组成。学院拥有中国科学院能量转换材料重点实验室、中国科学院软物质化学重点实验室、中国科学院城市污染物转化重点实验室、安徽省先进功能材料重点实验室、安徽省生物质洁净能源重点实验室五个省部级重点实验室,以及能量转换材料应用研发中心、应用化工技术开发平台两个科技应用平台。同时,学院依托合肥微尺度物质科学国家实验室、国家同步辐射实验室和中国科学院强磁场科学中心等平台开展科学研究。学院的学科领域涵盖化学和材料科学与工程两个一级学科以及环境工程二级学科,其中,一级学科包含无机化学、分析化学、有机化学、物理化学(含化学物理)、高分子化学与物理、可再生洁净能源、应用化学、化学生物学、能源化学、材料物理与化学、材料学及材料加工工程等12个二级学科。

学院创建了两个院士工作室,分别是化学物理高等研究中心和纳米催化研究中心。参与三个"2011计划"国家协同创新中心,分别是首批获批的由我校牵头的量子信息与量子科技前沿协同创新中心、由苏州大学牵头的面向区域发展的苏州纳米科技协同创新中心和由厦门大学牵头的2014年获批的能源材料化学协同创新中心。

目前,学院现有教职工202人,其中教授91人,副教授42人。教授中有中国科学院院士4人,教育部"长江计划特聘教授"7人,国家杰出青年基金获得者21人,中组部"千人计划"入选者A类4人,B类2人,中组部"青年千人计划"入选者22人,中组部青年拔尖人才4人,国家优秀青年基金获得者10人,教育部"新世纪优秀人才"21人,中国科学院"百人计划"入选者25人。

学院现有学生2336人,其中本科生812人,硕士研究生724人,博士研究生558人,留学生36人,代培研究生206人。学院的本科毕业生80%以上进入国内外大学或研究院所攻读研究生学位。

重要发展状况

1. 教学方面取得的成果。

中国科学技术大学第四届青年教师教学基本功竞赛中,张国颖获得一等奖,兰泉获得三等奖;学院"化学虚拟仿真实验教学中心"获批为国家级虚拟仿真实验教学中心;学院获批"2015年安徽省高等教育振兴计划"的一项重大教学改革研究项目和一项教学成果二等奖;"化学实验安全知识"入选2015年省级大规模在线开放课程(MOOC)示范项目;学院共有12个教学研究项目被批准作为2015年度校级教学研究项目,其中,有7项教学研究项目被评为省级教学研究项目。此外,有3本教材被批准为"十三五"第一批校级教材立项项目。侯中怀教授荣获省级教学名师称号,刘红瑜老师荣获省级教坛新秀称号。

2. 本科生国际化交流取得突破。

学院推荐的四门英文课获批学校英文授课推进计划。36名本科生参加了2015年夏季学期赴境外交流。

3. 2015年"所系结合"科技夏令营顺利举办,学院40余名师生分别到达北京化学所、沈阳金属所、大连化物所和长春应化所进行参观与学习。同时,也邀请来自中国科学院北京化学所和上海有机所的研究员来校开设"化学原理H"暑期课程。

4. 推进实施各类大学生研究项目。

学院获批15项2014年大学生创新创业训练(实践)计划项目。2015年共有31项大学生研究计划通过答辩。

5. 在2015年第9届上海大学生化学实验竞赛中,汤哲浩和邓恬然获得一等奖,杜旭涛获得二等奖。

6. 我校承办的第29届冬令营活动举行,共有30个省、市、自治区,澳门特别行政区的339位营员、89位领队、观察员和学会代表以及164位列席代表参加了此次活动。这是冬令营自举办以来参加人数较多的一届,是全国中学化学爱好者的盛会。

研究生教育与培养

1. 教学成果显著。

学院在2015年中国科学院优博论文奖评选中再获丰收,5名学子的博士学位论文入选。26名硕士研究生和13名博士研究生获得国家奖学金,17名博士研究生获得2015年国家建设高水平大学公派研究生项目中联合培养博士生的推荐资格。

2. 为招收全国优秀大学生、提高研究生生源质量,学院参与开展了由中国科学技术大学研究生院主办,物理学院、化学与材料科学学院、合肥微尺度物质科学国家实验室联合承办的"中国科大第六届物理与化学暑期夏令营",来自全国数十所著名大学物理与化学学科的260多名大三学生参加了化学分营活动。2015年首次试点"校外优秀大学生暑期研究计划项目",共有来自合肥工业大学、安徽大学、南京理工大学和电子科技大学的5名学生参加了本项目。

3. 为进一步推进学生国际化培养、促进国际交流,学院2015年录取16名留学生攻读博士或硕士学位。目前,在校留学生数达38位。

4. 为了加强实验室安全管理,建立实验室安全工作的长效机制,化学院成立了安全与环境委员会,编制安全培训教材,从2015年秋季开始,首次针对新入学研究生(包括硕士研究生和博士研究生)开展系统的实验室安全教育。9月至11月,学院教师为研究生新生讲授了实验室安全形势、消防安全常识、危化品安全管理、气瓶安全使用、操作安全与防护、危险废物处置等6个方面内容。

科 学 研 究

1. 2015年新增安徽省科学技术一等奖2项,分别由俞汉青、刘世勇两位老师的课题组获得。以科大为第一单位发表SCI论文669篇,其中I区259篇,II区243篇,高区论文比例达75%。今年申请专利101项,授权专利66项。

2. 2015年国家自然科学基金项目获批62项,其中创新群体1项、杰青2项、优青5项、重点(含联合基金、重大研究计划重点项目)4项、国家重大科研仪器研制项目1项、面上(含联合基金、重大研究计划培育项目)30项、青年科学基金19项,获批经费7558万元;安徽省自然科学基金获批10项,其中杰青1项、面上4项、青年5项,获批经费102万元;中国科学院科研装备研制项目获批2项,获批经费559万元。2015年各项科研经费到账11329万元,其中纵向经费到账10982万元,横向经费到账347万元。

师资队伍建设

为实现长远发展目标,学院高度重视人才引进和培养工作。2015年学院组织了15人申报中组部第七批"青年千人计划"(其中7人入围面试名单);1人获得中国科学院"百人计划"择优支持,另有3人通过"百人计划"终期评估;1人获得安徽省"百人计划"支持。从外校引进杰出青年基金获得者和"青年千人计划"各1位;引进特任研究员1位。1名特任副研究员转聘为副教授。人才培养方面,洪春雁、黄伟新获国家杰出青年基金,吴亮、王细胜、吴宇恩、陈昶乐和李文卫获国家优秀青年基金。

2015年度的各类奖项及荣誉方面,学院共有18人次获各类奖项,其中,谢毅院士获"世界杰出女科学家成就奖"、杨金龙获"全国先进工作者"称号、熊宇杰获首届"最美青年科技工作者"荣誉称号,1人获"求是杰出青年学者奖",1人获"宝钢优秀教师奖",1人获"校友基金会青年教师事业奖",1人获"校友基金会优秀教学奖",2人分获"王宽诚育才奖"一、二等奖,2人获"张宗植青教奖",2人获第八届平凡基金——教育奖,5人杨亚校友奖。

2015年全校专业技术人员职称评审中,3人晋升为教授,2人晋升为副教授。

2015年全国博士后科研流动站评估中,化学博士后科研流动站评估等级为优秀,材料科学与工程博士后科研流动站评估等级为良好。

国际交流与合作

为进一步加强学院的学科发展,促进对外学术交流,提高学院科研队伍的国际化水平,学院积极做好引智工作,特聘请《美国化学会志》(J. Am. Chem. Soc.)主编Peter J. Stang教授为我校名誉教授;此外,学院俞汉青老师推荐的美国佐治亚理工学院John C. Crittenden教授获中国科学院"国际人才计划——国际学者"项目资助。2015年在国际交流与合作工作中共获批10项校重点引智项目;96人次出国(境)参加国际会议或访问,以增进我校在国际学术间的交流。

生命科学学院

学院概况

生命科学学院由我国著名科学家贝时璋先生于1958年创建,现设有四个系(分子生物学与细胞生物学系、神经生物学与生物物理系、系统生物学系、医药生物技术系)、七个研究部(生物化学与分子生物学、神经生物学与生物物理学、系统生物学、医药生物技术、微生物学与免疫学、细胞生物学与发育生物学、植物与生态学工程)、两个中心(生态与环境研究交叉学科中心、中国科学技术大学医学中心)。学院拥有学士、硕士到博士完整的人才培养体系,是"国家理科基础科学研究与教学人才培养基地"和"国家生物科学与技术人才培养基地",是国家生物学一级重点学科和生物学、生态学博士学位一级学科授权单位,并与中国科学院所属北京生物物理研究所、北京微生物研究所、北京动物研究所等重要研究机构联合培养研究生。

学院师资力量雄厚,有 Principal Investigator(PI)64 人,均为博士生导师,其中教授 63 人,副教授 1 人。教授中包括 2 名中国科学院院士,1 名中组部"千人计划"入选者,5 名教育部"长江学者计划"特聘教授,9 名"国家杰出青年科学基金"获得者,16 名中组部"青年千人计划"入选者,29 名中国科学院"百人计划"入选者,1 名国家七部委"百千万杰出人才"工程入选者,5 名教育部"新世纪优秀人才支持计划"入选者。

教 学 工 作

2015 年由学院负责组织的中国科大 iGEM 代表队继续参加国际遗传工程机器竞赛,获得一项金奖。

学院设有研究生基本奖学金(覆盖率 100%)以及 10 余项研究生专项奖学金;近几年培养了大量的优秀研究生。2015 年,有 1 人获中国科学院优秀博士学位论文奖,有 1 人获中国科学院院长特别奖。

科 研 工 作

2015 年,学院到款纵向科研经费 9948 万元(不含外拨),获批国家基金杰出青年科学基金 2 项,国家基金委重点项目 3 项,重大研究计划重点项目 1 项,获国家自然科学二等奖 1 项(合作)。2015 年,学院论文发表情况:在 SCI 杂志上以科大为第一单位名义发表 SCI 收录论文 161 篇,其中影响因子 9 分以上论文 16 篇,5 分以上论文 51 篇。根据中国科学院文献情报中心 JCR 分区表计算,学院以科大为第一单位发表一区论文 33 篇,二区论文 69 篇;以合作单位发表 SCI 收录论文 133 篇,其中影响因子 9 分以上论文 27 篇,5 分以上论文 60 篇。以合作单位发表一区论文 41 篇,二区论文 46 篇。

人 才 建 设

2015 年,学院新引进"海外杰出人才"5 名,他们都入选了"青年千人计划"(龙冬、仓春蕾、王育才、符传孩、徐超);特任副研究员 8 名。

交流与合作

（一）2015年6月17～19日，第一届 NI-CMI 免疫学国际研讨会在合肥成功举行。

（二）2015年8月2～4日，第四届全国免疫学博士生论坛在中国科学技术大学生命科学学院举行。

（三）2015年10月24日，安徽省细胞生物学会会员代表大会暨学术交流会在中国科学技术大学召开。

（四）2015年2月7日，中国科学技术大学承办安徽省生物工程学会2015年学术年会暨安徽省生物工程大会。

（五）2015年12月14日，姚雪彪教授实验室组织中国细胞生物学会在美国细胞生物学会年会专场报告。

（六）2015年7月27日，国家重大科学研究计划"肿瘤代谢异常的关键蛋白质作用机制及其分子调控网络"973项目中期总结会在中国科学技术大学顺利举行。

（七）2015年6月25日，国家自然科学基金委重大研究计划集成项目"细胞可塑性调控信号转导的化学生物学研究"结题成果交流会在中国科学技术大学召开。

（八）2015年11月29日～12月2日，"脑功能连接图谱与类脑智能研究"先导专项暨卓越中心2015年度总结会议在合肥召开。

（九）2015年11月26～28日，中国科学院先导专项肿瘤干细胞研讨会在合肥召开。

工程科学学院

学院概况

学院成立于1998年，其前身是由功勋科学家钱学森先生于1958年创建并担任首届系主任的近代力学系。目前学院由4个系组成，分别是近代力学系、精密机械与精密仪器系、热科学和能源工程系、安全工程系。2001年由钱学森先生倡导成立的中国科学院材料力学行为和设计重点实验室也归属于工程科学学院。学院现任院长为杜善义院士，执行院长为陆夕云教授。

学院设有5个本科专业，即理论与应用力学、机械设计制造及其自动化、测控技术与仪器、热能与动力工程、安全科学工程专业，其中理论与应用力学专业为全国仅有的两个理科力学人才培养基地之一。设有一级学科博士点3个，二级学科博士点12个，其中国家一级重点学科1个，国家重点培育学科1个，省重点学科3个；学院还设有3个博士后流动站和13个硕士点。

学院拥有一支优秀的师资队伍，目前有教授48名，副教授44名，其中两院院士3名，长江学者1名，国家杰出青年基金获得者5名，国家优秀青年基金获得者2名，中国科学院"百人计划"入选者12名,中组部"青年千人计划"入选者6名,大师讲席教授1名。

学院依托科大综合学科优势及广泛的国际影响,围绕国家重大战略需求和区域需求,聚焦未来尖端新技术的前沿学科和交叉学科,构建产学研相结合的创新体系。致力于工程科学新知识的发现和应用,旨在培养学术领军人才及产业领袖。

本 科 教 学

1. 2015年招收本科生225人,毕业学生187人;目前在校生人数716人;开设本科生理论课程124个课堂,2015春、夏共开设实验课程6120学时;赴境外交流本科生9人。

2. 组织273名学生参加第十届全国周培源大学生力学竞赛,获全国特等奖1名,全国一等奖1名,全国二等奖3名,获团体一等奖。组织学生参加第八届全国大学生节能减排大赛,有7人获三等奖。参加Robo-game大学生机器人比赛,我院学生喜获冠军、亚军。

3. 200多名学生完成金工实习训练;200人赴中国科学院各院所进行生产实习,参观、了解各专业前沿动态;暑期组织学生进行大学生研究计划,培养学生独立科研和动手实验能力。

4. 国家大学生创新实验计划结题17项,申请新项目16项。

5. 伍小平院士为2014级学生开设"工程科学前沿"课程,邀请国内工程行业专家学者数十人为一年级学生进行工程科学科普讲座,培养学生工程科学基础知识和基础科学素养。

6. 全校范围内选拔了40名优秀2015级新生进入英才班。对高年级英才班学生进行严格的滚动机制,有新进,有退出。2014级现有35人,2013级现有26人,2012级现有33人。为2012级33名毕业班英才班学生进行"英才班学生荣誉等级证明"审核。

7. 按照学校的助教管理要求严格筛选优秀本科生和研究生54名承担助教工作。

8. "材料力学"课程实现全院4个课堂同时段开课,学生可以自由选择课堂学习。

9. 安排开学爱心补考,我院的学籍清理工作结果明显好转,2015秋季学期,退学1人,继续警示11人,新增警示2人,解除警示4人。

研究生工作

1. 2015年学院招收硕士研究生201人,博士研究生77人,86人取得硕士学位,68人取得博士学位。

2. 中国科学技术大学"第三届力学与工程科学优秀大学生夏令营"在学院成功举办。本届夏令营共接收超过400份的网络申请,985、211高校覆盖区域较去年有很大程度的扩展,985高校16所,211高校25所。最终选拔了90位A类营员,60位B类营员,其中985高校生源占65%,211高校生源占32%,成绩排名前三位(系或专业)的占80%以上。

3. 研究生推免工作中,学院采取网络视频面试及现场面试两种形式结合,学院组织了12场面试,面试人数279人,选拔出具有科研创新潜质和专业能力倾向的优秀生源。共招收推免生141人,211及以上高校122人,含985高校52人。推免生中通过夏令营录取的36人,履约率达30%以上。推免生比去年增加47人,增幅达50%,科学学位接收推免生比例达到100%。

4. 工程科学学位与研究生教育中心结合校"研究生教育创新计划"开展了一系列的研究生教育创新工作,包括:研究生论坛、博士生国际学术会议、高水平讲座、博士生学术新人奖、研究生公共课程建设、夏令营等,开拓研究生学术视野。由工程科学学院精密机械与精密仪器系举办的"光机电一体化技术及应用"暑期英文课程顺利开展。

5. "工程科学学院研究生入学教育暨新生第一课"顺利举行,帮助新入学的研究生尽快适应研究生期间的学习生活。

科研工作

1. 承担在研科研项目到款情况:2015年承担科研项目共计299项(纵向245项,横向54项),到款科研总经费5593.02万元(纵向5376.27万元,横向216.75万元)。

2. 获批准资助科研项目:获国家自然科学基金资助项目23项,其中,国家杰出青年科学基金1项(吴恒安),面上项目15项,青年基金3项,联合基金2项,国际合作交流2项,获批准经费共1613万元;教育部基本科研业务费专项青年创新基金获资助经费6万元;教育部基本科研业务费中国科学院材料力学行为和设计重点实验室重要方向获资助金额120万元;申报安徽省自然科学基金7项(其中杰青1项,面上3项,青年3项);申报安徽省2016年科技攻关计划1项。

3. 申请专利:61项(其中发明专利34项,实用新型专利27项)。
专利授权:49项(其中发明专利26项;实用新型专利22项;国外专利1项)。

4. 获奖情况:国家科技进步二等奖1项(马宏昊等)。

5. 重要科研成果:司廷特任副教授、翟志刚特任副研究员和罗喜胜教授等在激波诱导的界面不稳定性实验的研究成果连续发表在国际流体力学顶级期刊《J. Fluid Mech.》和《Phys. Fluids》上;吴恒安教授和王奉超特任副研究员与英国曼彻斯特大学及德国乌尔姆大学课题组合作,首次观察到石墨烯毛细通道中常温下的受限水以二维方形冰结构的形式存在,以《Square ice in graphene nanocapillaries》为题在国际著名期刊《Nature》上发表;微纳米工程研究室团队利用飞秒激光微纳米打印结合可控的毛细力驱动技术,成功应用于微小物体的选择性捕获和释放,以题为《Laser printing hierarchical structures with the aid of controlled capillary-driven self-assembly》在线发表于《美国科学院院刊》(PNAS);吴东教授课题组,飞秒激光加工多级微结构及自组装应用研究在国际著名期刊《ACS Nano》上发表,以《Capillary Force Driven Self-Assembly of Anisotropic Hierarchical Structures Prepared by Femtosecond Laser 3D Printing and Their Applications in Crystallizing Microparticles》为题;季杰教授入选中国高被引学者(Most Cited Chinese Researchers)榜单;李晶特任副研究员在Springer出版了题为《Structural Optimization and Experimental Investigation of the Organic Rankine Cycle for Solar Thermal Power Generation》的英文专著。

6. 论文情况:奖励高影响区论文48篇。

7. 学术交流、科普活动:邀请国内外专家举行学术交流报告会27场,到场约812人次。

合 作 交 流

1. 中国科学技术大学与中国科学院广州能源研究所签署共建热科学和能源工程系合作协议。
2. 《Applied Energy》主编、瑞典皇家工学院和梅拉达伦大学严晋跃教授应邀来 13 系，为师生做了一场题为《Future Clean Energy System》(未来清洁能源系统)的学术报告。
3. 美国俄亥俄州立大学生物医学工程系及眼科系教授 Cynthia Roberts 和美国俄亥俄州立大学生物医学工程系副教授 Derek J. Hansford 与 9 系签订了本科生联合培养计划备忘录。
4. 由香港城市大学机械与生物医学工程系的系主任孙东教授带领的香港城市大学代表团一行来 9 系洽谈中科大-香港城大联合培养项目。
5. 近代力学系与北京大学力学和工程科学系召开了"基地班教学科研交流研讨会"。

杰 出 校 友

1. 近代力学系 88 硕校友任辉启当选中国工程院院士。
2. 我系校友张卓敏、吴小华当选美国物理学会会士。

信息科学技术学院

学 院 概 况

信息科学技术学院由电子工程与信息科学系、自动化系、电子科学与技术系、网络信息安全系(筹)和信息与计算机教学实验中心等单位组成。学院拥有 1 个国家工程实验室，即语音及语言信息处理国家工程实验室；3 个中国科学院重点实验室，即中国科学院电磁空间信息重点实验室、中国科学院无线光电通信重点实验室、中国科学院空间信息处理与应用系统技术重点实验室(与中国科学院电子学研究所共建)；1 个教育部重点实验室，即多媒体计算与通信教育部-微软重点实验室；2 个省部级重点实验室，即无线网络通信安徽省重点实验室、网络传播系统与控制安徽省重点实验室。

目前，学院拥有电子信息工程/通信工程、自动化、电子科学与技术、信息安全等 4 个本科专业，5 个国家一级学科(包括信息与通信工程、电子科学与技术、控制科学与工程、生物医学工程、网络空间安全)，1 个工程博士点(电子与信息)，3 个博士后流动站。

师 资 队 伍

学院现有教授 47 人、副教授 73 人，其中国科学院院士 2 人、大师讲席教授 4 名、IEEE

FELLOW 5 人、中组部"千人计划"入选者 5 人、国家杰出青年科学基金获得者 2 人、长江学者讲座教授 1 人、中组部"青年千人计划"入选者 4 人，中国科学院"百人计划"入选者 6 人，教育部新世纪优秀人才入选者 7 人。

招 生 就 业

本科生按电子信息类大类专业招生，两年后进行 4 个专业的选择和培养，研究生按 5 个学科方向招生。2015 年学院共毕业本科生 275 人，硕士研究生 373 人，博士研究生 57 人。本科生深造率达 77%，其中出国留学比例达 24%，大部分为全额奖学金；国内深造比例近 53%，集中在本校、中国科学院各研究所以及其他重点高校和研究机构。学院毕业生的就业质量非常高，毕业生大多进入国内外著名的科研机构、高等院校和高新技术企业工作，如微软、IBM、华为、中兴、中电集团、腾讯等，深受用人单位好评。

科 学 研 究

学院的学科体系完整，科研力量雄厚。2015 年，学院瞄准国际科技前沿和国家重大需求，充分发挥学校理工结合的优势，整合学院重点科研优势。学院积极组织力量争取各类项目，新批准项目数保持稳定增长的态势，在国家层面的项目上取得长足的发展。

学院新批国家自然科学基金项目 19 项，其中优青 1 项；在研国家 973 计划课题 5 项；在研国家 863 计划项目 10 项；在研博士点基金项目 7 项；在研中国科学院战略性先导科技专项 8 项；学院还有 23 人承担军工项目 33 项；新签横向合同 37 项。学院科研经费到款达 7217.13 万元。

2015 年，学院获得国家自然科学奖二等奖 1 项：图像非均匀计算理论与方法（吴枫、李厚强、汪萌、刘东、洪日昌）。该项目是 2015 年全校所获两项国家自然奖之一，是我院首次在信息学科领域实现零的突破。

2015 年，学院发表论文共有 689 篇；学院新申请专利 60 项，专利授权 54 项。

合 作 交 流

2015 年，学院与许多国内外著名大学、研究机构和企业开展了一系列的重要交流与合作活动。其中自动化系的"自动化前沿讲座"和电子科学与技术系的"IC 高水平学术前沿讲座（合肥 IC 咖啡）"作为学院的两大讲座品牌邀请了海内外众多知名院所的学者来访。学院于 7 月重组了新一届的"海外专责委员会"，并积极推进学院教师与境外高校机构之间的科研学术交流。本年度学院出访境外进行各种学术交流的教师近 120 人次，邀请来访境外学者专家近百人次。

在大型学术活动方面，本年度学院主办或承办了多项国内外大型学术会议：5 月学院承办第 137 期国家自然科学基金委"双清论坛"；6 月学院生物医学工程中心承办"安徽省生物医学工程年会暨学术前沿研讨会"；7 月学院电子工程与信息科学系主办首届"中国科大·

电子信息论坛";12月学院主办"首届两岸半导体人才培养与发展论坛",以及承办"类脑计算与计算机视觉前沿技术"系列报告会(由中国计算机学会计算机视觉专业组主办)等。这些活动都增强了学院相关学科领域在国内外的影响力和知名度。

学院与境外高校的学生交流项目继续稳健进行。由国家留学基金委支持的中国科学技术大学-汉诺威大学本科生毕业设计项目自2011年开展以来已不间断实施5年。2015年学院选拔推荐了4名四年级本科生赴德国进行为期4个月的本科生毕业设计。此外,学院还推荐了数十名优秀本科生积极参加教务处组织的各类短期境外交流项目,积极促进学校信息学科领域本科生与境外高校相关领域本科生之间的交流互动。

计算机科学与技术学院

学 院 概 况

中国科学技术大学于1958年建校时就设置了计算机专业,老一辈计算机科学家夏培肃先生等亲自执教。创办之初,与中国科学院计算技术研究所合作自主设计并研制成功了我国第1台通用计算机——107机,并于1960年安装于中国科大。1982年成立了计算机科学技术系,与中国科学院计算技术研究所联合培养了我国首批18位博士之一的冯玉琳博士。1990年获得计算机软件博士学位点;1995年建成了我国第1个国家高性能计算中心;2000年获得一级学科博士学位授予权;2003年陈国良教授当选为中国科学院院士,并获得首届国家教学名师的称号;2007年计算机软件与理论被评为国家重点学科;2009年成立计算机科学与技术学院;2010年本学科进入ESI排名世界前1‰;2012年全国高校学科评估中,计算机科学与技术学科取得全国排名第9的成绩;2015年12月,引进美国伊利诺伊理工大学计算机科学系李向阳教授担任执行院长。

教学和人才培养

2015年,学院共招收本科生92人,硕士研究生154人(科学学位117人、专业学位37人),博士研究生42人。学院尽力为学生提供国内外学习交流的机会,2015年共有16名学生分别赴英国伯明翰大学、中国台湾大学等交流学习;学院利用暑期安排2012级本科生(17人)到中国科学院计算所、软件所以及微软亚洲研究院、谷歌(中国)公司、百度、腾讯等科研机构参观实习,2013级本科生(40人)到阿里巴巴公司交流实习,2014级本科生(43人)到中国科学院计算所、微软亚洲研究院以及腾讯公司等单位实习。

2015年暑期,学院开设了多门特色课程:3门面向本科生的课程分别为"程序设计Ⅱ""软件综合实验""网络、群体与市场";1门面向校内外学生的"龙星计划"课程("大数据分析",6月29日~7月3日),邀请了加拿大西门菲莎大学裴健教授(IEEE Fellow)授课;1次IEEE-CIS 2015暑期学校(7月6~8日),面向高年级学生和年轻学者,邀请了墨西哥国立理工学院 Carlos Artemio Coello Coello 教授、日本大阪府立大学 Hisao Ishibuchi 教授、荷兰莱顿大学 Michael Emmerich 教授以及英国伯明翰大学姚新教授授课。

学院积极举办丰富多彩的学术活动，努力培养学生的实践创新能力。1月26～27日举办了计算机学院第二届研究生学术论坛；11月7～8日，承办了第40届ACM国际大学生程序设计竞赛亚洲区预选赛合肥赛区竞赛。同时，指导学生参加国内外科技竞赛，并取得好成绩：ACM代表队在第39届ACM国际大学生程序设计竞赛亚洲赛区北京预选赛获得季军，并成功入围全球总决赛；中国科大蓝鹰队在第19届RoboCup机器人世界杯大赛上斩获两金一银；本科生庄思源、罗潇、郭兴以及研究生徐启泽、姚文军组成的参赛队获得国际大学生RDMA编程竞赛（中国赛区）一等奖；阮震元、杨斯然、阴钰等同学组成的参赛队获得全国并行应用挑战赛总冠军。

学院2015届本科毕业生为87人，硕士毕业生为164人，博士毕业生为21人。本科生继续深造率为70%，留学深造率为32%，直接就业率为30%。本硕博各类毕业生初次就业率均为100%。学院毕业生就业率和就业质量实现双丰收，连续第五年获评"就业工作先进单位"。

科研与学术交流

2015年，学院教师队伍建设得到进一步加强，引进"千人计划"入选者李向阳教授；徐宏力、刘淇2位特任研究员晋升为固定编制副教授；新增李兆鹏、钱超、何超栋3位特任副研究员。

在科研项目方面，学院新立项各类项目63项，总合同经费2244.37万元。其中，纵向项目46项，合同经费1703.97万元，横向项目17项，合同经费540.4万元。纵向项目包括国家自然科学基金项目11项（面上项目7项，青年科学基金项目2项，国际合作交流项目1项、重点国际/地区合作研究项目1项）。

2015年，学院论文数量和质量进一步提高，发表CCF推荐A、B类国际学术会议和期刊论文75篇，其中A类期刊和会议论文为35篇，B类为40篇。根据2015年11月最新发布的计算机科学学科ESI排名数据，我校计算机学科国际排名是143位，比去年同期大幅提升39位。论文的篇均引用为4.86，在大陆所有的研究机构和高校中排名第三。学院还新增国家授权发明专利17项，新申请专利37项。

唐珂教授的成果"航空交通态势计算理论和方法"获中国电子学会自然科学一等奖（排名第三，科大为第二单位）。"青年千人"入选者陈欢欢教授因其在神经网络研究领域的突出贡献，荣获2015年国际神经网络协会"青年科学家"奖。冯新宇教授获得2015年中科院朱李月华优秀教师奖。梁红瑾博士获得2015年度CCF优秀博士论文奖，她还被美国麻省理工学院评选为2015年度电子与计算机领域"学术新星"，并受邀于11月8～10日赴麻省理工学院参加"学术新星"研讨会。刘淇、王超、李永坤3位青年教师获得CCF-腾讯犀牛鸟科研基金资助（全国共有20项）。刘淇还获得了CCF-Intel青年学者提升计划支持，是当年唯一获得两项CCF支持计划的青年学者。孙广中副教授与微软亚洲研究院谢幸研究员的合作项目"基于用户行为数据的智慧校园建设"获得了微软亚洲研究院合作研究奖。

学院承办了多个重要学术会议：7月19～23日，第19届RoboCup机器人世界杯赛及学术大会在合肥召开，陈小平教授担任大会主席，来自中国、美国、日本等47个国家和地区的300多支队伍，共计3000多名代表奉献了一场精彩的科技盛宴。10月20～21日，承办了中国计算机学会第三届大数据学术会议，陈恩红副院长担任大会程序委员会共同主席，大会共收到投稿论文371篇，会议注册人数达640人，均创历史新高。10月22～24日，承办了2015中国计算机大会，陈恩红副院长担任大会程序委员会共同主席，大会主题为"互联网催生新经济"，参会人数有4200余人，我校常务副校长潘建伟院士受邀做特邀报告。10月22日，举办了ACM中国理事会合肥分会成立大会，ACM合肥分会主席熊焰教授主持会议。

地球和空间科学学院

学院概况

地球和空间科学研究领域由地球内部延伸到行星际空间，包括这个广大区域中不同层次的结构和物质组成，以及物质的运动和各种物理化学过程，其目标是以物理或化学为基础，认识我们生活的地球及其周围的宇宙空间，了解地球本身的运动规律和其他星体对她的影响，为更加有效地利用资源，保护环境，防灾减灾，实现可持续发展奠定科学基础。

学院前身为1958年中国科大建校时设立的地球物理系与地球化学和稀有元素系，经多次系科调整，于2001年12月成立学院。中国科学院院士、第三世界科学院院士陈颙教授担任学院现任院长，"国家杰出青年基金"获得者汪毓明教授担任学院执行院长，安徽省教学名师刘斌教授担任学院党委书记、副院长，"国家杰出青年基金"获得者陈福坤教授、"青年千人计划"入选者姚华建教授担任副院长，吕冰涛担任学院党委副书记。

学科建设

学院现设两个系：地球物理与行星科学技术系、地球化学与环境科学系。地球物理与行星科学技术系有固体地球物理学、空间物理学、大气物理和大气环境三个学科方向，"国家杰出青年基金"获得者陆全明教授担任系主任，李锐教授任副主任。地球化学与环境科学系有地球化学和环境科学两个学科方向，周根陶教授担任系主任，"国家杰出青年基金"获得者谢周清教授任副主任。

学院现有四个一级学科，分别是地球物理学（包含固体地球物理学和空间物理学）、大气科学、地质学、环境科学和环境工程。学院拥有地球物理学、地质学和环境科学三个博士后科研流动站。

2015年，按照学校统一布置，学院开展了博士后科研流动站评估工作，地球物理学博士后科研流动站、地质学博士后科研流动站、环境科学博士后科研流动站完成评估工作，三个博士后流动站均被学校作为优秀流动站上报至中国博士后科学基金会。

师资队伍

学院师资力量雄厚,现有教授59名,副教授28名,其中中国科学院院士5名,"大师讲席"教授4名,"千人计划"入选者5名,"青年千人计划"入选者13名,"国家杰出青年基金"获得者13名,中国科学院"百人计划"教授6名,教育部"长江学者"特聘教授4名,"新世纪百千万人才工程"国家级人选4名,省级教学名师2名。

2015年,学院引进"青年千人计划"入选者1人、副教授1人,2名"国家自然科学基金优秀青年科学基金"受资助者被聘为教授;5位教授入选为2015年度中国科学院特聘研究员"特聘核心骨干",7位教授入选为"特聘骨干人才"。

2015年,陈晓非教授当选中国科学院院士,成为国际大地测量与地球物理学联合会(IUGG)首批会士并获银质奖章,张捷教授获得国际勘探地球物理学会(SEG)杰出教育奖,吴忠庆教授获得中国地球物理学会傅承义青年科技奖,秦礼萍教授获得孙贤鉥奖,刘斌教授获得中国大学出版社图书奖优秀教材一等奖、安徽省高等教育教学成果特等奖,王毅副教授获得安徽省"教坛新秀"称号,申成龙副教授被评为中国科学院青年创新促进会优秀会员,高新亮特任副研究员入选中国科学院青年创新促进会。

学院继续加强与海外校友的交流,与人才招聘紧密结合。学院于8月19日在2015国际地球化学年会举办地——捷克首都布拉格,12月15日在美国地球物理学会2015年会举办地——旧金山分别举办了校友招待会,向校友介绍了学院的发展情况和人才引进相关政策,加深校友对学校的了解,吸引优秀校友回国发展。

科研基地

学院拥有两个中国科学院重点实验室——"壳幔物质与环境实验室"和"近地空间环境实验室",一个国家级观测研究平台——蒙城"国家野外地球物理观测研究站"。

2015年,学院获批新增科研经费总额8297万元,其中纵向经费7531万元,横向经费766万元。获批立项各类纵向科研项目总计83项,其中国家自然科学基金项目31项,包括国家重大科研仪器研制项目1项,国际(地区)合作与交流项目1项,优秀青年基金2项,面上基金19项,青年基金8项。获批立项的各类横向课题总计33项。

招生就业

2015年,学院招收本科生84人、硕士研究生112人、博士研究生87人。硕士研究生中通过推免接收86人,93%以上为"985"或"211"高校优秀学生,为历年来比例最高。

在研究生招生中,学院继续通过夏令营吸引优秀学生。7月19~24日,举办了第六届大别山地质考察夏令营,71名学员参加活动;7月19~25日,举办了第四届大气科学与空间物理夏令营,27名学员参加活动。

学院2015届毕业生共有200人,其中本科生88人、硕士研究生85人、博士研究生27

人,70%以上的毕业生进入国内外著名大学、研究机构继续深造。

人才培养

学院通过优化英才班、学业导师计划、加大野外实习力度、国际大研计划、推进教学实验中心建设、成立教研组进行教学研讨、组织教材建设及教学研究课题、创建地球和空间科学杰出讲座等多种举措,探索教学与学生培养新措施。

至2015年12月,学院和中国科学院地质与地球物理研究所共同创办的赵九章现代地球和空间科学科技英才班共有学员115人,其中2012级29人、2013级28人、2014级28人、2015级30人。2011级28名英才班毕业生,16名在国内深造,12名赴国外深造,继续深造率达到100%。

2015年,学院加大野外实习力度,先后签署多项教学和科研实习合作协议,其中与安徽省气象局、中国科学院云南天文台、中国科学院地质与地球物理研究所共建了教学与研究实习基地;恢复普通地质学北戴河野外实习。

学院确定19位教授为2015级本科生学业导师;21位同学开展了大学生研究计划,23位同学组成的9个小组完成大学生创新计划项目,19位同学组成的8个小组成功申请大学生创新计划项目,支持22位同学出国出境参加了暑期学校和研究实习。

学院创建了地球和空间科学杰出讲座,邀请美国科学院院士Roberta L. Rudnick、美国科学院院士Thorne Lay、世界知名气候学家Philip Douglas Jones、中国科学院院士陈颙、德国科学院院士Gerhard Wörner等5位世界顶级学者于2015年面向全校开展高级科普讲座。

管理学院

学院概况

学院下设工商管理、管理科学、统计与金融3个系,拥有MBA、EMBA等专业学位中心和EDP中心。截至2015年底,学院拥有教授18人,副教授(含特任副教授、特任副研究员)63人。

教学与学科建设

(一)科学学位教育。学院在讨论"十三五"发展战略的基础上,确立了工商管理系以"创新创业管理"为中心,管理科学系以"商务智能"为中心,统计与金融系以"智慧投资"大数据分析为中心的学科发展规划。

1. 本科招生与教学管理。学院荣获本科招生杰出贡献团体奖。学院严格按照AACSB

认证标准组织教学和管理,教学质量不断提升,全部课程满意度达到85%以上。首届"工商管理精英班"顺利毕业,93%的同学选择继续深造。《概率论与数理统计》开展MOOC建设工作,《随机过程》第三版入选国家级规划教材,校级在线开放课程达到8门课。

2. 研究生培养与学位管理。2015年,学院在读硕士研究生177人,其中留学生8人;在读博士研究生65人,其中留学生24人。学院首次为全校研究生开设创业课程。学院建成了"管理科学与工程"博士后科研流动站,完成了工商管理学科(博士)学位授权点自我评估,制定了新的学位标准,调整了与学位要求不匹配的学术期刊,设计了多元化的学术成绩认可体系。

(二)专业学位教育。学院从区域和行业两个维度着手扩大专业学位品牌影响力。全年组织MBA招生宣讲会62场,圆满完成招生任务。主动发挥有关各方的积极性,顺利完成EMBA招生计划。各专业学位中心全年共组织30多次移动课堂、18次企业家进课堂教学活动。EMBA和MBA开展了去美国、欧洲等海外游学活动,科技人文高峰论坛,创新创业沙龙活动等。学院全年共有13篇案例被"中国管理案例中心"收录,其中2篇入选全国百篇优秀管理案例。在第35届国际企业管理挑战赛暨第19届中国赛区比赛中,学院代表队荣获全国比赛一等奖、最佳组织奖和华东赛区冠军。

科研成果与学术会议

(一)科研项目。2015年,学院全年累计新增国家级项目(包括自科和社科基金项目)16项,优秀青年基金项目1项和海外合作重大项目1项。此外,学院还承担了多项横向项目及委托项目。

(二)科研论文。2015年,学院全年发表SCI/SSCI论文118篇,继续保持国内领先地位。全年发表4篇国际顶尖期刊论文,包括1篇Operations Research,2篇Production and Operations Management及1篇Journal of the Royal Statistical Society Series B-Statistical Methodology。学院参考了美国商学院前100名研究能力评估参考的24种顶级期刊(简称UT/DALLAS 24),英国金融时报(Financial Times)界定的45种管理类一流学术期刊(简称FT/45)重新修订了学院期刊论文分类标准。

(三)学术会议。2015年,学院主办或承办的学术会议和活动主要有第十二届中国技术管理(MOT)学术年会、第三届供应链管理和快递物流国际研讨会、第九届国际概率极限理论和统计大样本理论学术研讨会、中国现场统计研究会第十七届学术年会、极限理论及其在金融保险风险管理等领域中的应用国际研讨会等。

国际认证与国际交流合作

(一)国际及国内认证。

1. 通过AACSB国际认证。2015年2月,学院正式通过国际精英商学院协会(AACSB)认证,成为中国大陆第10家通过AACSB认证的单位,是全球首家按照AACSB2013最新标准获得认证的单位,也是国内首家EDP项目获得认证的单位。余玉刚院长作为国内唯一的商学院领导受邀在 AACSB2015 年会上做主旨演讲。

2. AMBA 国际认证现场访视。学院于 2015 年 4 月正式启动 AMBA（英国工商管理硕士协会）认证程序。9 月，AMBA 认证委员会专家团来学院进行了现场访视。认证专家组对学院 EMBA 和 MBA 教育给予了高度认可，AMBA 认证取得了重大进展。

此外，2015 年下半年起，学院正式提交申请，开展中国高质量 MBA 教育认证（CAMEA）工作。

（二）国际交流与合作。学院邀请了加利福尼亚大学洛杉矶分校 Christopher S. Tang 教授、香港城市大学 Kwok Kee Wei 教授、新加坡理工大学 Chung Piao Teo 教授来院访问指导，并成立了管理学院首届国际咨询委员会。亚利桑那州立大学、澳大利亚科廷大学、加州大学欧文分校等国外合作院校先后来院访问交流。全年共接待境外来访专家 77 人次，开展专题讲座 37 次。全年共有 51 人次教师出国出境，参加国际学术会议及访问。

人才引进与人事、财务管理

（一）人才引进与人事管理。2015 年度，学院申报中组部千人计划（B）1 人、千人计划（C）2 人，引进聘期制特任人员、博士后人员共 38 人。组织了 8 场海外人才招聘面试会，面试接待优秀人才 21 人，成功引进入职 9 位境外优秀青年人才。学院制定并完善了《聘期制科研人员聘用与管理暂行办法》《教师和管理支撑岗位聘任与（三元结构）薪酬调整实施方案》等一系列人事管理制度。

（二）财务管理。学院成立了财务室，优化了财务管理的规范流程，明确了合同的规范管理，修订了《财务工作管理办法》《办学创收经费支出管理实施细则》等多项财务管理制度。

党建、行政与学生管理工作

（一）党建及行政管理工作。学院现有师生党员 505 人，其中正式党员 428 人，预备党员 77 人；教职工党员 60 人，学生党员 445 人。学院党委下设本科生与研究生两个党总支，24 个党支部，其中教工党支部 4 个，本科生党支部 4 个，研究生党支部 16 个。学院构建了"三位一体"的党建工作模式，学院党委获评安徽省委教育工委第三批"学习型党组织建设工作示范点"，研究生党总支获评校"先进基层服务型党组织"称号。学院成立了行政服务中心，为教学、科研提供服务和保障。

（二）学生工作。2015 年，学生管理工作细致深入、总体平稳。在创新公益大赛世界杯中国站区域赛中荣获全国一等奖，在第七届国际商业模拟竞赛"PEAK TIME"大赛中国区决赛中荣获全国二等奖等等。

人文与社会科学学院

学院概况

　　人文与社会科学学院设有科技史与科技考古系、科技传播与科技政策系、人文社科基础教学中心,3个教研单位。学院目前拥有1个本科专业,1个国家重点学科,3个博士点,8个科学学位硕士点,3个专业学位硕士点,1个"985"二期国家文科基地,1个省级重点学科,2个安徽省文科重点基地、科技史与文化遗产研究基地,1个安徽省级本科特色专业——传播学,2门国家首批网络开放精品课程,1门国家级精品课程。

队伍建设

人文社科基础教学中心:
2015年中心开始面向社会公开招聘优秀英语教师1人。

学科点建设

专业学位教育:
　　MTI翻译硕士专业学位作为我校第一个专业学位点接受国务院学位办和全国MTI教指委专项评估,并顺利通过评估验收。

教学培养

人文社科基础教学中心:
　　外语教学:李兰兰老师在2015年度安徽省高校青年教师教学比赛中荣获二等奖。研究生英语教研室完成的教育生态视野下的研究型大学研究生英语学术论文写作课程体系建设荣获2015年安徽省教学成果一等奖。
　　体育教学:2015年学生体质测试及俱乐部教学管理系统开发成功。6月,学生龙舟队参加C9高校龙舟赛,获得此项赛事四连冠。7月,校龙舟队再夺第一届中国知名高校建德新安江龙舟赛第一名;6月,校学生男足获第一届全国大学生五人制足球挑战赛东部片区赛亚军;7月,中国科大获首届"谁是球王"五人制足球安徽赛区冠军;7月,校大学生围棋队获第24届"应氏杯"中国大学生围棋赛男子团体第三名;7月,校学生获2015年全国大学生桥牌锦标赛第五名。
　　思想政治理论课教学:"思想道德修养与法律基础"获批校级在线开放课程建设项目,逐步实现MOOC教学自主化。本科生廉洁教育是我校思想政治教育工作的重要特色。教学研究:张德广主持的《自媒体时代研究生思想政治教育创新性研究》获批 2015 年安徽省级质量工程教学研究项目。王冬青主持的《永恒的东风:学生眼中的中国科大》获批"十三五"第一批校级教材立项。汤俪瑾主持的《基于慕课的思想政治理论课混合式教学模式研究》获批 2015 年校级教研项目。

人文素质教研部:素质部开设心理学和文化艺术类课程 20 余门,内容丰富,评价好。

科技哲学教研部:科技哲学部承担科技哲学博士点的研究生培养、硕士研究生《自然辩证法概论》和博士研究生《中国马克思主义与当代》教学任务。

科技传播与科技政策系:

2015 年,通过国家外专局"高端外国专家项目"(文教类),邀请到美国加州大学戴维斯分校 George Barnett 教授来我校主讲一门研究生课程《传播网络分析》,教学效果良好。

科技史与科技考古系:

文物保护科学基础研究中心:组织学生赴荆州文物保护中心、南昌海昏侯墓等地进行实习,在实际操作中提高文物保护技术、开阔视野。

科 学 研 究

汤书昆教授主持编写的"中国四大发明绘本丛书"(中文版,英文版),于 2015 年正式出版;完成《中国科普产业发展建议》(专报一、二、三,计三份),上报中办、国办,刘延东副总理批示到科技部督办。

与先研院签署了小学《科学》数字教科书样张的委托开发协议,《植物世界》将于年底发布于 iBooks 平台;美丽化学二期项目将于年底推出实体书两册;科学+艺术+新媒体技术书籍——AR 科学绘本《消失的世界》将于 2016 年元月上市;参与中国科学院 CNNIC 的科普中国项目,策划并制作《氧的故事》微视频五集。

数字文化中心关注科技与文化的融合,相关成果获得学校教学成果一等奖,安徽省教学成果三等奖,主持国家科技支撑计划项目课题《戏曲舞台 3D 技术集成与应用示范》,课题研究成果 3 篇学术论文发表于文化与计算顶级学术会议 IEEE Culture and Computing 2015(于日本京都大学举办);原创网络科普项目《美丽化学》网站英文版,2015 年屡获殊荣。

在文物保护基础性研究科学方面,龚德才教授主持的"馆藏文物保护与管理基础标准研究"项目获得国家文物局批准。

校园文化活动

1. 复兴论坛;2. 魅力人文;3. 中华文化大学堂;4. 中科大传播论坛;5. 科技人文学术论坛。

交 流 合 作

来自马拉维的博士研究生留学生 Yami Ndasauka 参加了 2015 年 8 月在沈阳召开的第

19届国际技术哲学会议(SPT),相关研究成果在SCI核心期刊《Computers in Human Behavior》发表。

刘仲林老师参加了2015年7月在香港举办的主题为"中国哲学与当代世界"国际中国哲学学会第十九届学术会议。

张燕翔副教授2015年1~8月在美国佐治亚理工增强现实实验室访学,其间在国际顶级数学艺术学术会议Bridges Arts 2015发表作品《Dali Atmotica》。

王国燕老师2015年1月~2016年1月在英国曼彻斯特大学科技史与医学史研究中心访学,6月1日~7月31日在剑桥大学人文艺术研究中心访学,5月27日受邀在伦敦大学学院和伦敦政经学院联合的"公众理解科学"PUS国际科技传播论坛上主讲"前沿科技成果的视觉艺术"。

2015年8月28~30日,科技传播与科技政策系承办了第11届社会网及关系管理研究会年会暨"新媒体创新创业社会网络分析"研讨会。

2015年9月20~22日,科技传播与科技政策系承办了第五届皖台科技论坛的"科技传播"分论坛。

由龚德才教授带领中心博士、硕士参加了2015年10月在韩国公州由中国科学技术大学人文与社会科学学院和韩国国立公州大学联合举办的"第二届文化遗产保护研究生论坛"。

学 生 工 作

科技史与科技考古系博士生张兴香获得中国科学院院长奖。

科技传播与科技政策系本科生丁敏获郭沫若奖学金。

科技史与科技考古系博士生龚钰轩获得朱李月华优秀博士生奖。

科技史与科技考古系博士生徐津津获得智造顺德奖。

张曼君老师指导的杨越同学在外研社杯全国大学生英语阅读大赛中荣获安徽省第一名和全国第二名的好成绩。

徐飞教授指导的研究生科研团队参加了第六届"挑战杯"安徽省大学生课外学术科技作品竞赛,获大赛特等奖;丁敏同学的作品《火山》、叶珍珍等同学的作品《牛顿之泪》获2015年全国优秀科普微视频;马超同学的合作作品"安徽省农村土地流转农户决策影响因素调研报告——以低山丘陵地区为例"获第十四届"挑战杯"大学生课外学术科技作品竞赛全国决赛三等奖;马超同学获"井冈情·中国梦"全国大学生暑期专项实践活动的优秀成果奖。

团学评优中,学院分团委被评为校优秀分团;陈晓白同学被评选为"最美团支书";秦兵同学被评为优秀青年志愿者。体育活动中,校运动会人文学院代表队获足球射门比赛第一名、女子4×400接力赛第七名。

核科学技术学院

学 院 概 况

核科学技术学院是国内外唯一同时依托热核聚变实验装置、同步辐射光源等国家大科学装置及实验室，以国际、国内重大科学计划为牵引，围绕国家重大战略需求而建立的培养高端核能工程和核科学技术人才的重要基地。

学院是 2009 年 1 月由中国科学技术大学和中国科学院合肥物质科学研究院联合共建的，学院具有本—硕—博完整的教学体系，拥有"核科学与技术"国家一级重点学科，设有核能科学与工程、核技术及应用 2 个本科专业方向，已开展"能源与环保"领域工程博士专业学位授予工作。核学院内建有核裂变能科学与工程、核聚变能科学与工程、核技术及应用、核燃料循环与材料、辐射防护与环境保护、放射化学与辐射化学、核电子学 7 个教研室，负责相关教学和研究工作，并拥有"磁约束聚变堆总体设计研究中心""磁约束聚变理论中心"和"放射医学物理中心"作为科研和人才培养的基地。

学院拥有院士 4 人、"千人计划"2 人、"青年千人"1 人、"国家自然科学基金杰出青年"8 人、中国科学院"百人计划"14 人、教授 70 人、副教授 30 人，90% 以上具有大科学工程与国际合作背景，50 余人次在国内外学术组织或学术机构任职，有中国科学院创新交叉团队 1 个。学院拥有本科生 229 人，研究生 311 人。2015 年学院引进国际访问教授 3 人，从事英文教学及科研相关工作；1 名特任副研究员转成副教授；引进外专千人 1 人，为安徽省第一位外专千人入选者。

教学和人才培养

1. "核科学与技术教学实验中心"建立。2015 年度学院"核科学与技术教学实验中心"正式建立，在学校大力支持下，已初步完成反应堆物理、等离子体、聚变堆包层、反应堆热工（综合）、聚变堆模拟和工程设计、反应堆材料、放射化学相关的部分教学实验，使实验教学有了较大的提升。

2. 加强本科教学课程建设。本年度继续对"计算物理"课程内容进行了全面梳理，强化中子物理计算的相关内容，使其更能满足核工程与核技术专业学生所需掌握的知识内容。针对学生全面接受英文教学遇到的困难，调整了"Nuclear Waste Disposal and Management"课程进度，增加了英语课程预修，起到了较好效果，并着手开始这一课程英语教科书的编写工作。

3. 探索特色本科生培养。（1）继续探索与化学学院联合培养核化学方向人才的特色教学模式，已经有三届本科生（2012 至 2014 级）约 10% 的低年级学生前往化学学院学习部分基础化学课程。（2）今年初与理学院联合共建成立了核电子学教研室，探索面向大型核工程建设急需的核电子学领域特色人才的培养。核电子学的主要专业课程"核电子技术原理"与"核电子学实验"已经向教务处申请并获得批准,成为核技术方向中的两门比较重要的专业课程。(3)2015年62名本科生就业(深造)率为93.5%,4名未落实去向本科生中1人在申请出国,其余3人在准备考研。

4. 研究生招生培养与就业。2015年招生特点:注重质量。推免生比例达到50%,生源本科来自985/211比例达到82%,历年最高。2015年举办第一届核科学与技术优秀大学生夏令营,为学院争取到25名本科来自"985""211"院校的2016推荐免试研究生。培养方面,为开拓学生的视野,举办30多场丰富多彩的学术交流活动。2015年研究生毕业人数为59人,留学和国内深造人数达25人,占硕士毕业生总数的42.4%;32人签就业协议或合同就业,占硕士毕业生总数的54.2%。

5. 学生工作重点突出。(1)以全员育人为基,加强学院学生工作队伍建设、提升学生工作队伍的素质和在学生成长中的引领作用。(2)以学生利益为本,积极做好学生就业、奖助学金评审和学业困难学生帮扶等工作。(3)以立德树人为经,不断加强社会主义核心价值观教育,提升青年学生的责任意识和品德修养。(4)以文化育人为纬,努力营造真善美的文化氛围,不断提升学生的人文素养和综合素质。

科 研 工 作

2015年新增纵向课题8项(分别来自国家自然基金委重点项目1项、面上项目2项、科技部ITER专项1项、合肥大科学中心培育项目1项、校级预研项目3项)。2015年新增横向课题10项(分别来自中国科学院合肥物质科学研究院、中国工程物理研究院、核工业西南物理研究院、中国核动力研究设计院、上海交通大学、安徽省辐射环境监督站、中科华核电技术研究院有限公司),总计获批经费1827万元。

国际交流与合作

学院坚持通过"请进来,走出去"的方式,与众多世界领先的研发机构(ITER热核聚变实验堆国际组织、法国原子能委员会、德国卡尔斯鲁厄研究中心、欧洲核子研究组织、德国马普学会、美国普林斯顿大学、英国伯明翰大学、美国通用集团、日本名古屋大学、韩国国立聚变研究所等)建立定期合作交流机制,本年度共邀请各合作科研机构及大学知名专家来访约30人次;另一方面,遴选学院优秀青年学生和职工进入国外顶尖聚变研究机构进行交流与学习,开展聚变能源合作研究等约30人次,扩大学院的国际学术影响力。简要如下:

1. 外宾来访。3月,美国通用机构Jeff Candy博士开展CFETR IM平台合作研究。5月,加州大学伯克利分校物理学院Jonathan Wurtele教授来访开展等离子体物理和束流物理方面的合作研究并给予相关系列学术报告。6月,美国Fox Chase癌症中心放疗科马长明教授、美国路易斯维尔大学王宝东教授、美国哈佛大学卢晓明教授参加第一届合肥放射医学物理论坛。7月,美国TerraPower泰拉能源公司Jimmy WANG运行总监来访。10月,都灵理工大学Francesco Porcelli教授访问协同创新中心,开展中国聚变工程试验堆合作研究以及作系列报告等。

2. 出访活动。2015年受国外各知名研究院所的邀请,学院万元熙院士、秦宏教授、叶民友教授、盛六四教授、徐榭教授、林铭章教授、彭常宏研究员、郭赟副教授、常振旗副教授、陈志副教授、毛世峰副教授、余羿副教授等赴法国、美国、德国等多国进行访问交流。

3. 举办国际影响的学术活动。(1) 6月13～14日,第一届合肥国际放射医学物理论坛召开,约200名来自中国和美国的专家参加了论坛,会议的成功举办表明一个以中国科大为中心的放射医学物理教学、临床、科研、产业化相结合的平台正在浮出水面。(2) 10月13～14日,第一届"CFETR物理国际顾问委员会"在学院召开,共有来自中国、美国、日本等国家50余位专家学者参加,重点研讨中国聚变工程实验堆(CFETR)目前基础物理方面的进展、面临的挑战以及对后期发展的详细规划。(3) 12月14～18日,2015年"ITER国际学校"(IIS2015)在学院举办,来自中国、美国、韩国等国家160多位专家学者和学生参加,此次IIS2015的主题是托卡马克中等离子体的输运问题和台基物理。ITER国际学校的成功举办,大大提高了我校和核学院在聚变领域的国际影响力。

其　他

1. 2015年学院共举办"安徽省辐射安全与防护初级培训"培训班14期,培训人数1399人。

2. 2015年学院获招生工作三等奖和就业特色奖;荣获优秀团总支称号。

软 件 学 院

学 院 概 况

软件学院是2001年国家教育部和发改委首批批准设立的35所示范性软件学院之一。学院秉承我校"红专并进、理实交融"的校训和"我创新故我在"的教育理念,坚持"质量优异、规模适度、夯实基础、注重实践",依托学校计算机、信息等学科基础、师资力量办学。积极探索产学研合作教育和国际合作教育模式,聘请海内外著名企业和大学专家、教授授课,课程设置与国际接轨,课程内容面向软件市场和企业,注重实践教学。强调专业基础理论和工程实践能力培养,强化实践和外语能力,提高系统开发和管理能力,培养"技管兼备"的复合型软件工程领军人才。

学院拥有软件工程一级学科博士、硕士学位授权点。在合肥、苏州两地培养学生,至2015年底累计毕业生3900余名。学院与科大讯飞、中科院计算所、中科院深圳先进技术研究院、微软、IBM、HP、思科等许多国内外著名研究院所和IT企业建立了长期的合作关系,与北京、上海、深圳、合肥和苏州等地的70余家知名软件企业和日本软件企业建立了实习基地,并与美国克莱姆森大学和日本法政大学、法国SKEMA商学院、荷兰代尔夫特理工大学以及澳大利亚南澳大学等大学合作办学,建立了联合培养软件工程硕士计划,以培养国际化软件人才。

近5年学院教师先后荣获国家教学成果二等奖4项,安徽省教学成果特等奖4项、一等奖1项、二等奖2项;先后承担了多项教育部教学改革项目和安徽省教学质量工程项目;先后承担国家自然科学基金、国家重大专项课题、企业合作课题等项目50余项。

重要发展及重大事件

1. 教学。

483位同学顺利通过答辩,518位(含2014年底答辩,2015年3月申请学位者)同学获得硕士学位。

2015年进行相关专业方向、课程体系和教学计划调整,"信息安全工程"与"网络软件工程"专业方向合并为"网络与信息安全",撤销了"软件项目管理"专业方向,新增"移动软件设计"专业方向。

2014级学生全部顺利进入实习阶段,约有13%的应实习学生进入IBM、INTEL等国际著名公司实习;33%的应实习学生进入百度、腾讯、阿里巴巴等国内著名IT企业实习。

2. 教学研究及科研工作。

2015年,学院教师在SCI索引刊物上发表论文10余篇,承担国家基金委、国家科技重大专项、省基金委等纵向课题5项。主持安徽省高等教育省级振兴计划项目1项,申请2015安徽省质量工程1项、MOOC课程1项。

学院积极推进和实施"互联网+教育"的新型教育模式,推动MOOC和SPOC等O2O教育形式普及。学院参加教育部相关教指委牵头成立的"高校计算机MOOC教育联盟",同时,参与发起并成立"中国教育创新校企联盟"。该联盟包括30余家以"985""211"高校为首的全国不同层次院校,以及阿里巴巴、百度、IBM、思科、甲骨文、中国计算机学会、慧科教育集团等知名单位。我院教师在中国大学MOOC开设"软件工程"和"网络程序设计"课,在网易云课堂上开设"Linux内核分析"课并成功入选为全国工程专业学位教指委首批32门在线课程建设项目之一。

3. 对外合作。

2015年学院进一步加强与国内外知名企业、科研院所及当地政府的交流与合作,并保持与实习重点企业定期沟通机制。接待来访企业50余家;参加2015年中国国际软件人才交流大会;IBM在我院设立学生俱乐部,并提供相应的经费支持。

不断深化与克莱姆森大学计算学院、日本政法大学、荷兰代尔夫特理工大学、澳大利亚南澳大学、法国SKEMA商学院的合作,继续选派学生赴国外学习深造,并同时从法国招收软件工程留学生,同时还选派行政人员去克莱姆森大学进修,加强和促进了学院的教学、科研和行政管理的国际化。

4. 招生就业、学生活动等。

2015年招生595人,985和211高校生源比例提升至68.18%。在下半年进行的2016年推免招生工作中,学院招收了5名新生。

2015 届毕业生 495 名,就业率 100%。约有 11% 毕业生入职排名前十位著名跨国公司(Google、Facebook、Microsoft 等),43% 入职国内排名前十的著名 IT 企业(阿里巴巴、腾讯、百度、华为等)。学院荣获学校"2015 年毕业生就业工作特色奖",3 位老师获得"2015 年毕业生就业工作先进个人"称号。

学院积极组织学生参加各种 IT 科技大赛,获得 Robomasters2015 全国机器人大赛(六大赛区,250 多支参赛队伍)华东赛区一等奖、全国二等奖;获得 2015 年第五届"华为杯"中国大学生智能设计竞赛(包括清华大学、北京大学、香港中文大学等 55 所高校组织共 285 支队伍参赛)全国一等奖。

学院着重创新创业教育,成立研究生会项目孵化工作室并给予设备等资源扶持和专业老师指导。在 2015 年第七届"姑苏精英创业大赛"中,申报项目 5 项,最终获得二等奖 1 项,优秀创意奖 1 项,并获得优秀组织奖。参加"吴江创业大赛"最终获得三等奖 1 项,校友项目在当地落地并获得当地政府各方面支持。

学院成立学生党支部 35 个,发展 80 名优秀团员入党。3 项主题团日活动获得校团委资助。评定校级先进个人 20 人、院级先进个人 78 人。2014 级软设 1 班党支部荣获校学生支部先进基层服务型党组织荣誉称号,2014 级微软班党支部书记陈凯菁被评为校优秀共产党员。

环境科学与光电技术学院

学 院 概 况

环境科学与光电技术学院是中国科学院领导在践行科教结合、教育创新的基础上,进一步推进"寓教于研"的重要举措。学院经中国科学院批准,由中国科学院合肥物质科学研究院和中国科学技术大学共同筹建,由中国科学院安徽光学精密机械研究所为主,负责落实中国科学技术大学环境科学与光电技术学院的合作事宜,以培养环境科学与光电技术交叉学科方面具有实际科研能力的高层次精英人才和领军人才为目标。

中国科学院合肥物质研究院与中国科学技术大学在物质科学研究领域具有深厚的基础和优势,其中安徽光学精密机械研究所(安徽光机所)拥有大气光学、环境光学及环境遥感监测技术、激光技术等有特色、有优势的学科领域,现有国家"863"计划大气光学重点实验室、中国科学院通用光学辐射定标与表征技术创新重点实验室、中国科学院环境光学与技术重点实验室、安徽省环境光学监测技术重点实验室,形成了在国内较有鲜明特色的一流科研团队。

2011 年 9 月 28 日,白春礼院长出席环境科学与光电技术学院揭牌仪式并亲自为学院题名。学院将按照科教结合的崭新方式,对学生进行个性化的培养。在科大完成基础课和专业基础课教育,在科学岛完成专业方向课学习,并依托在科学岛相关研究单元雄厚的科研能力和条件完成毕业论文。研究院所将选派相关领域专家承担相应的教学任务,学生将深入研究院所进行专题讨论和科研实习。在校期间,学院还将选派有丰富经验的教授作为学生的学业导师,并聘请国内一流的院士、专家亲自指导学生的学习和科研工作。

学院建设基本思路

以"科教结合、协同创新"为宗旨,发挥中国科学技术大学和合肥物质科学研究院综合优势,面向国家环境科技需求和光电技术前沿,探索科技创新与人才培养紧密结合、协同发展的运行机制,培养和造就具有国际视野、立志造福社会,既掌握环境科学又拥有光电技术的高科技综合型实用人才。

专 业 设 置

学院现有两个一级学科:物理学、环境科学与工程。

物理学目前的主要专业方向有:环境光学、大气光学、光学遥感、光电子技术、激光技术等。

环境科学与工程目前的主要专业方向有:大气物理化学、环境毒理学。

师 资 队 伍

学院师资力量雄厚,现有教授22名,工程院院士3人,"万人计划"1人,中科院"百人计划"3人,安徽省"百人"1人,"青年千人"1人。

研究生工作

2015年招收22名硕士研究生,6名博士研究生。学院首次采取网络视频面试,并对其过程进行全程录像,选拔出具有科研创新潜质和专业能力倾向的优秀生源。

2015年毕业13名硕士研究生,毕业率达100%,毕业生的就业质量非常高,毕业生大多进入国内外著名的科研机构、高等院校和高新技术企业工作,如华为、中兴、京东方等,深受用人单位青睐。

科 研 成 果

承担的国家重大科学仪器设备开发专项"高性能傅立叶变换红外光谱分析仪器开发和应用"的任务3:"气体成分标准光谱测量平台及数据库研发"进展顺利。本年度到款经费85万元,完成了高分辨红外标准光谱测量装置研制,开展了气体成分高分辨红外标准光谱测量,建立了包含温室气体、烟气成分、VOCs等360多种化合物分子的红外吸收标准光谱数据库,能够为傅里叶变换红外光谱仪器在具体行业定性和定量分析提供数据支撑。申请软件登记2项,发明专利1项。

合作交流

积极组织参加由美国光学学会(OSA)举办的在苏州举行的2015年光、能源和环境学术大会,与国内外相关领域的专家进行了积极的交流,并就将来如何开展观测数据应用方面的合作,以及联合开展相关实验的可行性交换了意见。邀请澳大利亚卧龙岗大学David Griffith教授、澳大利亚麦考瑞大学BrianOrr教授、荷兰内梅亨大学Frans Harren教授、美国普林斯顿大学Arthur Dogariu教授、德国宇航中心(DLR)大气物理所Andrex Fix博士、德国海德堡大学Ulrich Platt教授、德国马普化学所Thomas Wagner教授及日本千叶大学Hiroaki Kuze教授等多名国际光学领域的专家分别于会议前后访问学院,进行了深入的学术交流。

2015年9月26日承办了第四届中国环境院所长论坛。为环境领域高校、研究院所、高新企业搭建政产学研交流合作平台,全面推动我国环境学科发展与科技创新的高端学术论坛。来自环境保护部、中国科学院、国家自然科学基金委员会、中国21世纪议程管理中心、安徽省环境保护厅的相关领导,以及重点高校、环保系统、中国科学院系统等80多位涉及环保的研究院/所长和代表140余人出席了本届论坛。

公共事务学院

学院概况

公共事务学院成立于2010年,是中国科大实施建设世界一流研究型大学的发展战略,完善高校服务社会功能,促进社会经济发展和公共事务管理创新而成立的新型学院。

学院已经形成了以知识产权与创新管理、科技政策与科技管理为核心的优势学科,拥有多家成果突出、社会影响力较大的科研机构。国家知识产权培训(安徽)基地是京外首个国家级知识产权培训基地,也是全国唯一连续四年获得国家知识产权局考评优秀的机构;安徽省版权教育示范基地(全国版权示范基地)是全国首家以版权教育为目的的全国版权示范基地;合芜蚌创新人才培训基地多年来为安徽省、合芜蚌创新区培养了一大批科技和管理人才,积极为国家和地方经济建设与社会发展贡献力量;全国专利代理人资格考试考点也落户在学院,是安徽省唯一的专利代理人考试考点。同时,学院与安徽省知识产权局共建的安徽知识产权发展研究中心、与台湾成功大学共建的创新管理研究中心以及科研单位科技法研究室、知识产权研究中心、环境政策与环境管理研究中心、公共政策研究中心等,也是公共事务学院服务于国家和社会建设的重要力量。

学科建设

在学科建设方面,学院的办学特色主要体现在教学-科研-实践的紧密结合,形成了以知识产权与创新管理、科技政策与科技管理为特色的优势学科。同时,学院的专业学位教育特点鲜明,公共管理硕士(MPA)、法律硕士(JM)、国际商务硕士(MIB)、物流工程硕士(MLE)、项目管理硕士(MPM)等学科稳步发展,为国家和地方培养了大批优秀人才。学院践行"科技-经济-社会管理一体化链条"式的人才培养模式,强化以掌握现代科技知识的社会高级公共事务管理型、知识经济管理型以及应用管理型人才的培养。

学院秉承教学、科研与服务社会深度融合的发展思路,在学科建设中充分结合国内社会、政策发展的最新实践,通过参与国家重大研究项目的方式,将学科发展与国家需求紧密结合,以科学研究、政策实践带动学科的优质发展。学院师生参与了国家《促进科技成果转化法》的修订工作,以及合肥市促进科技成果转化条例的制定工作,得到了国家和地方政府机构的广泛认可;在知识产权领域,学院师生积极参与《国家知识产权局十三五发展规划》的制定和完善工作,主持和参与多项国家知识产权局委托科研项目,围绕知识产权开展了社科基金、自然科学基金、国家软科学等项目的研究;同时,学院响应国家支持扶贫的号召,以国家自然科学基金立项、学校重点支持等形式,积极开展与后发区域、贫困地区的交流与合作;学院积极为中国科学院的发展贡献力量,积极参与中国科学院的科技政策制定与管理改革;与世界知识产权组织(WIPO)保持密切的交流与合作,学院师生对于国际知识产权事务参与的热情得到了国际知识产权组织总干事弗朗西斯·高锐的高度评价。

学院积极参与国家、地方的公共事务活动,多次以内参、研究报告的形式为科技部、司法部、发改委、国家知识产权局、中国科学院以及地方政府部门提供高端智力支持,已经建设成为了以知识产权、科技政策为特色的研究团队。

学院拥有一支年轻化的教师队伍,青年教师人数占半数以上,具有博士学位的教师占半数以上。青年教师、博士后是学院发展的主力军,青年教师大多具有丰富的国际交流经验,在知识产权与创新管理、科技政策与科技管理领域拥有扎实的研究基础。2015年学院教师共承担国家级、省部级纵向、横向课题14项,学院师生共发表被SCI、SSCI、EI、A&HCI、CSCD、CSSCI收录的论文45篇,签约和出版译著3部,获得优秀MPA案例创新奖2项。

高 端 培 训

2015年,学院面向中国科学院、各级政府部门、部队及重点行业,成功举办15个培训班,培训1227人次。在培训过程中,采用双师教育、移动课堂、个性化课程设置等一系列特色鲜明的办学方式,强调创新人才的培养,引进先进的学术资源,形成以知识产权、创新管理、科技管理和科技政策为特色的高端培训。其中特色培训项目如:中国科学院国际组织任职及后备人员培训、联想培训班、科研院所知识产权与创新管理培训项目、数字出版与版权管理系列培训项目、科技成果转移及规模产业化系列培训项目、全国专利代理人资格考试强化培训系列项目、安徽省专利工程师岗位培训、国际专利申请(PCT)实务培训项目等。

国际交流与合作

学院通过邀请海外学者访学、接纳外国留学生来校攻读学位、接受交换生、选派教师和优秀学生参加国际学术交流、与海外高水平大学开展联合培养、与港台高校建立双向交流机制、承担中国科学院的国际合作局培训任务、承担安徽省相关厅局海外培训任务等多种形式,全方位地开展了国际交流与合作,与国际知名院校共同举办案例教学,多名富布莱特学者来校讲座交流,先后聘请来自路易斯维尔大学、马里兰大学、剑桥学院、明尼苏达大学、辛辛那提大学的多位学者为学院课程教授,并邀请他们来院做访问教授,增进沟通合作。

招生与就业状况

2015 年学院共招生 119 人,其中留学生 34 人。

2015 届毕业生有硕士 45 人、博士 10 人,共计 55 人。截止到 2015 年 10 月 20 日实现就业率 100%。从总体上看,我院法律硕士专业毕业后就业方向为律师(46%)、公检法人员(9%)、企业法务(36%)、其他事业单位(9%)等与法律专业密切相关的行业,较好地实现了专业对口。

学院物流工程专业毕业后就业可选范围广泛,主要集中在企业生产、物流类行业(59%),咨询类行业(41%)专业就业形势较好。

学院公共管理专业毕业后的方向主要是升学深造(32%),其他毕业就业方向为:高校教育单位(27%)、国有企业(18%)、其他企业(14%)、政府机关(9%)。

党群与学生工作管理

学院党总支 133 人,教工党员 33 人,学生党员 100 人。分党委重视学生党支部建设,指导学生党支书工作。党总支每年对各班党支部书记进行集中培训,明确党员发展程序,传达党的先进政策,支持党支部工作开展;青年教工、学生撰写党建征文 4 篇,两篇获得二等奖,一篇获得三等奖。分党委组织主题党日活动,带领党员前往渡江战役纪念馆、长临河镇等地接受党的文化熏陶,坚定党员意志。

2015 年,学院 4 人获得国家奖学金,10 人获得光华奖学金,2 人获得兴业全球责任奖学金,1 人获得智造顺德奖学金,5 人获得 2015 届双优毕业生奖,12 人获得校优毕业生奖。在校级"毕业生风采"征文活动中,学院 2 篇文章获得二等奖,在校运动会比赛中,学院运动会方阵获得团体第二名,1 人获得女子组 100 米第一名,学院获就业工作引导奖,2 名教师获得就业工作先进个人奖,学院首届博士留学生 Muhammad Shabbir 和 Muhammad Waqas Raja 顺利毕业,获得学位。

国家同步辐射实验室

学 院 概 况

国家同步辐射实验室是我国批准建设的第一个国家实验室,建有我国第一台以真空紫外和软X射线为主的专用同步辐射光源（简称"合肥光源""NSRL"）。其主体设备是一台能量为 800 MeV、平均流强为 300 mA 的电子储存环，一台能量为 800 MeV 的电子直线加速器做注入器。

国家同步辐射实验室一期工程 1984 年 11 月 20 日破土动工，1989 年建成出光，1991 年 12 月通过国家验收，1998~2004 年实验室完成了九五期间国家首批启动的重大科学工程项目——"国家同步辐射实验室二期工程"建设项目，并于 2004 年 12 月通过国家验收。2010~2015 年，为了向用户提供更好的实验条件，在中国科学院和中国科学技术大学的共同支持下，合肥光源进行新一轮重大升级改造，并于 2016 年 1 月 6 日通过中国科学院组织的验收。

重大维修改造完成后，合肥光源稳定性明显改善，接近三代同步辐射光源水平，与北京、上海光源形成优势互补，将在真空紫外-软X射线能区发挥不可替代的作用。

工 作 进 展

1. 机器研究与性能提升

升级改造过程中，合肥光源保持自主创新的传统，自主研发，攻克了一个个技术难关。

改进黄金轨道的测量方法，测量精度提高到 20 μm，保证束流轨道的高重复度；优化束流轨道反馈控制程序，校正磁铁电源动态、静态特性，束流轨道稳定度优于 2 μm；发展扫描束流轨道的束流清洗方法，促进光解析，提高清洗效率，束流寿命大幅度改善。同时，还实现了各个系统的性能提升。

各线站积极发展新的实验方法、提升实验能力。ARPES 线站建设了原位 MBE 系统满足用户需求，优化实验站真空设计并使真空度提高半个数量级，开展波荡器光源偏振特性研究；光电子能谱站设计建设准原位催化反应光电子能谱测试环境并投入开放运行；燃烧实验站研发了催化反应同步辐射光电离质谱测试平台，为催化研究领域提供了新实验方法，获得用户好评。

2. 合肥光源重大维修改造项目

1 月，升级改造后的合肥光源迎来首批用户；4 月 10 日，通过中国科学院条件保障与财务局组织的工艺设备和财务专业组验收；7 月 25 日，通过档案专业组验收。

经过一年试运行，合肥光源运行稳定，各项参数均达到预期指标。2016 年 1 月 5 日，项目圆满通过中国科学院条财局组织的总体验收。验收专家组一致认为："改造后，装置的性能及运行的稳定性、可靠性得到了大幅度的提高，达到同类装置的国际先进水平……该项目全面完成任务书批复的建设内容，各项技术指标达到或优于任务书设计指标。验收专家组一致同意通过验收。"

3. 合肥光源供电系统改造项目

2015 年，中国科学院大科学装置维修改造项目"合肥光源供电系统改造"启动，主要建设内容包括：改造目前的高压 10 kV 单回路进线为 10 kV 双回路供电；全面升级更换型号旧、能耗巨大的变配电设备，如变压器，高、低压配电柜等。该项目完成后，将大大提高供电系统的可靠性，为合肥光源的安全可靠运行提供有力保障。

4. 重要成果

NSRL 瞄准国际前沿和国家需求,凝练科学目标和研究领域,联合高水平用户,在材料、能源、环境等基础研究和应用研究方面取得了一系列重要成果。

2015 年 NSRL 发表论文 173 篇,其中影响因子大于 3.0 的有 94 篇,1 区 50 篇,发表在《Nature》《Journal of the American Chemical Society》《Nature Communication》《Angew. Chem. Int. Ed》《Small》《Advanced Materials》《Nanoscale》《Carbon》等国际著名期刊上。

异质结界面工程构建新型有机乌尔曼反应催化剂:通过对 MoS_2 超薄纳米片进行电子结构调控,制备了具有优异催化性能的二维纳米异质结催化剂 Cu_2S/MoS_2。利用同步辐射分析技术对过渡金属催化剂表面元素价态和价电子结构进行分析,证明了界面效应的存在,从而揭示了催化性能提升的内在机制。

重电子掺杂 FeSe 基超导体 $(Li_{0.8}Fe_{0.2})OHFeSe$ 的电子结构研究:利用合肥光源角分辨光电子能谱实验站,研究了 $(Li_{0.8}Fe_{0.2})OHFeSe$ 超导材料的电子结构,发现其费米面只存在电子型口袋,并且超导能隙表现出各向同性行为。

国内外合作与交流

实验室获批"引进海外高层次文教专家重点支持计划"1 项、"高端外国专家"项目 1 项,获批并执行"国家外国专家局外国文教专家"项目 2 项,邀请了来自美国、意大利、德国、法国、日本等多个国家的专家学者来我室进行学术交流。

8 月,依托科技部国际合作司中泰政府间科技合作联委会会议合作项目,与泰国同步辐射光源中心就加速器准直领域进行了深入交流并对未来合作进行了展望。

11 月,实验室陆亚林主任受邀赴美国劳伦斯伯克利国家实验室交流访问,与 ALS 光源在人才培养、学术交流、科研人员互访等方面达成了合作意向;双方确定共同在合肥举办 2016 年国际软 X 射线先进光源应用研讨会。

与苏州大学重要用户合作建设软 X 射线吸收光束线和实验站,将为我国纳米科学的结构表征提供先进的支撑平台。

与中国工程物理研究院达成共建实验室意向,合作开展下一代先进光源——X 射线自由电子激光研究工作。

8 月 10~15 日,举办"硬、软 X 射线吸收谱学及应用研讨会暨讲习班"。

8 月 12~14 日,举办"2015 年度用户会议",对合肥光源更好地发挥重大科技基础设施的开放服务功能起到了积极的促进作用。

8 月 20~21 日,举办"2015 年度运行会议"。

研究生培养

实验室注重研究生科研实践能力的培养,积极组织学术交流,拓宽研究生科学视野。

12 月 19 日,举办 2015 年研究生学术论坛。

7 月 20~24 日,举办第五届交叉科学夏令营。

合肥微尺度物质科学国家实验室(筹)

合肥微尺度物质科学国家实验室于2003年11月被科技部批准正式筹建,它是以国家重大战略需求和交叉前沿基础研究为导向的新型国家实验室,涵盖学科包括物理、化学、生物、信息、材料及其交叉。

实验室现设有原子分子科学、纳米材料与化学、低维物理与化学、量子物理与量子信息、生物大分子结构与功能、Bio-X交叉科学、理论与计算科学7个研究部和1个包含理化分析、生物技术、低温强磁场、多尺度影像、微加工等平台的公共技术部。

实验室现有研究人员169人,包括11位中国科学院院士,14位长江特聘教授,40位"国家杰出青年",8位国家长期"千人计划"入选者,56位"百人计划"入选者,24位"青年千人计划"入选者,8个基金委优秀创新群体和6个教育部优秀创新群体。

实验室是国家首批"海外高层次人才创新创业基地"之一、全国教育系统先进集体、第三届中国科学院创新文化建设先进团队、国家"量子调控"重大研究计划委托研究基地。实验室已在"量子调控""蛋白质研究""纳米研究"和"发育与生殖研究"等国家"重大研究计划"中领衔承担项目20项,名列国内研究机构前列。实验室还承担了中国科学院"量子科学与技术前沿交叉研究"B类先导专项;中国科学院"量子科学实验卫星"A类先导专项及多项知识创新工程重大项目和国家有关军工重大项目。实验室支撑的"量子信息与量子科技前沿协同创新中心"成为教育部公布的首批14家通过认定的协同创新中心之一。2014年度,实验室支撑的"量子信息与量子科技前沿卓越创新中心"正式启动,成为中国科学院首批启动的5个卓越中心之一。

本年度实验室承担和参与各类研究项目约470项,累计已到位竞争型科研经费35800万元(不包括军工项目经费)。与去年相比,经费出现大幅上涨,人均项目数和金额有较大增加。其中,承担科技部国家重大研究计划、"973"项目、"863"项目等经费约6833万元,占总经费的19%,中国科学院战略性先导专项等经费约18512万元,占总经费的51.7%,承担国家自然基金项目(课题)的经费约10048万元,占总经费的28.1%,其他部委和省市项目(课题)经费约430万元,占总经费的1.2%。横向项目13项,到位经费3200.5万元。

本年度,实验室学术产出捷报频传,硕果累累。新年伊始,微尺度就实现了CNS(《Cell》《Nature》《Science》)三连击,赢得开门红。12月,英国物理学会(Institute of Physics)新闻网站《物理世界》(Physics World)公布2015年度国际物理学领域的十项重大突破,潘建伟教授和陆朝阳教授等完成的"多自由度量子隐形传态"研究成果名列榜首("Breakthrough of the Year"),同时也是由"两院"院士评选的2015年度中国十大科技进展新闻之首。本年度,潘建伟课题组的"多光子纠缠及干涉度量"获得国家自然科学一等奖;王均教授参与研究的"恶性肿瘤转移的调控机制及靶向治疗的应用基础研究"获国家自然科学二等奖;刘世勇课题组的"响应性高分子的可控合成与超分子组装体功能调控"获2015年安徽省科学技术奖一等奖;杜江峰课题组"基于单自旋量子探针的单分子磁共振探测技术"获2015中国分析测试协会科学技术奖（CAIA 奖）特等奖，这也是微尺度研究成果第三次获得该奖项。

2015 年实验室已发表 SCI 收录论文 810 多篇，其中独立完成或第一单位的文章计 372 篇。在这些论文中，I 区论文有 306 篇，占发表总量的 38%，包括《Cell》《Nature》和《Science》等国际顶级期刊（《Cell》1 篇，《Nature》1 篇，《Science》1 篇，《Nature》子刊 22 篇）。此外，本年度实验室获国家授权发明专利 43 项。

2015 年度，实验室人才工作稳步推行。从海外成功引进 1 位"千人计划"创新长期计划入选者，4 位"青年千人计划"入选者。本年度人才队伍获得的荣誉有：马蒂亚斯奖、"何梁何利基金科学与技术进步奖"、全国首届"最美青年科技工作者"、"全国先进工作者"荣誉称号和"世界杰出女科学家成就奖"等。

2015 年度，实验室招收硕士研究生 84 人，博士研究生 89 人，其中享受政府奖学金的外国留学生 13 人；毕业授博士学位共 36 人，硕士学位共 7 人。本年度实验室荣获校 2014 年度院级"优秀分团委（团总支）"荣誉称号，2009 级黄璞同学获 2014 年"安徽省十佳大学生"，1 人获"中国科学院院长特别奖"，5 人获"中国科学院院长优秀奖"，4 人获"中国科学院朱李月华优秀博士生奖"，3 人获"求是研究生奖学金"，4 人获"省高校品学兼优毕业生"。

实验室紧密围绕"国际化、开放性、高水平"的理念，不断推进国际学术合作和交流。2015 年，共有来自海内外的 114 位专家与学者来实验室进行合作研究与学术交流，共作学术报告 116 场次（其中美国和欧洲等海外人员 58 人次）；实验室研究人员受邀在美国物理学国际会议和美国免疫学年会等重要会议上作学术报告 130 人次。

2015 年实验室积极改善和促进公共平台的建设。本年度实验室购置设备价值约 4108 万元。理化分析实验室和低温强磁场实验室自 2015 年 10 月初开始进行搬迁，12 月中期仪器设备基本全部投入运行，正常开展测试工作。基础设施改善和新仪器的投入，使实验室及学校公共技术支撑的硬件水平得到了提升，促进了学校教学科研的发展。

实验室秉承"科教报国，服务社会"的理念，十分重视公众开放和科技普及活动：2015 年度，物理科学营吸引了全国各地 500 余名优秀中学生积极参与学习交流；2015 年东亚研究型大学协会（AEARU）大学生夏令营成功举办，积极有效地促进成员及高校间的学术研讨、素质拓展、文化交流。此外，以"科技与生活相伴、科普与趣味融合"为主题的科技活动周也如期开展，吸引了数千名中小学生及家长的参与。此外，本年度实验室共接待了海内外包括斯坦福大学、瑞典皇家工学院、纽约州立大学等国内外院校、研究机构、社会团体来访人员，累计 100 余人次。

十六、2015年大事记

1月

2日 《德国应用化学》杂志发表我校合肥微尺度物质科学国家实验室和化学与材料科学学院曾杰教授研究组在铂铜双金属分形材料可控合成和生长机理研究方面所取得的重要成果。该组研究人员通过对铂铜双金属晶体的成核及生长进行动力学调控,成功合成了不同尺寸的具有三角双锥外形的铂铜双金属分形结构。

3日 中国科学院长春光学精密机械与物理研究所和英国自然出版集团合作出版的《光:科学与应用》杂志发表我校中科院量子信息重点实验室孙方稳研究组文章。该组利用光学超分辨成像技术实现了对单个自旋态的纳米量级空间分辨率测量和操控,其成像精度达到4.1纳米。

3~8日 中国哈尔滨国际冰雪节组织委员会和教育部高等学校工业设计专业教学指导委员会共同主办、哈尔滨工程大学承办的第七届国际大学生雪雕大赛在哈尔滨举行,由研究生支教团第十七届支教队四名队员组成的我校代表队参赛,并荣获大赛优秀奖。

4日 学校举行后勤工作院士座谈会,听取院士的意见和建议。朱清时、王水、何多慧、伍小平、郭光灿、张裕恒、俞昌旋、万元熙、郑永飞、赵政国、谢毅等在校院士及家属代表出席了座谈会。

4日 上海市委副书记应勇一行到我校上海研究院量子工程卓越中心参观调研。副校长、中心主任潘建伟院士向应勇副书记一行做了关于量子技术前沿进展工作的汇报,并代表学校对上海市的支持表示了感谢。

4~6日 副校长窦贤康率新提任中层干部培训班部分学员赴清华大学、北京大学集中调研,学习借鉴兄弟高校的成功经验和做法。新提任中层干部培训班部分学员还赴天津大学进行了集中调研和对口交流。

5日 应我校科研部邀请,中国工程物理研究院专家组一行7人出席在我校召开的国家自然科学基金NSAF联合基金申请工作交流会,针对2015年度NSAF联合基金申请、加强科研合作等事宜与我校老师展开讨论。

5日 美国《物理评论快报》杂志发表我校近代物理系杜江峰教授团队的彭新华教授等和香港中文大学刘仁保教授的理论研究组合作研究成果。他们在多体系统的量子模拟方面取得重要进展,在国际上首次成功实现了探测虚磁场中李-杨零点的实验。

6日 学校召开2015年第一次学生工作负责人例会。

6日 学校举办"梦圆中国——2015中科大留学生新年晚会"。

7日 "全国高校教学基本状态数据库"中国科大分中心建设协议签约会议在我校召开。

7日 物理学院与中国科学院上海微系统与信息技术研究所签署合作协议,联合创办"吴自良超导英才班",共同培养有志于从事材料物理和超导量子信息技术研究的本科生,为相关领域输送优秀的后备人才。同日,学校为获得2014年度微系统所奖学金的11名本科生举行颁奖仪式。

7日 "中国科大研究生院科学岛分院"在合肥物质科学研究院强磁场中心揭牌。

8日　学校召开第十届校学术委员会第一次全体会议。

8日　学校召开2014年度学位与研究生教育冬季工作会议。

9日　中共中央、国务院在人民大会堂隆重举行国家科学技术奖励大会,揭晓2014年度国家科学技术奖的评选结果。我校化学与材料科学学院俞汉青教授、盛国平教授等作为主要完成人的成果"废水处理系统中微生物聚集体的形成过程、作用机制及调控原理"被授予国家自然科学二等奖,我校工程科学学院龚兴龙教授与东南大学合作者的研究成果"高稳定高耗散减振材料制备关键技术与装置开发及工程应用"被授予国家技术发明二等奖。

9日　学校召开宣传工作座谈会,许武书记、侯建国校长出席会议并讲话。校友总会副会长鹿明、中央驻皖及省市新闻单位记者等参加了会议。

9日　学校举行第五届研究生、本科生科技创新大"汇"堂闭幕式暨第十四届"挑战杯"全国大学生课外学术科技作品竞赛校内赛评审及颁奖仪式。

10日　生命科学学院召开中国科学院天然免疫与慢性疾病重点实验室第一届学术委员会第一次会议。

11日　由中国光学学会主办的"光耀中华·创新圆梦——2015国际光年报告会"在我校举行。我校郭光灿院士,中科院安徽光学精密机械研究所所长刘文清院士,北京大学龚旗煌院士,我校物理学院院长、中科院理论物理研究所欧阳钟灿院士,我校光学与光学工程系主任、中科院理化技术研究所许祖彦院士,中科院长春光学精密机械与物理研究所王家骐院士和我国最主要的几个光学方面的研究院所所长先后在会议上作报告。

11日　我校中国科学院无线光电通信重点实验室召开第一届学术委员会第一次会议。

12日　安徽省委书记张宝顺在调研合肥市创新型企业和创新平台建设中重点考察了中国科大先进技术研究院。省委常委、省委秘书长唐承沛,省委常委、合肥市委书记吴存荣,省科技厅厅长徐根应陪同调研。考察中,张宝顺书记对先研院发展情况给予了充分的肯定。

13日　2014年"安徽省十佳大学生"评选工作揭晓。我校2009级量子信息物理专业博士研究生黄璞、2009级精密仪器及机械专业博士研究生丁国亮、2013级微电子专业博士研究生屈直分别在科技创新类、自主创业类、国际交流类获得"安徽省十佳大学生"称号。

13~14日　学校召开第九届教代会第一次会议,本届教代会正式代表、特邀代表和列席代表出席了大会。校长侯建国代表学校行政领导班子作题为《科教融合　率先突破　全面推进综合改革　争创世界一流大学》的报告。校党委书记许武发表题为《从严治党　改进作风凝聚力量;勇于担当　攻坚克难深化改革》的讲话。大会听取了九个代表团关于分组讨论情况的汇报。其间举行了2014年度杰出研究校长奖、第七届"平凡基金-教育奖"、第三届青年教师教学基本功竞赛奖颁奖仪式,许武书记、侯建国校长分别向获奖者颁发了获奖证书。

14日　学校举行郑中华校友捐赠仪式,博约信息科技有限公司总裁郑中华校友代表公司捐赠我校100万元。

14日　校党委书记许武、副书记蒋一率队走访中国人民解放军电子工程学院,与该院政委沈千红、副政委聂泽旭等座谈交流。

14日　英国《自然》杂志子刊《自然·通讯》发表我校俞书宏教授研究组研究成果。该组发展了一步法合成技术,成功实现了二硒化钴和二硫化钼材料的"化学嫁接",研制了具有析氢性能接近贵金属铂的水还原高效复合催化剂。

14 日　由俄罗斯联邦驻上海总领事馆授权我校团委、博物馆与安徽大学俄罗斯研究中心共同举办的俄罗斯总理梅德韦杰夫摄影展在我校博物馆展出。

14 日　第九届教代会发展与规划工作委员会召开会议，研讨学校综合改革方案（第 18 稿）。

15 日　全国高层次科普专门人才培养指导委员会调研组来我校调研。

15 日　国家国际科技合作基地认定证书授予仪式在哈尔滨举行。我校刘乃安研究员牵头申报的"大尺度火灾国际联合研究中心"经专家评审、答辩后获得认定，成为我校首个国家级国际联合研究中心。

16 日　学校召开法律硕士专业学位授权点专项评估工作会议，布置相关工作。

16 日　"基于可调谐红外激光的能源化学研究大型实验装置"国家重大科研仪器设备研制专项的仪器研制和年度总结会议在我校召开。

17~18 日　国家 973 计划"大陆俯冲带壳幔相互作用"项目实施暨学术交流会在我校召开。

19 日　安徽省民间组织管理局、安徽省文明办、安徽省工商联、安徽省科协、安徽省社科联和安徽社会组织联合会共同举办了"百优社会组织"评选活动。我校教育基金会在近万家社会团体中脱颖而出，荣获第四届安徽省"百优社会组织"荣誉称号，并被授予奖杯与荣誉证书。

20 日　学校召开公共支撑体系 2014 年冬季总结交流工作会议。

20 日　安徽省发改委副主任吴劲松一行来国家同步辐射实验室调研。

21 日　我校常州专业学位研究生培养基地第二届理事会第二次会议在常州举行。

22 日　学校召开新一届校教学委员会第一次会议。

22 日　校党委召开加强和改进宣传思想工作座谈会。

22 日　物理学院召开 2014 年终总结教授大会。

22 日　上海市公务员局就选调生工作来我校调研。

22 日　第九届教代会提案工作委员会召开提案工作委员会第一次工作会议。

23 日　美国《物理评论快报》杂志发表我校中科院软物质化学重点实验室、合肥微尺度物质科学国家实验室和物理系徐宁教授课题组的研究成果。该组延续之前对胶体玻璃化转变和 Jamming 转变关联性的系列研究，揭示了硬球胶体玻璃的本质：与以往我们对固体的认识不同，硬球胶体玻璃是不能承载可严格定义的横向成分声子的固体。

25 日　学校召开 2014 年度团组织工作考评交流会。

26 日　校党委召开挂职干部工作座谈会。

26 日　核探测与核电子学国家重点实验室（科大部）召开 2014 年工作总结会。

26~27 日　生命科学学院召开第十届科研年会暨 PI 战略研讨会。

27 日　火灾科学国家重点实验室召开第五届学术委员会第一次会议。

27 日　学校召开 2014 年度学生工作总结会。

28 日　《德国应用化学》杂志发表我校化学与材料科学学院梁高林教授课题组研究成果。该组研究人员使用还原剂谷胱甘肽控制小分子的缩合，用溶液酸碱性控制低聚物的自组装，得到低聚物纤维，形成一种新型水凝胶。

28日 美国《纳米快报》杂志发表我校中科院能量转化材料重点实验室、化学与材料科学学院材料系余彦教授课题组与德国马普(Max-Planck)固体研究所合作研究成果。他们发展了一种室温氧化还原自组装方法，成功合成了混价钒氧化物的三维纳米织构，并将该材料应用于高能量密度锂离子电池正极材料，取得了优异的电化学性能。

29日 2014年度中国科学院杰出科技成就奖颁奖仪式在中国科学院举行。我校侯建国院士领衔的"单分子尺度的量子调控研究集体"荣获中国科学院杰出科技成就奖。中国科学院院长、党组书记白春礼为获奖代表侯建国院士颁奖。

29日 经中国科学院国际合作局组织专家评审，并经中科院院长办公会议讨论通过，包括我校合肥微尺度物质科学国家实验室陆朝阳教授和同步辐射国家实验室朱俊发教授在内的3位科学家荣获"2014年度中科院青年科学家国际合作伙伴奖"。我校作为获奖专家推荐单位获中科院通报表彰。

29日 2015中国功能农业发展趋势分析会上，中国功能农业产业联盟发布由我校功能农业团队尹雪斌博士执笔的《2015中国功能农业产业发展报告》。

30日 《美国化学会志》杂志发表我校国家同步辐射实验室韦世强教授、闫文盛副研究员、孙治湖副研究员和刘庆华副研究员等人文章。他们利用同步辐射软X射线吸收谱学技术，在研究二维超薄MoS_2半导体磁性材料的结构、形貌和性能调控中取得重要进展。

31日 2014年中国/世界十大科技进展新闻在北京揭晓。我校潘建伟教授团队"量子通信安全传输创世界纪录"入选2014年中国十大科技进展新闻。至此，我校先后有14项成果分别入选12个年度中国/世界十大科技进展新闻。

31日 学校召开2014年冬季后勤工作会议。

1月31日～2月1日 第35届国际企业管理挑战赛暨第19届中国赛区总决赛在北京举行，我校管理学院的两支团队双双获得中国赛区团队一等奖；MBA中心张圣亮老师和朱宁老师分别获得"金牌指导教师"称号；中国科大管理学院荣获全国比赛一等奖、最佳组织奖和华东赛区冠军等集体奖。

本月 《美国数学会杂志》发表我校"千人计划"教授陈秀雄和英国数学家、菲尔兹奖得主唐纳森(Donaldson)，及我校校友、陈秀雄教授学生孙崧博士的合作文章。他们成功解决了第一陈类为正时的"丘成桐猜想"。文章电子版早于2014年3月28日在线发表。

本月 美国《细胞》杂志发表我校生命科学学院、中科院天然免疫与慢性疾病重点实验室及合肥微尺度国家实验室(筹)周荣斌研究组、田志刚研究组与北京蛋白质组中心丁琛研究组合作研究成果。他们在NLRP3炎症小体调控机制研究方面取得重要突破，发现神经递质多巴胺可以通过抑制NLRP3炎症小体缓解神经炎症和系统炎症。

本月 工程科学学院热科学和能源工程系李晶特任副研究员在德国施普林格(Springer)出版社出版题为《Structural Optimization and Experimental Investigation of the Organic Rankine Cycle for Solar Thermal Power Generation》的英文专著。

本月 我校地球和空间科学学院陈晓非教授于近日当选为国际大地测量与地球物理学联合会(IUGG)首批会士(fellow)，IUGG会士正式公告中表彰他在地震波传播、震源破裂动力学以及强地面运动评估领域所作出的突出学术贡献，以及他对地震学界所做出的服务工作。

本月　《欧洲分子生物学学会杂志》发表我校生命学院高平课题组和北京大学汪阳明课题组合作研究成果。他们发现了 miRNA 对于维持干细胞糖代谢水平和调控体细胞重编程中代谢转换至关重要。

本月　教育部印发《教育部办公厅关于批准清华大学数字化制造系统虚拟仿真实验教学中心等 100 个国家级虚拟仿真实验教学中心的通知》，经安徽省教育厅推荐和中国高等教育学会组织的形式审核、网络评审以及会议评审，我校"化学虚拟仿真实验教学中心"获批准为国家级虚拟仿真实验教学中心。这是我校继物理虚拟仿真实验教学中心 2014 年入选首批国家级虚拟仿真实验教学中心之后的第二个国家级虚拟仿真实验教学中心。

本月　招生就业处组织部分院系开展毕业生就业工作调研。

2 月

3 日　中央教育实践活动办公室综合组组长、中组部组织一局副局长黄川率调研组来我校调研教育实践活动整改落实工作，并召开工作座谈会。

4 日　美国《物理评论快报》杂志发表我校中科院量子信息重点实验室在高维量子中继研究方向取得的又一重要成果。该实验室史保森小组在国际上首次实现了光子轨道角动量纠缠的量子存储，进一步证明了基于高维量子中继器实现远距离大信息量量子信息传输的可行性。

4 日　《德国应用化学》杂志发表我校钱逸泰课题组研究成果。该组发展了一种低温（200 ℃）熔盐体系中还原四氯化硅制备硅纳米材料的方法，将该材料应用于锂离子电池负极材料，展示出了优异的电化学性能。

4 日　英国《自然》杂志子刊《自然·通讯》发表我校中科院量子信息重点实验室董春华研究小组与邹长铃博士后研究成果。他们首次在介质微腔内实现了基于布里渊散射声学声子的光信息存储，存储寿命可达十几微秒。

5 日　在九三学社安徽省十届五次全委扩大会议上，我校九三学社基层委员会荣获 2014 年度社务工作先进基层组织、"百名专家乡村学堂讲科普"活动先进集体、宣传工作先进集体等多项表彰。同时，多名社员荣获 2014 年度个人单项奖。

5 日　管理学院 EDP 年度盛典暨 2015 新春年会在合肥开启。

7 日　《美国化学会志》杂志发表我校杨上峰教授课题组研究成果。该组研究人员成功合成并分离表征了一种十余年来一直被认为因稳定性低而"不可被分离"的新结构内嵌富勒烯，这一发现弥补了内嵌富勒烯研究领域的一席空白，实验上证明了分离出低稳定性的新结构富勒烯的可能性。

7 日　国家同步辐射实验室召开 2014 年度工作总结会。

9 日　美国《自然-结构和分子生物学》杂志发表我校生命科学学院单革教授实验室研究性论文，报道了其实验室发现的一类新型非编码 RNA 以及此类非编码 RNA 的功能和功能机理。文章的共同第一作者为李兆勇副教授以及博士生黄川和包纯。

11 日　校团委组织我校寒假留校学生欢聚一堂，举办温馨热闹的小年夜联欢活动。

12 日　中国科学院在京发布新时期的办院方针："三个面向""四个率先"，即"面向世界科技前沿,面向国家重大需求,面向国民经济主战场,率先实现科学技术跨越发展,率先建成国家创新人才高地,率先建成国家高水平科技智库,率先建设国际一流科研机构"。

12日 《美国化学会志》杂志发表我校合肥微尺度物质科学国家实验室和化学与材料科学学院曾杰教授课题组与美国Akron大学彭振猛教授合作研究成果。他们在质子交换膜燃料电池阴极催化剂的研制方面取得重要进展。研究人员通过在钯纳米晶上外延生长超薄铂镍合金原子层的方法,成功构筑了Pd@PtNi核壳纳米催化剂。该催化剂具有很高的铂原子利用率,在催化质子交换膜燃料电池阴极氧化还原反应中表现不俗。

13日 安徽省政协副主席、省总工会主席童怀伟,省总工会党组书记、副主席徐建,省总党组成员、经审会主任胡东辉等,来我校看望并慰问校学术委员会主任、全国先进工作者何多慧院士。

16日 《德国应用化学》杂志发表我校化学与材料科学学院、合肥微尺度物质科学国家实验室熊宇杰教授课题组研究成果。该组研究人员设计了一类独特的金属钯纳米结构,该结构同时具有高催化活性表面和太阳能利用特性,在光驱动有机加氢反应中展现出优异的催化性能。

18日 学生工作部(处)、研究生院、国际合作与交流部和饮食服务集团联合举办除夕餐会,为寒假留校学生送上新年祝福。

26日 科技部公布了2014年创新人才推进计划入选名单,我校刘世勇、龚流柱、李传锋、李厚强、韩良等5位老师入选中青年科技创新领军人才,窦贤康领衔的"地球空间环境及其对太阳活动的响应研究创新团队"入选重点领域创新团队。截至目前,我校共有13位老师入选创新人才推进计划,并于2013年被授予创新人才培养示范基地。

26日 英国《自然》杂志以封面标题的形式发表我校潘建伟院士及其同事陆朝阳、刘乃乐等的研究成果。他们在国际上首次成功实现多自由度量子体系的隐形传态。这是自1997年国际上首次实现单一自由度量子隐形传态以来,科学家们经过18年努力在量子信息实验研究领域取得的又一重大突破,为发展可扩展的量子计算和量子网络技术奠定了坚实的基础。

本月 经学校党政联席会议研究决定,张明杰院士兼任生命科学学院院长。

本月 美国国家科学基金会(NSF)和美国《大众科学》杂志公布2014~2015年度Vizzies国际科学可视化竞赛获奖名单。由我校先进技术研究院新媒体研究院和清华大学出版社联合制作的"美丽化学"项目荣获视频类专家奖。这是来自中国大陆的参赛作品首次在该竞赛中获奖。

本月 来自全国27个省(市)的我校学生利用寒假返乡的机会,分赴全国100个地区的157所中学,以毕业生探访母校的形式开展新一届"情系母校"中学校园招生宣讲活动。

3月

3日 学校召开2015年第二次学生工作负责人例会,全面布置本年度学生工作。

3日 学校召开会议,布置2015年学位与研究生教育近期工作及硕士研究生复试录取工作。

3日　美国《物理评论快报》杂志发表我校中国科学院量子信息重点实验室史保森教授小组研究成果。他们首次在非线性四波混频过程中观测到光学前驱波的产生,对深入研究光脉冲在非线性介质中的传播行为具有重要意义。

4日　美国物理学会三月会议期间,我校与北京大学、复旦大学、南京大学、清华大学等五所具有物理学国家一级重点学科的学校在美国德克萨斯州圣安东尼奥市联合举办了海外人才引进宣讲会。我校物理学院为此次会议主办单位。

4日　美国《物理评论快报》杂志发表我校潘建伟、陆朝阳等人研究成果。他们在国际上首次发展了量子光学实验方法动态调控"人造原子"的单光子发射,在两能级原子体系中通过多激光缀饰态和量子干涉机理消除自发辐射谱线,证实了多光子 ac 斯塔克效应和自发辐射相干理论,为固态体系高性能单光子源和量子计算的研究开辟了新途径。

5日　由我校和中国科学院昆明动物研究所共同成立的"天然活性多肽联合实验室"在我校举行揭牌仪式。

5~6日　校工会举办庆祝"三八"国际劳动妇女节系列活动。

6日　学校召开 2015 年校务工作会议。校党政领导班子成员在全面分析研判国家科教形势的基础上,讨论梳理学校发展面临的机遇和挑战,深入研讨 2015 年学校重点工作。

6日　美国《科学》杂志发表我校杜江峰教授团队研究成果。他们将量子技术应用于单个蛋白分子研究,在室温大气条件下获得了世界上首张单蛋白质分子的磁共振谱。

9日　学校召开 2015 年春季研究生教学秘书工作研讨会。

9~11日　招生就业处连续举办"求职就业工作坊"系列讲座。

10日　管理学院与新闻中心联合召开新闻发布会,宣布该院正式通过国际精英商学院协会(AACSB)认证,成为中国大陆第 10 家通过 AACSB 认证的单位,同时也是全球首家按照 AACSB 最新标准获得国际认证和国内首家 EDP 获得认证的单位。

11日　学校召开翻译硕士专业学位授权点专项评估校内评审会议。

13日　学校举办张明杰院士兼任生命学院院长聘任仪式。

13日　针对近期启动的 2015 年国家留学基金委优秀本科生项目和港台地区交流项目,教务处举办本科生境外交流项目宣讲会。

13日　美国《物理评论快报》杂志发表我校潘建伟教授及其同事陈帅、邓友金等在超冷原子量子模拟领域取得的重要进展。他们在超冷铷原子形成的自旋-轨道耦合玻色-爱因斯坦凝聚体系中,首次在实验上精确测量了该体系完整的激发谱特性,发现并深入研究了该激发谱中"旋子-声子"结构的性质。该实验除进一步揭示了自旋-轨道耦合体系超流性质外,更为重要的是首次揭示弱且短程的相互作用体系可以具有旋子形式的激发谱,为今后强关联体系的量子模拟提供新的途径。

14日　2015 年安徽省"中学生英才计划"拜师仪式在我校举行。

15日　副校长窦贤康、朱长飞与新提任中层干部培训班一班(学院、实验室系列)学员就学院队伍建设、科研组织等有关学院管理工作问题进行了专题座谈交流。

16日　美国《纳米快报》杂志发表我校中国科学院量子信息重点实验室任希锋研究组研究成果。该组在量子纳米显微技术研究上取得重要进展,他们利用微纳光纤级联银纳米线波导,首次实现在纳米结构中以表面等离子激元(SPP)的形式传输量子偏振纠缠态,其保真度可以达到93.2%，为纳米光子学和量子信息的有机结合提供了新的思路。

17~19日 招生就业处就业指导办公室按照就业联系人制度的分组，组织全校18个学院（单位）先后召开了6场毕业生就业工作交流会。

18日 第十七届欧莱雅-联合国教科文组织"世界杰出女科学家成就奖"颁奖典礼在法国巴黎举行，欧莱雅（L'Oréal）基金和联合国教科文组织向5位杰出女科学家颁发"世界杰出女科学家成就奖"。我校教授、中国科学院院士谢毅名列其中，成为本届亚太地区唯一获奖人，也是自奖项设立以来第四位获得这一荣誉的中国女性。

18日 学生工作部（处）举办2014级本科生辅导员班主任第四次集体备课。

19日 美国《物理评论快报》杂志发表我校潘建伟教授及其同事陆朝阳、刘乃乐等研究成果。他们在国际上首次实现量子机器学习算法，这是量子计算应用于大数据分析和人工智能领域的开创性实验工作。

19日 我校校友、北京航空航天大学数学与系统科学学院学术委员会主任李尚志教授应邀做客我校"教师教学发展论坛"，作题为《我思我行我MOOC》的报告。

20日 学校召开全校教授干部大会，传达2015年全国"两会"精神，部署本年度党政主要工作。

20日 中国科大-香港城大研究生院交流会议在我校举行。

20日 省考试院研招工作巡视组来我校检查指导2015年硕士研究生招生复试录取工作。

20日 中国科学院主办英文期刊《细胞研究》（《Cell Research》）发表我校生命科学学院张华凤课题组、高平课题组与中山大学肿瘤防治中心宋立兵课题组以及中国科学院武汉物数所唐慧儒课题组等机构合作研究成果。他们合作发现在营养匮乏压力条件下，癌基因cMyc介导的丝氨酸生物合成途径的激活对于癌症的发生、发展起着至关重要的作用。

21~22日 第六届全国大学生数学竞赛决赛在华中科技大学举办，我校共有8名学生参加决赛并全部获奖。非数学专业组翟曦雨、余阳阳、沈默涵、雷蜜获一等奖，黄阳获二等奖；数学专业组钱舰获一等奖，计宇亮获二等奖，陈皓获三等奖。

22日 应日本科学技术振兴机构（JST）邀请，副校长潘建伟院士出席了在北京举办的第六届中日大学校长论坛并与JST签署了合作备忘录。

22日 中华文化大学堂举办第三十四次讲学活动，中南民族大学胡家祥教授作题为《志仁兼举，建设儒家新伦理》的报告。

23日 国务院侨办副主任何亚非率国务院侨办政法司副司长刘香玲、法规处处长严武龙一行，在安徽省副省长花建慧、合肥市副市长刘晓平等人陪同下来我校考察调研，并参观合肥微尺度物质科学国家实验室、校史馆和中国科学技术大学先进技术研究院。

23日 副校长张淑林、陈晓剑、周先意与新提任中层干部培训班二班（机关部门、直属单位系列）学员就机关管理工作进行了专题座谈交流。

23日 学校召开2015年度人口与计划生育工作会议。

23日 英国《自然》杂志子刊《自然·通讯》发表我校杜江峰教授团队研究成果。他们在量子精密测量领域取得突破，利用金刚石中的固态电子自旋，首次实现了室温大气下纳米级分辨率的微波场磁场分量矢量重构测量。

24日　学校召开法律硕士专业学位授权点专项评估校内评审会议。

24日　安徽省高校数字图书馆在我校召开MOOC示范项目建设推进研讨会。

24~25日　国家发展改革委国家投资项目评审中心组织建筑、结构、给排水、暖通、电气、概算等专业领域的专家组成评审组，对我校"十二五"规划国家投资项目初步设计及概算进行评审。

25日　学生工作部（处）举办研究生班主任座谈会。

25日　中国科学院体协第六届第三次常务理事会在云南昆明召开。会上对38个荣获2014年中国科学院"全民健身日"活动先进单位进行了表彰，我校名列其中。

3月25日~4月8日　我校各学位分委员会相继召开会议，审议本年度春季学位申请及博导上岗工作。本次会议共有84位博士、559位硕士和11位学士提交了学位申请，28位导师提交了博导上岗申请。

26日　英国自然出版集团发布《自然指数2015（亚太区）》。我校位列亚太区第九位，国内高校排名第四。

26日　国家人力资源和社会保障部副部长、外国专家局局长张建国一行来我校调研，就国际合作及招才引智等议题与我校人员进行座谈。

26日　英国《自然》杂志发表我校工程科学学院中国科学院材料力学行为和设计重点实验室吴恒安教授和王奉超特任副研究员与英国曼彻斯特大学Andre Geim教授课题组以及德国乌尔姆大学Ute Kaiser教授课题组合作研究成果。他们在受限水结构研究方面取得突破性进展，首次观察到石墨烯毛细通道中常温下的受限水以二维方形冰结构的形式存在。

26日　中国社会科学院历史研究所孟彦弘研究员应邀做客我校"魅力人文——兴业讲坛"暨"英才论坛"学术报告会，作题为《中西文化交流、碰撞与现代学者的文化抉择——以胡适为例》的学术报告。

26~31日　美国通用原子能公司理论与计算科学部Jeff Candy博士应邀来访我校，在核科学技术学院进行为期一周的学术交流。

27日　学校召开全校教授干部大会。中共中央组织部干部三局局长喻云林宣布中共中央、国务院关于万立骏院士担任我校校长的决定，安徽省委常委、省委组织部部长邓向阳，中国科学院党组成员、副秘书长何岩到会并讲话。

27日　中国科学院基层党组织书记集中轮训在我校启动，我校基层党务工作者培训也同步启动。

27日　团中央学校部部长杜汇良来我校，调研指导全省高校共青团青年教师工作。

27日　中国宋庆龄基金会丰田助学基金"青年人才计划"安徽地区培训营开营仪式在我校举行。

27日　荷兰"好声音爵士乐团"来我校举行专场演出。

28日　学校举办2015届毕业生春季供需洽谈会。

30日　英国《自然》杂志子刊《自然·光子学》发表我校中国科学院量子信息重点实验室史保森教授小组研究成果。他们利用拉曼存储协议在国际上首次实现了光子偏振纠缠态以及由光子偏振和路径不同自由度组成的混合纠缠态的量子存储。该工作对未来实现高速、宽带量子通信具有重要意义。

31日 我国首台大型反场箍缩磁约束聚变实验装置KTX各系统的部件研制建造工作全面完成,进入装置最后整体安装调试阶段。

31日 国家教育行政学院第48期高校领导干部进修班成员来我校调研。

31日 江南大学副校长顾正彪一行来我校调研交流。

本月 根据国际低温生物学会通知,我校信息科学技术学院赵刚教授最近当选为该学会理事会常务理事,为中国大陆唯一。

本月 美国电子与电气工程师学会(IEEE)《NPSS News》2015年春季版以Article的形式专文介绍了我校核探测与核电子学国家重点实验室博士生祁宾祥等人的获奖论文工作。

本月 学校召开2014秋季学期"优秀助教"表彰暨2015春季学期助教培训会。

4月

2日 团中央书记处第一书记秦宜智来我校考察共青团工作,重点调研高校共青团新媒体网络宣传工作。安徽省委副书记李锦斌、省委副秘书长李中、团省委书记李红等陪同考察。

2日 微软亚洲研究院副院长、首席研究员芮勇博士,主管研究员梅涛博士和学术合作经理吴国斌博士一行访问我校。

2日 合肥市蜀山区区委书记李学明一行来校访问,就推进校地合作,促进科技创新、科技成果转化等事宜进行调研交流。

2日 第九届网络新媒体青年论坛在我校举办。

3日 美国《纳米快报》杂志发表我校合肥微尺度物质科学国家实验室和化学与材料科学学院曾杰教授课题组、李震宇教授合作文章。他们在李晶金属纳米晶催化作用机制研制方面取得重要进展,成功制备了$Au_{75}Pd_{25}$二十面体和八面体。

7日 学校举办"复兴论坛"讲座,中国人民大学新闻学院责任教授、博士生导师陈力丹教授应邀为我校师生作题为《习近平的宣传观和新闻观》的报告。

7日 学校召开本年度第三次学生工作负责人例会。

8日 教育部"爱课程"网公布第三十三批上线的29门大学视频公开课名单,由我校科技史与科技考古系石云里教授主讲的《科学简史·中国科学篇》视频公开课名列其中。

8日 智课教育董事长兼CEO、留学规划与职业规划专家韦晓亮做客我校英才论坛,作题为《我眼中的美国大学——美国顶尖大学研究生院录取个性》的报告。

8日 陈初升副校长率队赴湖南开展本科招生宣传工作。

8~9日 广东省惠州市人民政府党组副书记、副市长王胜会同中国科学院近代物理研究所副所长徐瑚珊率代表团访问我校,就推进市校合作、校所合作相关事宜进行调研交流。

8~10日 第八届中法粒子物理联合实验室学术研讨年会在我校召开。

8~19日 希腊爱琴大学科技考古实验室的创建者和学术带头人,国际杂志《地中海考古与科技考古》主编Ioannis Liritzis教授应邀访问我校,作系列学术报告,并为人文学院科技考古研究生开设了课程。

9日　学校召开研究生教育学会会刊《研究生教育研究》建设工作研讨会。

9日　台湾群联电子股份有限公司董事长潘健成来我校参观访问并带来一场有关创业经验分享的演讲。

9~22日　校就业办组织开展了三次学生参观企业活动。来自全校不同院系专业、不同学历层次、不同年级的110余名同学，先后走进合肥安德生制药有限公司、合肥法珀赛尔生物科技有限公司、安徽容知日新信息技术有限公司、杰发科技（合肥）有限公司，及科大讯飞股份有限公司等五家企业，座谈交流，参观学习。

10日　万立骏校长主持召开校长工作会议，审议了学校管理、支撑岗位设置与聘用委员会调整建议名单，听取了学位与研究生教育有关工作的汇报、理化科学实验中心有关工作的汇报，通过了学校科普工作领导小组成员名单。会议还听取了有关维修改造项目立项和预算工作的汇报。

10日　中国科学院物理研究所副所长方忠研究员、文亚研究员，北京凝聚态国家实验室常务副主任丁洪研究员等一行访问我校国家同步辐射实验室，并就大科学工程建设问题进行交流研讨。

10日　中国科学院条件保障与财务局组织专家对我校合肥光源重大维修改造项目进行工艺设备和财务专业组验收。

11日　热科学和能源工程系举办"能源发展与利用"专题报告会。

11~12日　我校举行2015年博士研究生入学考试。

11~12日　核探测国家重点实验室召开2015年学术年会和学术委员会会议。

12日　学校举行第十届精进助学金颁发典礼，103名同学获得精进助学金。

12日　学校举办2015年第二届校园美食文化节。

12~13日　由我校主办的"第二届海峡两岸南海暨南海岛屿环境、气候与地质灾害研讨会"在合肥召开。

13日　新疆师范大学校长卫利·巴拉提率代表团访问我校，就深化校际交流、促进两校多领域合作等议题进行调研交流。

13~17日　招生就业处先后组织少年班学院等12个院系，到中国科学院合肥物质科学研究院、中国空间技术研究院、中国运载火箭技术研究院和中国科学院北京分院调研走访，共与20余个院所、近40位院所人力资源负责人及招聘主管、20多位我校校友交流座谈。

14日　我校第八届校学位评定委员会召开第二次工作会议。

14日　学校举办Coursera使用经验交流座谈会。

14日　美国《ACS纳米》杂志在线发表我校化学与材料科学学院梁高林教授课题组研究成果。该文报道了一种智能靶向Legumain蛋白酶的^{19}F磁共振探针的研制，并在构建有肿瘤模型的斑马鱼上验证了其优异的靶向成像效果。

14日　受国家教育体制改革领导小组办公室委托，国家教育行政学院组成评估专家组对我校承担的七项国家教育体制改革试点任务进行中期评估。

14~15日　中国科学院前沿科学与教育局副局长王颖一行来我校，就教育工作、所系结合工作进行调研。

14~16日　窦贤康副校长率团赴黑龙江开展本科招生宣传，并代表学校分别与大庆实验中学、哈尔滨市第三中学和大庆铁人中学签署协议,共建"优质生源基地"。

15日 教育部高等学校图书馆学教学指导委员会主任、中国图书馆学会副理事长、北京大学信息管理系教授王余光应邀做客我校"英才论坛",作题为《阅读,与经典同行》的专题报告。

15~19日 第43届日内瓦国际发明展在日内瓦Palexpo展览馆举行。我校先进技术研究院选送的3个参展项目喜获2金1银的好成绩。俄罗斯ORIGITEA研究所还为先进技术研究院颁发了友谊奖。

16日 由中国科学院国家天文台南京天文光学技术研究所和我校共同承担的"南极亮星巡天望远镜设备"在中国科学院云南天文台丽江观测站通过由中国极地研究中心组织的专家验收。

17日 全国政协副主席、国家科技部部长万钢一行来我校调研,听取我校关于量子通信与量子计算重大科技项目的进展汇报,并在先进技术研究院召开大众创新创业座谈会,安徽省委常委、副省长陈树隆,国家科技部火炬中心主任张志宏,重大专项办公室副主任杨哲,基础研究司副司长崔拓,高新技术发展及产业化司副司长续超前,安徽省科技厅厅长兰玉杰,副厅长刘明平,省委常委、合肥市委书记吴存荣,合肥市市长张庆军,副市长吴春梅、王翔等陪同调研。

17日 哈尔滨工业大学(威海)党委副书记、纪委书记王建文率党群工作部、党校等部门负责人来我校调研。

17日 我校国际合作交流专家委员会召开第一次工作会议。

17~18日 国家资质认定(计量认证)高校评审组对我校工程与材料科学实验中心进行国家计量认证复查评审。

17~19日 为贯彻中国科学院、教育部"科教结合协同育人行动计划",促进和深化我校与上海应用物理研究所的"所系结合"联合办学工作,物理学院与少年班学院47名优秀本科生在物理学院副院长王冠中教授、"赵忠尧应用物理科技英才班"主管教授阴泽杰及班主任的带领下,齐聚上海应用物理研究所,参加"赵忠尧应用物理春令营"活动。

18日 我校"学生安全教育基地"挂牌仪式在武警合肥市消防支队蜀山大队举行。

18日 核学院主办万元熙院士报告会暨核学院各学科专业介绍会。核学院院长万元熙院士作了题为《我国核科学技术的发展形势——核科学技术学院的历史使命》的报告。

18~19日 第十二届中国技术管理(MOT)学术年会在我校举行。

20日 学校举行传播论坛之"科学家与你面对面"科普大讲堂暨全省科学传播业务骨干与科普志愿者培训班活动。台湾台中科技馆馆长孙维新应邀作题为《在烂泥沟渠中仰望星空》《21世纪科普场馆的变革与创新——从台湾科博馆的实例谈起》的两场报告。

20日 美国《物理化学·化学物理》杂志发表我校化学与材料科学学院、合肥微尺度物质科学国家实验室罗毅教授研究团队张群教授课题组研究成果。他们在凝聚相分子体系"光学暗态"(自旋禁戒三线态)超快动力学研究方面取得重要进展。团队研究人员利用高激发的"光学明态"(自旋允许单线态)到"光学暗态"(自旋禁戒三线态)的快速能量转移(系间窜跃),采用一种反常规的"时序反转飞秒泵浦-探测"技术,在模型分子体系(孔雀石绿分子)中实现了对发生在"光学暗态"空间"纯净的"超快动力学演化过程的实时跟踪和刻画。循此研究思路,团队研究人员与中国科学院化学研究所王春儒研究员课题组合作开展了针对金属内嵌富勒烯分子的超快动力学机理研究。该工作后发表在 6 月 22 日《美国化学会志》杂志上。

21 日　由教育部、文化部和财政部共同主办的以"走近大师,感受经典,陶冶情操,提高修养"为主题的"高雅艺术进校园"——中国歌剧舞剧院大型原创舞剧《孔子》中国科大专场在我校上演。

22 日　学校召开工程管理硕士专业学位授权点建设研讨会。

22 日　国家教育行政学院教育制度创新研究中心主任赵宏强率国家教育行政学院第 44 期中青班考察团到我校考察调研。

23 日　合肥市政府副秘书长、城乡建委主任常先米牵头到我校召开市校对接会,共同推进我校"十二五"项目建设。

23 日　中国科学院大科学中心建设研讨会在我校国家同步辐射实验室召开。

23~24 日　中国科学院条件保障与财务局组织专家对合肥光源 2014 年运行总结、经费决算情况及 2015 年运行计划和经费预算进行了实地审核。

25 日　教务处、教师教学发展中心联合举办教师教学发展论坛。上海交通大学邢磊博士作专题报告。

26 日　由我校与安徽省知识产权局、安徽省版权局、安徽省律师协会联合主办,公共事务学院与先进技术研究院承办的"中国科学技术大学知识产权博士论坛暨知识产权宣传周启动仪式",在中国科学技术大学先进技术研究院学术报告厅举行。

26 日　机关党委、机关工会举行教职工羽毛球比赛。

26~28 日　国际精英商学院协会(AACSB)2015 年年会在美国佛罗里达州坦帕市举行。其间,AACSB 认证委员会执行副主席兼首席认证官 Robert D. Reid 教授为我校管理学院颁发了通过 AACSB 国际认证证书。

27 日　校党委书记许武主持召开党委常委会议,传达学习"三严三实"专题教育方案和中央"三严三实"专题教育工作座谈会精神,研究部署学校扎实开展"三严三实"专题教育的各项准备工作。

27 日　万立骏校长主持召开校长工作会议,听取了学校公用房管理情况的汇报,通过了学校公共实验中心测试费管理暂行规定。会议审议了中国科学技术大学资产经营有限责任公司章程、中国科学技术大学出版社有限责任公司章程,讨论了先进技术研究院财务管理办法、国有资产管理办法和知识产权处置与收益管理办法。会议还通过了学校管理、支撑岗位设置与聘用委员会、优秀人才引进学术委员会调整名单,以及财务工作领导小组、预算工作小组、学校突发公共事件应急处置领导小组调整名单。

27 日　国务院学位委员会发布《关于印发国务院学位委员会第七届学科评议组成员名单的通知》,我校 12 名专家当选第七届学科评议组成员,其中 3 名专家为所在学科组召集人。他们分别是:万立骏(化学,学科召集人)、陈晓非(地球物理学,学科召集人)、侯建国(化学,学科召集人)、潘建伟(物理学)、陈发来(数学)、杨金龙(化学)、田志刚(生物学)、郑永飞(地质学)、刘文清(环境科学与工程)、齐飞(核科学与技术)、谢毅(材料科学与工程)、张和平(安全科学与工程)。

27日　国家知识产权局办公室公布对全国22家国家知识产权培训基地的2014年度总结考核结果。设立在我校的国家知识产权培训（安徽）基地得分名列第一，被确定为2014年度总结优秀单位。

27日　校工会召开2015年度工会工作会议，并特别邀请安徽理工大学原工会主席洪江如作有关"职工小家"建设的经验介绍。

27日　2015年校第三届学生男子篮球联赛落幕。

28日　党中央、国务院在北京人民大会堂隆重举行2015年庆祝"五一"国际劳动节暨表彰全国劳动模范和先进工作者大会。我校化学与材料科学学院执行院长杨金龙教授、合肥微尺度物质科学国家实验室彭承志研究员被授予"全国先进工作者"荣誉称号。

28日　作为安徽省委组织部、安徽省教育厅、安徽团省委三家单位在部分省内高校开展"青春献沃土共筑中国梦"大学生村官先进事迹宣讲活动的一部分，大学生村官先进事迹省级报告团来到我校宣讲。

28日　学校举办首场"地球和空间科学杰出讲座"。美国科学院院士、美国马里兰大学特聘教授、地质学系主任Roberta L. Rudnick应邀为我校师生作题为《独一无二的地球大陆》的报告。

29日　学校召开2015年博士生录取及近期研究生教育工作会议。中国科学院沈阳金属研究所研究生部一行也参加了会议。

29日　学校召开学业指导专家工作研讨会。

本月　我校有2名外国专家成功入选安徽省"外专百人计划"。其中，由先进技术研究院推荐的德国专家杨·因根霍夫教授入选"外专百人计划"，由管理学院推荐的英国专家戴维·莫顿教授入选"'外专百人计划'培育项目"。

本月　由团中央、全国青联团指导，以"投身创新驱动，科技点亮青春"为主题，由中国青年科技工作者协会与中国青年报社共同主办、中科网协办的首届"最美青年科技工作者"评选结果揭晓。全国共有30位科技工作者获此殊荣，我校化学与材料科学学院、合肥微尺度物质科学国家实验室双聘教授熊宇杰（9600校友）名列其中。

本月　核科学技术学院徐榭教授获美国电离辐射测量和标准委员会（CIRMS）2015年Randall S. Caswell电离辐射测量和标准化领域杰出成就奖。

本月　美国《纳米能源》杂志发表我校钱逸泰、朱永春课题组研究成果。他们发展了冰浴法制备性能优异的石墨烯包覆的硒/聚苯胺核壳结构纳米线，首次打破了以往多把Se熔融灌入多孔碳中的思想，结合了石墨烯的高导电性、独特的导电聚苯胺壳层以及硒纳米线一维结构三者的共同作用，使得该复合材料表现出较好的电化学性能。

5月

3日　安徽省无线电协会、我校团委所辖校学生业余无线电协会和信息学院举办"2015年业余无线电节暨安徽省应急通讯演练活动"。

4日　"复兴论坛"系列讲座报告会之四十一讲"青春不老·梦想不散"暨创业大讲堂"我与企业家面对面"主题讲座在我校举行。我校校友、联想集团董事长兼CEO杨元庆特邀多名企业家来我校畅谈青春梦想。

5日 英国《自然》杂志子刊《自然·纳米技术》发表我校潘建伟、陆朝阳等与华盛顿大学许晓栋、香港大学姚望合作成果。他们在国际上首次在类石墨烯单原子层半导体材料中发现非经典单光子发射,连接了量子光学和二维材料这两个重要领域,打开了一条通往新型光量子器件的道路。

5日 学校召开本年度第四次学生工作负责人例会。

5~7日 我校原创多媒体音乐剧《爱在天际》在西安交大连续上演三场。

6日 美国《物理评论快报》杂志发表我校潘建伟、张强等和清华大学马雄峰合作研究成果。他们在国际上首次实验演示了高容错率量子密钥分发,在50公里的光纤链路上,误码率达29%的条件下仍然获得了安全密钥。

7日 学校召开2015届本科毕业生工作协调会。

7日 学校召开2014~2015学年度"百人会英才奖"校内评审会。

7日 学校开展辅导员班主任研讨课第一期交流。

8日 全国工程类专业学位教育指导委员会教学研究与培养工作组工作会议在我校召开。

8日 学校举行第十届"杨亚基金——爱岗敬业奖"颁奖仪式。

8日 学校举办安徽泉山湖置业有限公司(安徽联华实业集团的全资子公司)捐赠中国科大仪式。

8日 英国《应用型能源》杂志主编、瑞典皇家工学院和梅拉达伦大学严晋跃教授来我校作题为《未来清洁能源系统》的学术报告。

9日 我校组织基层党务工作者开展"走进小岗村学习沈浩同志精神"主题教育活动。同日,校青马工程培训班学员也在校团委的组织下赴凤阳县小岗村参观学习。

9日 热科学和能源工程系举办"中徽科技"杯能源与环境科普作品大赛优秀作品展示及颁奖会。

10日 中国科学技术大学全媒体中心成立。

10日 博物馆举办的"科艺结合 融汇中西——张金友联合国画展归来高校首展"开幕。

10日 光电子科学与技术省重点实验室常务副主任、先进技术研究院副总工程师刘文教授应邀做客"英才论坛",作题为《科技创新与英才成长》的专题报告。

11日 著名密码学家、国家杰出青年基金获得者王小云教授访问我校,与我校信息安全领域的科研人员进行学术交流,并为我校师生作题为《现代密码学的发展》的报告。

11日 由我校承担的暗物质粒子探测卫星(以下简称暗物质卫星)有效载荷BGO(锗酸铋晶体)量能器分系统正样研制工作成功通过载荷总体验收,保证了卫星工程的顺利进行。

13日 精密机械与精密仪器系举办"名校直通车——走进俄亥俄州立大学教授"访谈会。该会邀请到俄亥俄州立大学Cynthia J. Roberts博士和Derek Hansford博士两位嘉宾,和我校本科生进行面对面交流,吸引了很多希望走进名校或期望与国外大师交流的同学。

13日 中国极地研究所颜其德先生极地科考30年珍贵邮品捐赠我校博物馆。

13日 招生就业处举办"毕业生人事代理"和"出国境健康体检"政策宣讲会。

14日 中国博士后科学基金会公布中国博士后科学基金面上资助第五十七批获资助

人员名单，我校胡智等33名博士后获得此项资助，申报入选比例达36.3%。

14日　国家知识产权局副局长、党组成员廖涛，新闻宣传中心主任朱宏，办公室政研处处长徐海燕等一行5人来我校调研国家知识产权培训（安徽）基地建设情况，并在我校召开知识产权文化建设座谈会。

14日　中国科学院上海生化与细胞所李劲松研究员应邀来我校作题为《细胞重编程与胚胎发育》的学术报告。

14日　合肥物质科学技术中心举办协同创新培育基金2012年立项项目结题评审会。

14日、21日　学校召开资产管理和物资采购工作研讨会，重点研讨了《中国科学技术大学采购管理实施细则（征求意见稿）》，并就有关资产管理工作进行了沟通交流。

15日　全国政协副主席、九三学社中央主席、中国科学院院士韩启德一行来我校调研。安徽省政协副主席、九三学社中央常委、安徽省委主委赵韩陪同调研。

15日　物理学院召开2015年所系结合战略研讨会。来自中国科学院物理所、高能物理所、半导体所、近代物理所、上海应用物理所、上海技术物理所、上海微系统所、上海光机所、国家天文台、上海天文台、紫金山天文台、等离子体物理研究所等十余个相关研究所代表参加了研讨会。

16日　学校启动"三严三实"专题教育，许武书记讲首场党课，作题为《从习近平总书记系列重要讲话精神看"严"和"实"的治党治国特点》的专题报告。

16日　校博物馆举办的"天下大明——中国历代铜镜展"开幕。

16~17日　学校举办2015年科技活动周公众科普日活动，面向社会公众开放国家同步辐射实验室、火灾科学国家重点实验室、中国科学院星系宇宙学重点实验室、化学与材料科学学院、生命科学学院、信息科学技术学院、地球和空间科学学院、核科学技术学院、人文与社会科学学院、核探测与核电子学国家重点实验室、中国科学院近地空间环境重点实验室、光电子科学与技术安徽省重点实验室以及博物馆、校史馆、校团委等十多个科普点，利用科研平台与装置、展板、图片、多媒体演示、现场解说、互动游戏、科普教育影片和知识问答等多种形式，为公众奉献内容丰富、形式多样的科技大餐。我校先进技术研究院今年也首次对外开放，开辟了5个科普互动项目、2个科普论坛和1个科普影院。

18日　英国《自然》杂志子刊《自然·纳米技术》发表我校中国科学院强耦合量子材料实验室、合肥微尺度物质科学国家实验室和物理学院陈仙辉教授课题组与复旦大学物理系张远波教授课题组合作研究成果。他们继去年首次制备出二维黑磷场效应晶体管之后，再次在薄层黑磷晶体研究中取得重要进展，成功在这一体系中实现高迁移率（$>1000\ cm^2\ V^{-1}\ s^{-1}$）二维电子气。

18日　《美国科学院院刊》在线发表我校工程科学学院微纳米工程研究室团队及其合作伙伴的研究成果。他们利用飞秒激光微纳米打印结合可控的毛细力驱动技术，实现了多样化组装体的可控制备，并将其成功应用于微小物体的选择性捕获和释放。

18日　由教育部国际司主办、教育部留学服务中心承办、我校协办的2015"平安留学"出国留学行前培训会在我校举行。

18日　学校举办"珍爱生命，你我同行"2015心理健康教育主题活动。

18日　我校全面启动大学生征兵工作。

18~19 日　国家自然科学基金委员会信息科学部、管理科学部和政策局联合主办，我校承办的国家基金委第 137 期双清论坛在合肥召开。

19 日　中国科学院副院长王恩哥一行来我校调研，中国科学院条件保障与财务局副局长林明炯、人事局副局长董伟峰等陪同调研。

19 日　学校召开 2015 届本科毕业生工作会议。

20 日　全国政协常委、教科文卫体委员会副主任程津培，副主任陈小娅率调研组一行来我校调研。

20 日　安徽省委教育工委常务副书记高开华、省教育工会主席凤桦、省教育厅人事处副处长丁育红一行来我校看望杨金龙教授并受托向他颁发了"全国先进工作者"荣誉证书和奖章。

20 日　地球和空间科学学院举办第二期"地球和空间科学杰出讲座"，美国加州大学 Santa Cruz 分校杰出教授、美国科学院院士、世界著名地震学家 Thorne Lay 作题为《A global surge of great earthquakes and what we are learning from them》(全球大地震频发及人类对大地震的认识) 的报告。

20~22 日　学生工作部(处)组织人员向 5600 余名本科毕业生、毕业研究生(含硕士、博士和直接转博的研究生以及代培生)和他们的辅导员、班主任发放了《中国科学技术大学毕业纪念册》、毕业纪念戒指。

20~27 日　德国哥廷根大学地学中心的两位专家 Dr. Alfons M. van den Kerkhof 和 Dr. Graciela M. Sosa 访问我校，为地空学院师生讲授关于地壳流体包裹体的短期课程。

21 日　中国科学院召开"三严三实"专题教育动员部署及专题党课暨中国科学院基层党组织书记集中轮训第三次培训视频会议，全面启动部署"三严三实"专题教育，中国科学院党组书记、院长白春礼为全院处级以上领导干部讲专题党课。我校在校校领导，全体中层干部，各分党委、党总支、直属党支部负责人，党务秘书和基层支部书记近 200 人参加了视频会。

21 日　美国能源部宣布 9 名科学家获 2014 年度欧内斯特·奥兰多·劳伦斯(Ernest Orlando Lawrence)奖，我校校友杨培东(8812)、柏梅(SA8924)因在各自领域所取得的成就获奖。

21 日　吴忠超校友做客"英才论坛"，作题为《广义相对论一百年》的学术报告。

22 日　为贯彻落实国务院办公厅《关于深化高等学校创新创业教育改革的实施意见》等文件精神，进一步提升我校研究生的创新活力和创新能力，学校召开研究生创新论坛工作布置与研讨会。

22 日　中国科学院条件保障与财务局副局长聂常虹一行来我校调研指导工作。

23 日　学校举行第 34 届郭沫若奖学金颁奖典礼，全校各院系共计 34 名本科生荣获该项荣誉。

23 日　美国休斯敦大学地球科学系主任 Dr. John F. Casey 教授应邀为地空学院师生作题为《Is there a relationship of magma supply at Mid-Ocean Ridges to melting of recycled refractory subducted oceanic lithosphere》(洋中脊的岩浆供给是否与循环再造的俯冲洋壳岩石圈的熔融有关) 的学术报告。

23日 学校举行第二届"瀚海航塔——我最喜爱的老师"颁奖典礼。

25日 校党委书记许武主持召开党委常委会议,传达学习中央统战工作会议精神,审议《中国科学技术大学开展"三严三实"专题教育实施方案》,在校校领导参加了会议。

25日 万立骏校长主持召开校长工作会议,通报和讨论了学位与研究生教育有关工作;通报了近期校园内存在的安全隐患,对校园安全工作进行了布置。会议指出,各学院、各部门要高度重视校园安全问题,进一步加强校园综合治理,整治安全隐患,并将安全责任落实到部门和个人,着力为师生营造一个平安、舒适的学习、生活环境。会议还听取了学校科技成果使用、处置和收益管理办法的汇报,通过了采购管理实施细则以及有关项目立项申请。

25日 学校举行2015年荣誉学士颁奖典礼暨科技英才班研讨会。

26日 学校召开"十二五"规划验收及"十三五"规划编制工作会议。

26日 哈尔滨工程大学副校长、核科学技术学院院长张志俭教授应邀访问我校,并作题为《核能仿真预测技术进展》的科学报告。

26日 学校为本科毕业生集中办理离校手续。

26~27日 台湾大学王秀槐教授应邀做客我校"教师教学发展论坛",参加主题为"创新课程设计与BOPPPS微格教学法"的教学工作坊。

27日 学校举办第十三届三星奖学金颁奖典礼。

27日 华南理工大学副校长党志率代表团访问我校,就科技创新和公共实验平台的建设情况和管理经验等进行调研。

28日 学校召开《中国科学技术大学综合改革方案》启动发布会。

28日 美国《物理评论快报》杂志发表我校李震宇教授研究组等合作研究成果。他们在石墨烯外延生长原子尺度的机理研究方面取得重要进展,首次揭示出在不同铜衬底上碳-碳二聚体是石墨烯生长的主要碳供给单元,解释了不同铜衬底上石墨烯生长中由不同的关键原子动力学过程所决定的微观机理,并预测了铜表面石墨烯不同生长形态间相变的转变温度。

29日 国家自然科学基金委数理学部主任汲培文来我校核探测与核电子学国家重点实验室考察,并与实验室部分青年教师座谈。

29日 地球和空间科学学院举办第三期"地球和空间科学杰出讲座",英国东安吉利大学气候研究中心主任、世界知名气候学家 Philip Douglas Jones 教授作题为《The global temperature record: Köppen to satellite and reanalyses: What's important and what isn't?》(全球变暖问题的前世今生)的报告。

29~31日 由我校和北京大学联合举办的2015年地球物理前沿研讨会在我校举办。

30日 地空学院教授、人力资源部副部长黄方做客"机关读书论坛"首场主题讲座,作题为《读世界、看自己》的报告。

30日 研究生院主办、合肥微尺度物质科学国家实验室(筹)协办、生命科学学院承办第八届中国科学技术大学生命科学学院研究生学术交流年会。

30日 饮食服务集团、校团委、后勤团总支、校青年权益服务中心、校学生会、校研究生会联合主办2015年"透明食堂"系列活动。

31日　第十届全国周培源大学生力学竞赛理论个人赛中，我校学生取得优异成绩，陆星阳获特等奖，曹世辉获一等奖，熊永丰、贠国霖、李晟和赵志晔获二等奖，我校获团体赛资格。后来于8月12~13日，"理论设计与操作"团体赛在山东科技大学黄岛校区举行，我校代表队喜获团体一等奖，取得我校参赛以来的历史最佳成绩。

31日　由学生工作部（处）主办的辅导员班主任学校第十五期培训班开班。

本月　《德国应用化学》杂志发表我校化学与材料科学学院、合肥微尺度物质科学国家实验室熊宇杰教授课题组与新加坡南洋理工大学David Lou的合作研究成果。他们的研究表明，为实现高电催化性能，并非需要在催化剂表面具有大面积的高指数晶面覆盖度，该工作为电催化材料设计提供了新的视角。

本月　一位不愿具名的年轻校友向我校捐赠人民币50万元，在生命科学学院设立"杰出论文研究奖"，以激励该学院一线年轻学者在世界一流研究杂志发表成果。

6月

2日　美国《科学仪器评论》杂志发表我校潘建伟、张军等和英国牛津大学的同事合作研究成果。他们通过实验实现了68 Gbps的高速量子随机数发生器。美国著名的科技评论杂志《麻省理工学院科技评论》以《世界最快的量子随机数发生器在中国诞生》为题对该项工作进行了报道。该成果为未来超高速量子密码系统的量子随机数需求提供了可行的解决方案。

2日　学校召开2016年研究生招生宣传工作动员大会。

2日　中国矿业大学财务资产部部长袁迎菊一行来我校进行调研交流。

2日　英国《自然》杂志子刊《自然·通讯》发表我校中国科学院天然免疫与慢性疾病重点实验室、生命科学学院吴缅教授研究组和安徽医科大学第二附属医院缪琳副教授合作研究成果。他们揭示了March5线粒体蛋白参与胚胎干细胞干性维持的新机制。

2日　学校举行"复兴论坛"系列报告会之四十二讲，美国布法罗纽约州立大学传播系教授、哈佛大学费正清中国研究中心研究员、著名传播学学者洪浚浩应邀作题为《传播学研究与发展的新趋势》的报告。

2日　由中国科大-联发科技"高速电子集成电路与系统联合实验室"与我校"微纳电子系统集成研究中心"共同主办的第一届合肥IC设计研究生学术论坛在我校举行。

2日　学校召开本年度第五次学生工作负责人例会。

3日　合肥市公共资源交易监督管理局李宏卓局长一行来我校调研和对接工作。

3日　学生工作部（处）举办2012级本科生辅导员班主任座谈会。

5日　中国科学院离退休干部工作局副局长曹以玉、组织调研处处长房晖一行到我校调研离退休干部工作并召开座谈会。

5日　中国科学院地理科学与资源研究所赵士洞研究员做客我校"英才论坛"，作题为《生态系统与人类福祉——千年生态系统评估（MA）的成就及后续行动》的专题报告。

6~7日　中国科大-香港城大第九届博士生学术论坛暨联合培养博士生项目成立十周年庆典在我校苏州研究院举行。

6~7日　由英国皇家化学会和我校共同主办的机械化学国际学术研讨会在我校举行。

6~7日　由安徽省生物医学工程学会主办、我校生物医学中心承办的2015年安徽省生物医学工程年会暨学术前沿研讨会在我校召开。

7~13日　日本著名美术教育家、东京艺术大学美术馆副馆长原田一敏教授一行两人应邀访问我校,其间作题为《近世工芸の写実表現》(近代工艺美术的写实表现)的报告。

8日　教育部"爱课程"网公布第三十五批上线的30门大学视频公开课名单,由我校人文与社会科学学院刘仲林教授主讲的《中华文化精髓修养之入门及儒家修养篇》视频公开课名列其中。

8日　合肥海关副关长贾江率领关税处等部门负责人一行五人来我校调研。

8日　英国《自然》杂志子刊《自然·材料》发表我校合肥微尺度物质科学国家实验室金帆教授与美国加州大学洛杉矶分校生物工程系的Gerard Wong教授、瑞士的Michel Gilliet教授、英国剑桥大学的Jure Dobnikar教授的合作研究成果。他们利用高精度的小角同步辐射散射的方法率先表征确定了一系列可激发免疫反应的外源或内源分子与DNA所生产复合体的空间结构,然后对这一系列DNA复合体免疫系统激活测试,从而在实验上确定了是什么样的空间结构可令免疫系统激活,最后利用计算模拟的方法证明了所发现的实验规律,从而最终阐明了其分子机制。

8~13日　我校数学、物理与天文、化学与材料等14个学位分委员会相继召开会议,讨论审议本年度夏季学位授予工作。本次学位审核共有542位博士和1586位硕士提交了学位申请。

9日　在英国首都伦敦召开的IEEE International Conference on Communications (IEEE ICC 2015)会议上,我校中国科学院电磁空间信息重点实验室朱祖勋副教授团队的研究论文《利用OpenFlow辅助的IP转发灵巧切换实现服务质量感知的灵活流量工程》获得大会颁发的最佳论文奖。

10日　学校发布由校友总会、陈琦工作室联合出品的我校全景宣传片。

10日　核探测与核电子学国家重点实验室举行首届研究生技术创新奖学金颁奖典礼。

11日　2015年马蒂亚斯奖(Bernd T. Matthias Prize,授予在超导材料领域有杰出贡献的科学家)宣布获奖名单,我校陈仙辉教授因发现超导体(Li, Fe)OHFe(Se, S)、$Yb_x(Me)_y HfNCl(Me=NH_3$和THF)和doped phenanthrene,拓展了超导研究的材料体系,而获此殊荣。

12日　学校召开2015年"青年千人计划"动员工作会议。

12日　辽宁省人大常委会副主任赵国红率代表团访问我校,调研人才队伍建设工作。

12日　中航工业基础技术研究院周国强副院长率团来访我校,进行科技合作交流。

13日　4666名考生参加了在我校考点举行的英语、日语、德语、法语四个语种的四六级考试。

13~14日　由全国MPA教育指导委员会主办、我校公共事务学院承办的2015年全国MPA核心课程"公共政策分析"师资研讨会在我校举行。

13~14日　由我校及北美华人医学物理师协会联合主办的第一届合肥国际放射医学物理论坛在我校举行。

14 日　党委常委、副校长周先意为后勤系统"三严三实"专题教育和面授党校作题为《践行"三严三实",加强党性修养,保障一流大学建设》的专题报告。

14 日　学校举办第四届青年教师教学基本功竞赛。

14 日　学校举办本科生公共选修课"设计创新"结课展演暨"设计思维与创新实践研讨会"。

15 日　学校召开 2015 年本科生迎新工作协调会。

15～19 日　学校举办"大数据安全"龙星计划课程。

16 日　学校举行 2014～2015 学年度先进毕业班集体表彰会。少年班学院 2011 级理科试验 2 班等 28 个本科毕业班级、精密机械与精密仪器系 2012 级硕士班等 8 个研究生班级获得 2014～2015 学年度先进毕业班集体表彰。

16 日　学校举办第三届"天翼飞 Young 奖学金"颁奖仪式。

16 日　学校举办"魅力人文——兴业讲坛"暨"大学生文化素质教育系列讲座"。美国马里兰大学终身教授林静作题为《中华文化如何走向世界》的学术报告。

16 日　学校召开 2015 届毕业生到西部、基层和国家重点建设单位工作表彰会,共有 160 名同学荣获表彰。

16 日　著名材料学家李述汤院士受邀做客"中国科大论坛",作题为《纳米碳/硅材料在能源及生物领域的应用》的报告。

16 日　学校举行"机关读书论坛"。团中央《中华儿女》报刊社社长、总编辑李而亮应邀作题为《用思想引领青年》的主题报告。

17 日　学校召开第八届校学位评定委员会第三次工作会议,对本年度夏季各学科学位申请者情况进行了全面审议。

17 日　我校信息学院李卫平教授、陈志波教授及青创中心执行主任钟政访问中国美院设计艺术学院,双方就合作培养创新人才、联合举办学术活动等一系列重要问题进行了全面深入的交流,签订了两院人才培养战略合作协议。

17～19 日　由英国《自然》杂志子刊《自然·免疫学》和我校承办的《细胞和分子免疫学》(英文杂志)联合主办的第一届 NI-CMI 免疫学国际研讨会在合肥召开。中国医学科学院院长曹雪涛院士,中国免疫学会理事长、我校田志刚教授,《自然》杂志高级编辑 Ursula Weiss 博士,《自然·免疫学》高级编辑 Zoltan Fehervari 博士和都柏林大学三一学院 Luke O'Neill 教授担任大会主席。

18 日　中国羽毛球国家队总教练李永波走进我校"复兴论坛",畅谈国羽辉煌、分享人生感悟。

18 日　我校医学影像中心的磁共振微创介入治疗系统在校医院完成安装和调试工作并投入使用。

18 日　2014～2015 年度国家优质投资项目颁奖典礼暨投资管理经验交流会在北京举行,我校"十一五"科教基础设施建设项目荣获 2014～2015 年度国家优质投资项目奖。

18 日　学校举办学生工作系心理咨询培训班结业典礼。

20 日　美国汤姆森科技信息研究所(THOMSON-ISI)公布 2014 年度期刊引证报告(JCR)。由中国免疫学会和我校共同主办的《细胞和分子免疫学》(CMI)英文杂志影响因子为4.112，进入国际免疫学期刊Q1区。

20日　端午佳节之际，我校龙舟队连续四年夺得杭州西溪湿地C9高校龙舟竞渡冠军。

21日　学校举行2015届本科生、研究生毕业典礼暨学位着装授予仪式。

25日　澳大利亚莫纳什大学副校长弗雷德·塞泊(Frieder Seible)、工学院与信息学院副院长王焕庭教授等，与我校签署了两校合作协议、学生交换协议及本硕课程项目协议。

25日　为庆祝建党94周年，作为"七一"系列活动之一和全校基层党务工作者培训班前期理论学习部分，中央党校宋福范教授应邀来校并作题为《解读"四个全面"战略布局》辅导报告。

25日　学校召开研究生学籍管理及研究生综合改革推进工作研讨会。

25日　由我校生命科学学院暨安徽细胞动力学与化学生物学省级实验室姚雪彪教授主持的国家自然科学基金"细胞可塑性调控信号转导的化学生物学研究"重大研究计划集成项目结题成果交流会在我校召开。

26日　学校召开全体中层领导干部大会。中国科学院人事局局长李和风宣布了中国科学院党组关于我校党委常务副书记、中国科学院关于我校常务副校长的任命决定，窦贤康任中国科学技术大学党委常务副书记，潘建伟任中国科学技术大学常务副校长。

26日　《德国应用化学》杂志在线发表我校化学与材料科学学院梁高林教授课题组与生命科学学院张华凤教授课题组的合作研究文章。该文报道了一种"智能"克服肿瘤多药耐药的新方法，并在构建有多药耐药肿瘤模型的小鼠体内验证了其优异的抗多药耐药效果。

27~28日　由中国学位与研究生教育学会组织编制的年鉴性系列研教出版物《中国研究生教育研究进展报告(2015)》编写进展交流研讨会在我校召开。

27~28日　第一届"恒大冰泉杯"全国大学生五人制足球挑战赛东部片区赛在山东建筑大学举行，代表安徽出战的我校代表队以4胜1负的战绩获得亚军。

28日　中华文化大学堂举办第三十七次讲学活动，刘仲林教授首先作题为《入门正、立志高的中华文化修养》的专题讲座。

29日　农工党科大支部完成换届，董振超任主委，王建强任副主委，陈艳霞任委员。

29日　由教务处和物理学院联合主办的第三届"未来物理学家国际夏令营"开营。

29日　由学校教务处、化学与材料科学学院和生命科学学院共同主办的首届"未来化学家国际夏令营"开营。来自耶鲁大学、密歇根大学、芝加哥大学、西北大学、加州大学欧文分校、伊利诺伊大学香槟分校等16所国外知名高校和清华大学、中国科学技术大学等国内一流大学的30多名优秀本科生参加了开营仪式。

6月29日~7月3日　由中国科学院资助、我校计算机学院承办的龙星计划"大数据分析"研究生暑期课程在我校举办。

30日　安徽省高等院校后勤协会第二届会员大会在合肥召开，我校副校长周先意当选为新一届协会会长。

本月　德国《先进材料》杂志发表我校化学与材料科学学院、合肥微尺度物质科学国家实验室熊宇杰教授课题组研究成果。他们设计了一类新型的复合光催化剂，在广谱光照下可以展现出大幅度提高的光催化性能。

7月

1日　学校隆重召开纪念建党94周年暨七一表彰大会。大会表彰了我校近年来涌现出的先进基层党组织和优秀共产党员、优秀党务工作者。

1~2日　学校举办基层党务工作者培训班。

2日　校党委常务副书记、副校长窦贤康在水上报告厅为基层党务工作者作题为《积极践行"三严三实",不断提高基层党建工作水平》的"三严三实"专题党课报告。

2日　中国科学院计算机网络信息中心组织验收专家组在我校召开"中国科学院超级计算环境合肥分中心建设(重组)"项目验收会。项目顺利通过验收。

3日　中国博士后科学基金会网上公布中国博士后科学基金特别资助第八批获资助人员名单,我校俞建青等16名博士后获得此项特别资助,申报入选比例达43.6%。

4~5日　学校举办2015年毕业校友值年返校活动。1960级、1965级、1980级、1990级、1995级、2001级各类本、硕、博校友等10个年级、40余个集体共计1000余名校友从海内外齐聚母校,参加纪念活动。

4~7日　安徽省首届"谁是球王"五人制足球比赛在芜湖市举办。我校男子足球队夺得冠军,获得了代表安徽省参加全国分区赛的资格。

5日　江西省委书记强卫、省长鹿心社率领江西省党政代表团来我校先进技术研究院调研,江西省领导黄跃金、姚亚平、龚建华、魏小琴、朱虹、郑为文等参加考察,安徽省委书记王学军,省委常委、合肥市委书记吴存荣,合肥市市长张庆军等陪同调研。

5日　国家973计划青年科学家专题"光催化体系表界面电子态的耦合与演化规律研究"中期总结会在合肥召开。

6日　英国《自然》杂志子刊《自然·通讯》发表我校中国科学院量子信息重点实验室周正威、周幸祥、李传锋等人研究成果。他们在量子模拟方向取得重要创新性进展,设计出一种特殊的一维级联简并光腔系统,通过对腔中具有轨道角动量自由度的光子进行探测,可以有效地模拟二维拓扑物理的各种现象。

6日　英国《自然》杂志子刊《自然·科学报告》发表我校生物技术药物安徽省工程技术研究中心肖卫华教授研究组和兆科药业(合肥)有限公司合作研究成果。他们利用酵母表达系统成功开发了一种治疗血栓的蛇毒蛋白药物的高效重组制备方法。

6日　我校第一次作为参加单位,邀请了参加2015年度博士后工作月的16位海外博士后来校访问交流。

6~8日　我校举办IEEE-CIS 2015暑期学校,邀请了墨西哥国立理工学院Carlos Artemio Coello教授、日本大阪府立大学Hisao Ishibuchi教授、荷兰莱顿大学Michael Emmerich教授以及英国伯明翰大学Xin Yao教授作为讲课嘉宾。

7日　校长万立骏、副校长陈初升一行赴我校北京教学与管理部调研,看望正在北京开展暑期实习和"所系结合"大学生研究计划的本科生。

7日　全国工程专业学位教育指导委员会在京召开新闻发布会,宣布正式启动工程硕士在线课程建设项目。发布会上,全国工程专业学位教指委公布了首批32门在线课程建设项目名单，我校生命科学学院罗昭锋老师主讲的公共课"文献管理与信息分析"、软件学院孟宁老师主讲的软件工程领域专业课"Linux操作系统分析"成功入选。

7日　学校召开本年度第六次学生工作负责人例会。

8日　万立骏校长一行访问百度公司并出席中国科大-百度联合建设互联网创新人才培养平台签约仪式。

9日　万立骏校长主持召开校长工作会议，讨论了夏季校务工作会议安排等有关工作，并对暑假期间的工作做了部署和安排。会议对校园维修改造有关项目进行了研究和讨论，通过了有关项目立项申请。会议根据中国科学院要求，综合考虑实验室学科发展平衡、干部年龄结构，参照学校中层干部选拔任用方法，讨论通过了近期完成评估的中国科学院重点实验室领导班子换届方案。会议还讨论通过了学校档案工作委员会、教育收费工作领导小组、预算执行督导检查工作小组人员调整方案，听取了资产经营有限公司有关工作汇报。

9日　学校举行新提任中层干部培训班总结座谈会暨"三严三实"学习研讨会。

9日　校史馆以"使命与责任"为主题，集中展示郭沫若、严济慈、李政道等22名科学家墨宝的"中国科大科学家手迹展"开展。

9日　湖北省黄冈市人民政府代表团来我校访问，在大学生实践育人基地建设、创新创业人才培养、高校优质生源选拔和毕业生就业创业等方面，与我校商谈市校合作计划。

11日　中国科学院合肥大科学中心筹建工作第十次会议在合肥物质科学研究院召开。

11日　在由南京大学商学院承办、华东地区10所知名院校15支队伍参赛的第三届全国管理案例精英赛华东一区晋级赛上，我校MBA派出的两支队伍分别获得冠军和第四名的好成绩。

11~12日　我校中国科学院壳幔物质与环境重点实验室举行第五届地球化学与环境科学研究生学术论坛。

12日　第二届安徽省龙舟公开赛（高校组）在安徽省水上运动中心开赛。我校一队获得100米直道一等奖、200米直道一等奖、总成绩一等奖的好成绩，二队获得100米直道三等奖、200米直道三等奖、总成绩三等奖的成绩。

12~17日　在爱尔兰举行的国际神经网络联合会议上，我校计算机科学与技术学院"青年千人计划"入选者陈欢欢教授因其在神经网络研究领域的突出贡献，荣获2015年国际神经网络协会"青年科学家"奖。

13日　万立骏校长一行访问了中国科学院苏州纳米技术与纳米仿生研究所和苏州生物医学工程技术研究所，就进一步推进"科教融合"、联合培养高端人才和开展高水平科研合作等工作进行调研。

13~14日　中国学位与研究生教育学会第五届学术委员会暨《研究生教育研究》编辑部工作会议在我校召开。

13~17日　安徽省第三届高校研究生信息素养夏令营在我校举办。

14日　万立骏校长在张淑林副校长和苏州研究院、软件学院、纳米学院以及党政办、研究生院等单位负责人的陪同下，对苏州研究院进行了考察。

14日　民盟科大总支召开补选主委副主委会议，补选王挺贵教授为民盟科大总支主委，张国斌研究员为副主委。

14~18日　我校博士生实践服务团赴宣城市旌德县进行实践服务工作。

15日　学校召开后勤系统推进综合改革启动会。

16日　中国建设银行总行机构业务部总经理、书法家刘仁刚做客我校"复兴论坛",作题为《让文化照亮艺术之路》的报告。

16日　中科大-神州买卖提电子商务工程实践教育中心签约暨揭牌仪式在我校举行。

16日　合肥市包河区委书记宁波率代表团访问我校。

16日　德国《先进功能材料》发表我校钱逸泰、朱永春课题组研究成果。他们发展了一种新的盐焗法,将硒灌入多孔碳中,避免了惰性气体或者真空气氛保护,一定程度上避免在加热过程中的温度波动,利于将熔融的硒灌入多孔碳中,使 Se/C 复合材料中活性 Se 的比例从以往报道的 36%~54% 提高到 72%。所制备的 Se/C 复合材料表现出优异的储锂性能。

16~18日　第三届全国大学生物理实验竞赛在南京大学举行,代表我校参赛的 4 名同学取得两金一银的优异成绩。

17日　英国《自然》杂志子刊《自然·通讯》发表我校中国科学院量子信息重点实验室在固态量子芯片研究方面取得的重要进展。该室固态量子芯片组郭国平教授、肖明教授与合作者成功实现了半导体量子点体系的两个电荷量子比特的控制非逻辑门。

17日　中国科学院国际合作局邱华盛副局长一行专程来我校,与安徽省外办主任王信、副主任陆友勤一行举行会谈,商讨委托安徽省人民政府外事办公室办理我校以及合肥物质科学研究院因公护照和签证事宜。

17日　2015 中国 C9 高校建德新安江龙舟赛在浙江省建德市新安江鸣锣开赛,我校龙舟队以绝对优势冲过终点线夺得冠军。

19日　我校第六届物理与化学夏令营开营。

19日　我校第五届交叉学科夏令营开营。

19日　我校第四届大气科学与空间物理夏令营开营。

19日　我校第五届大学生数学夏令营开营。

19日　我校第二届技术物理夏令营开营。

19~23日　第 19 届 RoboCup 机器人世界杯赛及学术大会在合肥举行,我校蓝鹰队获得两金一银的好成绩。

19~23日　由中国化学会催化委员会主办、我校承办的第 15 届全国青年催化学术会议在合肥召开。

19~24日　在丹麦哥本哈根举行的第二十届国际复合材料大会上,我校工程科学学院院长杜善义院士被国际复合材料委员会(ICCM)授予"世界学者"(WORLD FELLOWS)荣誉称号,成为首位获得该荣誉的中国科学家。

20日　学校举行美国工程院院士 Crittenden 博士中国科学院"国际人才计划-国际杰出学者"证书授予仪式。

20日　学校召开公共支撑体系 2015 年夏季工作交流会。

20日　我校第三届力学与工程科学夏令营开营。

20日　我校第二届计算机科学夏令营开营。

20日　我校第二届信息科技夏令营开营。

20日　美国《先进材料》杂志发表我校江海龙教授研究组与熊宇杰教授研究组、俞书宏教授研究组合作研究成果。这项研究工作为理性设计MOFs基电极材料提供了新的思路。该论文被选为杂志卷首插页。

20~24日　学校举办2015优秀大学生夏令营。

20~28日　第24届"应氏杯"中国大学生围棋赛在辽宁丹东举行。我校代表队获得男子团体第三名，取得了我校参加该项赛事以来的最佳战绩。

21日　英国工商管理硕士协会（AMBA）中国区代表、浙江大学管理学院王重鸣教授作为AMBA代表来校对管理学院进行AMBA预认证。

21日　国家同步辐射实验室举办"医疗加速器及应用研讨会"。

22日　美国《物理评论快报》杂志发表我校中国科学院量子信息重点实验室在超冷费米气体中新奇物相的研究方面取得的重要进展。该实验室易为教授与中国人民大学张威教授、北京大学刘雄军教授合作，在理论上预言并刻画了一种同时由局域序参量及非局域拓扑不变量表征的新奇拓扑超辐射相。

22日　美国《物理评论快报》杂志发表我校近代物理系杨思奇、韩良等人研究成果。他们在费米实验室D0实验中，完成轻夸克相关弱混合角的世界最精确测量。

22日　安徽省委书记王学军、代省长李锦斌来到安徽国际会展中心，观摩第19届RoboCup机器人世界杯赛。比赛结束后，王学军一行视察了参赛及参展的各类机器人产品，其中不仅有科大讯飞等著名企业的产品，而且还有来自我校学生创业团队"铁榔头教育科技有限公司"的最新科技项目。

22日　我校第一届核科学与技术夏令营开营。

22~26日　2015年全国大学生桥牌锦标赛于日前在湖北孝感举行。我校学生代表队获得团体第五名的成绩。

23日　由中国科协、教育部主办，安徽省科协与我校承办的"2015年青少年高校科学营中国科技大学分营"开营。

23日　学校举办首届"中国科大·电子信息论坛"。本次论坛的主题为"媒体技术与互联网+"。

24日　学校开展"三严三实"（严以律己）专题学习研讨。

24日　英国《能源与环境科学》杂志发表我校化学与材料科学学院杜平武教授课题组研究成果。他们设计开发出具有高转化率的非贵金属可见光催化制氢体系。

25日　党委常委、副校长周先意赴宿州出席首批高校赴宿州挂职干部欢送会暨第二批高校挂职干部培训会，并代表选派高校讲话。

25~26日　生命科学学院召开国际咨询委员会第一次会议。

25~27日　天文学系举办2015 CfA@USTC Symposium on "SMBHs and Galaxies"暨基金委"星系和类星体"创新群体专题研讨会。

27日　国家科技战略座谈会在人民大会堂召开。中共中央政治局常委、国务院总理李克强出席会议并作重要讲话。我校谢毅院士应邀参加座谈会并作了发言。

27日　英国《自然》杂志子刊《自然·纳米技术》在线发表我校微尺度物质科学国家实验室单分子科学团队董振超研究小组的研究成果。他们继2013年成功实现亚纳米分辨的单分子拉曼光谱成像之后,又在国际上首次展示了紧邻的不同分子的实空间拉曼光谱识别,在高空间分辨的化学识别领域再获重要进展。

27日 《美国科学院院刊》杂志发表我校生命科学学院单革教授实验室研究成果。他们发明了一种新的筛选方法,可以筛选出能特异针对具有细微改变(比如单氨基酸残基突变)蛋白质的核酸(RNA)适配体。

27日 英国《能源环境科学》杂志发表我校钱逸泰、朱永春课题组研究成果。他们发展了一种新型的锂硫电池正极材料——硒硫固溶体。研究人员从价格低廉的商业硫粉、硒粉出发,基于两者的二元相图,将其与实验组前期制备的多孔碳复合,得到比例不同的富硫 $S_{1-x}Se_x/C$ ($x \approx 0.1, 0.08, 0.06, 0.05$) 复合物。研究表明,所制备的 $S_{1-x}Se_x/C$ 复合材料在碳酸酯电解液中仍表现出优异循环稳定性及倍率性能。

28日 学校召开新一届本科教学督导组成立大会。

28日 南京农业大学副校长董维春率代表团访问我校,调研教育教学和人才队伍建设等工作。

28日 研究生院举办优秀大学生夏令营微视频大赛。

28~30日 中国学位与研究生教育学会信息管理委员会2015年学术年会在我校召开。

29日 中国科学院条件保障与财务局后勤保障处处长孙秀锦、北京分院副院长尹明一行来我校调研指导房地产工作。

29日 依据合肥大科学中心的筹建方案,中国科学院条件保障与财务局组织专家对合肥大科学中心岗位设置与人员遴选情况进行第一轮评审。

30日 学校召开学生军训工作领导小组会议,研究部署2015级本科生军训工作。

30日 浙江省教育基建学会秘书长陶爱民率代表团访问我校,考察和调研校园基本建设工作。

30日 中国科学院量子信息与量子科技前沿卓越创新中心(上海)、中国科学院-阿里巴巴量子计算实验室揭牌仪式在中国科大上海研究院举行。

7月30日~8月2日 第八届中国生命科学公共平台管理与发展研讨会在我校召开。

7月30日~8月4日 第十九届全国大学生羽毛球锦标赛在北方民族大学举行,我校报名参加了乙组的比赛。经过奋力拼搏,索敌获得女子单打第三名,乔斌获得男子单打第五名,谌卓夫/乔斌获得男子双打第五名。

31日 我校创校元老之一、我国科技和财经战线的杰出领导人、原中共中央顾问委员会常务委员、原国务委员张劲夫同志,因病在北京逝世,享年101岁。8月3日,学校向张劲夫同志治丧委员会发去唁电,表示深切哀悼,并向张劲夫同志的亲属致以亲切的慰问。8月6日,校长万立骏前往在中国科学院学术会堂所设的张劲夫同志分灵堂,对张劲夫同志的逝世表示沉痛哀悼。

31日 中国科学院副院长詹文龙院士视察了即将举行竣工仪式的KTX反场箍缩磁约束聚变实验装置"科大一环"。

8月

1日 KTX反场箍缩磁约束聚变实验装置建设工程竣工典礼在我校"科大一环"装置

实验大厅举行。

2~4日　由中国免疫学会主办，我校免疫学研究所、中国科学院天然免疫与慢性疾病重点实验室承办的"第四届全国免疫学博士生论坛"在我校举行。

4~6日　第十四届全国独轮车锦标赛在四川成都举行。我校附中代表队首次参加比赛，收获了初学组9枚金牌、6枚银牌、4枚铜牌的优异成绩，并获得初学组团体总分第二和组委会颁发的体育道德风尚奖，周超老师还被组委会授予"优秀教练员"称号。

5日　美国《物理评论快报》杂志发表我校中国科学院量子信息重点实验室研究成果。该室何力新研究组基于量子点双激发的级联过程，提出实现可扩展的量子点纠缠光源方案，可构建新型的量子中继器。

6日　《国家自然科学基金资助项目资金管理办法》安徽省培训会议在我校召开。

7日　美国《物理评论快报》杂志发表我校合肥微尺度物质科学国家实验室国际功能材料量子设计中心在二维材料激子效应的理论研究方面取得的重要进展。中心博士后 Jinho Choi 与崔萍博士等研究人员利用 GW-BSE 方法计算了单层黑磷、氟化石墨烯、氮化硼等一系列二维材料的激子结合能，并揭示出此类材料的激子结合能与其准粒子能隙之间存在显著的线性标度关系。

7日　我校"中国科大星"实践服务团赴辽开展实践调研。

8~9日　学校举办首届成高杯校友桥牌赛。

8~11日　学校组织校内民主党派、无党派干部赴圣地延安开展"延安精神"主题教育实践活动。

9~14日　我校22名来自信息学院、工程学院等学院大三、大四的学生前往吉林长春参加中国科学院长春光机所的暑期夏令营活动。

10日　由中国科学院国际合作局与我校联合主办、公共事务学院承办的中国科学院第六期国际组织任职及后备人员培训班在我校举行。

10~11日　学校举办首届学生食堂烹饪技术大赛。

10~15日　由国家自然科学基金委员会资助、我校国家同步辐射实验室承办的"硬、软X射线吸收谱学及应用研讨会暨讲习班"在合肥召开。

11日　全国政协委员、中央文史研究馆馆员、非物质文化遗产保护专家田青研究员应邀做客我校"魅力人文——兴业论坛"，为我校师生作题为《传统文化与当代社会》的学术报告。

12日　国家同步辐射实验室新一届用户专家委员会成立并召开第一次会议。

12~14日　国家同步辐射实验室举办2015年度用户会议。

13日　美国《地球物理论评》杂志发表我校地球和空间科学学院倪怀玮教授等长篇论文，他们应邀系统介绍了硅酸盐熔体迁移性质方面的研究进展。

13日　美国《物理评论快报》杂志发表我校中国科学院量子信息重点实验室李传锋研究组成果。他们在固态系统中首次实现对三维量子纠缠态的量子存储，保真度高达99.1%，存储带宽达1GHz，存储效率为20%，并实验证明该存储器具有高达51维量子态的存储能力。

14日　来自全国各地的1800余名2015级本科新生报到。为了能让新生安全到达学校、校团委、校学生会面向全校招募学生志愿者,前往合肥站和合肥南站开展火车站迎新接站工作。校领导许武、陈晓剑、周先意、蒋一、黄素芳等先后来到东、西区迎新报到点,亲切看望前来报到的新生和家长,并慰问参加迎新工作的教职工和学生志愿者。

14日　上海市委副书记、市长杨雄一行到我校上海研究院,参观调研中国科学院量子信息与量子科技前沿卓越创新中心(上海)。

14日　化学与材料科学学院举行2015级新生家长见面会。

14日　信息科学技术学院召开2015级新生家长会。

14日　物理学院举行2015级新生家长座谈会。

16日　学校组织2015级新生开展心理健康普查工作。

17日　来自全国65所高校的203名同学齐聚我校,参加"大学生创业家成长计划"启动仪式暨夏令营开营仪式。

17日　"2015年东亚研究型大学协会(AEARU)大学生夏令营"开营仪式在我校举行。

17日　学校召开2015级本科生军训动员大会。

17日　信息科学技术学院党委书记陈卫东教授为新生作题为《放飞青春,迎接挑战》的励志专题报告。

18日　教育部副部长林蕙青在安徽省委教育工委书记、省教育厅厅长程艺的陪同下,来我校考察工作。

18日　我校第五届材料科学夏令营(金属所)开营。

19日　值2015国际地球化学年会召开之际,我校地球和空间科学学院在捷克首都布拉格举办了校友招待会,50余位科大校友和关注地空学院发展的新老朋友们欢聚一堂,互相交流。

19日　美国《先进材料》杂志发表我校化学与材料科学学院、合肥微尺度物质科学国家实验室熊宇杰实验课题组与江俊理论课题组、宋礼及储旺盛同步辐射表征课题组等合作研究成果。他们巧妙利用先前提及的不受欢迎的能量弛豫过程产成的热能来引发一种"智能相变"过程,即利用能量弛豫热能驱动晶格中的原子重排,形成不再能够有效发生能量弛豫的高度有序立方晶体结构,从而极大地提高其量子效率。

19~24日　第六届中国大学生物理学术竞赛在国防科学技术大学举行。我校代表队经过五轮激烈角逐,以五战全胜的战绩荣获本次大赛特等奖。

21日　学校召开2015年度安全工作校务专项会议。

21日　生命科学学院举行第一次"十三五"科研计划小型研讨会,由蛋白质领域专家组成员周丛照教授就蛋白质方向作专题报告。

22~23日　安徽省第二届普通本科院校青年教师教学竞赛在合肥工业大学举行。我校参赛的三名教师获得优秀成绩,其中物理学院涂涛荣获自然科学基础学科组一等奖,人文与社会科学学院李兰兰获得人文社会科学组二等奖,工程科学学院赵刚获得自然科学应用学科组三等奖,我校工会荣获优秀组织奖。

24日　生命科学学院举行第二次"十三五"科研计划小型研讨会,由田志刚教授介绍"十三五"政策。

25日　中国科学院合肥大科学中心筹建工作第十一次会议在我校召开。

26日　中国科学院金属所暨我校材料科学与工程学院举行2015新生开学典礼。

26日　学生工作部（处）、人力武装部组织2015级本科生辅导员班主任开展第一次集体备课。

27日　我校与蜀山区举行校区合作共建座谈会。

28日　万立骏校长应邀与学校青年学者联谊会执委会成员进行座谈。

28日　第二届交叉科学与应用论坛——大数据交叉科学论坛在我校举行。

28日　由科技部基础司组织的国家磁约束核聚变能发展研究专项"聚变堆总体设计研究"项目验收会在我校召开。

28日　合肥微尺度国家实验室召开安全工作专项会议。

28～30日　第11届社会网及关系管理研究会年会暨"新媒体创新创业社会网络分析"研讨会在我校召开。

30日　全国首届"大学生创业家成长计划"夏令营闭营仪式在我校举行。

本月　由我校承担的暗物质粒子探测卫星（DAMPE）量能器分系统完成了在欧洲核子中心（CERN）的所有束流标定实验,进一步验证了DAMPE谱仪的探测性能。

本月　国际勘探地球物理学会（SEG）在美国举办新闻发布会宣布,经过136个国家的SEG资深会员投票选举,产生了该组织的第85届最高执行委员会。我校地球和空间科学学院"国家千人计划"入选者张捷教授当选为SEG执行副主席,成为在该组织85年历史中担任最高职位的华人。

本月　为加强与用人单位的交流与沟通,招生就业处处长傅尧、副处长魏英等赴绵阳、杭州等地开展重点用人单位走访活动,先后访问了中国工程物理研究院化工材料研究所、核物理与化学研究所、中国空气动力研究与发展中心、中国电子科技集团第52研究所、杭州海康威视数字技术股份有限公司及杭州市人社局等单位。

9月

1日　学校隆重举行2015级本科生开学典礼。

1日　2015级本科新生"科学与社会"研讨课开课,万立骏校长为本科新生上第一堂课。

1日、17日　美国《纳米快报》《物理评论快报》杂志先后发表我校中国科学院量子信息重点实验室固态量子芯片组郭国平教授与合作者研究成果。他们成功实现了石墨烯量子点量子比特和超导微波腔量子数据总线的耦合,首次测定了石墨烯量子比特的相位相干时间及其奇特的四重周期特性,并首次在国际上实现了两个石墨烯量子比特的长程耦合,为实现集成化量子芯片迈出了重要的一步。

2日　学校举办纪念抗日战争暨世界反法西斯战争胜利七十周年专题书展。

2日　学校召开2015级研究生迎新工作动员会。

2日　学生工作部（处）召开2014级专业调整本科生情况对接恳谈会。

2日　校博物馆举办的"血肉长城卫中华——'抗战万里行'摄影展暨安徽抗战文物展"开幕。

2号　生命科学学院举行第三次"十三五"科研计划小型研讨会,由干细胞方向专家组成员姚雪彪教授就干细胞领域作专题报告。

3日　校学生国旗护卫队举行纪念中国人民抗日战争暨世界反法西斯战争胜利七十周年升旗活动。

4日　学校举行2015级本科生军训阅兵大会。

5日　校团委、校学生会主办旨在帮助新生尽快熟悉校园环境的第十届定向越野大赛。

6日　我校2015级研究生新生入学报到。

6日　物理学院举行2015级本科生迎新大会。

7日　"斯坦福-中国科大-麻省理工"(SUM)2015年地球科学夏令营在我校举行开营仪式。

7日　物理学院举行2015级研究生入学教育第二课暨第二届吴杭生教授纪念奖颁奖会。

7~9日　招生就业处举办"求职就业工作坊"系列讲座。

8日　学校隆重举行2015级研究生开学典礼。万立骏校长寄语全体新生："身为一名科大人,不仅要延续科大的光荣与自信,也要承载科大的使命与梦想。"他通过三则故事向研究生新生诠释了科大人的品格和科大精神,希望大家能从中有所启发,有所收获,度过有意义且愉快的研究生学习时光。

8日　学校开展2015级研究生新生入学教育。

9日　合肥市委常委、常务副市长韩冰在市发改委、科技局、国资委、卫计委、财政局、国土局、环保局等工作人员的陪同下来国家同步辐射实验室调研。

9日　学校举办纪念抗战胜利七十周年离退休干部书画展。

9日　美国《物理评论快报》杂志发表我校中国科学院量子信息重点实验室研究成果。该室李传锋研究组采用固态量子存储器首次实现在毫米尺度下量子相干性的实验验证,证实可用来判断量子与经典界限的Leggett-Garg(LG)不等式被违背,为最终解决薛定谔猫佯谬并确定量子与经典的界限迈出坚实一步。

9日　信息学院召开2015级研究生新生入学教育大会。

9日　生命科学学院举行第四次"十三五"科研计划小型研讨会,由生殖发育领域专家组成员史庆华教授就生殖发育方向的国家布局作专题报告。

10日　学校启动2016届毕业生校园招聘工作,开始前3天即组织13场次、70余家单位的招聘会。至10月23日,学校共举办招聘会近180场,其中13场组团招聘,来校招聘的用人单位总数近500家,为毕业生提供了大量的高质量就业机会。

10日　化学与材料科学学院召开2015级研究生入学教育大会。

10日　美国加州大学戴维斯分校传播系杰出教授、原国际社会网络研究会(INSNA)全球会长乔治·巴内特教授应邀为我校师生作题为《留学的跨文化准备:美国教授眼中的中国留学生——从跨文化视角看"大数据"及其传播学研究》的报告。

11日　学校召开会议,布置2016级研究生推免和新学期学位与研究生教育工作。

11日　英国《自然》杂志子刊《自然·通讯》在线发表我校合肥微尺度物质科学国家实验室与物理学院乔振华教授与南京大学缪峰教授、王伯根教授合作研究成果。他们在多层石墨烯的压电效应的研究方面取得重要进展,首次在实验上观察到石墨烯材料体系中正的压电效应,并在理论上揭示了多层结构内层间相互作用对该效应的显著贡献。

11日　国务院参事室特约研究员刘奇先生做客我校"魅力人文——兴业讲坛"暨"英才论坛",作题为《欧美还是拉美?——对我国城镇化建设的新思考》的报告。

12日　我校金秋艺术团举行纪念抗战胜利七十周年文艺汇演。

12日　化学与材料科学学院开展研究生实验室安全知识培训。

12~13日　由我校化学与材料科学学院、中国科学院能量转换材料重点实验室、能源材料化学协同创新中心联合主办的"富勒烯材料现状及未来发展趋势研讨会"在我校召开。

13日　学校举行学生组织招新游园会。

13~19日　教务处和教师教学发展中心先后召开了2015春季学期"优秀助教"表彰会以及多场2015秋季学期助教培训大会。

14日　由校基本建设处、保卫与校园管理处相关负责人,以及用户单位负责人和用户单位、施工单位、监理单位、物业公司代表组成的验收组,对中校区保留建筑进行了交付验收。

15日　学校举行2015级新生"科学与社会"研讨课第二场主题报告会。著名分子生物物理与结构生物学家、中国科学院院士、我校1973级校友饶子和应邀回母校,为全校大一新生作题为《技术创新与创新成果》的主题报告。

15日　江苏省如皋市市委书记、如皋经济开发区党工委书记姜永华一行来我校调研考察。

15日　中国人民解放军国防科学技术大学第十一期全军高层次创新型科技人才研修班来我校先进技术研究院参观交流。

16日　中国科学院发文公布2015年度院优秀博士学位论文和优秀研究生指导教师奖评选结果,共评选出优秀博士论文100篇,优秀研究生指导教师100人。其中,我校16位博士毕业生及其导师分获优秀博士学位论文奖和优秀研究生指导教师奖。

16日　2015级本科生辅导员班主任开展第二次集体备课。

17日　美国普林斯顿等离子体物理国家实验室(PPPL)主任Stewart Prager教授、普林斯顿大学吉瀚涛教授一行访问我校,专程参观考察KTX反场箍缩磁约束聚变实验装置"科大一环"。

17日　学校召开光学工程、工商管理学科学位授权点校内专项评估评审会议。

17日　中国工程物理研究院流体物理研究所党委书记吴强一行7人来我校国家同步辐射实验室就进一步加强合作开展深入交流。

18日　中国科学院条件保障与财务局组织专家在我校召开国家重大科研仪器设备研制项目"新一代高衬度低剂量X射线相位衬度CT装置"项目启动会。

18日　美国科学院院士、中国科学院外籍院士王晓东做客我校"复兴论坛",作题为《科学问题的发现》的报告。

18日　生命科学学院举办第一届生命科学论坛。

18日　中国科学技术大学离退休干部纪念抗战胜利七十周年摄影展开展。

19日　"2015年度求是奖颁奖典礼"在我校举行。求是科技基金会创始人查济民先生长女、基金会执委查美龙,基金会顾问、诺贝尔奖获得者、著名物理学家杨振宁,基金会顾问、两弹一星功勋奖章获得者孙家栋,基金会顾问、清华大学副校长施一公等人来校参加了典礼。

19日 主题为"量子革命·现代物理启示录"的2015年度求是未来论坛在我校先进技术研究院举办。2005年求是杰出科学家奖得主、中国科学院院士、我校常务副校长潘建伟,2000年求是研究生奖学金得主、我校物理学院执行院长杜江峰,2014年求是杰出科学家奖得主、中国科学院院士、清华大学副校长薛其坤,北京大学物理学院院长谢心澄,阿里巴巴集团首席技术官王坚分别作为嘉宾上台演讲,并与现场观众进行了互动交流。

19日 国际著名生物物理学家王晓东院士访问我校生命科学学院,做客科大论坛,作题为《细胞程序性坏死与疾病》的学术报告。

19~21日 中国科学院政研会重点课题——"中国科学院整体社会形象设计、塑造与传播"第三次专题研讨会在我校召开。

20日 国家同步辐射实验室与科研部共同组织举行2015年度同步辐射联合基金评审会。

20日 为纪念建校57周年暨中国科学技术大学博物馆建馆12周年,由我校博物馆和安徽省文物考古研究所、淮北市博物馆联合举办的"考古新发现"系列展之《古运河遗珍——淮北柳孜大运河遗址出土文物展》开幕。

20~23日 2015年安徽省职工运动会网球比赛在合肥市举行。我校教职工网球协会代表安徽省教育工会参加了本次比赛,并取得了优异的成绩,其中中年组混双比赛获得了冠、亚军,中年组男双比赛获得第八名,青年组男双比赛获得第五名。

21日 安徽省副省长谢广祥一行来我校调研,并召开调研专题座谈会,听取学校工作汇报。安徽省教育厅厅长程艺、省发改委总工程师笪艺武、省科技厅副厅长罗平、省财政厅副厅长吴天宏、合肥市副市长吴春梅等省市有关领导参加了汇报会。

21日 《德国应用化学》杂志发表我校化学与材料科学学院俞书宏课题组与合肥微尺度物质科学国家实验室江俊课题组、福州大学王心晨课题组合作研究成果。他们基于液相化学转换方法首次成功制备了一种独特的一维三元多节点鞘硫化物异质纳米棒。文章发表后,被《Materials View》以"Metal-semiconductor heteronanorods for efficient photocatalytic hydrogen"为题选为研究亮点。

21日 美国《地球物理学研究》杂志在线发表我校地震与地球内部物理实验室温联星教授研究组成果。他们的研究表明,地震学可以成为一种有效、实时的飓风监测手段,为飓风内部动力学研究实时提供其中心区域气压扰动数据,同时监测飓风消失后依然存在的潜在灾害。该研究为现代地震学的应用提供了一个崭新的方向。

21日 美国《细胞》杂志子刊《当代生物学》发表我校生命科学学院光寿红课题组研究成果。他们揭示了小RNA介导组蛋白3赖氨酸27的三甲基修饰机制。

21~22日 STAR区域会议STAR探测器升级研讨会在我校举行。

22日 学校举行第十届"困学守望"教学奖颁奖典礼。

22日 副校长张淑林率团出席中国科学院先进医疗器械产业孵化联盟成立大会暨第一次理事会议。

23日 英国《能源环境科学》杂志发表我校钱逸泰课题组研究成果。该组研究人员发展了一种在200℃熔盐体系中,采用金属Al或Mg还原二氧化硅或硅酸盐制备纳米硅材料的方法。将该材料应用于锂离子电池负极材料,展示出优异的电化学性能。

23~26日 第十届国际正负电子对撞物理研讨会(PhiPsi 2015)在我校举行。来自中国、俄罗斯、意大利、德国、美国、瑞典、加拿大等14个国家的约120位科学家参加了此次会议,重点研讨5GeV以下能区正负电子对撞物理实验结果和对发展粒子物理基本理论的作用,以及正在运行的及未来实验设备的物理研究潜能,包括中国高能物理学界正在积极推动的下一代正负电子对撞机。

24日 我校与甘肃省科技厅就成立"中国科学技术大学技术转移甘肃中心"签订协议并揭牌。

24日 校党委书记许武、副书记蒋一在有关部门负责人陪同下,来到回族、维吾尔族、哈萨克族等本科生、研究生和留学生中间,与他们共度古尔邦节。

24~28日 国际遗传工程机器设计竞赛(iGEM)在美国波士顿举办。我校两支代表队参加比赛,其中USTC-Software斩获金牌。

25日 学校召开专题协调会,研究启动新版学位证书设计方案征集活动。

25日 我校与中国科学院广州能源所召开研讨会,就加强所校结合、共建"热科学和能源工程系"工作进行了深入的探讨。

25日 中国高等教育出版社副总编辑林金安先生应邀做客我校"教师教学发展论坛",作题为《在线开放课程建设与数字出版新模式》的主题报告。

25~26日 由中国科协联合教育部、共青团中央、中国科学院、中国工程院主办的《共和国的脊梁》专题节目在北京人民大会堂大礼堂上演。我校原创多媒体音乐剧《爱在天际》应邀参加演出。

26日 由我校生命科学学院毕国强教授任项目负责人的中国科学院战略性先导科技专项"脑功能联结图谱计划"脑功能联结图谱研究关键先导技术项目,在我校召开2015年度总结研讨会。

28日 美国麦克阿瑟基金会公布2015年度天才奖得主,24名美国各界杰出人士获选,其中加州大学伯克利分校能源和化学系教授、我校8812校友杨培东,因在半导体纳米线和纳米线光子学领域的成就而获奖。他也是今年唯一的华裔获奖者。

28日 《China Daily》美国版整版推出"2015年求是奖颁奖典礼"以及"求是杰出青年学者奖"我校获奖人马明明的专题报道。

29日 学校召开"2015年国家助学贷款培训暨诚信教育大会"。

29日 学校召开本年度第八次学生工作负责人例会。

29日 清华大学教授、我校科技史与科技考古系校友戴吾三做客"魅力人文"学术论坛,作题为《从译著畅销书看我国大众的科学文化素质》的报告。

29日 安徽文学院签约作家、《腾讯·大家》专栏作者、安徽新安晚报编辑闫红做客"英才论坛",作题为《黛玉如诗 宝钗是禅》的报告。

10月

4日 《美国化学会志》杂志发表我校江海龙教授研究组与张群教授、俞书宏教授、罗毅教授以及福州大学李朝晖教授开展合作研究成果。针对光活性无机半导体材料在光催化CO_2过程中吸附CO_2能力弱的难题，提出了采用广谱吸光MOFs在其有效富集CO_2的同时将CO_2光催化还原为有用化学品的策略。

5~7日 在中国科学院长春光学精密机械与物理研究所组织下，我校"王大珩科技英才班"学生代表赴酒泉卫星发射中心开展实践活动。

8日 学校举行复兴论坛暨"科学与社会"研讨课之蒲慕明院士报告会。中国科学院外籍院士、美国科学院院士、台湾"中央"研究院院士蒲慕明教授应邀为我校师生作题为《学习科学与科学人生》的报告。

8日 常务副校长潘建伟院士在上海研究院会见上海银河惠理金融信息服务有限公司总裁胡力文一行，并出席了上海银河惠理金融信息有限公司捐赠暨中国科学技术大学互联网金融、大数据管理实验室揭牌仪式。

9日 我校与中国科学院上海微系统与信息技术研究所举行协议签署仪式，双方共同成立超导量子器件与量子信息联合实验室。我校常务副校长、中国科学院量子信息与量子科技前沿卓越创新中心主任潘建伟院士与中国科学院上海微系统所所长、中国科学院超导电子学卓越创新中心（筹）主任王曦院士代表双方签订了联合实验室合作协议。

9日 中国科协公布2015年高校科学营特色活动资源入选名单，我校申报的特色活动《爱上妙趣横生的科学——物理、化学、生命、工程分学科探究实验组合》入选2015青少年高校科学营特色营队活动案例。

9~10日 2015年一流大学建设系列研讨会暨中国大学校长联谊会在南京大学举行，来自内地及香港地区共12所知名高校的大学校长出席会议。校长万立骏、副校长张淑林一行出席了本次会议，万立骏在本次会议上当选为新一届中国大学校长联谊会理事会会长。

9~10日 第二届职业发展与就业管理国际会议（2015ICCDEM）在我校召开。

9~11日 由我校和亚澳火安全材料科学与工程学会共同发起的第一届亚澳火安全材料科学与工程研讨会（AOFSM'1）在苏州召开。

9~12日 第四届中国创新创业大赛生物医药行业总决赛在北京举行。由我校生命科学学院田志刚教授研究组和肖卫华教授研究组共同组建的"荔枝生物"创新团队荣获团队组第三名的好成绩。

10~11日 我校华罗庚数学英才班、严济慈物理英才班、卢嘉锡化学英才班、贝时璋生命科学英才班、计算机英才班共8名本科生同学，参加在北京大学举行的国家"基础学科拔尖学生培养试验计划"第二届学生学术交流会并作主题发言。

11日 李克强总理在中国科学院白春礼院长转呈我校学生支教队员的信上批示："请转达对支教队员的问候！"19日上午，学校召开研究生支教团历届队员座谈会，传达李克强总理的问候。

11日 学校举行第15届RoboGame机器人大赛。

11日 学校召开校学术委员会"青年千人计划"聘期考核专项会议。

12日 中国科学院政研会科学传播分会网络宣传和舆情应对研究组第一次会议在我校举行。

12~14日 党委副书记、纪委书记叶向东率党务干部培训班学员赴南京大学、浙江大学、紫金山天文台、南京经济开发区进行了集中调研。

13日　由我校与合肥工业大学、安徽大学首次共同组织的"情满重阳，相聚科大"三校离退休干部联欢会在我校举行。

13~14日　第一届"CFETR物理国际顾问委员会"在我校召开。来自中国、美国、日本等国家50余位专家学者参加了本次会议，重点研讨中国聚变工程实验堆（CFETR）目前基础物理方面的进展、面临的挑战以及对后期发展的详细规划。

13~14日　由中国科学院科学传播局主办、我校承办的中国科学院2015年政务信息、网络宣传、信息公开、舆情应对工作人员业务培训班（第二期）在我校举行。

14日　《德国应用化学》杂志在线发表我校化学与材料科学学院、合肥微尺度物质科学国家实验室熊宇杰教授课题组研究成果。他们设计了一类具有原子精度壳层结构的助催化剂，在降低贵金属铂用量的同时大幅度提高光解水制氢性能。该工作为开发低成本、高性能光催化材料提供了新的途径。

14日　清华大学杨舰教授应邀做客"魅力人文——兴业讲坛"，作题为《文艺复兴时期的科学与文化》的报告。

15日　学校召开公共管理学科学位授权点专项评估会议。

15日　学校召开新一届关心下一代工作委员会会议。

15日　英国《自然》杂志子刊《自然·通讯》发表我校中国科学院量子信息重点实验室在量子中继、量子网络的研究中取得的重要进展。该室李传锋研究组成功实现了量子点发射的确定性单光子的多模式固态量子存储。该成果在国际上首次实现量子点与固态量子存储器两种不同固态系统之间的对接，并且实现了100个时间模式的多模式量子存储，模式数创造世界最高水平，为量子中继和全固态量子网络的实现奠定了基础。

15日　美国《物理评论快报》杂志发表我校中国科学院量子信息重点实验室在探测设备无关型量子密钥分配的研究方面取得的重要进展。该室量子密码研究组的银振强、王双、韩正甫、陈巍等在国际上首次实现了无需参考系校准的测量设备无关型量子密钥分配（MDI-QKD）实验系统，显著增强了系统的实际安全性和工作稳定性，对推动此类设备无关型量子密钥分配技术在实际环境中可靠、稳定的应用具有重要意义。

15~16日　消防工程专业教学指导委员会2015年年会在我校召开。

16日　学校召开党建与思想政治工作研究会理事会会议。

16日　校党委书记许武、党委副书记兼纪委书记叶向东专程送化学与材料科学学院执行院长杨金龙教授赴省教育厅挂职担任副厅长，任期一年。

16日　学校举行"新校园一卡通"项目建设启动会。

16日　大连市委常委、统战部部长董长海一行16人来校调研我校民主党派基层组织建设工作。

17日　学生工作部（处）、校团委举行第十六期学生骨干培训班暨团校第二十二期培训班开学典礼。

17日　中国科学院第六届暨京区第十四届职工田径运动会在北京奥体中心举行。我校代表团最终获得团体第六名的好成绩。

17日　学校启动"绿地杯"大学生创业计划竞赛暨管理学院第三届创业精英挑战赛。

18日　中华文化大学堂和安徽国际老子文化交流协会联合举办第三十八次讲学活动。

18日　国际勘探地球物理学会(SEG)在美国新奥尔良市举办第85届年度大会颁奖仪式。我校地球和空间科学学院"国家千人计划"入选者张捷教授荣获2015年杰出教育奖。

18~19日　2015年安徽省职工运动会在合肥市体育中心举行。我校代表队参加了其中的"趣味足球"项目，获得冠军。

18~21日　第四届国际硒与环境和人体健康大会在巴西圣保罗市召开。我校地空学院尹雪斌博士在会上作了题为《中国功能农业：从研究到实践》的邀请报告；袁林喜博士报告了在兼顾硒安全、有效两个核心要素基础上，硒食品对应的推荐含量，并呼吁国际硒研究学会成员联合推进国际硒产品标准(ISO)，为全球功能农业可持续发展奠定基础。

19日　2015年中国科学院院士联络处工作会议在合肥举行。中国科学院学部工作局局长李婷及与会代表参观了我校先进技术研究院和合肥物质科学研究院。

19日　德国哥廷根大学地球科学中心教授、德国科学院院士、美国地质学会火山研究终身成就奖获得者Gerhard Wörner教授为我校师生作题为《Mountains, Oceans and the Inner Forces of Planet Earth Geological Processes and the Evolution of Life》的报告。

19~20日　首届中国"互联网＋"大学生创新创业大赛总决赛在吉林大学举行。我校原力科技团队作品"车停哪儿"智慧停车项目获得全国总决赛金奖。

20日　学校举行陈国良院士奖学金颁奖会。本次陈国良院士奖学金为第四届颁发，共有4名本科生获奖。

20日　科技成果转化与推广专家、科技部中国民营科技促进会副会长、北京东方硅谷科技开发院院长汪斌做客我校"创业大讲堂"暨"英才论坛"，作题为《科技成果转化及科技创业的十大要点》的报告。

20日　美时医疗技术有限公司代表团来我校访问，希望与我校建立资源对接、科研共创等合作发展关系。

20~21日　由中国计算机学会(CCF)主办、我校及安徽大学承办的第三届大数据学术会议在合肥召开。

21日　我校与中国科学院广州能源研究所签署共建热科学和能源工程系合作协议。当日，广州能源所所长马隆龙为热科学和能源工程系获得该所奖学金、奖教金的5名同学和2名老师颁奖，并与相关院系领导及老师进行了交流。

21日　国际科学史学会前任主席、我校人文学院院长、科技史与科技考古系主任刘钝研究员做客"魅力人文——兴业论坛"，作题为《革命三重奏：从科学革命、光荣革命到工业革命》的报告。

21日　英国《自然》杂志子刊《自然·通讯》发表我校化学与材料科学学院谢毅教授团队、吴长征教授研究组与罗毅教授团队张群教授研究组合作成果。他们发展出全新水溶性小分子助催化剂以加速光生空穴转移，实现了光催化产氢性能的大幅提升，从而为摆脱目前广泛使用的贵金属助催化剂提出了新的解决途径。

22日　校党委副书记、纪委书记叶向东作《践行"三严三实"，推进党风廉政建设》的"三严三实"专题教育党课报告。

22日　由中国计算机学会(CCF)主办、我校和合肥市人民政府联合承办的主题为"互联网催生新经济"的 2015 中国计算机大会（CNCC）在合肥开幕。

22 日 首届中国科学技术大学-中国科学院化学研究所青年学术交流会在我校举行。

22 日 微软全球资深副总裁、微软亚太研发集团主席兼微软亚洲研究院院长洪小文博士，微软亚洲研究院副院长李世鹏博士，资深研究员谢幸博士，学术合作中国区经理马歆女士和资深学术合作经理吴国斌博士一行访问我校。

22 日 校女知识分子联谊会邀请我校 816 校友吴雪筠女士作题为《色彩生活——绘出你的快乐》的专题讲座。

23 日 校党委召开党政中心组会议，开展"三严三实"（严以修身）专题学习研讨。

23 日 校务工作会议决定，从今年 9 月份起全面调整我校研究生基本助学金标准。

23 日 在上海市举行的中国密码学会 2015 年会上，我校物理学院王双副教授荣获中国密码学会优秀青年奖。

23~24 日 学校召开 2015 年校务工作会议。校领导，校学术委员会、学位委员会、教学委员会正副主任，各学院党政负责人，国家（重点）实验室、国家工程实验室、中国科学院重点实验室负责人，机关各部、处、室负责人，直属单位党政主要负责人参加会议。会议还邀请了"两院"院士，校党委委员、纪委委员，学术委员会、学位委员会、教学委员会全体成员，系党政负责人，有关直属单位副职，各民主党派负责人，教代会主席团成员，离退休干部代表，校学生会、研究生会和学生社团负责人代表参加。

23~25 日 由中国科学院能量转换材料重点实验室、我校化学与材料科学学院、能源材料化学协同创新中心共同承办的"第三届石墨烯及其他二维材料青年学者论坛"在我校举行。

24 日 《美国化学会志》杂志发表我校合肥微尺度物质科学国家实验室和化学与材料科学学院曾杰教授课题组在非贵金属纳米催化剂 CuNi 合金纳米晶研制上取得的重要进展。他们通过在一步合成法中使用吗啉硼烷作为还原剂，成功制备了 CuNi 合金八面体和立方体，并在 A^3 偶联反应中研究了 CuNi 合金晶面和组分与其催化性能之间的构效关系，实验结果表明 $Cu_{50}Ni_{50}$ 立方体的催化活性明显高于其他晶面和组分的 CuNi 合金纳米晶。结合理论计算，研究人员发现 $Cu_{50}Ni_{50}$ 立方体的高活性源于表面能和催化活性位点的竞争机制。

24~25 日 第三届高校学生食堂（合肥片）烹饪技能大赛在安徽职业技术学院举办，我校作为唯一一所四名参赛选手均获得奖项的高校，以团体总分第一的成绩荣获大赛一等奖。

25 日 学校召开 2015 年度奖学金评审会，评选出"郭沫若奖学金"获得者 34 名，其中 A 类 32 名、B 类 2 名。同时，112 名国家奖学金获得者也于本次会议一并评出。

25~26 日 2002 年诺贝尔化学奖获得者、美国斯克利普斯研究所著名核磁共振专家 Kurt Wüthrich 教授偕夫人应邀到我校进行学术交流。Kurt Wüthrich 教授参观了中国科学院合肥大科学中心与中国科学技术大学的相关磁共振设备，并与相关科研人员及高年级研究生进行了深入的交流和探讨。

26 日 国家自然科学基金委副主任姚建年院士率领国家自然科学基金委实地考察组对我校以俞书宏教授为负责人的"纳米材料制备与能源转换性能研究"创新研究群体进行了调研和实地考察。

26~29 日 第十七届国际能源署反场箍缩国际研讨会在我校举行。来自美国、意大利、法国、日本、瑞典、加拿大以及中国的 14 个单位 94 人参加了会议。

27 日　日本专修大学土屋昌明教授做客"魅力人文——兴业讲坛",作题为《道教对日本文化的影响》的精彩报告。

27 日　中国科学院合肥大科学中心召开 2015 年度"高端用户培育基金"评审会。

27 日　物理学院学术委员会召开学科发展战略研讨会。

27 日　少年班学院举行师生座谈会,讨论学生提出的关于本科教学工作的意见和建议。

28 日　美国《物理评论快报》杂志在线发表我校微尺度物质科学国家实验室和中国科学院强耦合量子材料物理实验室陈仙辉教授研究组研究成果。该组与复旦大学张远波教授以及中国科学院固体物理所邹良剑研究员合作,在层状半导体黑磷中发现压力诱导的电子结构拓扑相变,并确认高压下黑磷的半金属相中存在狄拉克费米子。

28 日　我校潘滢炜、张婷两位博士生荣获 2015 年度"微软学者"奖学金。

29 日　中国科学院自然科学史研究所前任副所长、中国科学院大学人文学院科技史系主任、中国科学院院史研究中心主任王扬宗教授,应我校"研究生高水平学术讲座"之邀,作题为《中国院士制度的前世今生》的报告。

29 日　南京理工大学党委副书记陈岩松带领该校校长助理、电光学院院长陈钱,党委组织部部长张云雷,学生工作处处长龚建龙等来我校访问。

29 日　全国知识产权领军人才、国家知识产权局专利局通信发明审查部卜方部长应邀来我校作题为《创业就业与知识产权》的专题讲座。

29~31 日　第四届暗物质探测卫星(DAMPE)研讨会在南京紫金山天文台召开,宣布暗物质粒子探测卫星科学合作组正式成立。我校核探测与核电子学国家重点实验室师生在科学合作组中承担了重要工作。

30 日　国家留学基金委发布《关于 2015～2016 学年优秀来华留学生奖学金获奖结果的通知》,我校推荐的三名留学生 Ghulam Nabi、Shamim Akhtar 和 Erigene Bakangura 获得该奖。

30 日　华东师范大学校长陈群,党委常委、副校长梅兵、汪荣明一行来我校调研交流。

30 日　由生命学院主办、中国科学院脑功能和脑疾病重点实验室承办的第二届生命科学论坛召开。

30 日　科大讯飞创始人、我校 1990 级校友刘庆峰博士应邀为全校新生作题为《让世界聆听我们的声音——风口上的人工智能》的报告。

30~31 日　学校举行 2015 年体育运动大会。

10 月 31 日～11 月 1 日　校教师教学发展中心、人力资源部和教务处联合举办首届新进教师研习营。

10 月 31 日～11 月 13 日　瑞士 EMPA(瑞士联邦材料测试与研究实验室)的 Manfred.Roth 博士应中国科学院金属所研究生部的邀请到金属所为全体研究生开设"先进材料技术"专业课。该课程由我校研究生院创新项目资助开设。

本月　美国物理学会(APS)2015 年会士增选名单公布,257 位物理学家当选,其中包括我校 7 位校友。他们分别是:何小刚(774)、张卓敏(785)、吴小华(815)、陈志刚(85 硕)、平源（904）、陈候通（9302）和申猛燕（1990年博士毕业于我校）。

11月

1~3日 生命科学学院举行第一届高端论文研讨会。知名校友（83少/8308）、《Cell Research》（细胞研究）杂志常务副主编李党生研究员参加研讨会。

2日 英国《自然》杂志子刊《自然·光子学》发表我校中国科学院量子信息重点实验室韩正甫、陈巍等研究成果。他们首次基于主动切换技术实现了安全传输距离超过90公里的RRDPS协议量子密钥分配实验，创下了世界纪录，其结果充分验证了这一新型协议的实用化潜力。

2日 我校学工系统再次组队赴新疆调研。

3日 学校召开2015年度第九次学生工作负责人例会。

3日 学校召开2015年度奖学金资审会。

3~4日 安徽省高校数字图书馆在我校举行"MOOC示范项目课程建设培训会"。

4日 2015年度何梁何利基金颁奖大会在北京举行。我校钱逸泰教授、田志刚教授因在各自领域的杰出贡献，荣获"何梁何利基金科学与技术进步奖"。至此，我校先后共有14位科学家获得何梁何利基金奖。

4日 学校召开会议布置网络空间安全一级学科博士学位授权点申报工作。

4~6日 学校举办"我心中的科大好食堂"评选活动。

5日 学校召开会议，布置2016年硕士研究生招生统一入学考试专业课命题工作。

5日 英国《自然》杂志发表美国布鲁克海文国家实验室STAR合作组研究。该组首次直接测量了反质子-反质子间的相互作用力，这对理解反物质的构成起到了至关重要的作用。我校研制的MRPC飞行时间探测器在首次直接测量反质子间相互作用力中发挥了重要作用。

6日 学校召开专业学位教育中心工作会议。

6日 南京艺术学院党委常委、副院长张承志教授一行应邀来访，陈初升副校长与张承志副院长分别代表两校签署"中国科大-南京艺术学院艺术交流合作协议"。

6日 美国《科学进展》杂志报道我校俞书宏教授课题组的最新研究成果。该组成功设计并可控宏量制备了一种新的TexSey@Se核/壳结构纳米线模板，在此基础上建立了一种全新的合成一系列金属-硒-碲多元合金纳米线的通用方法。这是近年来有关纳米线合成方法学研究领域取得的重要进展之一。

6日 首届国家教学名师、华中农业大学生命科学技术学院郑用琏教授应邀做客我校"教师教学发展论坛"，作题为《课堂的磁力来自哪里？——浅谈驾驭课堂的动力和能力》的报告。

6日 北京邮电大学信息安全中心主任、灾备技术国家工程实验室主任、"长江学者"特聘教授、国家级教学名师、国家杰出青年科学基金获得者杨义先来我校作题为《信息科学技术新视界》的报告。

6日 中国航空工业集团公司基础技术研究院应邀组团来我校宣讲、招聘。

7~8日　第40届ACM国际大学生程序设计竞赛亚洲区预选赛合肥赛区竞赛在我校举行。

8~10日　我校计算机科学与技术学院梁红瑾博士被美国麻省理工学院评选为2015年度电子与计算机领域"学术新星"，并受邀赴麻省理工学院参加"学术新星"研讨会。

8~10日　2016年全国硕士研究生招生考试我校报考点完成报名现场确认工作。

9日　校党委书记许武应邀为中国科学院与合芜蚌自主创新试验区第五期科技成果转移转化人才培训班作题为《实施创新驱动发展战略，加快创新型国家建设》的专题报告。

9日　由合肥市人社局主办、我校公共事务学院承办的合肥市基层社会服务系列研修班开班仪式在我校举行。

9日　由国际高性能计算咨询委员会在中国举办的第三届大学生远程直接数据访问竞赛结果在无锡揭晓，我校代表队获得一等奖。

9日　2016年科学突破奖颁奖仪式在美国加州圣何塞举行。我校兼职教授、核探测与核电子学国家实验室主任王贻芳作为大亚湾中微子项目首席科学家，获得"基础物理学突破奖"，这是中国科学家首次获得该奖项。

10日　国务院学位委员会第七届安全科学与工程学科评议组第一次会议在我校召开。

10日　合肥物质科学研究院吴四发副院长一行到我校调研后勤工作。

10日　学校举行"我心中的中国科大"2015级新生征文活动颁奖座谈会。

11日　全国并行应用挑战赛PAC2015在无锡举办的HPC China2015会议上落下帷幕。中国科大队以三个应用全部满分、远超第二名的压倒性优势，成功卫冕并行优化总冠军。

12~13日　学校举办2015年博士生导师培训交流研讨会。今年参加培训交流的年轻导师有200余人，除本校新晋博导外，还有融入我校研究生教育体系的来自中国科学院合肥物质科学研究院、沈阳金属研究所、南京分院的年轻导师。

13日　中国博士后科学基金会公布了中国博士后科学基金面上资助第五十八批获得资助人员名单，我校郭毅等55名博士后获得此项资助。本批次创造了我校获得一等资助人数、获得资助总人数、获得资助总金额三项历史新高。

13日　学校与中国航空工业集团公司在北京签署战略合作框架协议，并宣布将在合肥共建中航科量子技术研发中心。

15日　由我校女知识分子联谊会、团委，中国银行合肥管理部团总支，安徽省政府办公厅团委，中国东方航空公司安徽分公司团委，安徽省电力设计院团委5家单位联合主办的"相约科大、幸福一生"单身青年联谊活动在我校西区活动中心举办。

15日　学校召开中石油-中国科学院重大战略合作"页岩气钻完井井壁稳定与开发工程技术研究"项目启动暨2015年度工作会议。

15日　2015年度宝钢教育奖颁奖典礼在宝钢人才开发院举行。全国共有479名学生和267位教师获得该奖项，我校6名学生和4位教师在列，其中施永乾同学获宝钢优秀学生特等奖。

16日　美国《地质学》杂志发表我校中国科学院壳幔物质与环境重点实验室沈延安教授课题组研究成果。该组在国际上首次利用多硫同位素分析方法，在研究晚瓜德鲁普统生命灭绝机制方面取得了新的认识。

16日 "中国黄山国际登山大会"在黄山举行。我校学生代表队取得了高校组团体第三名的好成绩。

16日 澳门大学Spencer Benson教授应邀做客我校"教师教学发展论坛",作题为《Student-Centered Learning：What does it mean and how do we achieve it》的报告。

16~17日 国家教育咨询委员会创新人才培养模式改革组组长、全国政协教科文卫体委员会主任张玉台一行来我校开展专题调研。

16~23日 我校数学、物理与天文、化学与材料、地学与环境、生命科学、力学与工程、电子信息与计算机、核科学与技术、管理科学与工程、公共管理与人文、微尺度物质科学国家实验室、科学岛分院、管理人文类专业学位、工程类专业学位等14个学位分委员会分别召开会议,讨论审议2015年度冬季学位授予工作。本次学位审核,共有190位博士、535位硕士以及64位学士提交了学位申请。

17日 在美国休斯敦举行的2015国际机械工程大会期间,美国机械工程师学会(ASME)颁发了2015年传热学纪念奖,共有3位该领域杰出学者分获Science、Art和General三个奖项。美国佐治亚理工学院教授、我校1978级校友张卓敏因在纳米热辐射领域作出的开创性研究贡献而获得该奖(Science类)。

17日 中国高等教育学会教育基金会工作研究分会第十七次年会在湖南长沙召开。我校教育基金会荣获全国高校"教育基金工作先进单位"荣誉称号。

18日 在出席第三世界科学院院士大会期间,万立骏校长率学校代表团访问奥地利科学院和维也纳大学。代表团成员还包括常务副校长潘建伟院士、副校长朱长飞教授、谢毅院士等。

18日 学校举办第十届"晨光基金会奖助学金"颁发座谈会。

18日 湖南中医药大学、湖南省中医药研究院党委副书记秦裕辉率代表团访问我校,调研信息化建设工作。

20日 安徽省教育厅公布2015年高等学校省级质量工程项目名单。我校"生理学"等5门课程入选省级大规模在线开放课程(MOOC)示范项目,"分布式三基色LED色度学综合实验建设和研究"等18个教学研究项目被评为省级教学研究项目。另外,我校尹民等3位教授荣获省级教学名师称号,王毅等5位青年教师荣获省级教坛新秀称号。

20日 安徽省教育厅下达《2015年安徽省高等教育振兴计划部分项目名单》,我校"高成本物理实验：电子与物质相互作用系列虚拟仿真实验建设"等7项教育教学改革项目获批准为重大教学改革研究项目,"理实交融拓展创新构建大学物理互动教学体系"等11项教学成果荣获省级教学成果奖。

20日 为纪念中国人民抗日战争暨世界反法西斯战争胜利七十周年,校工会主办"铭记历史 圆梦中华"教职工合唱比赛。

20日 学校举行华瑜奖学基金第二届奖学金颁奖仪式。

21日 为期4天的发展中国家科学院(TWAS)第26届院士大会在奥地利首都维也纳闭幕。2015年共增选44名发展中国家科学院院士,其中14名为中国科学家。我校化学与材料科学学院谢毅教授在本次院士大会中被增选为发展中国家科学院院士。

21日　2015年教育部"产学合作育人"交流工作会在我校召开。

21日　学校召开2015年度党建与思想政治工作研讨会。

21日　学校举办2016届毕业生就业供需洽谈会。来自全国各地近200家用人单位前来招聘人才,我校及部分省内外高校学生约3000人参加了洽谈会。

21日　教育部"产学合作育人"交流研讨工作会在我校召开。百度公司重点介绍了今年与我校联合举办的"首届全国大学生创业家成长计划"的情况和项目实施进展。

21日　管理学院国际咨询委员会举行成立仪式。

21~22日　精密机械与精密仪器系召开第一届发展与教学研讨会。

21~23日　管理学院举办"十三五"发展战略咨询研讨会。

24日　校党政中心组召开学习会,开展"三严三实"(严以用权)专题学习研讨。校党委书记许武主持会议并讲话。校长万立骏,副校长陈初升,党委常委、副校长陈晓剑、周先意,校长助理王晓平,总会计师黄素芳,分别结合自身工作,交流了对"严以用权"重要意义的认识和体会,校党委副书记兼纪委书记叶向东作书面交流发言。校领导、校党委委员、纪委委员、党群部门负责人参加了会议。

24日　第九届教代会劳动保障与福利工作委员会召开工作会议。

25日　校第八届学位评定委员会召开第四次工作会议,审核了我校2015年下半年各学科学位申请情况,讨论了工程博士申请学位的学术成果要求,听取了关于留学生申请博士学位的相关补充规定以及学位与研究生教育近期工作的汇报。

25日　英国《自然》杂志子刊《自然·通讯》发表我校空间科学学院刘羿副教授与台湾大学、中国科学院地球环境所和剑桥大学的研究团队的合作研究成果。他们重建了二十八万年以来西太平洋低纬度降雨带的迁移历史,发现其变化受到地球围绕太阳的轨道周期所控制,同时受到欧亚大陆的西伯利亚高压所影响;并进一步发现东亚-澳大利亚的季风系统有着不对称的轨道周期性。27日,美国《科学》杂志对此作了特别报道,认为本工作对研究当今全球暖化下的热带降雨带的变迁有重要意义。

25日　英国《自然》杂志子刊《自然·通讯》发表我校近代物理系与微尺度物质科学国家实验室杜江峰研究组成果。该组研究人员在固态自旋体系中实现了达到容错阈值的普适量子逻辑门,这一结果代表了目前固态自旋体系量子操控精度的世界最高水平。

25日　英国《自然》杂志子刊《自然·通讯》发表我校中国科学院强磁场中心和合肥微尺度物质科学国家实验室的陆轻铀实验组与吴文彬实验组合作研究成果。他们经过一年多的密切合作,利用自制的20 T超导磁体中的磁力显微镜,在一类受各向异性外延应力调控的相分离锰氧化物薄膜中观测了锰氧化物相分离从电荷有序态到重现的完整过程,发现了丰富的相分离行为。

25日　校团委召开十一届二十一次全委(扩大)会议暨"三严三实"学习交流会。

26日　中国科学院条件保障与财务局吴建国局长、林明炯副局长及条财局综合处、预算处、重大设施处、规划局、前沿局综合处、人事局综合处、国际合作局等单位相关领导来合肥调研中国科学院合肥大科学中心筹建工作。

27日　团中央学校部、全国学联秘书处发出通知,我校团委获2015年全国大中专学生"三下乡"社会实践活动优秀单位称号,暑期博士生实践服务团获优秀团队称号,青年志愿服务中心主任郑杰获得优秀个人称号。

27日　学校举办第二期学生工作系统心理咨询培训班。

28日　机关党委举办机关管理人员Excel办公软件培训。

28日　生命科学学院举办第三届生命科学论坛。

28日　物理学院举办第五届博士生学术年会。

28~29日　微尺度物质科学国家实验室召开第九届研究生学术论坛。

28~29日　校团委、研究生院、化学与材料科学学院分团委共同主办我校第一届化学与材料科学研究生英文学术年会。

29日　学校举行2015年冬季毕业典礼暨学位着装授予仪式。

29日　学校召开2015年度科技工作研讨会。

29日　招生就业处和化学与材料科学学院举办化学冬令营优秀学生座谈会，邀请黄方、吴长征、武晓君、向斌、朱彦武等青年教授作专业介绍或科普报告。

11月29日~12月2日　由中国科学院上海生科院神经科学研究所和脑科学与智能技术卓越创新中心主办，我校和中国科学院脑功能与脑疾病重点实验室协办的脑功能联结图谱与类脑智能研究先导专项暨卓越中心年度总结会议在合肥召开。

30日　合肥市公共资源交易监督管理局李宏卓局长、安徽合肥公共资源交易中心刘先杰主任一行专程来我校对接"十二五"建设项目招标工作。

本月　新一批电气和电子工程师协会（IEEE）会士增选名单公布，我校校友许立达、胡禹、曾大军、吕松武、徐晨阳、陈世刚、吕晨阳、王正道、焦丹9人成为新一批IEEE会士。截至2015年11月，我校校友当选IEEE会士人数已达47人。

本月　我校中国科学院材料力学行为和设计重点实验室与国家纳米科学中心中国科学院纳米系统与多级次制造重点实验室在合肥召开先进材料力学行为双边学术研讨会暨材料力学行为和设计重点实验室2015年度学术年会。

本月　荷兰《地球科学评论》杂志发表地球和空间科学学院的刘桂建教授研究组成果。该组通过新近发展的稳定汞同位素技术就汞如何进入煤层，不同时期煤炭中汞的来源有何差别、受何控制给出答案，并发现地球史上的大气氧含量与煤炭中汞同位素组成有着非常密切的联系。

12月

1日　由中国化学会主办、安徽省化学会和我校承办的第29届中国化学奥林匹克（决赛）暨冬令营闭幕仪式暨颁奖典礼在我校举行。

1日　民建中国科大支部召开补选主委会议，投票选举徐铜文为民建中国科大支部主委。

1日　学生工作部（处）人力武装部党支部召开"三严三实"学习生活会。

1日　美国科学院院士、中国科学院外籍院士、《美国化学会志》主编、犹他大学化学系Peter J. Stang博士受聘我校名誉教授。

1日　中国石油大学（华东）党委学工部副部长李宝玺、储运与建筑工程学院党委副书记张程等六位老师到访我校,开展包括辅导员队伍建设、学生教育管理和学风建设等方面的考察交流活动。

1~3日 2015年第二届中国青年志愿服务项目大赛暨志愿服务交流会在重庆召开。我校"一帮一"启明星导航活动获银奖。

2日 中国科学院上海天文台台长洪晓瑜,党委书记、副台长侯金良,副台长沈志强一行访问我校并举行座谈会。

2日 学生工作部(处)举办2013级本科生辅导员班主任座谈会。

3日 美国国家工程院院士、台湾交通大学前任校长、台湾半导体之父张俊彦和台湾群联电子董事长潘健成参加由微纳电子系统集成研究中心主办,信息学院研究生会和信息学院学生会承办的"我与大牛面对面"学术访谈活动。

3日 首届两岸半导体人才培养与发展论坛在我校召开。

3~6日 我校代表队参加2015年海峡两岸物理类大学生科技文化交流活动。

4日 学校召开学习贯彻中央《党委(党组)意识形态工作责任制实施办法》专题会议。

4日 《China Daily》欧洲版推出我校西部支教团整版全彩页报道,称赞我校为推动我国西部贫困地区的教育发展作出的卓越贡献。

4日 南京艺术学院来我校交流演出。

4~5日 万立骏校长赴香港出席东亚研究型大学协会第21届年会。

5日 华罗庚班研讨会在合肥召开。中国科学院数学与系统科学研究院、北京航空航天大学、大连理工大学、山东大学和我校分管华罗庚班的领导、任课教师以及辅导员代表参加会议。

5日 学校举办第二届纪念"一二·九"运动校园马拉松长跑活动。

6日 中共中央政治局委员、国务院副总理刘延东在中共中央政治局委员、上海市委书记韩正的陪同下,视察中国科大上海研究院,参观中国科学院量子信息与量子科技前沿卓越创新中心。中国科学院副院长丁仲礼,我校校长万立骏,常务副校长、量子卓越中心主任潘建伟,中国科学院上海分院院长朱志远等也陪同了参观。

7日 中国科学院和中国工程院分别发布新增院士名单,我校陈仙辉(94博)、杜江峰(854)、陈晓非(777)教授当选中国科学院院士。这3位教授同时也是我校校友。此外我校还有谢心澄(774)、景益鹏(84硕)2位校友入选中国科学院院士,庄小威(87少)校友当选中国科学院外籍院士;吴伟仁(756)、任辉启(88硕)、李建刚(教授,博士生导师)3位校友当选中国工程院院士。此后,中央统战部副部长陈喜庆专门发来贺信,代表中央统战部并以个人名义热烈祝贺陈仙辉和陈晓非两位无党派教授当选中国科学院院士。

7日 化学与材料科学学院举办分析化学暨化学生物学学科"十三五"发展规划研讨会。

8日 陈初升副校长率代表团出席在斯里兰卡首都科伦坡举办的"第一次季风气候与环境变化研讨会"。

8日 校团委、人文学院主办"寻古记"之"时空漫溯——朝代历史文化游园会"。

9日 万立骏校长与学生代表座谈,就普遍关心的课程设置、文艺与体育活动、学习生活等多方面话题与同学们沟通交流。

9日　学校召开2015年教学委员会会议。

9日　学校召开"国家示范性微电子学院"发展建设研讨会,研讨与中国科学院长春光机所共建"国家示范性微电子学院",推进所系结合迈上新台阶。

9日　学校举行杨亚基金捐赠暨奖学金颁奖仪式。

9日　学生工作处与招生就业处联合举办"智造顺德"奖学金颁奖仪式暨顺德知名企业校园宣讲会。

9日　北京信息科技大学校长王永生、副校长许宝杰一行访问我校。

9日　生命科学学院召开教学经验交流与教师培训会议。

10日　中国科学院武汉分院院长袁志明和党组书记、副院长陈平平率武汉分院机关和院属在汉单位党政领导班子成员一行近40人访问我校。

10日　校图书馆联合汤森路透集团共同举办"安徽省高校专利创新研讨会"。

11日　英国物理学会新闻网站"Physics World"公布2015年度国际物理学领域的十项重大突破,我校潘建伟、陆朝阳等完成的"多自由度量子隐形传态"的研究成果名列榜首。

11日　安徽省2015年科学道德和学风建设集中宣讲教育报告活动在我校举办。

11日　学校召开校离退休干部工作委员会会议。

11日　2015年"外研社杯"全国英语演讲、写作、阅读大赛落幕,我校少年班学院2013级本科生杨越同学以总分第二的好成绩获阅读大赛总决赛特等奖。外语系张曼君老师获得指导教师奖。

11日　中山大学夏纪梅教授应邀做客我校"教师教学发展论坛"。

11日　慕课(MOOC)课程"音乐基础训练"主讲老师陈文婉携乐团来我校进行线下翻转教学并举办了一场室内音乐会。

12日　学校举办东北三省重点中学校长交流会。

12~16日　北京谱仪BESIII实验国际合作组2015年冬季年会在北京高能物理研究所召开。我校彭海平教授当选合作组联合负责人。

13日　全国阿尔茨海默病防治科学人物奖颁奖暨学术报告会在人民大会堂举行。我校生命科学学院申勇教授获全国阿尔茨海默病防治科学人物奖。

13日　化学与材料科学学院卢嘉锡化学科技英才班召开2015年国际暑期交流总结和经验分享会。

14日　学校举行2015年光华奖学金颁发仪式。

14~18日　2015年"ITER国际学校"在我校举办。

15日　2015年度"中国高等学校十大科技进展"在北京揭晓,我校杜江峰教授研究组"纳米尺度量子精密测量"项目入选。

15日　学校召开2015届毕业生就业工作总结暨先进表彰会。

15日　清华大学教授刘兵做客我校"复兴论坛",作题为《科学家、原子弹与戏剧——科学家的形象与社会责任》的报告。

16日　2015年度GE基金会科技创新大赛颁奖典礼在上海举行。我校微尺度国家实验室的李军配博士后夺得冠军,化学与材料科学学院2013级在读博士生李维汉获得二等奖。

16 日　由安徽省教育厅主办、安徽省高校数字图书馆和我校图书馆承办的"安徽省高校数字图书馆建设成就展暨安徽省网络课程学习中心平台开通仪式"在我校举行。

17 日　美国《物理评论快报》杂志发表我校中国科学院量子信息重点实验室在冷原子非线性效应研究方面取得的重要进展。该实验室周正威等与美国莱斯大学、以色列特拉维夫大学的合作者在具有吸引相互作用的双分量玻色爱因斯坦凝聚体中引入自旋轨道耦合，首次预言了在三维自由空间中也会存在稳定的孤子。

17 日　我校参与研制的暗物质粒子探测卫星"悟空"成功发射。中国科学院院长白春礼向我校发来贺信，代表院党组向参加工程研制建设的全体参研参试人员表示热烈的祝贺和诚挚的慰问。

17 日　中国科学院金属所召开研究生导师工作研讨会。

18 日　我校热科学和能源工程系与北京全四维动力科技有限公司签署第二期"四维动力"奖学金暨颁奖仪式在我校举行。

18 日　安徽省侨务办公室副主任黄英、侨政处处长周立新一行应邀来校宣讲侨务政策，为我校留学归国老师提供侨务政策指导。

18～19 日　中国科学院青年创新促进会合肥分会 2015 年学术年会暨会员代表大会在金寨召开。

19 日　我校 2015 年下半年大学英语四六级考试顺利完成。此次考试在我校共设置三个考点，共 4338 名考生参加考试。

19 日　国家同步辐射实验室举办 2015 年研究生学术论坛。

19～21 日　由中国物理学会高能物理分会、中国科学院"粒子物理前沿卓越创新中心"和教育部"基本粒子和相互作用协同创新中心"联合主办的第一届中国 LHC 物理研讨会在我校召开。

20 日　国家重大科学研究计划"氧化物复合量子功能材料中的多参量过程及效应"项目总结会在我校召开。

21 日　镇江市委常委、组织部部长秦海涛率镇江市代表团来我校调研人才及科技创新工作。

21～22 日　第四届南京大学-合肥工业大学-中国科学技术大学矿物科学与工程学科研究生学术交流年会在我校举行。

22 日　英国《自然》杂志子刊《自然·通讯》在线发表我校地球和空间科学学院、中国科学院近地空间环境重点实验室汪毓明教授领导的日地物理研究组在地球磁层范艾伦辐射带相对论电子加速方面取得的重要进展。该研究组苏振鹏教授与长沙理工大学、北京大学以及美国多所研究机构科学家合作，利用美国国家航空航天局的范艾伦探测器高分辨率数据，首次证认了全球范围内超低频波对辐射带相对论电子的径向扩散加速过程。

22 日　中华全国妇女联合会、中国科学技术协会、中国联合国教科文组织全国委员会及欧莱雅中国共同举办的第十二届"中国青年女科学家奖"颁奖典礼在北京举行。

22 日　由中国桥牌协会主办的 2016～2017 年度国家男子桥牌队选拔赛在宁波落幕。我校校友杨立新(8513)、张邦祥(8512)加盟的苏州太湖队决赛战胜对手，成为新的国家一队，将拥有代表国家队出战周期内的世锦赛和洲际比赛的资格，并参加周期内的其他国际比赛。

23日　教代会发展与规划委员会召开"十三五"规划座谈会。

23日　教育部科技司副司长娄晶和基础处郜忠智处长带领检查工作组和专家组一行来我校对量子信息与量子科技前沿协同创新中心进行中期绩效检查。

23日　美国《物理评论快报》杂志发表我校中国科学院量子信息重点实验室在多光子非局域性研究中取得重要进展。该实验室李传锋、黄运锋研究组成功制备出世界上最高保真度的六光子Greenberger-Horne-Zeilinger(GHZ)态,并首次验证了六光子GHZ(即"非此即彼"型)非局域性。该文被《物理评论快报》杂志选为编辑推荐论文。

23日　科技部公布2015年全国优秀科普作品评选结果,全国仅50项作品入选。我校微尺度物质科学国家实验室曾杰教授领衔翻译、我校出版社出版的《见微知著:纳米科学》一书名列榜单。

23日　学生工作部(处)举办2015级辅导员班主任第三次集体备课。

24日　学校召开2016年度国家自然科学基金申请工作部署会。

24~27日　校党委开展了对全校52个单位领导班子、155名中层党政领导干部(含71名试用期满干部)的考核。

25日　2016年全国硕士研究生统一入学考试我校考点召开考务培训大会。

25日　信息学院举办"类脑计算与计算机视觉前沿技术"报告会。

26日　2016年全国招收硕士学位研究生入学统一考试开考,我校迎来2395名考生。

26~27日　中国科学院天然免疫与慢性疾病重点实验室召开第一届学术委员会第二次会议。

27日　学校举行新年联欢会和代培生联谊系列活动。

27日　第十届安徽省大学生职业规划设计大赛暨大学生创业大赛决赛在安徽医学高等专科学校落幕。我校管理学院翟秀志创业团队"打豆豆家教平台"荣获"安徽省大学生创业之星(金奖)",学校获得大赛"组织奖"。

28日　欧洲分子生物学组织《EMBO报告》发表我校生命科学学院周丛照和陈宇星教授研究组与清华大学王宏伟教授研究组合作成果。他们揭示了第一个脊椎动物aerolysin类穿孔蛋白的受体识别模式和穿孔机制。

28日　学生工作部、校团委、校图书馆联合举办2015年"我们一起读书・评书・荐书"每月书单座谈会。

28~29日　中国科学院天然免疫与慢性疾病重点实验室召开第四届学术研讨会。

29日　工程学院举办张卓敏校友报告会。

30日　学校召开2015级新生"科学与社会"研讨课导师讨论会。

30日　辅导员班主任联谊会举行执行委员会换届工作会议。

本月　国际电气与电子工程师协会(IEEE)发布消息,我校信息科学技术学院徐善驾教授晋升为该学会终身会士(IEEE Life Fellow),这使得徐善驾教授成为我校和安徽省获此殊荣的第一人。

本月　安徽省总工会发布了《关于2014年度全省工会财务会计工作竞赛评比情况的通报》,我校工会荣获"2014年度全省工会财务会计工作先进集体"称号。

本年度 英国《流体力学杂志》与美国《流体物理学》杂志连续发表我校先进推进实验室司廷特任副教授、翟志刚特任副研究员和罗喜胜教授等在激波诱导的界面不稳定性实验研究方面取得的突破性进展。他们突破了"汇聚激波的产生"和"可控界面的形成"两大关键技术,率先设计并建成了楔形汇聚激波管和半圆形汇聚激波管,开发了新型复杂界面生成技术,利用先进的流场诊断方法,在国际上首次获得了汇聚激波冲击下多模界面的演变发展规律和机制。

本年度 美国《等离子体物理》杂志与总部设在奥地利的国际原子能机构主办的《核聚变》杂志先后发表我校秦宏、刘健课题组研究成果。他们在系列工作中系统建立了经典粒子-场体系保结构几何算法的理论框架。

附录 新闻媒体有关我校的报道索引

国际新闻媒体有关我校的报道索引

媒体名称	时间	文章标题
Anhui News	1.16	Dmitry Medvedev's Photos Show held in USTC
China Daily	1.23	International Students Find Ideal Place for Study
Xinhua	1.25	China further lowers threshold to attract overseas talent
EurekAlert!	1.28	Scientists in China and US chart latest discoveries of iron-based superconductors
PHYS	1.28	Scientists in China and US chart latest discoveries of iron-based superconductors
Xinhua	2.11	China Appoints, Removes Officials
The Los Angeles Times	2.13	For Valentine's Day, draw brains, not hearts
China Daily	2.16	University Boosts Academic Ties
EE Times	2.18	Microsoft, Google Beat Humans at Image Recognition
PR Newswire	2.18	Eight Institutions, Across Six Countries Earn AACSB International Business Accreditation
Nature	2.20	LITHIUM-ION BATTERIES: Simply silicon
Anhui News	2.25	USTC Winds up No. 143 in US News' Global Universities Rankings
Physics World	2.27	Two Quantum Properties Teleported Together for First Time
Anhui News	2.28	USTC Wins the Vizzies Award
China Daily	3.06	USTC earns global business endorsement
Psy Post	3.7	Neuroimaging study shows how being in love changes the architecture of your brain
Xinhua	3.10	Xinhua Insight: Innovation encouragement brightens economic prospect
China Daily	3.10	Business school attracts global candidates, welcomes more
Indepent	3.15	Science of love: It really is all in the mind, say experts
The Daily Mail	3.15	Scan that says it's true love: Brain experts say they can tell what stage of romance someone is at by looking at MRI results
Al Arabiya News	3.15	Want to know what love looks like in the brain?
New York Statsman	3.15	Scientists develop "love test"

续表

媒体名称	时间	文章标题
National Post	3.16	What is love? Researchers use MRI scans to piece together romantic "love map" of the human mind
International Business Times	3.16	Brain activity very different in those in love, shows study mapping "love map"
The Telegraph	3.16	Science a step closer to test that can prove you are in love
The Telegraph	3.16	Scientists, not poets, can tell you the truth about love
Business Standard	3.16	Scientists develop "love test"
Corriere della Sera	3.16	Ecco come si illumina il cervello di chi è innamorato
AGI	3.16	Cervello: in Cina si indaga sulla neurochimica dell'amore
ECO Seven	3.16	E' AMORE VERO? SI SCOPRE TRAMITE RISONANZA MAGNETICA
ABC News	3.17	MRI Could Determine How in Love You Truly Are
Good4utah	3.17	Are you truly in love? Here's the science to find out…
ANSA	3.17	E' vero amore? Lo scoprirà risonanza magnetica cervello
Centro Meteo Italiano	3.17	Vero amore, risonanza magnetica ci dice quanto è autentico
Medical Daily	3.17	What Is Love? MRI Scan Reveals What Stages Of Romantic Love You're In Via Brain Map
Health Aim	3.18	Love Map Found In The Brain
News AU	3.18	Research shows the changes in brain activity between those in, and out, of love
Xinhua	3.19	Chinese scientist honored by UNESCO for women in science award
Milano Post	3.19	COME L'AMORE FA ACCENDERE IL CERVELLO, LO MOSTRA UNA RISONANZA MAGNETICA
Beijing Review	3.19	Chinese Scientist Honored by UNESCO for Women in Science Award
UN1ÓN Puebla	3.19	Académica de la UDLAP irá a China para realizar experimentos con incendios
La Repubblic	3.20	Neurochimica dell'amore, con una risonanza si può "fotografare" il sentimento
Nature Materials	3.20	LITHIUM-ION BATTERIES: Simply silicon
China Daily	3.20	China's quantum leap
Asian Scientist	3.25	Three Asians Bestowed L'Oréal-UNESCO Awards
EurekAlert!	3.25	Snowflakes become square with a little help from graphene

续表

媒体名称	时　间	文　章　标　题
Nature	3.25	Graphene Sandwich Makes New Form of Ice
Sci-news	3.27	Physicists Create New Form of Ice：Square Ice
China Daily	3.29	For prize winner, tiny things are a big thing
PHYS	3.30	Quantum Computers Could Greatly Accelerate Machine Learning
Digital Journal	3.30	Square snowflakes? Easy with graphene
CHEMIE.DE	3.31	Snowflakes become square with a little help from graphene
Asian Scientist	4.2	Nanomaterial "Sniper" Targets Cancer Stem Cells
YIBADA	4.4	Chinese Physicists Show Quantum Computers' Machine Learning Potential to Handle Big Data
Eurasia Review	4.5	The Quantum Leap Into Computing and Communication：A Chinese Perspective-Analysis
Eurasia	4.7	THE QUANTUM LEAP INTO COMPUTING AND COMMUNICATION：A CHINESE PERSPECTIVE-ANALYSIS
Xinhua	4.10	China appoints senior officials
Materials Views	4.17	Busy bees fuel the semiconductor sector
UN1ÓN Puebla	4.19	Académica de la UDLAP irá a China para realizar experimentos con incendios
Missouri S&T	4.23	Xiaodong Yang wins 3M Non-Tenured Faculty Award
Beijing Review	4.28	Promoted Professors：China moves away from administrative seniority
China Daily	5.8	New device detects flammable liquids on buses
SCMP	5.10	Carpet that directs walkers developed by Chinese scientists
Nano Werk	5.19	Laser technique for low-cost self-assembly of nanostructures
SCMP	5.29	New cancer therapies could be on the way as research unlocks the secrets of plasma beams
1net.	6.3	Sicurezza inattaccabile：il quid non sta in un'unica tecnologia
Imperial Valley News	6.8	Researchers discover molecular rules that govern autoimmune disorders
Phys.org	6.11	Winners of Bernd T. Matthias Prize Announced
MIT Technology Review	6.11	World's Fastest Quantum Random Number Generator Unveiled in China
MIT Technology Review	6.12	Deep Learning Machine Beats Humans in IQ Test

续表

媒体名称	时间	文章标题
Tech Times	6.13	Machine Beats Humans In IQ Test For The First Time Ever
Sputnik News	6.16	Man Vs. Machine: AI Computer Beats Humans at IQ Test
The Ameriacan Bazaar	6.16	Robot is smarter than humans now
MINA Breaking News	6.16	Computer Outperforms Humans on IQ Test
Tech Worm	6.17	For the first time a computer beats human in IQ test as machines start to understand words and sentences
China Daily	6.26	Chinese scientists honored with award
China Daily	7.20	Automatic challenge
China Daily	7.20	RoboCup competition brings fresh "challenges in each field"
People Daily	7.20	El robot "Kejia" actuá en la XIX Robocup en China
SCMP	7.20	Chinese scientists use yeast to brew blood clot fighting snake venom like beer
Ingenieur	7.22	Magnesiothermie löst Metalle und Sauerstoff
Xinhua	7.22	RoboCup shows industry dreaming of more than electric sheep
China Daily	7.23	Yellow cards bring touch of reality to RoboCup finals day
NYC Today	7.26	19TH ROBOCUP BRINGS TOGETHER 2,000 PARTICIPANTS FROM 47 DIFFERENT NATIONS
Clean Technica	7.27	High-Performance 3-D Silicon Anodes Made From Reed Leaves
News Analytik	7.29	Natürliche Silikatstrukturen in Schilfpflanzen: Anodenmaterial der Zukunft?
Business Wire	7.30	Aliyun and Chinese Academy of Sciences Sign MoU for Quantum Computing Laboratory
Street Insider	7.30	Alibaba's (BABA) Aliyun and Chinese Academy of Sciences Enter Agreement to form Quantum Computing Laboratory
China Daily	7.31	Govt, business propose quantum leap
Express Computer	8.1	Alibaba, China think-tank to open quantum computing lab
Business Cloud News	8.3	Alibaba looks to quantum computing for next-gen cloud
China Tech News	8.3	Quantum Computing Lab Formed In China
PHYS	8.5	Tip-enhanced Raman scattering can distinguish between two structurally similar adjacent molecules

续表

媒体名称	时间	文章标题
eGov	8.9	Chinese Academy of Sciences, Aliyun to establish Quantum Computing Lab
Telecom Asia	8.10	CAS, Aliyun open quantum computing lab
CRI	8.12	Pembaharuan, inovasi dan teknologi di Hefei, Tiongkok
Innovation Observer	8.25	A German Robot Learned to Cook Pizza by Watching YouTube and Reading WikiHow
IBTimes	8.30	Quantum revolution: China set to launch "hack proof" quantum communications network
Phys.org	8.31	Quantum computer that "computes without running" sets efficiency record
ITProPortal	8.31	China's quantum communications network almost ready
Business Wire	8.31	HPC Advisory Council and ISC High Performance Conference Announce Call for Submissions for HPCAC-ISC 2016 Student Cluster Competition
Yibada	9.5	Iibaba Places Bet on Quantum Computing, Pledges to Invest 30 Million Yuan Annually
Xinhua	9.15	7 Chinese mainland universities in QS world's top 200 rankings
Materials View	9.18	Metal-semiconductor heteronanorods for efficient photocatalytic hydrogen
YIBADA	9.18	Chinese Universities Make It to QS Top 200 Rankings
Asian Scientists	9.21	High-Performance Artificial Photosynthesis without Noble Metals
gbtimes	9.22	What are you doing at the age of 31?
Johns Hopkins Medicine	9.22	Molecular "feedback loop" may explain tamoxifen resistance in patients with breast cancer
China Daily	9.23	TCM doctor receives "grand award" from Qiu Shi foundation
China Daily	9.23	Scientists receive top accolades
energiezukunft	9.24	Energiespeicher von morgen aus natürlichen Rohstoffen
Techniques de l'ingenieur	9.24	L'installation de réseaux de communication quantique
eldiario.es	9.28	El primer Máster en Derecho Animal de Europa se imparte en Barcelona
Labmate-Online	9.29	Is Teleportation Possible?
University of Califonia	9.29	Chemist Peidong Yang receives MacArthur "genius award"
Global Post	9.29	Public invited to name China's dark matter explorer
China Daily	9.29	Qiu Shi foundation acclaims scientists at USTC ceremony

续表

媒体名称	时间	文章标题
University of Kentucky News	9.30	UK's Gatton Alumni Hall of Fame Inducts Foran, Liang, Vest
China Daily	9.30	Young USTC scholar honored for his "exciting" discovery
China Daily	10.1	People voice what is near and dear to their hearts
The Independent	10.1	Ashland native among 3 inducted into UK Gatton College Alumni Hall of Fame
Южный Китай Новости	10.4	Какие университеты России, Украины и Китая вошли в ТОП-800 университетов мира
Newtuscia	10.13	L'INGEGNERIA DELLA TUSCIA SBARCA IN CINA
China Daily	10.13	Volunteer offers computer classes, soccer lessons
Targatocn	10.15	Un ponte Saluzzo-Hefei: delegazione cinese visita la città per creare scambi
Inverse	10.15	The 5 Ways Robots and Drones Will Revolutionize Disaster Responses
telecomasia	10.16	AliCloud teases cloud-based quantum cryptography
China Daily	10.22	Scientists and entrepreneurs gather for China's largest computer event
Chemistry world	11.4	Oral delivery of anticancer drug
people's daily	11.5	New nuclear fusion device put into operation(1/2)
IEEE Spectrum	11.9	Researchers Achieve Long-Distance Teleportation and Quantum Entanglement With Twisted Photons
NOVOSTI IT	11.12	Ученые установили рекорд по дальности квантовой телепортации при помощи запутанных
China daily	11.13	Chinese female scientist debuts in NASA news conference
IHS Jane's 360	11.15	AVIC signs quantum technology deal with Chinese science university
Asian Scientist	11.19	Solving The Mystery Of The Disappearing Anti-Matter
China Daily	11.20	USTC Lab Builds New Defense For Ancient Chinese Buildings
Observer	11.20	Artificially Intelligent Computer Scores Higher Than Students on College Entrance Exam
Business Wire	12.1	HPC Advisory Council and the ISC High Performance Conference Announce University Teams for HPCAC-ISC 2016 Student Cluster Competition
China Daily	12.4	Young Volunteer Teaches Opening Paths and Minds

续表

媒体名称	时间	文章标题
Material Views	12.8	Porous Molybdenum-based Nanocomposites for Efficient Hydrogen Evolution
South China Morning Post	12.9	Diamonds are for error: Chinese team clear "error" hurdle to pave way for quantum computer that could make geniuses of us all
PR Newswire	12.13	WuXi PharmaTech Presents 2015 Life Science and Chemistry Awards
EurekAlert!	12.14	New research shows Earth's tilt influences climate change
Das Wissensmagazin	12.14	Top Ten of Physics awarded in 2015
Der Standard	12.15	The physical Highlights of the Year
South China Morning Post	12.17	Is China a new superpower in physics? As Tu Youyou earns Nobel Prize for medicine, pair from Anhui get Physics World's Breakthrough of the Year award
Science AAAS	12.17	China launches satellite to join the hunt for dark matter
Nature	12.17	China leading the world for growth in high-quality science output, Nature Index shows
Il Sole 24 Ore	12.17	Cina e Italia insieme nello spazio per la prima volta
english.eastday.com	12.17	2015 GE Foundation Tech Award announced in Shanghai
International Business Times	12.18	Data worth 282,000 years shows that Earth's tilt is affecting climate change
South China Morning Post	12.19	China set for quantum leaps in spook-proof communications
poisk - ГазетаПоискУспех	12.25	телепортации
IOL	12.27	So, what is love?
China daily	12.29	9 young women scientists bag awards
Asiaone	12.30	9 young women scientists bag awards in China
IEEE Spectrum	12.30	Two Steps Closer to a Quantum Internet
MIT Technology Review	12.31	Best of 2015: Deep Learning Machine Beats Humans in IQ Test
Phys.org	12.31	Quantum computer that "computes without running" sets efficiency record

国家级新闻媒体有关我校的报道索引

综合报道篇

媒体名称	时间	文章标题	作者
人民网	1.7	中国科大先进技术研究院项目取得首份房产证	王亚红
人民网	3.10	中国科大管理学院迈入国际精英商学院"俱乐部"	刘颖
中国广播网	3.10	全球首个通过AACSB新标准认证机构在中国产生	刘军
中国新闻网	3.10	中科大管理学院步入国际精英商学院行列	吴兰
新华网	3.11	中国科技大学管理学院通过国际精英商学院协会新标准认证	鲍晓菁 徐海涛
中国教育报	3.16	中国科技大学管理学院步入国际精英商学院行列	刘爱华
中国新闻网	3.27	中科大新校长万立骏:尽心尽力当好服务员	
人民网	3.27	万立骏出任中科大新校长:不负组织所托和师生厚望	赵永新
人民网	3.27	中科大新校长万立骏走马上任 系中央候补委员	常国水 韩震震
中国教育报	3.28	万立骏出任中国科学技术大学校长	俞路石
中国青年报	3.28	中国科大新掌门万立骏:"当好大家的服务员"	王磊
中国科学报	3.30	中科大迎来第九任校长	甘晓
光明日报	3.30	万立骏院士:坚持正确的办学方向	李陈续 刘爱华 姚琼
中国证券报	4.13	技术突破+出海提速 核电产业链迎爆发期	李波
中国新闻网	6.13	第一届合肥国际放射医学物理论坛开幕 癌症治疗现新疗法	吴兰
中国科学报	6.15	质子重离子放疗技术发展引关注	杨保国
科技日报	6.16	合肥国际放射医学物理论坛举行	吴长锋 杨保国
人民网	6.18	北京消防总队与清华大学、中国科技大学达成消防科技战略合作协议	张雨 李争杰

续表

媒体名称	时间	文章标题	作者
科技日报	6.24	中科大与《自然》联合举办首个免疫学术会议	王怡
中国网	7.6	国金宝与中科大"联姻"公话产业新模式	
新华网	7.19	机器人世界杯开幕 全球2000多选手参赛	徐海涛 周畅
中国新闻网	7.19	中国机器人在机器人世界杯上任翻译 口译曾获第一	张素 吴兰
中国新闻网	7.19	专家解读第19届机器人世界杯三大亮点	张素 吴兰
中国广播网	7.19	第19届RoboCup机器人世界杯在合肥开幕	黄光辉
中国经济网	7.19	19年来创新性最强机器人世界杯决战中国	佘惠敏
人民网	7.19	"机器人世界杯"中国开战 19年来创新性最强	赵竹青
光明日报	7.20	机器人"高手"合肥过招	齐芳 李陈续
中国青年报	7.20	机器人走进普通家庭的转折点到了	邱晨辉
人民日报	7.20	第十九届机器人世界杯开赛 19年来创新性最强	吴月辉 叶琦
光明日报	7.20	"RoboCup有史以来最具创新性的比赛"——RoboCup2015大会主席陈小平介绍本届大会新亮点	齐芳 李陈续
科技日报	7.20	机器人世界杯赛在合肥开锣	刘晓莹 吴长锋
经济日报	7.20	机器人世界杯:"高大上"更"接地气"	佘惠敏
中国证券报	7.20	机器人世界杯赛开幕 科大讯飞语音机器人亮相	
人民日报海外版	7.20	RoboCup机器人世界杯合肥开赛 2000中外选手巅峰对决	吴月辉 何曙光
CCTV-13 新闻直播间	7.20	第19届机器人世界杯开赛:足球机器人足球赛场比拼球技	
人民网	7.21	机器人世界杯全新演绎"速度与激情"	赵竹青
中国教育报	7.21	第19届机器人世界杯赛开赛	俞路石 方梦宇
中国经济网	7.22	机器人世界杯:二次元一骑绝尘 三次元胜负参半	佘惠敏
中国科技网	7.22	机器人世界杯赛今天收官 首个冠军"花落"中国	刘晓莹

续表

媒体名称	时间	文章标题	作者
新华网	7.22	2015年Robocup机器人世界杯在合肥闭幕	詹婷婷 朱青
新华网	7.22	中科大机器人足球队夺得世界杯仿真2D组冠军	张端
中国科学报	7.23	中国科大固态量子芯片研究取得重要进展	杨保国
人民日报	7.24	"我"是冠军	
科技日报	7.23	机器人世界杯赛多个冠军"花落"中国	刘晓莹
中国新闻网	7.23	第19届机器人世界杯赛收官 "可佳"惜败德国队	吴兰
经济日报	7.23	机器人世界杯进入决赛阶段——巅峰对决亮点	佘惠敏
中国科学报	7.24	合肥,机器人总动员	丁佳
人民日报海外版	7.25	服务机器人迎来"婴儿潮"	张保淑
中国科学报	7.27	中科大获机器人世界杯大赛两金一银	姚彩霞 杨保国
中国经济网	7.30	中国科大上海构建量子信息技术研究政产学研协同创新平台	沈则瑾
中国新闻网	7.30	中国科学院携手阿里巴巴在沪成立量子计算机实验室	李姝徵 张素
CCTV-13 新闻直播间	7.30	中科院:引入民间资本参与量子计算研究	
中国青年报	7.31	中科院与阿里巴巴合作成立量子计算实验室	王烨捷 王磊
中国教育报	7.31	中国科大:构建量子信息技术研究协同创新平台	俞路石
经济日报	7.31	推动量子信息技术产业化	沈则瑾
科技日报	7.31	中科院联合阿里巴巴成立量子计算实验室	朱雯 王春
新华网	7.31	中国科学院携手阿里巴巴在沪建立"量子计算实验室"	王琳琳 吴晶晶
中国科学报	8.3	中科院量子信息与量子科技前沿卓越中心(上海)挂牌 多项协议促量子技术研发	黄辛 丁佳 彭科峰
人民日报	8.3	中科院携手阿里巴巴在沪成立量子计算实验室	姜泓冰
光明日报	8.6	中科院与上海共建量子信息科研基地	曹继军 颜维琦 徐丹丹

续表

媒体名称	时间	文章标题	作者
新华网	8.16	中国科技大学：128名贫困生获得救助	周畅 徐海涛
人民政协报	8.26	中科大新生报到	
中青在线	9.19	"求是奖颁奖典礼"在中国科大举行	王磊
新华网	9.19	2015年度"求是奖"颁发 白血病专家张亭栋获得杰出科学家奖	徐海涛
中国新闻网	9.19	2015年度求是奖颁奖 83岁张亭栋获杰出科学家奖	吴兰
中国新闻网	9.19	杨振宁：兴趣、能力、机遇成就科研创新	吴兰
中国科学报	9.21	2015求是奖在中国科大揭晓	杨保国
中国科学报	9.30	中国科大技术转移甘肃中心成立	刘晓倩
中国科学报	10.19	中科院与安徽省政府举行会谈 共促合肥大科学中心及中科大先研院建设	倪思洁
中国新闻网	10.22	2015中国计算机大会开幕 量子计算机15年内有望重大突破	吴兰
人民日报	10.23	中国计算机大会合肥开幕	叶琦
中国新闻网	11.7	第40届ACM国际大学生程序设计竞赛亚洲区合肥赛区开赛	吴兰
中国科学报	11.17	中国科大蝉联全国并行应用挑战赛冠军	赵广立
人民网	11.17	中国科大蝉联国际大学生RDMA编程竞赛中国赛区一等奖	
中国科学报	11.19	我们离世界一流大学有多远	
中国科学报	11.20	值得期待的量子CPU	李海欧 曹刚 肖明 郭光灿 郭国平
中国科学报	11.20	中国科大蝉联国际大学生RDMA编程竞赛中国赛区一等奖	杨保国
中国科学报	11.26	中国科大与中航工业签署合作协议	杨保国
中国新闻网	12.11	中国科大量子研究成果荣登2015年度国际物理学十大突破榜首	吴兰
新华网	12.11	我国学者成果荣登2015年度国际物理学领域十项重大突破榜首	徐海涛

续表

媒体名称	时间	文章标题	作者
人民日报海外版	12.12	中国量子研究成果居国际物理学十大突破榜首	徐海涛
中国教育报	12.12	中国科大研究成果登国际物理学领域十项重大突破榜首	徐海涛
CCTV-中国新闻	12.13	中国科大成果荣登2015年度国际物理学十大突破之榜首	
中国科学报	12.14	中科院两项成果入选国际物理学十大突破	杨保国 闫洁
科技日报	12.17	中科大成果荣登本年度国际物理学十大突破榜首	吴长锋
光明日报	12.21	中科院牵头成立"中国量子通信产业联盟""科技'双创'联盟"	齐芳
中国科学报	12.22	中科大在GE科技创新大赛摘冠	黄辛
中国科学报	12.29	中科大成果入选年度高校十大科技进展	杨保国

综合报道篇

媒体名称	时间	文章标题	作者
人民网	1.7	中国科大先进技术研究院项目取得首份房产证	王亚红
人民网	3.10	中国科大管理学院迈入国际精英商学院"俱乐部"	刘颖
中国广播网	3.10	全球首个通过AACSB新标准认证机构在中国产生	刘军
中国新闻网	3.10	中科大管理学院步入国际精英商学院行列	吴兰
新华网	3.11	中国科技大学管理学院通过国际精英商学院协会新标准认证	鲍晓菁 徐海涛
中国教育报	3.16	中国科技大学管理学院步入国际精英商学院行列	刘爱华
中国新闻网	3.27	中科大新校长万立骏:尽心尽力当好服务员	
人民网	3.27	万立骏出任中科大新校长:不负组织所托和师生厚望	赵永新
人民网	3.27	中科大新校长万立骏走马上任 系中央候补委员	常国水 韩震震
中国教育报	3.28	万立骏出任中国科学技术大学校长	俞路石
中国青年报	3.28	中国科大新掌门万立骏:"当好大家的服务员"	王磊
中国科学报	3.30	中科大迎来第九任校长	甘晓

续表

媒体名称	时间	文章标题	作者
光明日报	3.30	万立骏院士：坚持正确的办学方向	李陈续 刘爱华 姚 琼
中国证券报	4.13	技术突破＋出海提速　核电产业链迎爆发期	李 波
中国新闻网	6.13	第一届合肥国际放射医学物理论坛开幕　癌症治疗现新疗法	吴 兰
中国科学报	6.15	质子重离子放疗技术发展引关注	杨保国
科技日报	6.16	合肥国际放射医学物理论坛举行	吴长锋 杨保国
人民网	6.18	北京消防总队与清华大学、中国科技大学达成消防科技战略合作协议	张 雨 李争杰
科技日报	6.24	中科大与《自然》联合举办首个免疫学术会议	王 怡
中国网	7.6	国金宝与中科大"联姻"公话产业新模式	
新华网	7.19	机器人世界杯开幕　全球2000多选手参赛	徐海涛 周 畅
中国新闻网	7.19	中国机器人在机器人世界杯上任翻译　口译曾获第一	张 素 吴 兰
中国新闻网	7.19	专家解读第19届机器人世界杯三大亮点	张 素 吴 兰
中国广播网	7.19	第19届RoboCup机器人世界杯在合肥开幕	黄光辉
中国经济网	7.19	19年来创新性最强机器人世界杯决战中国	佘惠敏
人民网	7.19	机器人世界杯中国开战　19年来创新性最强	赵竹青
光明日报	7.20	机器人"高手"合肥过招	齐 芳 李陈续
中国青年报	7.20	机器人走进普通家庭的转折点到了	邱晨辉
人民日报	7.20	第十九届机器人世界杯开赛　19年来创新性最强	吴月辉 叶 琦
光明日报	7.20	"RoboCup有史以来最具创新性的比赛"——RoboCup2015大会主席陈小平介绍本届大会新亮点	齐 芳 李陈续
科技日报	7.20	机器人世界杯赛在合肥开锣	刘晓莹 吴长锋
经济日报	7.20	机器人世界杯："高大上"更"接地气"	佘惠敏

续表

媒体名称	时间	文章标题	作者
中国证券报	7.20	机器人世界杯赛开幕 科大讯飞语音机器人亮相	
人民日报海外版	7.20	RoboCup机器人世界杯合肥开赛 2000中外选手巅峰对决	吴月辉 何曙光
CCTV-13 新闻直播间	7.20	第19届机器人世界杯开赛:足球机器人 足球赛场比拼球技	
人民网	7.21	机器人世界杯全新演绎"速度与激情"	赵竹青
中国教育报	7.21	第19届机器人世界杯赛开赛	俞路石 方梦宇
中国经济网	7.22	机器人世界杯:二次元一骑绝尘 三次元胜负参半	佘惠敏
中国科技网	7.22	机器人世界杯赛今天收官 首个冠军"花落"中国	刘晓莹
新华网	7.22	2015年Robocup机器人世界杯在合肥闭幕	詹婷婷 朱青
新华网	7.22	中科大机器人足球队夺得世界杯仿真2D组冠军	张端
中国科学报	7.23	中国科大固态量子芯片研究取得重要进展	杨保国
人民日报	7.24	"我"是冠军	
科技日报	7.23	机器人世界杯赛多个冠军"花落"中国	刘晓莹
中国新闻网	7.23	第19届机器人世界杯赛收官 "可佳"惜败德国队	吴兰
经济日报	7.23	机器人世界杯进入决赛阶段——巅峰对决亮点	佘惠敏
中国科学报	7.24	合肥,机器人总动员	丁佳
人民日报海外版	7.25	服务机器人迎来"婴儿潮"	张保淑
中国科学报	7.27	中科大获机器人世界杯大赛两金一银	姚彩霞 杨保国
中国经济网	7.30	中国科大上海构建量子信息技术研究政产学研协同创新平台	沈则瑾
中国新闻网	7.30	中国科学院携手阿里巴巴在沪成立量子计算机实验室	李姝徵 张素
CCTV-13 新闻直播间	7.30	中科院:引入民间资本参与量子计算研究	
中国青年报	7.31	中科院与阿里巴巴合作成立量子计算实验室	王烨捷 王磊
中国教育报	7.31	中国科大:构建量子信息技术研究协同创新平台	俞路石
经济日报	7.31	推动量子信息技术产业化	沈则瑾

续表

媒体名称	时间	文章标题	作者
科技日报	7.31	中科院联合阿里巴巴成立量子计算实验室	朱雯 王春
新华网	7.31	中国科学院携手阿里巴巴在沪建立"量子计算实验室"	王琳琳 吴晶晶
中国科学报	8.3	中科院量子信息与量子科技前沿卓越中心(上海)挂牌 多项协议促量子技术研发	黄辛 丁佳 彭科峰
人民日报	8.3	中科院携手阿里巴巴在沪成立量子计算实验室	姜泓冰
光明日报	8.6	中科院与上海共建量子信息科研基地	曹继军 颜维琦 徐丹丹
新华网	8.16	中国科技大学：128名贫困生获得救助	周畅 徐海涛
人民政协报	8.26	中科大新生报到	
中青在线	9.19	"求是奖颁奖典礼"在中国科大举行	王磊
新华网	9.19	2015年度"求是奖"颁发 白血病专家张亭栋获得杰出科学家奖	徐海涛
中国新闻网	9.19	2015年度求是奖颁奖 83岁张亭栋获杰出科学家奖	吴兰
中国新闻网	9.19	杨振宁：兴趣、能力、机遇成就科研创新	吴兰
中国科学报	9.21	2015求是奖在中国科大揭晓	杨保国
中国科学报	9.30	中国科大技术转移甘肃中心成立	刘晓倩
中国科学报	10.19	中科院与安徽省政府举行会谈 共促合肥大科学中心及中科大先研院建设	倪思洁
中国新闻网	10.22	2015中国计算机大会开幕 量子计算机15年内有望重大突破	吴兰
人民日报	10.23	中国计算机大会合肥开幕	叶琦
中国新闻网	11.7	第40届ACM国际大学生程序设计竞赛亚洲区合肥赛区开赛	吴兰
中国科学报	11.17	中国科大蝉联全国并行应用挑战赛冠军	赵广立
人民网	11.17	中国科大蝉联国际大学生RDMA编程竞赛中国赛区一等奖	
中国科学报	11.19	我们离世界一流大学有多远	

续表

媒体名称	时间	文章标题	作者
中国科学报	11.20	值得期待的量子CPU	李海欧 曹刚 肖明 郭光灿 郭国平
中国科学报	11.20	中国科大蝉联国际大学生RDMA编程竞赛中国赛区一等奖	杨保国
中国科学报	11.26	中国科大与中航工业签署合作协议	杨保国
中国新闻网	12.11	中国科大量子研究成果荣登2015年度国际物理学十大突破榜首	吴兰
新华网	12.11	我国学者成果荣登2015年度国际物理学领域十项重大突破榜首	徐海涛
人民日报海外版	12.12	中国量子研究成果居国际物理学十大突破榜首	徐海涛
中国教育报	12.12	中国科大研究成果登国际物理学领域十项重大突破榜首	徐海涛
CCTV-中国新闻	12.13	中国科大成果荣登2015年度国际物理学十大突破之榜首	
中国科学报	12.14	中科院两项成果入选国际物理学十大突破	杨保国 闫洁
科技日报	12.17	中科大成果荣登本年度国际物理学十大突破榜首	吴长锋
光明日报	12.21	中科院牵头成立"中国量子通信产业联盟""科技'双创'联盟"	齐芳
中国科学报	12.22	中科大在GE科技创新大赛摘冠	黄辛
中国科学报	12.29	中科大成果入选年度高校十大科技进展	杨保国

科学研究篇

媒体名称	时间	文章标题	作者
中国新闻网	1.5	中国首台专用同步辐射装置重大维修通过验收	吴兰
中国新闻网	1.5	中国学者实现纳米空间操控 精确度约万分之一头发丝粗细	杨保国 吴兰
人民网	1.5	中国科大取得量子材料研究新进展	魏艳

续表

媒体名称	时间	文章标题	作者
中国科学报	1.8	中国科大公共平台：科技创新的"总装备部"	曾　皓 蒋家平
光明日报	1.8	苹果锈果病防治取得新突破	杨　舒
科技日报	1.8	光学超分辨成像精度破极限达4.1纳米	吴长锋 杨保国
中国广播网	1.8	高精度量子态成像和操控技术获突破	刘　军 杨保国
中国科学报	1.13	中国科大双金属多级结构材料制备获进展	杨保国
人民日报海外版	1.14	机器人为顾客导购	刘军喜
新华网	1.14	中科大智能机器人"可佳"商场首秀导购服务	刘军喜
中国新闻网	1.14	世界知名机器人可佳首次进大型公共场所当导购	吴　兰 李振威
中国科学报	1.15	"可佳"机器人首次在大型商场当导购	杨保国
科技日报	1.15	画中有话	刘军喜
科技日报	1.19	大商场里来了机器人俏导购	吴长锋
中国科学报	1.19	合肥光源："神奇之光"再创辉煌	姜天海
中国新闻网	1.20	机器人餐厅受青睐　中国智能服务机器人进入实用化	
人民日报	1.21	中科大发现缓解炎症新机制	钱　伟
中国新闻网	1.21	探访中国第一个国家实验室内的"合肥光源"	吴　兰
科技日报	1.22	合肥光源改造项目通过工艺验收	刘军喜
人民日报	1.22	国家同步辐射实验室合肥光源升级	刘军喜
新华网	1.22	合肥光源改造项目通过工艺验收	刘军喜
中国科学报	1.23	壮"智"凌"云"：机器人的进化	袁一雪
中国广播网	1.24	合肥光源重大升级改造通过验收	刘　军 杨保国
科技日报	1.25	我首次实现虚磁场中"李-杨零点"探测	吴长锋 杨保国
经济日报	1.26	合肥光源改造项目通过工艺验收	刘军喜
中国科学报	1.26	中国科大揭示硅材料"光解水制氢"机制	刘爱华
CCTV新闻联播	1.26	国家同步辐射实验室完成升级改造	
中国科学报	1.27	科学家首次探测到虚磁场中"李-杨零点"	杨保国

续表

媒体名称	时间	文章标题	作者
中国青年报	1.28	中国科大发现缓解炎症新机制	曾皓 王磊
中国科学报	1.28	科学家发现缓解炎症新机制	曾皓
中国新闻网	1.29	中国科大揭示头号"杀手"细菌传播"秘密"	杨保国 吴兰
人民日报	1.30	中科大解开绿脓杆菌传播之谜	赵永新 杨保国
光明日报	1.30	"刷脸支付"的历史与未来	刘心霈
中国科学报	2.2	揭示绿脓杆菌传播机制	杨保国
中国科学报	2.3	中科大实现高精度量子态成像和操控	杨保国
科技日报	2.3	中国科大发现"光解水制氢"新路径	吴长锋 刘爱华
经济日报	2.5	中国科大揭示细菌"杀手"传播机制	佘惠敏 杨保国
光明日报	2.6	3D技术的前世今生（科技史话）	叶雪洁
中国新闻网	2.6	中国学者量子领域又获重要进展	吴兰
科技日报	2.8	中国科大发现缓解炎症新机制	吴长锋 曾皓
中国科学报	2.12	中国科大合成混价钒氧化物三维纳米网络结构	杨保国
光明日报	2.13	从结绳记事到数字时代	许应媛
科技日报	2.15	我首次实现光子轨道角动量纠缠量子存储	吴长锋 杨保国
新华网	2.23	我国学者发现新型非编码核糖核酸 可为重大疾病临床提供参考	徐海涛
新华每日电讯	2.24	我国科学家发现新型非编码RNA	徐海涛
光明日报	2.24	我国学者发现新型非编码核糖核酸 可为重大疾病临床提供参考	徐海涛
人民日报	2.26	中科大发现新型非编码核糖核酸	何聪
科技日报	2.26	我国学者发现新型非编码核糖核酸	徐海涛
科技日报	2.27	中国科大成功合成混价钒氧化物的三维纳米网络结构	吴长锋 杨保国
光明日报	2.27	中国古代的"机器人梦"（科技史话）	李浩淼

续表

媒体名称	时间	文章标题	作者
中国科学报	3.2	研究发现新型非编码 RNA	柯讯
中国科学报	3.3	中国大陆作品首获国际科学可视化竞赛大奖	杨保国
中国科学报	3.3	光子轨道角动量纠缠量子存储实现	杨保国
中国青年报	3.3	中国科大首次实现光子轨道角动量纠缠的量子存储	王磊 杨保国
中国新闻网	3.5	中国科学家实现多自由度量子体系的隐形传态	吴兰
新华网	3.5	我国在世界上首次实现多自由度量子体系的隐形传态	吴晶晶
新华网	3.5	中科大发明光驱动有机反应钯金催化剂	鲍晓菁 徐海涛
人民日报海外版	3.6	中国率先实现多自由度量子隐形传态	吴晶晶
科技日报	3.6	"瞬间传送",又近一步	高博
CCTV朝闻天下	3.6	我国取得量子研究世界重大突破 首次实现多自由度量子隐形传态	
中国经济网	3.6	中国科学家为量子计算奠下重要基石	佘惠敏
CCTV-1晚间新闻	3.6	隐形传态获突破 "星际穿越"成可能	
CCTV-13东方时空	3.6	我国取得量子研究世界重大突破 首次实现多自由度量子隐形传态	
新华网	3.6	专家在室温下首次用磁共振探到单个分子	林小春
CCTV-4中国新闻	3.7	中国首次实现多自由度量子隐形传态	
中国青年报	3.8	我科学家在量子信息领域取得重大突破	邱晨辉 黄仪婷
中国科学报	3.9	多自由度量子体系隐形传态首次实现	丁佳
中国新闻网	3.10	"钻石钥匙"开启磁共振研究新领域	杨保国 吴兰
中国科学报	3.10	中国科大在非线性过程中观测到光学前驱波	杨保国
中国科学报	3.10	"钻石钥匙"打开单分子磁共振新天地	杨保国
中国科学报	3.10	科学家发明光驱动有机反应金属催化剂	杨保国
中国青年报	3.11	中国科大发明一种新型金属催化剂	王磊 杨保国
光明日报	3.11	"钻石探针"洞悉单分子世界	李陈续 杨保国

续表

媒体名称	时间	文章标题	作者
人民日报	3.16	我国科学家获得世界首张单个蛋白质分子磁共振谱	赵永新 杨保国
人民日报海外版	3.16	我获得世界首张磁共振谱	赵永新 杨保国
中国新闻网	3.17	未来扫描大脑或测出恋爱状况	
新华网	3.18	我国学者研制出超薄铂镍合金高效纳米催化剂	徐海涛
中国广播网	3.18	中国科大提出多方量子通信新理论	刘军
中国医药报	3.18	我国首获室温大气下单个蛋白质分子磁共振谱	白毅
中国科学报	3.19	探索单分子尺度的量子调控	张晴丹
中国新闻网	3.19	中科大成功研制出高效纳米催化剂	杨保国 吴兰
人民日报海外版	3.19	新一代燃料电池突破开发瓶颈	徐海涛
经济日报	3.19	新型催化剂"俘获"更多阳光	佘惠敏 杨保国
科技日报	3.19	我首次在非线性过程中观测到光学前驱波	吴长锋 杨保国
中国广播网	3.19	中国开发出新一代燃料电池高效纳米催化剂	刘军 杨保国
光明日报	3.19	燃料电池性能改善有了新思路	李陈续 杨保国
中国质量报	3.23	我国学者研制出超薄铂镍合金高效纳米催化剂	
中国科学报	3.23	中国科大发明超薄铂镍合金高效纳米催化剂	杨保国
科技日报	3.23	室温下探测到单个蛋白质分子磁共振谱	吴长锋 杨保国
新华网	3.25	"你爱不爱我？"中国科学家：扫描大脑可以作证	詹婷婷
中国科学报	3.27	化学反应之美	梁琰
中国科学报	3.30	"钻石钥匙"开启单分子磁共振研究之门	张晴丹
新华网	3.31	中科大在国际上首次实现量子机器学习算法	徐海涛
中国新闻网	3.31	中国学者在国际上首次实现量子机器学习算法	杨保国 吴兰
中国科学报	4.1	科学家首次实现量子机器学习算法	杨保国

续表

媒体名称	时间	文章标题	作者
光明日报	4.1	中国科大首次实现量子机器学习算法	李陈续 杨保国
科技日报	4.1	中科大首次实现量子机器学习算法	吴长锋 杨保国
人民日报	4.1	中科大在国际上第一次实现量子机器学习算法	喻思娈
中国新闻网	4.4	中国科研人员揭示肿瘤代谢新机制	杨保国 吴兰
中国科学报	4.7	中科大揭示肿瘤细胞氨基酸代谢异常新机制	杨保国
中国科学报	4.7	宽带高速量子通信研究迈出关键一步	刘爱华
中国新闻网	4.8	中国聚变领域又添大型实验装置	杨保国 吴兰
中国科学报	4.8	"科大一环"部件研制完成	陆琦
科技日报	4.8	我成功迈出宽带高速量子通信关键一步	吴长锋
中国科学报	4.10	化学仪器之美	梁琰
科技日报	4.10	肿瘤细胞"挨饿"交出隐秘"饭辙"	吴长锋 杨保国
中国教育报	4.10	爱你有多深,扫描图谱全知道	姬时
光明日报	4.10	从皂角到香波——洗发水进化史	陈婷
科技日报	4.11	"科大一环"进入整体安装调试阶段	吴长锋 杨保国
新华网	4.11	我国首台大型反场箍缩磁约束聚变实验装置安装调试	刘军喜
中国新闻网	4.14	中科大量子纳米显微技术研究取得重要进展	吴兰
中国科学报	4.20	科学家发现常温下水的全新存在形式	刘爱华
光明日报	4.24	新能源:磁约束核聚变	王寻玙
科技日报	4.27	受限水能在常温下以平面方形冰形式存在	吴长锋
中国教育报	5.4	中国科技大学:"科大一环"建设取得重大进展	杨保国
中国新闻网	5.12	中国科学家打开通往新型光量子器件新路	张素
新华网	5.12	中美学者发现类石墨烯新型单光子源 开辟光量子器件新途径	徐海涛
科技日报	5.14	类石墨烯材料中发现新型单光子源	吴长锋 杨保国
中国科学报	5.20	研究发现基于单原子层的新型单光子源	杨保国

续表

媒体名称	时间	文章标题	作者
中国新闻网	5.20	中科大微纳研究新进展 或破微纳米仿生功能器件制备瓶颈	蒋家平 吴兰
新华网	5.20	我国微纳加工技术获突破 有望开辟"微尺度仿生器件"新路	徐海涛
光明日报	5.20	微纳米加工技术研究获新进展	蒋家平 李陈续
中国科学报	5.21	中国科大实现多类型微纳米尺度组装体可控制备	蒋家平
中国新闻	5.21	中科大微纳研究新进展或破微纳米仿生功能器件制备瓶颈	蒋家平 吴兰
科技日报	5.22	类似猫头鹰羽毛的仿生结构制备有望实现	蒋家平 吴长锋
中国教育报	5.22	中科大发现基于单原子层的新型单光子源	杨保国
中国教育报	5.29	走进最后的均衡点	梁兴
科技日报	6.13	治疗红斑狼疮有望找到新方法	吴长锋 通讯员 杨保国
中国科学报	6.15	牛皮癣或能治	杨保国
中国科学报	6.16	量子力学将迎"二次革命":追问"为什么"	赵广立
中国医药报	6.16	引起自身性免疫疾病的分子机制被揭示	白毅 杨保国
经济日报	6.18	中国科大微纳加工技术研究获突破——微纳仿生器件可望应用	佘惠敏 蒋家平
中国广播网	6.29	我国首台KTX建设取得重大进展	刘军 杨保国
中国新闻网	6.29	中国科大发现克服肿瘤多药耐药新方法	杨保国 吴兰
中国广播网	6.30	中国科大发现克服肿瘤多药耐药性新方法	刘军 杨保国
人民日报	6.30	中国科学技术大学发现克服肿瘤多药耐药性方法	喻思娈
中国科学报	7.1	中科大发现克服肿瘤多药耐药性新方法	杨保国
中国妇女报	7.1	我国学者发现克服肿瘤多药耐药性新方法	徐海涛
新华网	7.1	我国学者发现克服肿瘤多药耐药性新方法	徐海涛

续表

媒体名称	时间	文章标题	作者
经济日报	7.2	"智能"小分子:克服肿瘤多药耐药性	佘惠敏 杨保国
中国教育报	7.3	中科大发现克服肿瘤多药耐药性新方法	杨保国
科技日报	7.5	新方法破解癌细胞多药耐药性	吴长锋 杨保国
中国科学报	7.8	世界最快量子随机数发生器问世	柯讯
新华网	7.8	中科大智能机器人"可佳"在低成本化方面取得重要进展	张端
科技日报	7.9	服务机器人产业化研究获重要进展	吴长锋 杨保国
中国科学报	7.9	中国科大发力服务机器人产业化	杨保国
新华网	7.9	中国科学技术大学智能服务机器人取得进展	徐海涛
中国教育报	7.10	服务机器人有望实现自动检测和低成本化	杨保国
科技日报	7.10	机器人	张端
经济日报	7.13	智能机器人"可佳"	张端
中国青年报	7.15	中国科大正在突破机器人产业化瓶颈	王磊 杨保国
中国科学报	7.16	科学家用酵母"酿制"药用价值蛇毒蛋白	刘爱华
中国新闻网	7.20	中科大固态量子芯片研究取得重要进展 操控速度提高数百倍	吴兰
新华网	7.20	中科大"可佳工人"亮相机器人世界杯	张端
经济日报	7.21	更懂你的机器人来了	佘惠敏
新华网	7.21	机器人世界杯首次精确测试服务型机器人	朱青 詹婷婷
科技日报	7.22	半导体超快量子控制非逻辑单元实现	吴长锋 杨保国
光明日报	7.24	中国洁牙的前世今生	熊川
中青在线	7.28	中国科大分子化学识别研究再获重要进展	王磊 杨保国
人民日报	7.29	中国科技大学实现分子纳米尺度的化学识别	赵永新 杨保国
中国科学报	7.30	纳米尺度化学识别获重要进展	杨保国

续表

媒体名称	时间	文章标题	作者
科技日报	7.30	我率先实现紧邻不同分子的拉曼光谱识别	吴长锋 杨保国
光明日报	8.7	海洋科考的奇幻旅程	陈婷
人民日报	8.11	学霸和他们的"田螺姑娘"	叶琦
中国新闻网	8.19	中国科大在国际上首次研制成功高维固态量子存储器	杨保国 吴兰
新华网	8.19	中国探索用高科技手段为古建筑织就"防火网"	朱青
新华网	8.20	中国科学家首次成功研制高维固态量子存储器	詹婷婷 徐海涛
光明日报	8.20	激光：小身材大作为	雷鸣宇
中国证券报	8.21	突破性研究助力开启量子通信千亿市场 中科大国际上首次研制成功高维固态量子存储器	李波
人民日报海外版	8.22	定制个性化消防方案高科技保护文物安全 科学家为古建筑织就"防火网"	朱青
科技日报	8.23	高维固态量子存储器研制成功	吴长锋
经济日报	8.24	"海螺姑娘"不再是个传说	佘惠敏
经济日报	8.24	服务机器人：广阔市场在招手	佘惠敏
中国科学报	8.26	中国科大高维固态量子存储器研制成功	杨保国
光明日报	8.28	从"掘井取水"到"万米钻探"	王申
中国教育报	8.28	中科大研制成功高维固态量子存储器	杨保国
中国科学报	9.8	新非贵金属光催化制氢材料研制成功	杨保国
新华网	9.8	我国高效低成本光催化制氢研究取得重要进展	徐海涛
科技日报	9.9	非贵金属光催化制氢材料研发成功	吴长锋 杨保国
光明日报	9.11	重回"草木染"（科技史话）	徐津津
人民政协报	9.23	中国科大研制出新型光催化制氢材料	
中国新闻网	9.25	中科大研究表明利用微弱地震信号可实时监测飓风	吴兰
人民网	9.25	中国科大教授发现飓风监测新方法	蒋家平 赵永新
新华网	9.27	中国学者研究发现可利用地震信号实时监测	徐海涛
中国科学报	9.29	中国科大发现用微弱地震信号可实时监测飓风	蒋家平

续表

媒体名称	时间	文章标题	作者
新华网	9.29	中国首颗暗物质探测卫星年底发射 现向全球征名	聂可 喻菲 姬少婷
中新网	9.29	中国首颗暗物质粒子探测卫星向全球公开征名	杨颜慈
科技日报	10.1	监测飓风,听听它"脚步声"就行了	吴长锋
中国教育报	10.9	中国科大:微弱地震信号可实时监测飓风	蒋家平
中国科学报	10.13	中科大首次在宏观系统探索量子与经典界限	赵广立
中国科学报	10.16	迫近量子与经典之间的界限	赵广立
中国科学报	10.19	超导量子器件与量子信息联合实验室成立	柯讯
中青在线	10.20	中国科大首次实现确定性单光子的多模式固态量子存储	王磊 杨保国
新华网	10.20	中国学者实现确定性单光子多模式固态量子存储	徐海涛
科技日报	10.21	我研制出世界最高效固态量子存储器	吴长锋 杨保国
中国科学报	10.21	中国科大首次实现确定性单光子多模式固态量子存储	杨保国
中国教育报	10.21	"智停"的城市不会闹哄哄	李薇薇 田苗华 霍睿
中国新闻网	10.22	中国科大设计出新型光解水制氢助催化剂	杨保国 吴兰
人民日报海外版	10.23	最高效固态量子存储器制成	吴长锋 杨保国
中国科学报	10.27	新型光解水制氢助催化剂研制成功	杨保国
人民日报	10.27	我科学家研制出高效固态量子存储器	赵永新 杨保国
新华网	11.3	我国首台大型反场箍缩磁约束聚变实验装置建成运行	刘军喜
人民网	11.3	国内首台反场箍缩磁约束聚变装置在中科大正式运行	胡磊
中国新闻网	11.4	中国大型实验装置"科大一环"实现常态运行 获国际同行"点赞"	吴兰
科技日报	11.4	大型反场箍缩磁约束聚变实验装置	刘军喜
中国科学报	11.5	首台KTX完成安装调试并进入常态化运行	刘军喜
经济日报	11.6	突破传统监测手段局限——用地震波监测飓风	佘惠敏

续表

媒体名称	时间	文章标题	作者
经济日报	11.6	我国首台大型反场箍缩磁约束聚变实验装置运行	刘军喜
光明日报	11.6	量子密码学的诞生	吴杨梓
中国新闻网	11.10	中国科大研制出全新催化剂 有望摆脱贵金属局限	杨保国 吴 兰
科技日报	11.12	中科大智慧停车项目获大学生双创大赛金奖 "找车位"软件告诉你"车停哪儿"	刘爱华
中国科学报	11.12	中国科大研制出全新水溶性小分子助催化剂	杨保国
中国广播网	11.13	中国科大取得量子密码分配领域国际新突破	刘 军
人民网	11.13	我国最大的航空制造企业提前布局"量子时代"	杨铁虎 任 毅
中国青年报	11.14	中航工业与中国科大共建量子技术研发中心	李新玲
中国新闻网	11.15	中航工业与中国科大将共建量子技术研发中心	周 音
中国科学报	11.16	中科大量子密码分配研究获新突破	刘爱华
经济日报	11.23	全新分子助催化剂研制成功	佘惠敏 通讯员 杨保国
中国新闻网	11.25	中国学者提出2.6亿年前生命灭绝新机制	杨保国 吴 兰
光明日报	11.26	我学者提出生命大灭绝新机制	李陈续 通讯员 杨保国
中国新闻网	11.28	中国学者研究发现太阳大气喷流可触发剧烈日冕物质抛射	杨保国 吴 兰
科技日报	11.29	硫化氢海水上涌酿成上古生命灭绝惨案	吴长锋 通讯员 杨保国
中国科学报	11.30	中国科大提出中-晚二叠世之交生命灭绝新机制	杨保国
中国新闻网	12.2	中国科学家揭示28万年来西太平洋降雨带移动规律	杨保国 吴 兰
中国科学报	12.3	太阳大气喷流可触发剧烈日冕物质抛射	杨保国
新华网	12.4	中国学者揭示西太平洋降雨带移动规律	徐海涛

续表

媒体名称	时间	文章标题	作者
中国青年报	12.9	西太平洋低纬度降雨带28万年迁移史	王磊 通讯员 杨保国
中国新闻网	12.26	中国学者地球磁层辐射带动力学研究取得重要进展	杨保国 吴兰
科技日报	12.29	超低频波对辐射带高能电子加速效应证实	吴长锋 通讯员 杨保国
中国经济网	12.29	中国科大在世界上首次验证六光子量子非局域性	佘惠敏
中国科学报	12.31	科学家首次验证六光子量子非局域性	刘爱华

人才培养篇

媒体名称	时间	文章标题	作者
中国青年报	1.26	怎样把握研究生成长的六个阶段	范洪义
中国教育报	2.3	以创新为经　以融合为纬——中国科大探索"科教结合"研究生培养模式纪实	俞路石 刘爱华
中国科学报	3.16	以创新为经　以融合为纬	刘爱华
人民网	4.13	奥数题难倒中科大教授揭了应试教育硬伤	
CCTV-2	4.13	中科大教授批小学奥数　有些题我都做不起	叶祝颐
中国教育新闻网	5.13	中国科技大学：2015年国家贫困专项计划招130人	李烨
中国科学报	5.14	实验室种下科研的"种子"——中国科大实验教学改革纪实	杨保国
科技日报	5.19	从实验室开始撒下创新的种子	杨保国
中国新闻网	5.23	新中国第一奖学金的前世今生	吴兰
中国教育报	5.25	吸引学生走进科研实验室——记中国科大实验教学改革	杨保国
中国科学报	6.11	还原一个真实的中科大少年班	陈彬
新华网	6.11	中科大2015年自主招生开考	张端
中国广播网	6.11	自主招生考试难度大　参加中科大的考生：物理基本不会	王楷 满朝旭

续表

媒体名称	时间	文章标题	作者
中国教育报	6.22	转型:少年班迈过青春期	储召生 蒋家平
中国青年报	6.24	中国科大少年班:精英教育不能培养冷漠的人	王磊
人民日报	6.29	少年班长成了少年班学院	沈小根
新华网	7.5	"少年班不像电影里那样 low"——探寻《少年班》银幕内外异同	徐海涛 周畅
新华每日电讯	7.6	"真实少年班不像电影里那么 low"	徐海涛 周畅
中国新闻网	7.9	中科大严济慈班毕业生39人中38人赴顶尖大学深造	杨保国 吴兰
中国网	7.9	百度、中科大举办暑期创新创业训练营 加速高校精英培养孵化进程	
中央人民广播电台	7.13	58名神童参加中科大少年班复试 最后一次招"90后"	刘军
人民网	7.13	机器人世界杯本周五合肥开赛 科大派4支队伍出战	苗子健
科技日报	7.14	"严济慈班"的毕业生都去哪儿了	杨保国
新华网	7.22	机器人足球世界冠军炼成记:制作者因热爱坚持	詹婷婷 周畅
人民日报海外版	7.25	机器人足球冠军这样炼成	詹婷婷 周畅
中国科学报	7.30	"严济慈班"的毕业生都去哪儿了	杨保国
中国科学报	8.17	中国科大增加贫困地区招生指标	杨保国
光明日报	8.17	中国科大农贫地区新生超1/4	李陈续 杨保国
中国新闻网	8.17	中科大与百度推大学生创业家成长计划	吴兰
科技日报	8.18	中科大增加贫困地区招生指标 录取农村生占新生总数近26%	杨保国
中国科学报	8.20	中国科大与百度推出"大学生创业家成长计划"	杨保国
科技日报	8.20	百度联手中国科大打造"大学生创业家成长计划"	吴长锋 杨保国
中国广播网	8.20	中国科大农村新生录取总数占比超四分之一	刘军 杨保国

校园文化篇

媒体名称	时间	文章标题	作者
中国新闻网	1.11	中国举办系列纪念"国际光年"活动	吴 兰
中国科学报	2.5	"国际光年"首场大型报告会 纪念千年来光领域重大发现	杨保国
新华网	4.1	春日在大学赏樱	杜 宇
新华网	4.7	中科大举办"春风汉韵"樱花游园会	王素英
中国科学报	4.7	中科大举办"春风汉韵"樱花游园会	
光明日报	4.7	人间四月天	王素英
新华网	4.9	大学校园樱花美	张 端
中国科学报	4.9	科大的樱花	蒋家平
科技日报	4.9	"春风汉韵"	王素英
中国教育报	4.15	不一样的理科生	杨晓萍
中国新闻网	4.16	中国第31次南极科考队员的难忘记忆	吴 兰 张 强
中国新闻网	4.24	中国科大:学霸1.46天读完一本书	刘爱华 吴 兰
中国科学报	4.30	中科大"学霸"们的读书经	刘爱华
中国新闻网	5.6	杨元庆吴征杨澜一场特殊的"聚青春"	刘爱华 吴 兰
新华网	5.16	中科大"科技周"开幕 近距离感受科技魅力	张 端
中国新闻网	5.16	中科大科技周开幕 近距离"探秘"科技	韩苏原
人民日报	5.17	全国科技活动周正式启动 近距离感受科技魅力	张 端
光明日报	5.17	机器人表演	杨晓原
人民网	5.17	中科大"科技活动周"上演"科技盛宴"	刘 颖 朱永梅
中国科学报	5.18	播撒科学种子 激发创新热情	
新华网	6.21	毕业季新旅程	张 端
工人日报	6.22	毕业季新旅程	张 端
中国教育报	6.29	艺术相伴的离情是最美	刘爱华

续表

媒体名称	时间	文章标题	作者
央视网	7.10	科学大师的忠告:不要考第一	孔华
中国新闻网	7.10	中科大举办科学家手迹展 大师忠告"不要考第一"	吴兰
中国教育报	7.13	中国科大举办"科学家手迹展"	蒋家平
中国教育报	7.13	一场整理梦想的"聚青春"	
中央电视台	7.15	毕业季·我的毕业典礼:承大学之道 君子之风	
中国科学报	7.30	中国科大举办"科学家手迹展"	蒋家平
新华网	9.5	中科大校长答新生问:懂得爱情时再找女友最好	徐海涛
科技日报	9.8	中科大校长寄语新生:回归读书科研的常识	杨保国
中国教育报	9.21	回归常识 不负大学好时光	万立骏
光明日报	9.28	回归常识 开启人生新篇章	李陈续
科技日报	10.12	中国科学技术大学2015RoboGame机器人大赛举行总决赛	刘军喜
经济日报	10.12	图片新闻	刘军喜
中国科学报	10.12	中国科学技术大学第15届RoboGame机器人大赛	刘爱华 姚琼
新华每日电讯	10.12	机器人校园赛技能	刘军喜
人民日报	10.19	秀才艺	王展翅 姚琼
中国科学报	11.9	"科学智慧火花"点亮中国科大	杨保国
人民网	11.15	5000名单身大学生在中科大"美丽邂逅"	刘颖
中国科学报	11.19	撒下阳光的种子 谱一曲青春之歌	刘爱华
中国网	11.19	高校版"非诚勿扰",只为与你"美丽邂逅"	张瑞鑫
中国广播网	12.6	中科大情书大赛学霸玩浪漫:你是电我是磁 交织产生光子	张建亚

科大学人篇

媒体名称	时间	文章标题	作者
人民日报	1.13	喜欢什么,就该学什么	钱 伟
新华网	1.18	"用语音点亮生活是我们的梦想"——科大讯飞董事长刘庆峰的追梦故事	施永南 杨丁淼 周 瑜
中国新闻网	1.20	中科大教授当选IUGG首批会士 中国仅6人当选	吴 兰
人民网	1.30	中国科学技术大学校长侯建国出任科技部副部长	欧兴荣
新华网	2.2	不会敬酒的校长侯建国调任 中科大师生连呼"舍不得"	徐海涛
新华每日电讯	2.2	不会敬酒的大学校长调任,师生连呼"舍不得"	徐海涛
中国青年报	2.4	"接地气校长"侯建国履新科技部 让口号落地比说说更重要	王 磊
中国科学报	3.5	物理学家"盯上"小垃圾	
新华网	3.5	中国教授谢毅获"世界杰出女科学家奖"	尚 栩
科技日报	3.6	潘建伟委员:科研评审应多请国际同行	王 飞
新华网	3.7	潘建伟委员:抓住量子信息科技创新突破新机遇	蔡 敏 徐 扬 李来房
新华网	3.8	新华社中国网事	
人民日报	3.10	中科院院士潘建伟委员:我国科学家首次实现多自由度量子"穿越"	巩育华
中国新闻网	3.10	中科大教授当选为国际低温生物学会常务理事	吴 兰
中国青年网	3.10	侯建国:创新创业人才培养要避免唯知识导向	刘洪侠
新华网	3.18	联合国教科文组织颁发2015年度"世界杰出女科学家奖"	尚 栩
中国新闻网	3.19	中科大谢毅获"世界杰出女科学家成就奖"	
第一财经网	3.19	中国女科学家谢毅教授折桂"女性诺贝尔奖"	
新华网	3.19	中国教授谢毅获"世界杰出女科学家奖"	陈晓伟
新华网	3.19	中国学者谢毅获得"世界杰出女科学家成就奖"	徐海涛
中国广播网	3.19	中科大谢毅院士获"世界杰出女科学家成就奖"	刘 军 曾 皓

续表

媒体名称	时间	文章标题	作者
科技日报	3.19	中科大谢毅获"世界杰出女科学家成就奖"	李宏策
中国日报网	3.19	中科院院士谢毅获"世界杰出女科学家成就奖"	庹燕南
光明日报	3.20	谢毅获"世界杰出女科学家成就奖"	李陈续 曾皓
科技日报	3.20	谢毅院士获"世界杰出女科学家成就奖"	吴长锋 曾皓
人民网	3.20	中国科大谢毅院士获"世界杰出女科学家成就奖"	赵永新 曾皓
中国科学报	3.20	一周人物——杜江峰（获世界首张单个蛋白质分子磁共振谱）	
中国妇女报	3.20	中国教授谢毅获"世界杰出女科学家奖"	陈晓伟
中国时报	3.21	大陆院士谢毅夺世界女科学家奖	
CCTV新闻直播间	3.21	中国科学家折桂女性诺贝尔奖	
中国科学报	3.21	谢毅获"世界杰出女科学家成就奖"	曾皓
中国教育报	3.23	中国科大谢毅获杰出女科学家奖	俞路石 曾皓
科技日报	3.25	单革：非编码RNA的探索者	滕继濮
中国青年报	3.25	谢毅获世界杰出女科学家成就奖	曾皓 王磊
中国科学报	3.27	刘有成：为祖国耕耘自由基	张志辉 刘培
中国科学报	3.30	谢毅：轻松上阵做科研	王晨绯
人民日报	3.30	谢毅：做科研需要一份洒脱（关注）	曾皓 赵永新
中华儿女	4.9	万立骏：中科大"新掌门"	梁伟
光明日报	4.14	科研道路要怎样走？——首批十八位博士谈治学与科研	李玉兰
中国科学报	5.22	陈小平：欲与世界一流试比高	袁一雪
中国新闻网	5.25	中科大教授熊宇杰：回国才有"归宿感"	杨保国 吴兰
新华网	6.1	世界量子通信领航人潘建伟：与祖国并肩，不惑、不忧、不惧	朱青 徐海涛

续表

媒体名称	时间	文章标题	作者
新华网	6.1	潘建伟团队:十年筑梦造就"中国机会"	徐海涛 朱青
新华网	6.1	对话潘建伟:我爱科学,更深爱着祖国	徐海涛
光明日报	6.2	潘建伟:量子世界的"中国耕者"	李陈续 刘爱华
经济日报	6.2	潘建伟:深耕在量子世界	文晶 刘爱华
中国青年报	6.2	潘建伟院士:科技创新要"心"大	王烨捷
科技日报	6.2	潘建伟:量子世界里的领跑者	吴长锋
人民日报	6.2	中国科学院院士、量子信息研究专家潘建伟:"抓住在信息技术领域赶超的机会"	喻思娈 刘爱华
中国教育报	6.2	与量子"纠缠"的人——记中科院院士、中国科学技术大学副校长潘建伟	方梦宇 俞路石
中央人民广播电台	6.2	潘建伟:做世界量子通信领跑者	刘军 王利 张建亚
新华网	6.2	潘建伟的量子梦与报国情	张端
农民日报	6.2	潘建伟的量子梦与报国情	徐海涛
新华每日电讯	6.2	量子通信领航人潘建伟的量子梦报国情	徐海涛
工人日报	6.2	潘建伟团队:十年筑梦造就"中国机会"	徐海涛 朱青
CCTV-焦点访谈	6.2	仰望星空 脚踏实地	
CCTV新闻联播	6.2	潘建伟:量子信息 抢占高地	
中国科学报	6.12	熊宇杰:"小宇宙"爆发大能量	杨保国
中国新闻网	6.16	中国两位科学家荣获2015年马蒂亚斯奖	杨保国 吴兰
中国科学报	6.17	中科院两位学者获马蒂亚斯奖	杨保国
科技日报	6.17	熊宇杰:尽情翱翔在纳米世界	杨保国
光明日报	6.24	今日启程,你准备好了吗	万立骏
中国科学报	6.25	戴晨光:"我的大学比高中辛苦"	杨保国
中国青年报	6.29	戴晨光:做聪明人里最勤奋的人	王磊 杨保国

续表

媒体名称	时间	文章标题	作者
人民日报海外版	7.3	潘建伟的量子梦	徐海涛
科技日报	7.7	戴晨光：做聪明人里的勤奋者	杨保国
光明日报	9.11	突破机器人时代的创新障碍——源于机器人世界杯的若干思考	陈小平
新华网	9.18	中科大尹希31岁成哈佛正教授 破华人记录	徐海涛
环球网	9.24	哈佛最年轻华人教授：兴趣和专注力对成功很重要	朱天祺
人民日报海外版	9.28	在海外的"明星"华人	朱立新
中国科学报	9.29	最年轻哈佛华人正教授尹希："我是一个非传统的人"	王佳雯
中国新闻网	9.29	美2015麦克阿瑟天才奖揭晓 华人化学家杨培东获奖	刘丹
新华网	9.30	又一华人科学家获美"天才奖"	
中国科学报	10.9	缅怀恩师钱学森——纪念钱学森先生回国60周年	张瑜
中国新闻网	10.11	中国科大6位校友新晋美国物理学会会士	吴兰
科学新闻	10.14	暗物质卫星BGO量能器"新兵"：攻坚虽苦 回忆尤甜	姜天海
中国科学报	11.19	中国科大梁红瑾获评"学术新星"	杨保国
中国新闻网	12.7	新晋院士陈仙辉：以"超导"为起点 漫长积累成绩水到渠成	刘爱华 吴兰
中国新闻网	12.7	新晋院士杜江峰：期待更多引领世界前沿的研究成果	曾皓 吴兰
科技日报	12.9	给超导学术界一个大大的惊叹号	刘爱华
中国教育报	12.14	杜江峰：做引领世界前沿的研究	曾皓
中国教育报	12.14	陈晓非：科研上的完美主义者	姚琼
中国教育报	12.14	陈仙辉：原始创新是科研人的生命	刘爱华
科技日报	12.16	在量子计算领域享受科研快乐	曾皓
中国青年报	12.23	第十二届中国青年女科学家奖揭晓	邱晨辉
中国青年报	12.23	教学始终占一席之地	王磊 通讯员 刘爱华 曾皓
科技日报	12.23	读懂大地的"心跳"	姚琼